novum pro

Helmut Büttler

Der kleine „Wonnegau(n)er“

Der Lausbub, mit seinem Schutzengel, auf dem Weg in die Pfalz, seine große Liebe zu finden

Im Kindergarten mit Apfel

novum pro

Bibliografische Information
der Deutschen Nationalbibliothek:

Die Deutsche Nationalbibliothek
verzeichnet diese Publikation in
der Deutschen Nationalbibliografie.
Detaillierte bibliografische Daten
sind im Internet über
http://www.d-nb.de abrufbar.

Gedruckt in der Europäischen Union
auf umweltfreundlichem, chlor- und
säurefrei gebleichtem Papier.

Rathausgasse 73, A-7311 Neckenmarkt
office@novumverlag.com

ISBN 978-3-7116-0259-6
Lektorat: Leon Haußmann
Umschlagfoto: Ljupco | Dreamstime.com
Umschlaggestaltung, Layout & Satz:
novum Verlag
Innenabbildungen:
S. 3: © Foto H. Lenke, Photo Schmitt,
S. 23: © Foto W. Waltz,
S. 42: © Foto Schilke,
S. 249: © Foto H. Lenke
Autorenfoto: Rosemarie Büttler

www.novumverlag.com

Druckprodukt mit finanziellem
Klimabeitrag
ClimatePartner.com/16547-2311-1001

Inhaltsverzeichnis

Vorwort

Dieses Buch handelt von einem Jungen des Jahrgangs 1946 aus dem „Wonnegau“ in Rheinhessen auf seinem langen Weg in die „Pfalz“, der letztendlich dort sein großes Glück in der Liebe und gute Freunde findet.

Viele Hindernisse gab es bis dorthin zu überwinden, die er jedoch ohne seinen Schutzengel, seinen Glauben und Ehrgeiz, seiner Ehrfurcht, Demut sowie Ausdauer, Disziplin und Zuversicht, seinem Fleiß und seiner absoluten Loyalität sowie Standhaftigkeit wohl nie hätte unversehrt überwinden können.

Hier wiedergegebene – weder ersonnene, noch ersponnene – tatsächlich so geschehene Anekdoten und Ereignisse, die den Leser zum Nachdenken, Verstehen und Lernen animieren sollen, zeigen, wie ein Mensch, der nicht unbedingt das große „Wirtschaftswunder“ hat auskosten können, geradeaus seinen Weg gemacht hat, indem er Missgunst und Neid gegenüber anderen nie hat aufkommen lassen und sich seine eigene Existenz mit Sparsamkeit, starkem Willen und Durchhaltevermögen geschaffen hat.

Der Leser wird auf Inhalte aufmerksam gemacht, die nicht als ganz jugendfrei eingestuft werden könnten und gebeten, eine gewisse FSK in Erwägung zu ziehen. Da nichts, aber auch gar nichts weder geschönt noch verharmlost, absolut identisch ist, weist der Autor darauf hin, dass es beim Lesen zu Schmunzeln, Lachen, Tränen, Augenzwinkern, Kopfschütteln sowie Kopfnicken, Verständnis und Unverständnis, sogar zum mit dem Zeigefinger an die Stirn tippen kommen kann.

Dennoch, viel Spaß beim Lesen!

Der kleine „Wonnegau(n)er"

„Vom Lausbub, durch seine große Liebe in der Pfalz, zum Allroundtalent, Buchautor und Schriftsteller". (Freude, Leid, Glück und Gottes Fügung)
Auto-Biografie eines 1946ers

Schon vor einigen Jahren fasste ich den Entschluss, für meine nachfolgenden Generationen die eine oder andere Anekdote niederzuschreiben, von der ich meine, sie unbedingt weiterzugeben zu müssen, da sich darin so manche lustige, bedenkliche, öfter auch gefährliche Situation widerspiegelt.

Ganz klar, dass der mittlerweile große und schon etwas ältere Junge, Helmut, also meine Wenigkeit, aus dem Wonnegau, einem kleinen Bezirk in Rheinhessen, Rheinland-Pfalz, sich nicht mehr an seine allerersten Lebenstage und Lebensjahre zurückerinnern kann, über die Zeit, so weit sein Langzeitgedächtnis jedoch zurückreicht und das ist, so finde ich, bis zum dritten Lebensjahr schon ganz beträchtlich, soll hier berichtet werden.

Mit meiner Geburt am 21.08.1946 als Sohn eines Schreinermeisters und einer in den Kriegswirren in einer Lederfabrik in Worms gelernten Laborantin und späteren Hausfrau und „Mädchen für Alles" wurden mir zwar nicht die allerbesten, verhältnismäßig aber doch ganz annehmbare Voraussetzungen mit in die „Wiege" gelegt.

Mit einer „Wiege", einem vom Vater selbst gebauten Kinderbettchen, in dem auch ich und meine zwei Jahre ältere Schwester schon liegen durften, begannen meine Erinnerungen, die mich mein ganzes Leben lang begleiteten.

Die Geburt meines Bruders

Zuerst wurde meine zwei Jahre ältere Schwester und ich von unseren Eltern nahezu dazu gedrängt, Zucker über die weiß lackierte, einige Lackschäden aufweisende Fensterbank ihres Schlafzimmers nach draußen zu streuen, damit der Klapperstorch kommen möge, uns doch bitte noch ein Brüderchen oder Schwesterchen zu bringen. Dann sollte meine Schwester für ein paar Tage zu Tante Mariechen in unserem Wohnort und ich zur Tante Katharina nach Zell in der Pfalz gebracht werden, da es unser Geschwisterchen sehr eilig hatte auf die Welt zu kommen und die Geburt im Haus vonstatten gehen sollte.

Meine Schwester hatte überhaupt nichts dagegen einzuwenden zu dieser Tante zu gehen, erinnerte sie sich doch sehr genau an die guten Sachen, die es dort stets zu essen gab, während ich mich mit aller Macht sträubte, in die Pfalz, nach Zell, zu reisen.

Noch heute habe ich es vor Augen, wie ich den mit weißen Kalksteinen übersäten Weg des Berghangs, an dem das Haus meiner Tante stand, hinunter auf eine dicht bewachsene Hecke zu rannte, um wieder nach Hause zu gelangen. Doch es nutzte nichts, denn bald hatte man mich wieder eingeholt und zurückgebracht. Kein Tränchen und Betteln konnte es verhindern, dass ich bei meiner Tante bleiben musste. Na ja, mit der Zeit gefiel es mir da sogar und trotz des zur Schlafenszeit unheimlichen, schrillen Pfeifens und Heulens des Windes, in den Drähten einer Freileitung, die direkt vor dem Haus und dem Schlafzimmerfenster entlang verlief, dachte ich überhaupt nicht mehr an zu Hause. Vielleicht war es ja auch der überaus nette Onkel Emil, der mich mit seinem lustigen Trillerpfeifen, dem rollenden Gesang eines Kanarienvogels gleich, ganz ohne Hilfsmittel, und mit seinen sonstigen Späßen immer wieder zum Lachen brachte? Auch die unterschiedlichsten Holzklötzchen, mitunter bunt, mal rund oder eckig, mal mit und mal ohne Loch, die er mir aus der nahegelegenen Möbelfabrik, in der er arbeitete, mitbrachte, begeisterten mich stets aufs Neue.

Oder war es gar der feine Geruch, den ich ständig in der Nase hatte und dessen Ursprung ich unbedingt nachgehen musste?

Es war das Stück Seife, das die Tante benutzte, mich zu waschen. – Pfui! Das schmeckte aber gar nicht so wie es roch und in hohem Bogen spuckte ich aus, was ich da heimlich, genüsslich probieren wollte. Und dennoch schmeckte und roch diese Seife, so kam mir ins Gedächtnis, total anders als unsere daheim. Unsere Seife war auch nicht so schön farbig, wie die der Tante, es handelte sich dabei um die, in damaligen Haushalten überall vorzufindende Kernseife.

Es war eine der ersten Erfahrungen, die ich in meinem Leben machen musste, nämlich, dass nicht alles so gut schmeckt, wie es riecht oder aussieht.

So vergingen die wenigen Tage bei Onkel Emil und Tante Katharina, auch Tante Käthchen genannt, und ich sollte wieder nach Hause. Zurücklassen die schöne Aussicht über das Zeller-Tal, den lieben trällernden Onkel und die sehbehinderte Tante mit ihrer Brille und den sehr starken Gläsern, die ihre Augen ganz klein zu sein schienen ließ und natürlich mit ihrer wohlriechenden Seife. „Da wirst du aber unsere süßen Trauben gar nicht mehr essen können, wenn du jetzt schon heim gehst!“, waren die Worte meines Onkels, indem er auf die sich bereits bildenden Früchte an den sattgrünen Reben des Weinstockes, die den ganzen Hof an dafür gespannten Drähten überrankten, zeigte. „Aber du musst mir versprechen, wiederzukommen, wenn die Trauben reif sind“, meinte er ergänzend und mit seinem unvergleichlichen lieben Lächeln.

Ja, es war doch sehr schön hier im Hof und im kühlenden Schatten unter dem Blätterdach aus Weintraubenlaub im Juli 1950, ich hatte mich sehr sehr wohl gefühlt.

Wieder zu Hause angekommen, durfte ich gleich mein Brüderchen sehen. Ach, war das so lieb und knuddelig, mit dem werde ich bestimmt noch sehr viel Spaß haben, dachte ich und war gleichzeitig sehr besorgt um meine Mama, die im Bett lag und krank zu sein schien: „Warum liegst du denn im Bett,

Mama?", fragte ich sie, „Bist du sehr krank?" „Der Klapperstorch hat mich ins Bein gebissen", waren ihre Worte, wobei sie mir ihr sehr dick umwickeltes Bein zeigte: „Das geht aber bald wieder vorüber und die Mama ist ganz schnell wieder gesund. Da musst du dir gar keine Sorgen machen".

Zwar war ich durch diese Worte etwas beruhigt, von da an musste ich aber annehmen, dass Klapperstörche gar nicht so harmlos sind, wie man mir immer erzählt hatte. Wäre mir dies etwas früher bewusst gewesen, ich hätte ganz bestimmt keinen Zucker auf die Fensterbank gestreut.

Später erfuhr ich, dass es sich bei der damaligen Bettlägerigkeit meiner Mutter um eine Venenentzündung im rechten Bein handelte.

Oft noch krabbelte ich die steile Stiege mit ihren grauen Stufen und dem knallroten Handlauf empor ins Elternschlafzimmer, um nach Mama und dem Brüderchen zu sehen.

Außer dem braunen massiven Holz-Doppelbett, den beiden Nachttischchen daneben, die zusammen die ganze Breite des Schlafzimmers einnahmen, dem riesigen Kleiderschrank, dessen Tür, ganz links, oft von alleine aufging und dabei schrecklich knarrte und quietschte, dem Kinderbettchen und einem grünen Ofen in der Ecke, fiel mir ein Kreuz mit Korpus und ein Bild ganz besonders auf, welche immer wieder meinen Blick auf sich zogen. Auf meine Frage, was das wohl wäre, meinte Mama: „Das ist ein Kreuz und da hängt das liebe Gottchen dran." „Und warum hängt das daran?", wollte ich wissen. „Den haben die bösen Männer da dran gemacht", erwiderte sie.

So ging das Frage- und Antwortspiel noch eine Weile weiter und ich konnte trotz der vielen Antworten nicht verstehen, um was es sich eigentlich dabei handelte. Eines aber habe ich noch in Erinnerung, dass es mich immer wieder grauste, wenn ich das Kreuz betrachtete.

Ganz anders war, wie das Bild auf mich wirkte. Es zeigte eine Berglandschaft mit einem reißenden Fluss und einer Brücke, über die ein Junge und ein Mädchen gehen, begleitet von einem großen menschlichen Wesen mit riesigen Flügeln und einer sehr liebevollen Ausstrahlung. Ob es sich dabei um einen Mann oder eine Frau handelte, war nicht erkennbar. Die Brücke war stark beschädigt. Es fehlten einzelne Bretter im Boden und andere, auch tragende Teile, waren sogar angebrochen. Und, als müsste man den Kindern zurufen, nicht darüber zu gehen, schienen sie sich in der Obhut der Begleitung absolut sicher zu fühlen.

Das sei ein Schutzengel, der die Kinder sicher über die Brücke geleitetet und immer bei ihnen ist, damit nichts Schlimmes passiert. Diese Erklärung und dass er auch bei jedem Menschen zugegen sei und auf ihn aufpasste, wollte mir lange nicht in den Sinn kommen. Denn erstens hatte ich nie die Anwesenheit eines Engels verspürt und zweitens, wenn da einer gewesen sein sollte, musste es ein ganz besonderer gewesen sein. Es kam mir nämlich ein Leben lang so vor, als führte dieser mich bewusst ins Unheil, um mich dann wieder genussvoll da herauszuholen.

Ja, so wie der Engel trotz der offensichtlichen Gefahr mit den Kindern über die Brücke geht, anstatt sie davon abzuhalten und einen anderen Weg zu suchen, so ähnlich erging es mir sehr oft im Leben. Zuerst in eine missliche Lage gelangen und wenn wieder draußen meinen, na, wieder einmal Glück gehabt – Oder hatte ich dieses Glück einzig und allein meinem Schutzengel zu verdanken?

Papa der Künstler

Ja, mein Papa war in meinen Augen ein Künstler. Er konnte sehr schön zeichnen und malen. Ganz besonders gefielen mir die Portraits, die er von uns Kindern kreierte. Ein Bild malte er auf unser Bitten hin immer wieder gerne, und zwar einen Mann mit sehr langen Haaren und einem Herzen auf der Brust, was er dann das „Herz Jesu" nannte. Auch Tierköpfe, wie zum Beispiel einen Pferdekopf, vermochte er perfekt zu zeichnen, wobei wir Kinder das Werden durch nur ein paar Striche gespannt mitverfolgten.

Nicht nur den Weg des Stiftes auf dem Papier hatte ich stets im Auge, auch wie Papa sich dabei verhielt, hatte mir großen Spaß bereitet, ja, manchmal musste ich sogar darüber lachen.

Als zeichnete er Bilder in die Luft, kreiste er mehrmals über dem Papier, bis endlich mal ein Strich zu sehen war. Auch sein Mund, den er dabei ganz zuspitzte, sah ziemlich ulkig aus. Übrigens nicht nur über seinen Mund, auch über seine dicke, große Nase, die wie eine reife Erdbeere aussah, und seine großen, abstehenden Ohren, wovon das linke etwas mehr abstand als das rechte, machte ich mich ständig lustig. Und wenn ich ihn deswegen ansprach, auch ob er an dem einen Ohr öfter einmal von seinem Lehrer gezogen worden wäre, weil er nicht artig war, meinte er lachend: „Warte nur einmal ab, bestimmt hast du das alles von mir vererbt bekommen!", und, dass ihn sein Lehrer ganz bestimmt nicht misshandelt hätte, da er ein sehr braver Junge gewesen sei. Im Nachhinein muss ich gestehen, dass er mit seiner Vererbungs-Vermutung nicht einmal allzu sehr Unrecht hatte. „Gib doch Papa mal ein Küsschen!" Oh je, wenn Mama darum bat, verspürte ich eher eine große Abneigung, dies zu tun. Nach einigem Zögern gab ich ihm aber ihr zuliebe oft trotz der sehr stacheligen Angelegenheit, seiner rauen Bartstoppeln wegen, dann doch einen Schmatzer.

Ja, es war eigentlich immer wieder ein sehr schönes Beisammensein auf engstem Raume. Über Jahre hinweg war unsere Küche zugleich auch Wohnzimmer. Ganz in der linken hinteren Ecke stand ein Kanapee, vornehmlich für Papas Mittagsschläfchen. Davor ein großer Tisch mit fünf Stühlen und über diesem hing eine sehr praktische Zuglampe an der Decke. Rechts in der hinteren Ecke befand sich ein Wasserhahn mit einer Spüle und einem Unterschrank, an der nicht nur Geschirr gespült, sondern sich auch gewaschen wurde. Ein Warmwasserboiler sorgte dafür, dass stets und schnell warmes Wasser zur Stelle war. Rechts vorne stand ein großer emaillierter Kohleherd mit vier Kochplatten, einem Backofen und rechts oben darüber ein Wasserbehälter mit Deckel, auch Schiffchen genannt. Ein silbernes Ofenrohr, das gelegentlich, nach dem Bepinseln mit Silberbronze, ganz ekelig stank, ragte bis fast zur Decke aus dem Herd empor und mündete rechts in den Schornstein. Links neben dem Herd, dort wo später einmal ein Kühlschrank hinkommen sollte, stand ein kleines Schränkchen, auf dem sich ein Elektrokocher mit zwei Platten befand. Des Weiteren hing in der Ecke hinten an der linken Außenwand eine Uhr und unweit davon gegenüber der Eingangstür ein Kreuz an der Wand. Links vorne, neben der Eingangstür, stand ein Küchenschrank und daneben hing, ganz hinten in der Ecke, ein kleiner Medizinschrank. Nicht weit davon war, in etwa 1,80 Meter Höhe, eine Konsole für ein Radio angebracht. Ja, und ein wahres Wunder damals, ein Radio gab es auch. Der Fußboden war mit Kiefernholzbohlen belegt und musste von Zeit zu Zeit eingewachst und mit einem großen weichem Drahtschwamm gebohnert werden, was durch den sehr starken Wachsgeruch in der ganzen Wohnung eine gewisse Festtagsstimmung aufkommen ließ, da diese Aktion hauptsächlich kurz vor großen Festen und Feiertagen vorgenommen worden ist.

Eigentlich war alles vorhanden, was man zum Leben brauchte. Nur Oma, Papas Mutter, die mit nahezu 80 Jahren mit im Haus wohnte und von den wenigen Zimmern zwei für sich beanspruchte, konnte durch ihre herrische Art gelegentlich dieses Idyll gewaltig stören. Stets hatte sie etwas zu bemängeln, indem sie mit den sich ständig wiederholenden Worten: „Ach Gott – ach Gott“ in ihren Filzpantoffeln (Schlappen) in der Wohnung hin und her schlurfte. Mama war für sie einzig und alleine nur da, ihr eine Magd zu sein, dabei hatte sie genug mit uns Kindern zu tun. Sie kümmerte sich nebenbei noch um den Garten, die Arbeiten auf den Äckern, das zu versorgende Hausschwein und alle übrigen Hausarbeiten. Auch wenn ihr Papa aus seiner Schreinerwerkstatt auf dem hinteren Teil unseres Anwesens zurief, dass er Hilfe benötigte, war sie stets zur Stelle.

Oma hatte eigentlich mit ihren beiden Zimmern ihr eigenes Reich. Ein kleines Zimmer als Küche und Wohnzimmer und einen größeren Raum als Schlafzimmer.

Sie hatte schon sehr früh ihren Mann verloren, konnte jedoch mit einer kleinen Nebenerwerbslandwirtschaft ihre beiden Söhne einen soliden Beruf, nämlich Bau und Möbelschreiner, erlernen und die Meisterprüfung machen lassen. Papa eröffnete im Heimatort und sein älterer Bruder in einem nicht weit entfernten Städtchen, Pfeddersheim, eine Schreinerei.

Die Schreinerei

Nicht einfach war es für meinen Vater, die sehr kleine Schreinerwerkstatt seines Vaters, die noch ein echter Handwerksbetrieb war, so zu erweitern, dass auch größere Maschinen aufgestellt werden konnten. Nötig war der Abriss des alten Kuhstalls und die Errichtung eines Anbaus.

Einige Werkzeuge hatte mein Vater von Großvater übernehmen können, als da waren: Eine Werkbank, mehrere Hobel, Handsägen, Stemmeisen, Schraubzwingen und einiges mehr.

Noch gut kann ich mich an das Betonieren des Werkstattbodens und des Sockels für den Motor der Hobelmaschine erinnern. „Was macht ihr denn da?“, fragte ich Papa und Onkel Hans, der in einer Maschinenfabrik in Worms arbeitete. „Wir machen Öl“, war die Antwort und ich bemerkte auch sofort, dass sie an den neuen Motor eine Maschine angeschlossen hatten, in die sie etwas hineinschütteten und bei der aus einem Loch eine Flüssigkeit herauslief und aus einem anderen Loch eine dunkle Masse wie kleine Würstchen hervorquoll. „Kann man das denn essen?“, fragte ich beide und sie meinten, dass ich es ja einmal versuchen könnte. Gesagt getan, ich probierte diese Würstchen und wusste im ersten Moment nicht, was ich sagen sollte. „Schmeckt irgendwie seltsam“, meinte ich und rümpfte dabei etwas die Nase. Am Lachen der beiden konnte ich erkennen, dass dies nicht das von mir gewünschte Produkt, nämlich etwas Leckeres, sondern ein prima Schweinefutter war, was sie mir alsdann auch lachend bestätigten. Die Flüssigkeit war das begehrte Etwas, und auch das durfte ich versuchen. Und ich muss sagen, also ich hätte nicht unbedingt entscheiden können, was nun für den Menschen und was für die Schweine das Bessere war. Einzig das Aussehen hätte mich eher zu der Flüssigkeit tendieren lassen. Waren doch die Würstchen mit kleinen Fasern durchzogen und hatten hin und wieder grüne Stellen vorzuweisen, was gar nicht so sehr appetitlich aussah.

Der Saft hingegen war goldgelb, fast wie Honig, nur sehr viel dünnflüssiger. Ich sollte später noch erfahren, dass es sich dabei um Rapsöl handelte.

Schon eine geraume Zeit, bevor die Hobelmaschine geliefert wurde, hatte mein Vater sich selbst aus massivem Holz das Gestell für eine große Kreissäge mit starkem Drehstrom-Motor gebaut. Es bestand aus vier aufrechten Pfosten, zwischen denen etwa 20 Zentimeter vom Fußboden entfernt und ganz oben, auch aus solchem Vierkantholz, Verbindungen geschaffen waren. Unten war noch ein zusätzliches Stück eingesetzt. Auf diesem und den drei äußeren Stücken waren Bretter geschraubt, auf die der Motor gesetzt und befestigt worden war. Obenauf befand sich eine solide hochklappbare Holzplatte mit einem Schlitz für das Sägeblatt. Am oberen Rahmen waren die Lager für die Welle und hinten war eine Vorrichtung für einen Schlitten zum Hin- und Herfahren angebracht. An der Welle befand sich am hinteren Ende ein Spannfutter, in das spezielle Fräsbohrer für das Einfräsen der Löcher für Tür-, beziehungsweise Fensterbeschläge und andere benötigte Langloch-Bohrungen eingesetzt werden konnten. In die trapezförmigen zwei Stangen, die rückseitig aus der Maschine ragten, wurde der Schlitten, der unterhalb auch zwei trapezförmige Leisten besaß, eingehängt beziehungsweise eingeschoben. Mit einer Spindel, an deren unteren Ende eine tellerähnliche Platte aus Holz montiert war und mit einem großen Rad am oberen Ende konnte ein Werkstück sicher und relativ leicht eingespannt werden. Die Entfernung zwischen Motor und Welle betrug ca. 80 Zentimeter, die Kraft wurde mittels eines flachen starken Lederriemens übertragen. Ein wiederum hölzerner Anschlag, der parallel zum Sägeblatt genauestens fixiert werden musste, wurde mit zwei großen Schrauben, an deren Ende ein runder Drehgriff angebracht war, befestigt.

So stark diese Maschine war, so gefährlich war es auch, mit ihr umzugehen. Und dem kleinen Helmut war strengstens verboten, in ihre Nähe zu kommen, während sich die große Maschine in Betrieb befand.

Es hatte mich damals gelegentlich schon einmal gereizt, ein Stück Holz damit zu schneiden, doch sollte es noch eine ganze

Weile dauern, bis der große Tag gekommen sein würde. Aber wenn ich sah, wie Papa mit den Händen nur zentimeterweit ein Holzstück an dem blitzenden Metall vorbei schob, wurde mir stets angst und bange.

Nun endlich war auch die Hobelmaschine eingetroffen und in Betrieb genommen worden. Der Antriebsriemen war mindestens drei- bis viermal so lang wie der der Kreissäge. Er trieb die drei Wellen – einmal die Welle mit den Messern und zweimal die Antriebswellen – an, die die Holzstücke bei der Dickenhobelung durch die Maschine transportierten. Von unten ragten auch zwei Wellen in den Dickenraum, die aber nur geleitende Funktion hatten.

Am meisten aber faszinierte mich an dieser Maschine der sehr tiefe Betriebston, der beim Anschalten in der ersten Schaltstufe sehr tief war und mit zunehmender Drehgeschwindigkeit der Wellen, erst recht bei der zweiten Schaltstufe, etwas höher wurde.

Und wie das roch, wenn die verschiedenen Holzarten gehobelt wurden. Es dauerte nicht lange und ich konnte alleine schon am Geruch die einzelnen Holzarten erkennen.

Mit der Zeit wurde auch eine große Fräsmaschine angeschafft. Deren drei Meter langer, wegen der horizontalen Antriebs- mit der vertikalen Arbeitswelle zueinander verdrehte Antriebsriemen, beim Laufen der Maschine, in einem ganz bestimmten Takt, ein klatschendes Geräusch erzeugte, und durch ein langes Holzgestell abgesichert war.

Das rasselnde und ratternde Geräusch einer Kettenfräse war das für mich unangenehmste und ich war immer froh, wenn diese Maschine nicht in Betrieb war.

Mehrere kleine Maschinen kamen später noch hinzu: Eine große Tellerschleifmaschine, ein Schwingschleifer, eine Handfräse, eine Handkreissäge sowie Bohrmaschinen.

Große Angst hatte ich auch um Papas Hände und Finger, und zwar dann, wenn er mit einer etwa 20 Zentimeter langen zylinderförmigen Wachsstange die Riemen wachste. Da kam er doch ziemlich oft ganz nah an die Antriebsräder und er benötigte eine große Menge Geschick und Kraft, damit ihm die Stange nicht aus der Hand gerissen wurde.

Und wieder entdeckte ich einen eigenartigen Geruch, der bei der hohen Reibungstemperatur des Wachses entstand – ei, und was machte der kleine Helmut? Richtig geraten! Er musste mal wieder unbedingt davon kosten – pfui, wie grässlich, dieser Geschmack. Gegen den war der des kalten Holzleims und erst recht der des im Kaltzustand geperlten Heißleims eine Delikatesse.

Selbstverständlich wird für eine Schreinerei auch Holz benötigt. Dieses lagerte an der Seite der scheunenartigen Einfahrt zu unserem Grundstück, zum Teil an der Wand angelehnt oder auf dem Boden, je nach Art und Stärke gestapelt. Auch große Glaskisten mit den unterschiedlichsten Gläsern und Glasstärken standen an der Wand.

„Wie schmeckt das denn, was du da im Mund hast, Papa?" Diese Frage musste ihm unbedingt einmal gestellt werden, wenn er mit dem Langhobel Holzstücke hobelte: „Versuch es doch selbst", war seine Antwort, und bevor solch ein lockenartiges Ding auf den Boden fiel, fing er es auf und steckte es mir in den Mund. „Na, und wie schmeckt es?", fragte er lächelnd. „Hehe" antwortete ich vorsichtig, darauf bedacht, die Lippen nicht zu öffnen, damit mir dieser Hobelspan nicht aus dem Mund fallen konnte. Im ersten Moment kam ich mir wirklich wie ein ganz Großer vor und während Papa mich aus seinen Augenwinkeln beobachtete und noch nachrief „Aber nicht runterschlucken!", trottete ich von dannen, um auch Mama zu zeigen, was ich da habe. Doch kam es nicht mehr so recht dazu. Noch bevor ich es ihr zeigen konnte, hatte ich genug von dem bitteren Saft, der sich allmählich aus dem Holz löste und mit mehreren „Pfui – Pf – Pf" versuchte ich, die kleinen Spänchen aus dem Mund zu bekommen und auszuspucken. Mama war wieder einmal meine Rettung, denn mit einem Glas Wasser war das Zeug im Nu ausgespült.

Am Abend konnte ich hören, wie Mama Papa große Vorwürfe deswegen machte: „Was da hätte alles passieren können?!", äußerte sie sich erregt: „Wenn ihm das in den Hals gekommen wäre!"

Fürs Erste hatte ich genug von solchem Geschmack. Aber, ich muss gestehen, mit der Zeit noch oft die eine oder andere Holzart derart erschmeckt zu haben.

Mit zunehmendem Alter durfte ich nun immer öfter in die Werkstatt und ständig war ich dort auf Entdeckungstour und konnte Papa schon so manche Handreichung machen. „Darf ich dir etwas helfen?“ Und nie kam Papa in Verlegenheit, eine Beschäftigung für mich zu finden: Aus der Hobelmaschine mit einer langen Leiste die Späne herausstreichen, heruntergefallene Nägel oder Schrauben aus den Spänen am Boden fischen, zu versuchen, diese teils sehr krummen Stifte mit dem Hammer wieder gerade zu biegen, und vieles mehr. Da ging auch schon einmal ein Hammerschlag neben den Nagel auf die Finger. Aber mit der Zeit klappte das ganz gut, ja, allmählich wurde mir diese Arbeit langweilig und ich hätte viel lieber an den Maschinen gearbeitet.

Wenn Papa einmal nicht zu Hause war, schlich ich mich in die Werkstatt, legte die große Tellerschleifmaschine auf den Rücken, schaltete sie an und schliff und spitzte, was mir gerade so in die Hände kam. Beim ersten Mal hatte ich dabei großes Glück gehabt. Diese Maschine hatte eine solch hohe Anlaufgeschwindigkeit, dass sie mir schier von der kleinen Werkbank, auf der sie lag, herunterfiel.

Ujujui, da wäre ganz bestimmt das Aluminium-Guss-Gehäuse zu Bruch gegangen. Und, da die Maschine sehr groß war, hätte ich sie noch nicht einmal mehr hochheben und zurückstellen können. Glück gehabt!

Das Umfeld

Helmut und Kurt auf der Schaukel

Allmählich kam die Zeit, in der ich mehr und mehr mein weiteres Umfeld kennen lernte. Dinge wahrnahm, die mir bisher völlig unbekannt waren.

Mir wurde erstmals klar, in welch schönem Dörfchen ich wohnte. Zwar war hier noch manches im Werden: Die Straßen im Dorf und auch die zwischen den einzelnen Ortschaften waren noch nicht befestigt, lediglich mit sehr grobem grauem Schotter bedeckt und gewalzt. Nur ein kleiner Streifen an den Seiten war etwas mit feinerem Splitt belegt und somit glatter, sodass hier ein sichereres Gehen oder mit dem Rad zu fahren gegeben war.

Auch ein ständiges Stolpern oder eine Reifenpanne wurde so eher unterbunden. Längere Wege zwischen den einzelnen Ortschaften wurden ja noch mit dem Fahrrad oder zu Fuß zurückgelegt.

Es gab noch keine Kanalisation und das Regenwasser wurde in mit Pflastersteinen befestigten Rinnen, an den Häusern entlang in einen unser Dorf durchziehenden Bach geleitet. Für andere Abwässer aus den Häusern oder Ställen gab es Gruben auf den jeweiligen Grundstücken, die anfangs noch sehr mühevoll mit Schöpfeimern entleert werden mussten. Eigentlich gab es zum Abtransport große Fässer auf Wägen, die auf den umliegenden Äckern entleert wurden. Doch nutzten manche Anlieger die Gelegenheit, bei Regen ihre Jauche auszuschöpfen und sich ihr somit mit geringerem Aufwand über die Straßenrinne (Flösschen) zu entledigen.

Für uns unbedarfte Kinder war es jedoch ein willkommener Spaß, barfüßig durch diese herrlich warme braune Brühe zu waten. Davon konnte uns auch nicht der sie begleitende sehr unangenehme stechende und beißende Geruch abhalten. Dank jener Person, den sie auch „de Rundhut" nannten, mit seinem „Puhlschöpper".

Telefone waren zu dieser Zeit noch sehr vereinzelt vorhanden. Aber gerade sie sollten noch eine ganz große Rolle in meinem Leben spielen.

Auch gab/gibt es eine schöne Bonifatius geweihte große barocke Kirche mit Kirchgarten, angrenzendem Pfarrgarten und dem Pfarrhaus. Auch ein Schwesternhaus mit Hof grenzte an, in dem die schwarz gekleideten Frauen wohnten und in dem auch der Kindergarten untergebracht war, in den ich ab jetzt gehen durfte. Durfte?! – Na ja, durfte ist wohl nicht ganz der richtige Ausdruck. Es sollte eher heißen musste. Die schwarz gekleideten Frauen, auch Nonnen genannt, welche auf mich irgendwie unheimlich, ja sogar beängstigend wirkten, waren nämlich sehr streng und das war etwas, was ich bisher nie kennen gelernt hatte. Wieso eigentlich musste ich sie mit Schwester anreden? Ich hatte doch eine Schwester und das war doch etwas ganz anderes. Aber, die Tante Maria! – Hm, eigentlich war sie auch gar nicht meine Tante. Sie war noch sehr jung und als weltliche

Kraft und Kindergärtnerin unsere – na Tante eben. Die Tante war viel netter als die Schwestern. Sie lachte mit uns Kindern und wenn mal keine Schwester anwesend war, machte sie so manches Späßchen mit uns.

„So Kinder und jetzt wieder ganz still sitzen!" – „Hände auf den Tisch!" Dieser Ton, diese Miene, na klar, die Schwester war mal wieder da: „Und es werden mir keine Dummheiten gemacht!"

Einmal, so erinnere ich mich, es war in der Osterzeit, da wurde im Kindergarten angekündigt, der Osterhase würde uns besuchen. Alle Kinder mussten mal wieder auf ihre Plätze und schön artig die Hände auf den Tisch legen. Eine ganze Weile saßen wir so da und warteten und warteten. Plötzlich ein Schrei! „Da, da ist der Osterhase!" „Wo denn!?", wollten viele wissen. – „Da, am Fenster, da war er eben!" „Ich habe seine Ohren gesehen!", rief ein Mädchen. – „Hä, da war doch gar nichts", dachte ich bei mir, machte einen Satz von meinem Stuhl, und da mein Platz nahe am Fenster war, war ich auch sofort am Fenster. Ich hörte hinter mir noch einen Warnruf: „Bleibst du da weg – sofort wieder auf deinen Platz!!" Aber, es war zu spät. Seit jenem Moment war der Osterhase für mich und etliche andere Kinder gestorben. Konnte ich doch aus dem Fenster einen Hasenkopf und in dem Darunter die Kleidung einer Schwester sehen. „Das ist ja die Schwester, das ist ja die Schwester!", rief ich, teils erschrocken und dennoch heiter. Ich war aber gar nicht so sehr überrascht deswegen, hatte doch meine zwei Jahre ältere Schwester schon so oft zu mir gemeint: „Bäh – du glaubst ja noch an den Osterhasen."

Ob es nun der Osterhase war oder nicht wurde anschließend heftig diskutiert und ganz besonders die Mädchen zweifelten an meiner Aussage. Die einen glaubten immer noch daran und sahen mich sogar böse an deswegen, weil ich ja die Unwahrheit gesagt hätte. Andere, besonders die mit älteren Geschwistern, standen ganz auf meiner Seite.

Oh je, was ist das für eine Welt?, fragte ich mich. Mir schien plötzlich alles so verwirrt. Was kommt denn da noch so alles auf mich zu? Und mit zunehmendem Alter musste ich mir diese Frage immer öfter stellen.

Da gab es Onkels, die nicht meine Onkel waren. Da gab es Tanten, die nicht meine Tanten waren. Es gab Schwestern, die nicht meine Schwestern waren – und Osterhasen gab es auch keine – lieber Gott, was gibt es denn überhaupt?, fragte ich mich. Na ja, ein kleiner Trost blieb mir ja noch, es gab ja noch das Christkind. Oder sollte es das am Ende auch nicht geben? Es taten sich mir einige Zweifel deswegen auf, hatte doch meine Schwester diesbezüglich auch schon einige Andeutungen gemacht.

Das mit dem Osterhasen war schnell vergessen und die Kindergartenzeit doch gegen Ende hin sehr schön. Endlich merkte ich, dass es da ja noch viele andere Kinder im Dorf gab und ich mit den wenigen, die ich bisher kennen gelernt hatte, nicht die einzigen waren.

Auch war nun die Zeit gekommen, da ich erkannte, dass es noch andere Menschenarten auf dieser Welt gab.

Bei Einkaufsfahrten mit der Eisenbahn in die nahe gelegene Stadt Worms sah ich etwas, das ich trotz Erklärungen meiner Eltern lange Zeit nicht verstanden hatte. Da gab es sehr viele total zerstörte Häuser und nur hier und da stand noch eines, das nicht beschädigt war. Ich gab mich vorerst zufrieden auf die Antwort meiner Eltern, dass das im Krieg die Flieger mit ihren Bomben gewesen waren. Weshalb dies so war, hatte mich damals eigentlich gar nicht interessiert, darum ich auch weiter keine Fragen mehr stellte. Vermutlich auch deswegen, weil ich wusste, es eh nicht zu verstehen.

Wieder zur Rückreise am Bahnhof angekommen, setzten wir uns, da es noch einige Zeit dauerte, bis der Zug abfuhr, unsere in der Stadt gekauften Laugenbrezeln essend, in das riesengroße Zweite-Klasse-Wartezimmer. Nie zuvor sah ich solche Menschen, die hier in großer Anzahl saßen, Bier tranken und Zigaretten rauchten. Gesicht, Hände, alles ganz braun, manche sogar fast schwarz. Ich hatte sehr große Angst, was auch sofort meine Mutter bemerkte, indem sie meinte: „Du brauchst keine Angst zu haben, die tun dir nichts." Da, jetzt kam sogar einer auf mich zu. Er musste bemerkt haben, dass ich mich fürchtete und lächelte mich ganz lieb an. Verlegen senkte ich meinen Blick und von unten herauflinsend bemerkte ich, wie er sich mit tänzelndem Schritt wieder entfernte. „Das ist ein amerikanischer Soldat", sagte meine Mutter, indem sie ihm noch eine Weile hinterher schaute.

Hätte er in dem Moment, als er vor mir stand, anstatt mich anzulächeln, „Buh" gesagt, ich glaube, ich wäre vor Schreck vom Stuhl gefallen.

Neger, so durften sie damals noch genannt werden, hatte ich zuvor schon einmal auf einem Bild gesehen. Da war ein Dorf mit eigenartigen Hütten und eine aus Holzpfosten errichtete Mauer drumherum. Alle Menschen, die zu sehen waren, auch die Kinder, hatten eine dunkle Hautfarbe. Sie mussten sehr arm gewesen sein, denn sie hatten fast nichts anzuziehen. Die Frauen hatten große, ganz weiße Knochen, in die Haare gesteckt. Und – he, Moment mal – an dieser Stelle sollten mir doch auch die großen, nackten Brüste in Erinnerung sein? Nee, nichts. Entweder ich hatte gerade einen Blackout gehabt oder ich habe mir damals bei ihrem Anblick überhaupt noch nichts gedacht und sie einfach übersehen.

Was mich jedoch am meisten auf dem Bild beeindruckte, war der große Topf in der Mitte eines Platzes, in dem ein weißer Mann mit Hut saß. Die schwarzen Männer hatten Holz unter den Topf gelegt und es angezündet. Sie tanzten um den Topf herum und schienen sich schon sehr auf ihre Mahlzeit zu freuen. Dem Mann in dem Topf aber schien das alles gar keine Freude zu bereiten. An seinem bangen Gesicht und den Schweißtropfen auf der Stirn konnte man erkennen, dass das Wasser so langsam anfing, heiß zu werden.

Nicht gerade die beste Art, Kindern beizubringen, dass es noch andere Menschenarten auf dieser Welt gibt. Bis zu jener Begegnung im Wormser Bahnhof blieb dieses Bild in meinem Kopf als Vorurteil, alle Schwarzen müssten Menschenfresser sein.

Na ja, vielleicht war das Bild auch nur für Erwachsene bestimmt und ich hatte es rein zufällig in die Hände bekommen? Aber auch bei Erwachsenen könnten sich daraus doch Vorurteile gebildet haben?

Der Bahnhof Worms war bisher eigentlich oft der Ort seltsamer Begegnungen für mich. Einmal, ich saß wieder mit meiner Mutter da, auf den Zug wartend, da sprangen maskierte Leute, auf Besen reitend, laut schreiend umher und auf die Tische zu. Jedoch, obwohl die Hexenmasken sehr furchterregend aussahen, hatte ich überhaupt keine Angst, da ich wusste, es ist Fastnachtszeit und da maskieren sich die Leute eben. Ich selbst war ja zu Hause auch schon als Cowboy verkleidet und mit einem echten „Pulverblättchen"-Revolver bewaffnet. Die Hexen seien total harmlos und es wären verkleidete Wormser Straßenfeger, versicherte mir meine Mutter rechtzeitig.

Ja, Fasching, das war, neben Weihnachten, Ostern und Kirchweih, eines der größten Feste für mich. Mit den einfachsten Mitteln zurechtgemacht zogen wir Kinder am Fastnachtsdienstag los, um von den Einwohnern ein paar Pfennige zu erhaschen. Ich kann mich noch sehr gut daran erinnern, wie Mama mir ein kariertes Hemd anzog, ein buntes Tuch um den Hals legte und von den beiden Enden her den Teil mit den Reibflächen einer Streichholzschachtel, darüber schob. Ein Streichholz wurde angezündet und ein Stück abbrennen lassen, um mit dem verbrannten Schwarz mir einen Schnurrbart unter die Nase zu malen. Dann nahm sie einen Fetzen rotes Krepppapier, feuchtete es mit Spucke an und machte mir damit die Wangen rot.

„Ich bin ein armer König, geb' mir nicht so wenig. Lass mich nicht so lange steh'n, denn ich muss noch weiter geh'n. Geld heraus, Geld heraus, sonst schlag ich euch ein Loch ins Haus." So hieß der Spruch, den wir an der Haustür aufzusagen pflegten. Hat man etwas geschenkt bekommen, hieß es: „Die/der gute Frau/Herr hat uns was gegeben, nächstes Jahr um diese Zeit da soll sie/er auch noch leben." Mir war echt Angst davor, nichts zu bekommen. Keineswegs, weil ich nun mal nichts bekommen hatte, sondern, nicht das Ende des darauffolgenden Spruches, der endete: „... soll sie/er nicht mehr leben", sagen zu müssen. Aber zum Glück war dieser Fall nie eingetreten.

Eines jedoch machte mich auf unserer Tour stets wütend. Wenn die Leute, die wir besuchten, fragten: „Wie heißt du denn? Wer sind denn deine Eltern?" Und je nachdem, wer die Eltern waren, entsprechend spendabel ihre Geldbörsen öffneten. Wieder auf der Straße, hatten wir nämlich jedes Mal verglichen, was jeder von uns bekommen hatte.

Egal, was es in dieser Zeit war, das ich in die Hände bekam und mit Fastnacht zu tun hatte, es hatte mich immer wieder fasziniert. Die bunten Luftschlangen, das Konfetti, ein Hütchen, das die Eltern von einer Karnevalssitzung mit nach Hause brachten, etc., ich war einfach immer hin und weg. Und wenn Papa bunte Papierreste mit nach Hause brachte, die er bei seiner Hilfe zum Herrichten der Umzugswagen aufgehoben hatte, war die Freude riesengroß. Zum Teil auch für die bald anstehende Schmückung der Stabausstecken fanden sie noch sehr gute Verwendung. Fehlte dann nur noch eine große Brezel auf der Stabspitze und schon konnte losgezogen werden, vornehmlich zu den Verwandten, um dort mit einem Liedchen deren Wohlgefallen zu wecken. Und dann hieß es: „So, moin Buu, unn weil du jetzt so schee gesung hoscht, krieschde aach wass."

Ja, bei uns im Ort, da wurde und wird das rheinhessische Platt gesprochen. Jeder verstand jeden, nur, wer meinte etwas Besseres zu sein, versuchte sich in Hochdeutsch. Da wurde ich schon das eine oder andere Mal von einer Tante ermahnt, doch schöner zu sprechen. „Awwer, isch hab mer do nix saa geloss unn so wie immer weitergebabbelt!" Denn, weshalb sollte ich so reden, wie mich auf der Straße eh keiner verstand? Außer im Kindergarten wurde auch in der Kirche hochdeutsch gesprochen und gesungen. Nur manchmal konnte man eine Sprache überhaupt nicht verstehen, Latein. War wohl nur für die Erwachsenen, weil wir Kinder es nicht verstehen sollten, dennoch, mit „blablabla" ist einfach nachgeäfft worden. Wäre dies nicht so gewesen, die bald beginnende Schulzeit wäre so manchem Schüler noch sehr viel schwerer gefallen. Denn aus dem „Dippsche" wurde ein Töpfchen, aus dem „Hawwe" ein größerer Topf, die kleine Schwester davon war das „Häwwelsche". Auch den Unterschied zwischen einer Kartoffel und einer „Grumbeer" konnte man erfahren – es gab nämlich gar keinen.

Unser Wohnhaus

Unser Wohnhaus mit Schreinerei befand sich ziemlich genau in der Mitte unseres Wohnortes in einer schmalen Gasse, die „Kleine Belzgasse". Papa hatte es von seiner Mutter vererbt bekommen, da er sich bereit erklärte, im Alter für sie zu sorgen.

Das Wohnhaus war direkt an die Straße gebaut und im hinteren Teil des Grundstücks befand sich die Werkstatt, ein großer Stall, der umgebaut und zur Werkstatt hinzugenommen wurde, ein kleiner Schweinestall und ein Klohäuschen. Etwas außerhalb der Mitte des Hofes nach rechts war ein großes viereckiges Loch im Boden, in das der Schweinemist und mancher Küchenabfall verbracht wurde. Ja, sogar das „Nachtdippche" wurde dort entleert, wobei der eher feste Inhalt mit etwas Stroh zugedeckt wurde.

Im Erdgeschoss des Wohnhauses war die Küche, ein größeres und ein kleines Zimmer. Im ersten Stock gab es ein großes und zwei kleine Schlafzimmer. Über dem großen Zimmer im Erdgeschoss gab es einen weiteren Raum, der nicht ausgebaut war und an dem zur Einfahrt hin eine Wand fehlte. Dort und auch über der Hofeinfahrt war früher das Stroh und Heu für das Vieh und später mehrere Särge gelagert, die schon fast fertig angeliefert wurden.

An der Einfahrt befand sich ein riesengroßes hölzernes zweiflügeliges Hoftor. Von innen betrachtet war der rechte Flügel einmal am Boden mit einem Riegel und einmal an der Wand mit einer langen Eisenstange befestigt. Der linke Flügel wurde von dem rechten durch einen Falz, der über den Falz des anderen Flügels ging, zugehalten. In dem linken Flügel war eine kleinere Eingangstür eingebaut. Die eiserne Haltestange diente uns Kindern als willkommenes Turngerät. Konnten an ihr doch die tollsten Glimmzüge gemacht werden.

Heutzutage nicht mehr vorstellbar, aber der Schlüssel des Hoftores hing bei Abwesenheit stets hinter dem Klappladen am Fenster des kleinen Zimmers, das zur Straße ging, und der Schlüssel zur Haustür lag auf der Fensterbank eines kleinen Fensterchens direkt neben der Tür.

Am hinteren Ende der Hofeinfahrt lag oben, in etwa 4 Meter Höhe, quer ein großer dicker Balken. Um ihn war eine starke Kette gewickelt, die nach unten hing und seitlich an der Wand befestigt war. An diese Kette hängte der Metzger beim Schlachten die Schweine. An dem aufrechten Balken, an der Seitenwand der Einfahrt, die in Fachwerk gebaut war, steckten mehrere Sicheln und Bau-Stahlklammern. Zudem bündelweise lange papierene Schnüre, mit einem runden Holzstückchen am jeweiligen Ende. Diese dienten bei der Getreideernte zum Binden der Garben.

Auch von unserer Küche ging ein Fenster in die Einfahrt. Leute, die zu Papa in die Werkstatt wollten, kamen immer erst an dieses Fenster und klopften. Noch heute höre ich meine Mutter sagen: „Er iss dehinne“. Was so viel heißt wie: Gehen sie nur hinter, mein Mann ist in der Werkstatt.

Von der Einfahrt führten zwei Stufen ins Wohnhaus. Hier saßen gelegentlich die armen Männer und Frauen, die umherzogen und bettelten. Mama gab ihnen etwas zu essen und an einen, den sie auch „De Bisquit“ nannten, kann ich mich noch besonders gut erinnern. Er sang zum Dank immer, teils sogar jodelnd, ein Liedchen.

Im Hausflur ging es gleich links neben der Eingangstür eine steile Treppe nach oben zu den Schlafzimmern. Links hinter der Treppe befand sich die Küche, von der ein weiteres Fenster nach hinten in den Hof ging. Von hier hatte man den besten Blick über den Misthaufen auf die Werkstatt. Zum Haus hin war jedoch an der Mistgrube eine Mauer, die etwa einen halben Meter hoch war, auf die Mama alljährlich Blumen stellte. Überhaupt hatte sie im Hof stets mehrere Kübel – vornehmlich mit Geranien – stehen, sodass die hässliche Grube fast ganz verdeckt war.

Von der Küche ging eine Tür in einen kleinen Raum, in dem Wäsche gewaschen und Vorräte aufbewahrt wurden. Von diesem Raum führte eine Betontreppe hinab in einen kleinen

Keller. Hier lagerten Kohlen, Briketts und Kartoffeln und in der Ecke gab es einen Sandkasten, in den Karotten und andere Wurzelgemüse über den Winter eingeschlagen waren. An der Wand war ein Regal befestigt, auf welchem Gläser mit Obst oder Marmelade und nach einer Schlachtung auch die Dosenwurst standen.

Dieser Keller hatte für mich als kleines Kind immer etwas Unheimliches an sich. Da es dort unten noch kein elektrisches Licht gab, musste mit einer Kerze runter gegangen werden. Und, man war nicht einmal die Treppe ganz drunten, war diese Kerze bereits erloschen. Womöglich war das kleine Kellerfenster, das auf Lüftung gestellt war, die Ursache.

Im Hof rechts, ganz nah beim Haus, befand sich das Klohäuschen. Eine Tür, die von außen mit einem Riegel und von innen mit einem Haken geschlossen wurde, war aus Brettern angefertigt, durch deren Schlitze man gut nach draußen sehen konnte. Ein Herzchen weiter oben in der Mitte der Tür diente wohl zur Be- beziehungsweise Entlüftung, sowie dazu, dass etwas Licht ins Innere fiel. Seitlich, auf einem Holzkasten mit Sitz, Deckel und einem großen Loch in der Mitte, waren stets alte Zeitungen gestapelt. Wozu? Da braucht man nicht lange zu raten.

Zum Glück mussten wir kleinen Kinder dieses Klo nicht benutzen. Dafür gab es noch ein Töpfchen mit Deckel, das im Falle der Notdurft im kleinen Raum hinter der Küche jederzeit zur Hand gewesen war. Verrichtet worden ist dann in der Küche.

Stets war Eile angesagt, hätte doch jederzeit jemand zu Besuch kommen können, was selbstverständlich hin und wieder auch geschah. Dann das Töpfchen unter den Hintern geklemmt und ab, in das kleine Kämmerchen nebenan. Das konnte schon eine ganze Weile dauern, bis man dieses Versteck wieder verlassen konnte. Mit der Zeit kam das sogar so, dass ich, ob ich nun auf dem Töpfchen saß oder nicht, bei Besuch schleunigst in dieses Kämmerchen verschwand.

Und wenn dann noch die alte Frau, „Es Gretasche“, die uns fast täglich besuchte und nicht nur mir beinahe zu einer Plage wurde, war die Not groß. Meistens kam sie kurz vor dem Mittagessen, vermutlich um sich mal wieder zum Essen einladen zu lassen und nervte total mit ihrem ständigen: „Isch geh jetzt", „Aller donn, isch werr jetz mol geh." Und ich saß im Kämmerchen und dachte: „Ei wonn se doch emol endlisch geh det!", denn so konnte sich das Spielchen eine ganze Weile hinziehen. Und wenn ich es da drinnen nicht mehr aushielt und dann doch herauskam, meinte sie mit einer erhöhten Stimme: „Ach, wu kimmschden du jetz her?", und mir fehlten dann oft die Worte, sodass sich Mama mal wieder etwas hat einfallen lassen müssen.

Eben diese Frau hatten mein Bruder und ich so sehr ins Herz geschlossen, dass wir jederzeit dazu bereit waren, ihr einen Schock fürs Leben zu versetzen. Na ja, die Zeit kam und es wurden mal wieder neue Särge angeliefert. Und bevor sie hoch ins Lager geschafft wurden, standen sie noch eine Weile in der Hofeinfahrt.

Seitlich den Deckel angehoben, eingestiegen, Deckel zu und gewartet. Es war nicht unbedingt Zufall, dass wir genau die Zeit gewählt hatten, als sie mal wieder unterwegs war. Das Tor ging auf, sie kam herein, ich im Sarg machte: „Buuhbuuh" und hob den Deckel. Ein Schrei war zu hören und dann dennoch ein lautes Gelächter: „No, wass henn er misch awwer jetz veschreckt", meinte sie noch, mit einem abschließendem „Hihihi".

Wir hatten zwar unseren Spaß gehabt, doch den Eindruck, dass es für sie ein Schock war, hatten wir nicht. Na, jedenfalls besuchte uns die alte Dame weiterhin sehr regelmäßig und die Särge waren bald wieder aus der Einfahrt verschwunden.

Auch wenn die Särge wieder ins Lager verbracht waren, machte die kleine Marga stets, wenn sie ihre Oma in der Vorstadt besuchte, einen großen Bogen um unser Anwesen. Hatte doch irgendwann auf dem Weg dorthin wieder einmal unser Hoftor aufgestanden und, der reinste Horror für sie, es waren gerade neue Särge angeliefert worden.

Nein, dies konnte nicht für sie der Anlass gewesen sein, in späteren Jahren in die USA auszuwandern.

Hier, in der Einfahrt, gab es noch einen meiner ganz besonderen Lieblingsplätze. Hinter den an der Wand anlehnenden Holzdielen und Brettern hatte Papa alte Glaskisten gestapelt. Holzwolle, welche ursprünglich in den frisch gelieferten Kisten das Glas vor dem Umfallen und somit Bruch schützte, war zu eventuellen späteren Zwecken in die obere Kiste gestopft und dort aufgehoben worden. Eine Leiter, die eigentlich zum Hochsteigen in das Sarglager diente, lehnte dort, ganz offenbar aus Erwachsenensicht unverantwortlich, neben dem Langholz an der Wand. Für mich ideal zum Einsteigen in die Kiste. Das war von nun an mein Reich. Was für andere ein Baumhaus ist oder war, das bedeutete für mich die Holzwolle gefüllte Glaskiste. Waren irgendwelche Geräusche zu hören, die andeuteten, dass sich jemand näherte, verharrte ich ganz still da oben, wobei ich durch die freien Spalten die Umgebung beobachtete. Manchmal durften sogar Jungs und Mädchen aus der Nachbarschaft, die mutig genug waren, mit dort hinauf, in mein geliebtes gemütliches „Hochhaus". Nie, wenigstens, dass ich es mitbekommen hätte, ist mein geheimes Reich entdeckt worden. Ich möchte nicht unbedingt behaupten, dass ich, was meine Kletterkünste anging, der Mutigste war. Aber, so manch interessante Orte auf unserem Anwesen wurden zwar unbedacht, aus reiner Neugier jedoch stets ganz vorsichtig erklettert. Zwar ließ ich mir für das Wann und Wo stets Zeit, irgendwann einmal aber kam die Gelegenheit und ich war körperlich dazu imstande.

So war meine nächste – nicht ganz ungefährliche – Tour, ohne Leiter hoch über das Sarglager auf den oberen Speicher zu gelangen. Dazu bot sich das große direkt angrenzende Hoftor mit seinen waagerechten, von innen unverkleideten Holzrahmen, perfekt an. Zuerst mit dem linken Fuß auf den unteren, waagerechten Rahmen des kleinen Tors, dann mit dem rechten Fuß auf die Türklinke, dann mit dem linken Fuß auf den oberen Rahmen, dann auf eine Strebe des großen Tors, ein Griff zu einem Balken nach links, jetzt nur noch hochziehen und oben war ich. Erst jetzt kamen mir Bedenken, wie ich wohl wieder da hinunterkommen würde, aber, das hatte ja noch Zeit. Oben, auf dem Boden des Sarglagers, lehnte an der Wand eine alte Tragbahre, mit der zu früheren Zeiten angefertigte Türen und Fenster zu den Kunden transportiert wurden. Auch für den Transport von Särgen musste sie gelegentlich dienlich sein. Hier oben, für ihren letzten Zweck, war sie in erster Linie dazu gedacht, dem Schornsteinfeger zuerst auf den Dachboden und weiter hoch auf das Dach zu helfen. Die Bahre bestand aus zwei Längs- und drei Querteilen. Die Querteile dienten als Leitersprossen und waren eigentlich für einen kleinen Kerl wie mich in einem zu großen Abstand zueinander angeordnet.

Dennoch, mein Vorhaben gelang. Auch musste ich hier nicht allzu große Bedenken haben, was einen eventuellen Sturz betroffen hätte. Lag doch unter dieser Leiter dermaßen viel altes Stroh, sodass ich nicht sehr hart hätte fallen können.

Oben angekommen, sah ich, dass es da auf das Dach ja noch ganz gut weiter ging. Auf dem Boden stand eine Kiste, auf die eine größere Person steigen und durch das Dachfenster auf das Dach gelangen hätte können. Doch alles Hochhangeln half nichts, es war einfach noch nicht zu schaffen. Da musste ich wohl noch ein, zwei Jahre warten, bis das gelingen könnte.

Die Mühe hatte sich aber trotzdem gelohnt. Fand ich doch auf dem Dachboden so manchen Gegenstand, der an Weihnachten unter dem Weihnachtsbaum alljährlich wieder auftauchte: Die Puppenküche meiner Schwester, meinen Kaufladen mit allem möglichem Zubehör und einige andere Dinge. Aha, jetzt erkannte ich auch, wie diese Sachen hierhergebracht wurden. Auf dem Boden war eine große Holzplatte aus mehreren Brettern bestehend. Als ich sie anhob und hinunterschaute, konnte ich zu meiner Verwunderung auf die Treppe zum Flur vom Erdgeschoss ins Obergeschoss schauen. Behutsam und mit einiger Mühe schloss ich diese für mich doch sehr schwere Klappe wieder und war somit eine große Erfahrung reicher. Ich wusste, hier herauf würde ich noch häufiger klettern.

Doch nun stand noch der erste große Abstieg bevor. Auch hatte man mich im Haus schon vermisst und nach mir gerufen. Aber ich wusste, wenn ich mich nun melden würde, hätte ich mir ziemlich unliebsame Fragen anhören müssen. „Wo hast du dich denn wieder herumgetrieben?“, hätte wohl eine der Fragen gelautet. Und als ehrlicher Junge, der ich immer war, wäre mein Geheimnis schnell keines mehr gewesen.

Es klappte eigentlich prima mit dem Runterklettern. Außer am letzten Abschnitt, hier hatte ich ein Problemchen. Irgendwie hatte ich den falschen Fuß zuerst nach unten gesetzt und so hing ich da über dem kleinen Hoftor und konnte nicht mehr nach oben zurück, um einen neuen Anlauf zu nehmen. Also blieb mir nur, nach unten zu springen. War auch nicht so schlimm, wie ich zuerst angenommen hatte. Ein letzter Blick noch nach oben, ein erleichterter Schnaufer dazu und ich war in diesem Moment der stolzeste Junge der ganzen Welt.

Ach ja, die lieben Mädchen. Mit gerade einmal 4 Jahren hat man zu Mädchen eine ganz andere Einstellung als in späteren Jahren. Da schien noch eher ein gewisser Instinkt im Vordergrund stehen, sie zu betrachten, zu berühren oder gar zu beschnuppern. Ja und es gab die ersten festgestellten Unterschiede zwischen ihnen. War mein Geruchssinn damals schon sehr ausgeprägt, stellte ich fest, dass eins der Mädchen einem Geruch nahe kam, der jemandem anhaftete, wenn im elterlichen Betrieb Land- Viehwirtschaft betrieben wurde. Das andere Mädchen hatte da schon einen total anderen Geruch anhaften, der in meiner Nase ganz anders, angenehmer, leckerer und interessanter wirkte. Und tatsächlich sollte sich alsbald herausstellen, wes Ursprungs dieser Duft wohl sein mag. Nahm mich doch jenes Mädchen mit zu sich nach Hause, was nicht einmal hundert Meter von unserem Haus entfernt war, und zeigte mir ihr Aquarium, welches auf einem Schränkchen im Flur stand, mit sehr vielen kleinen rot, blau und grün schimmernden Fischlein. Sie gab mir eine kleine Büchse mit Futter für die lieben Tierchen und ich war sehr, sehr begeistert, dass ich dies tun durfte, die Fischlein zu füttern.

Hmmm! Und sie dufteten, die kleinen Futterflöckchen, echt, sehr lecker. Es fiel mir plötzlich wie Schuppen von den Augen, ich hatte die Quelle des dem Mädchen anhaftenden Geruchs entdeckt.

Noch heute, wenn mir dieser Duft einmal wieder in die Nase strömt, muss ich an jenes süße kleine, appetitanregende Mädchen mit den schwarzen Haaren und an die Futterflöckchen denken; und, dieser Duft ist mir immer noch ein eher willkommener.

Besuch von Tante Katharina und Edgar

Immer wieder freuten wir uns über den Besuch unserer Tante aus der Pfalz. Eigentlich kam sie in erster Linie, um ihre Mutter, meine Oma, zu besuchen. Ganz gespannt warteten wir Kinder schon auf das, was sie uns mitgebracht haben könnte. Nie waren wir enttäuscht, denn sie brachte stets Bonbons und Schokolade mit, was wir von unseren Eltern aus finanziellen Gründen doch eher vorenthalten bekamen.

Die Tante war stets lustig, sie plapperte wie ein Wasserfall, aber sie stellte uns auch Fragen, ohne uns damit in Verlegenheit zu bringen. Ganz besonders fiel mir an ihr auf, dass sie in vielen Gesichtszügen meinem Vater sehr ähnlich war. Irgendwie verzog sie eigenartig ihren linken Mundwinkel beim Sprechen und ihre Sprache war ganz anders als unsere. Wir sagten zum Beispiel: „Mer henn“, also: „Wir haben“, sie: „Mer hunn“, wir: „Mer sinn“, also: „Wir sind, sie: „Mer soin“. Immer, wenn sie diese Worte benutzte, wurde ich an einen Satz erinnert, den mein Onkel Emil, ihr Mann, bei einem Besuch bei ihnen einmal zu mir gesagt hatte, ich aber die Zusammenhänge erst sehr viel später verstand: „Hunnsche gesie, wie se gebohrmeißelt hunn?“ Also: Hast du gesehen, wie sie gebohrmeißelt haben? Und meinte damit zwei Vögel, ich nehme an, es waren Spatzen, die sich auf einem Baum gerade paarten. Zu jener Zeit dachte ich noch, die Vögel spielten miteinander.

Die Tante forderte uns, wenn sie bei uns zu Besuch war, immer wieder auf, mit ihr Spiele zu machen. Ihr Lieblingsspiel neben „Mensch ärgere dich nicht“ war „Spitz pass auf“. Bei diesem Spiel wurden an die Spielfiguren des „Mensch ärger dich nicht“ etwa 60 bis 70 Zentimeter lange Schnüre gebunden, die kleinen Püppchen in der Mitte des Tisches beisammen hingestellt oder gelegt, die Schnüre dann zu jedem Mitspieler hingelegt und von diesem in die Hand genommen. Ein Mitspieler hatte einen Becher in der Hand und wenn er rief: „Spitz pass auf!" und mit dem Becher versuchte die Püppchen zu fangen, mussten alle blitzschnell an der Schnur und sie somit vom Tisch ziehen. Wessen Püppchen gefangen wurde, musste ein Pfand hinterlegen. Dazu wurde etwas verwendet, das in größerer Anzahl im Haus vorhanden war. In unserem Falle waren das getrocknete Bohnen. Auch Erbsen oder Knöpfe kamen hierfür in Frage. Wer zuerst alle seine Pfände, die vorher ausgeteilt wurden, abgegeben hatte, war der Verlierer des Spiels.

Einmal zeigte uns die Tante einen tollen Trick mit Knöpfen. Sie nahm einen Knopf mit Löchern, steckte durch ein Loch einen dünnen, etwa 70 bis 80 Zentimeter langen Nähfaden und dann zu einem anderen Loch wieder zurück. Die beiden Enden verknotete sie miteinander und schob den Knopf in die Mitte. Dann der große Moment. Sie schob die rechte Seite der Fadenschlaufe über den rechten Daumen und die linke Schlaufe über den linken Daumen. Dann ließ sie das Ganze etwas locker, so dass der Knopf nach unten hing, und mit einer kreisenden Schleuderbewegung der beiden Hände brachte sie den Knopf dazu, sich wie in einem großen Rad zu drehen und dabei die beiden rechts und links von ihm befindlichen Fäden miteinander zu verdrallen. Dann zog sie auf beiden Seiten, lies wieder los, zog wieder, lies wieder los und wiederholte diesen Vorgang ständig – hei, war das eine Freude, wie sich der Knopf dabei mal in die eine, dann in die andere Richtung drehte. Je nachdem, wie fest sie an den Enden zog, veränderte sich der Summton und das Aussehen des Knopfes. Viele verschiedene Knöpfe hatten wir noch ausprobiert und einen großen Spaß dabei gehabt.

Tantes Sohn, mein fünf Jahre älterer Cousin Edgar, hatte es ganz besonders gerne mit mir zu tun. Immer wieder erdachte er sich Möglichkeiten aus, mich bei guter Laune zu halten.

Einmal, es war an einem wunderschönen Früh-Sommertag. Die Sonne stand schon so hoch, dass sie über die hohen Wände und Dächer um unser Anwesen strahlte. Edgar besuchte mal wieder unsere Oma, die er Mutter nannte, weil seine Mutter sie auch so anredete. Wir spielten Verstecken und Nachlaufen. In unserem Hof kam er auf die Idee, mit mir Cowboy und Indianer zu spielen. Er als Cowboy und ich als Indianer.

Auf diese Idee gekommen zu sein, sollte ihm noch sehr leid tun. Ich bin mir sicher, dass es ihm hinterher, obwohl er es nicht zeigte, sehr weh getan hatte.

Er holte nämlich einen Stuhl aus der Küche, stellte ihn mitten in den Hof, dann nahm er ein Seil, das an der Wand an einem Balken hing und irgendwoher, ich meine, von hinten, hinter dem Schweinestall, da, wo das Brennholz gelagert war, hatte er plötzlich ein Beil geholt. Er setzte sich auf den Stuhl und ließ sich, unter seiner Mithilfe, von mir festbinden. Zuvor zeigte er mir noch, was ich nach der Fesselung machen sollte, nämlich, mit dem Beil in der einen Hand und mit der anderen Hand immer wieder auf den Mund schlagend um den Stuhl tanzen, sodass dabei ein typisches Indianergeheul ertönen sollte.

Gesagt getan, Edgar saß gefesselt auf dem Stuhl und Helmutchen tanzte mit dem Beil in der Hand heulend um ihn herum.

Ja, das musste ziemlich indianermäßig ausgesehen haben. Aber Edgar war das noch nicht echt genug. Er forderte mich auf, ihm Angst zu machen, indem ich auf ihn losgehen sollte, um ihm seinen Skalp zu holen. Machte ich – und bums, Edgar hatte das Beil am Kopf. Ich wollte ihm gar nicht weh tun, das ergab sich eben so. Edgar befreite sich schnell von seinen Fesseln und lief ins Haus, die vermutlich entstehende Beule mit Wasser zu benetzen.

Ich war doch sehr besorgt um ihn, dann aber nicht weniger erleichtert, als er wieder zurückkam und mir versicherte, es habe überhaupt nicht weh getan. Eine Rötung und kleine Schwellung meine ich aber doch gesehen zu haben.

Edgar war mir dieser Blitzattacke wegen nie nachtragend. Ganz im Gegenteil, er schien sogar riesigen Spaß dabei gehabt zu haben.

Mit Mama im Garten

Große Freude machte es mir, mit Mama in den Garten zu gehen, durfte ich mich doch, als ich noch kleiner war, auf dem Weg dorthin in unser Handwägelchen setzen.

Im Garten auf die „Huschhusch“ warten, war stets eine Besonderheit. Wenn Mama sagte: „Schnell, geh hoch, äwe kimmt se!“, bin ich ganz schnell hoch an den Zaun gerannt und habe gewartet. Schon wenn sie im circa dreihundert Meter entfernten Bahnhof losfuhr, hörte man sie schnaupen und stampfen. Wenn sie dann kurz Fahrt aufgenommen hatte, hörte man am Bahnübergang einen lauten Pfiff.

Und da kam auch schon das schwarze Ungetüm. Dampfend und qualmend kam es immer näher und ich hatte schon ein wenig Angst, das schwere Ding würde mal den zwei Meter hohen Bahndamm herunterfallen. Mamas Aufforderung: „Hopp, wink doch emool!“, machte mich überglücklich, wenn die Leute im Zug zurückwinkten oder gar, wie einmal geschehen, der ganz schwarz angezogene Mann einen kurzen Pfiff seiner Dampflok hören ließ und mir zuwinkte. Mama meinte dann noch: „Hörschdes? Jetz fährt se de Buckel enuff, no Gundem, unn do macht se, Pefferdittsche helf mer bissje, Pefferdittsche helf mer bissje, unn waad emol, wonn se nochher widder de Berg erunner kimmt, macht se, isch habs geschafft, isch habs geschafft.“ – Und, was soll ich sagen, es hatte tatsächlich gestimmt, genauso hatte es sich auch angehört.

Noch sehr oft ging ich mit Mama in den Garten, während mein kleiner Bruder zu Hause bei Oma bleiben musste. An unserem kleinen Brunnen sitzen und im Wasser planschen machte stets große Freude. Nur die Tiefe konnte ich damals noch nicht so richtig abschätzen und ich hatte höllisch Angst, da hineinzufallen und zu ertrinken.

Tatsächlich war das Wasser aber höchstens einen halben Meter tief und schwankte in der Höhe mit dem Grundwasserspiegel.

Eins jedoch musste ich irgendwann einmal feststellen, wie schwer nämlich so eine Lokomotive wirklich ist. Zuerst legte ich Schnecken, die ich eingesammelt hatte, auf die Gleise und dann kleine Steine. Die Schnecken, die es nicht schafften, die Flucht zu ergreifen, die waren platt wie – ja, noch platter als – ein Pfannkuchen. Und die Steine, da war nur noch Staub und Mehl übrig.

Irgendwann einmal entgleiste ganz in der Nähe am Bahnübergang ein Zug, und da wurde mir erst bewusst, dass ja auch solche Steine dies hätten bewirken können und ich hörte mit einem Grausen im Nacken mit diesen Spielchen sofort auf. Na ja, redete ich mir, mein Gewissen zu erleichtern, ein, dass es doch nur sehr kleine Steine gewesen sind.

Mama hatte keine Ahnung, was ich da oben so trieb. Sie sagte immer nur: „Kumm erunner, sunschd bassiert noch ebbes wonn de Zuuch kimmt!"

Die Einschulung

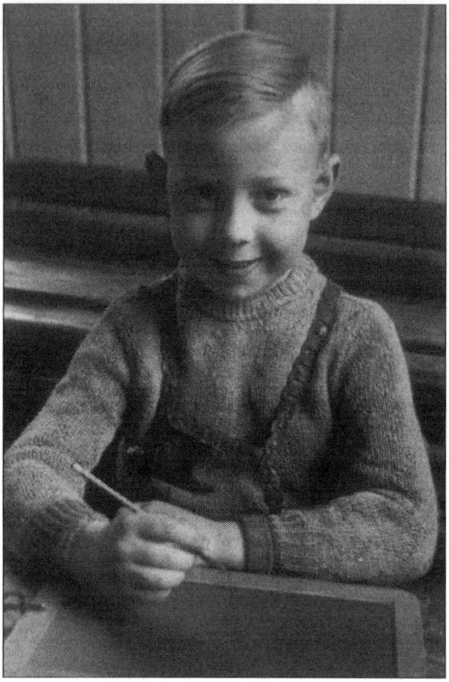

Mein erstes Schuljahr

Einer der ganz großen Tage in meinem Leben war die Einschulung in die katholische Bekenntnisschule und somit mein erster Schultag.

Mit Ranzen, Schiefertafel, Griffelkästchen, Griffeln, Schwammdose mit Schwamm, einem Putzlappen und der Fibel ging es in die Schule. Endlich war es so weit und ich konnte, wie meine Schwester auch, Lesen, Schreiben und Rechnen lernen.

Es war ein mir gewohnter, eher unbequemer, mit blaugrauem Kopfsteinpflaster belegter Weg zur Schule, war er doch ein ganzes Stück derselbe wie der zur Kirche und zum Kindergarten, den war ich ja zuvor schon des Öfteren gegangen.

Über den noch unbefestigten kleinen Schulhof und eine mehrstufige Treppe gelangte ich in den Flur und von da direkt nach rechts ins Klassenzimmer. Dort wurde mir und den anderen Mitschülern unsere zukünftige Lehrerin, die damals noch unser Fräulein war, vorgestellt. Sie war kaum größer als wir Schüler und irgendwie rundlich. Wahrscheinlich bewirkte ihre eigenartige Frisur, dass sie schon etwas älter aussah, als sie es war. Das überfreundliche Lächeln, das sie an jenem Tag auf dem Gesicht hatte, verhieß mir nicht nur Gutes, ich vermutete dahinter eher eine strenge unnachgiebige Frau.

In den sehr alten Schulbänken wurde uns ein Platz zugewiesen und ich hatte gleich etwas Probleme mit diesen komischen Klappsitzen. Während vorn geredet wurde, was total an meinen Ohren vorbeiging, schaute ich mich erst einmal in diesem großen hohen, mir neuen Raum um. Er hatte zu drei Seiten hin viele hohe Fenster, sodass er stets lichtdurchflutet war. Vorne rechts stand eine große Tafel und links davon, mehr zur Mitte hin, ein riesiger schwarzer Ofen. Ganz hinten in der Ecke stand ein alter Schrank.

Wie sich später erwies, war meine Angst, einen langen Stock betreffend, den ich irgendwann irgendwo im Raum ausgemacht hatte, unbegründet. Was ich für ein Züchtigungsmittel hielt, stellte sich im Nachhinein als Hilfsmittel für die etwas klein geratene Lehrerin heraus, um besser auf das, was an der Tafel stand, zeigen zu können.

Nicht nur die harten, unbequemen Sitze wiesen einige Merkmale auf, die darauf schließen ließen, dass hier, vor mir, schon viele andere Kinder gesessen hatten. Auch die Tischplatte war gehörig lädiert. Um eine kleine runde Mulde, oben rechts, in der die Tintenfässchen eingestellt wurden, war so mancher Tropfen daneben gegangen, sodass rings umher die Oberfläche in den verschiedensten Blau- sowie Schwarztönen besudelt war. Auch die Ablagemulde für die Griffel und sonstigen Schreibgeräte oben vorne war im Laufe der Zeit stark in Mitleidenschaft gezogen worden. Eingekratzt und -geschnitzt waren dort Buchstaben, Zahlen und alle möglichen anderen Gebilde zu sehen.

Nein, ich nahm mir vor, so etwas nicht zu tun. Wenn ich meinen Platz wieder verlassen würde, sollte er nicht noch schlimmer aussehen. Denn, was Ordnung anbelangte, war ich stets darauf bedacht, mein Bestes zu geben.

Wenn ich an diesem Tag meinte, dass es gleich mit dem Lernen los gehen sollte, hatte ich mich gewaltig getäuscht.

Bis ein Fotograf alle Kinder auf Zelluloid gebannt hatte, war so viel Zeit vergangen, dass wir bald auch schon wieder nach Hause gehen konnten.

Die nächsten Tage waren da schon sehr viel interessanter.

Nachdem uns der Stundenplan für die 1. Klasse ausgehändigt worden war, ging es bald mit den ersten Buchstaben des ABC los. An die Tafel geschrieben, sollten wir sie der Lehrerin, Fräulein Kaufmann, nachsprechen und auf der eigenen Tafel abschreiben – Kratz, Quietsch, welch neuartige Geräusche da zu hören waren. Die Geräusche, die ich mit meinem Griffel zu Gehör brachte, ja, die es einem mitunter kalt den Rücken runter laufen und Gänsehaut bekommen ließen, mussten besonders intensiv gewesen sein, hatte ich doch zu jener Zeit für mein Alter schon eine relativ kräftige schwere Hand. Selbst mit der größten Mühe, die ich mir mit dem Schwämmchen beim Auswischen gab, konnte ich die tiefen Riefen, die sich gebildet hatten, nicht entfernen. Es dauerte nicht sehr lange und meine Tafel musste mit einem Bimsstein nachgeschliffen werden. Zum Glück gab es ja noch diese weichen Griffel, die bereits aussahen wie Bleistifte und mit einem Spitzer gespitzt werden mussten, die jedoch beim Säubern der Tafel ziemlich hartnäckige Schlieren hinterließen.

Na ja, es dauerte gar nicht allzu lange und wir durften mit Federhalter und Tinte in die Hefte schreiben. Das war zwar anfangs ein ziemliches Gekleckere, weil die schwere Hand mal wieder so feste draufdrückte, dass sich die Feder vorne auseinanderbog und der Tintenfluss an der Spitze einen Tropfen bildete. Bis der Weg zum Löschpapier geschafft war, hatte sich der Tropfen bereits gelöst und war dort gelandet, wo er überhaupt nicht hin sollte. Schnell mit dem Löschpapier darauf, machte den Fleck zwar dünner, aber anstatt kleiner eher noch größer.

Was mir ganz besonders ärgerlich war, dass ich irgendwann einmal nachmittags in die Schule kommen musste, um die blöden f und h, die mir so gar nicht gelingen wollten, zu üben. Mich überkam dabei eine große Schmach und Schande, sodass ich mir vornahm, mir in Zukunft mehr Mühe zu geben, nicht mehr nachsitzen zu müssen.

Unsere Schule hatte noch drei andere Klassenzimmer und wer die vierte Klasse hinter sich gebracht hatte, durfte in die neue Schule, die ebenfalls vier Klassenzimmer und unter dem Dach eine Aula hatte. Die neue Schule mit ihrem großen Schulhof grenzte direkt an den Sportplatz und war vor nicht allzu langer Zeit im Nordwesten unseres Dorfes errichtet worden. Der größte Wunsch womöglich aller Schüler war, endlich dorthin gehen zu dürfen.

Mit Sport, außer Nachlaufen und Versteck spielen, oder sonstiger interessante Beschäftigungen während der Pausen war in der alten Schule nichts gegeben. Der Toilettenbereich war der begehrteste Ort, sich aktiv zu betätigen. Da wurde schon einmal gerne hoch zu der zur Belüftung dienenden scherenzaunähnlichen Anordnung von Holzleisten als Abtrennung geklettert, um in die Nachbartoilette einen Blick zu werfen. Da war zwar nicht viel zu sehen, die Reaktionen der Mädchen aber, wenn sie einen sichteten, waren sehr heftig und kamen womöglich denen einer Vergewaltigung gleich.

Überhaupt hatten zu dieser Zeit Mädchen und Jungen sehr wenig gemeinsam. Das rührte wahrscheinlich schon alleine daher, dass sie überall getrennt waren. Ob bei der Sitzordnung im Kindergarten und in der Schule, auch im Sportunterricht oder in der Kirche überall wurde strikt getrennt, was eine wahrhafte Tabuisierung bewirkte. Wir Buben mussten annehmen, dass bei auch nur der geringsten Annäherung an ein Mädchen mit einer Katastrophe zu rechnen sei.

Die erste Zigarre

Ja, unglaublich, aber wahr, den kleinen Helmut interessierte einmal, wie das denn so wäre, eine Zigarre zu rauchen.

Aus heutiger Sicht muss ich zugeben, dass diese Erfahrung zu machen mit sieben Jahren eigentlich viel zu früh gewesen war, aber irgendwann, in einem sehr viel späteren Alter, sollte es schon einmal gewesen sein.

Da ich mit Oma allein im Haus war und diese in ihrem Zimmer auf dem Sofa döste, konnte ich ungehindert ans Werk gehen.

In unserem Küchenschrank rechts neben hinter dem kleinen Türchen, da, wo Papa seine Raucherutensilien aufbewahrte, stand auch ein etwas größerer Aschenbecher, auf die Papa seine nicht ganz fertig gerauchten Zigarrenreste liegen hatte. Auch eine kleine Schachtel mit noch einigen ungerauchten Zigarren lag daneben.

Sollte ich nun eine dieser vorgerauchten nehmen oder eine aus dem Kästchen, dachte ich mir und bei dem Gedanken, dass die auf dem Aschenbecher schon einmal jemand im Mund hatte, entschloss ich mich für die in der Schachtel. Pah, ob ich die ganz schaffen würde, war mein Gedanke und ich machte mich mit Zigarre und Streichhölzern in den Hof, in das Klohäuschen. Hier zündete ich das braune Stängelchen an und ich muss sagen, meine Schilfkolben lösten nicht immer gleich solch einen Hustenreiz aus. – Ich paffte und paffte und paffte. Der Rauch war mittlerweile so dicht, dass ich durch das Herzchen in der Tür fast nichts mehr gesehen hatte. Es war unbedingt notwendig die Tür etwas weiter zu öffnen. – Aach, tat das gut, diese frische Luft. Noch ein paar Züge, oh je, wie wurde mir plötzlich so komisch. So etwas hatte ich ja noch nie verspürt. Mir wurde übler und übler. Ich ging zum Wasserhahn, löschte die fast noch halbe Zigarre und verscharrte sie in einem Abfalleimer ganz unten.

Unser Wägelchen, das neuere mit den zwei luftgefüllten Reifen, stand so günstig schräg im Hof, dass es sich anbot, sich hineinzulegen. Mir war so übel, dass ich mich nicht mehr zu regen wagte.

Da hörte ich ein schlurfendes Geräusch, begleitet mit ständigem: „Ach ja – ach Gott, ach ja – ach Gott." Die Oma!, dachte ich und jetzt nur nicht regen. Oma musste annehmen, ich schliefe und wollte mich wecken. Auf ihr Zerren und Rütteln aber reagierte ich überhaupt nicht, nur, dass ich meinen Arm wieder in die Lage zurücksinken ließ, in der er vorher war.

Dass Oma so reagieren würde, hätte ich nie gedacht. Wie kam sie jetzt so schnell hinaus auf die Straße, mit ihren über achtzig Jahren? Dort rief sie laut um Hilfe: „Hilfe – der Buu stirbt, der Buu stirbt, schnell, schnell!" Ha, ich weiß nicht, wie es geschah, aber plötzlich war ich wieder hellwach. Nichts mehr von Übelkeit zu spüren. Ich sprang aus dem Wägelchen, in die Werkstatt über den „Reil", dort wo unsere Hobelspäne gelagert waren, hoch auf den Dachboden. Da saß ich nun und wartete, was geschehen würde. Ich hätte fast laut lachen müssen, als Oma mit einigen Leuten, die schon voraus rannten, in den Hof kamen und fragten: „Wuu isser donn?!", die Oma hingegen: „Ei dort im Wäälsche leider!" „Do iss nix im Wäälsche!", hörte ich einen Mann noch aufgeregt sagen, und die Oma: „Ei du liewer Gott, wuu isser donn, do hotter doch äwe noch gelä!" Dann vernahm ich nur noch ein Gemurmel, die Leute nach draußen gehen und die Oma wieder mit ihren Schlappen schlurfend, nach mir suchend, im Hof umher laufen, dabei immer wieder meinen Namen rufend.

So blass ich damals in dem Wägelchen zu liegen schien, hatte sie im Nachhinein vielleicht an ihrem Verstand gezweifelt und gemeint, einen Geist gesehen zu haben? jedenfalls war das so meine Vorstellung.

Sie hatte diesen Vorfall auch in keinster Weise mehr erwähnt. Die Leute, die sie gerufen hatte, dachten sich bestimmt, na ja, alte Frau, verkalkt, dement und so.

In der freien Zeit

Während der vier Jahre in dieser „alten Schule" war uns Kindern die Umgebung dort durch den Kindergarten gegenüber sehr vertraut und deshalb auch in der schulfreien Zeit unser hauptsächlicher Spiel- und Aufenthaltsort.

Da gab es genügend Möglichkeiten des Murmelspiels, oder wie wir sagten, „Klickerspiels". Mit dem Absatz kräftig auf den Boden gedrückt und gedreht und schon hatte man die Grundvoraussetzung zu diesem Spiel, „e Keitsche" (kleine Kaut). Dann wurde vereinbart, mit wie vielen Murmeln gespielt wird. Diese wurden in die Hand genommen und aus einer festgelegten Entfernung von diesem „Käutchen", entweder alle auf einmal oder einzeln, versucht, dort hineinzuwerfen. Wenn alle Mitspieler ihre Murmeln geworfen hatten, kam der Reihe nach der nächste dran, die, die außerhalb lagen, mit dem angewinkelten Zeigefinger, in das Loch hineinzuschubsen. Solange er dabei erfolgreich war, durfte er weitermachen und wer die letzte Murmel in der Mulde unterbrachte, hatte gewonnen und durfte alle Murmeln, die sich darin befanden, behalten.

Da war natürlich der Mitspieler am willkommensten, der die neuesten Murmeln hatte. Diese glänzten noch so schön in ihren knalligen Farben. Auch sehr willkommen waren Glasmurmeln. Da sie teurer waren als die gewöhnlichen Tonmurmeln, wurde stets ein Einsatzverhältnis vereinbart. Eine kleine Glasmurmel zum Beispiel gegen zwei oder drei Tonmurmeln und so weiter.

Auch ein beliebtes Spiel war das, „Beppen" mit sogenanntem „Schuss". Der „Schuss", eine Stahlkugel von einem bis vier Zentimetern Durchmesser, wurde von einem Spieler auf eine vorher festgelegte Bodenfläche geworfen. Der nachfolgende Spieler musste nun versuchen, diese mit einem Wurf zu treffen „Beppen" oder möglichst nahe heranzukommen.

Ein anderes Spiel, dieses konnten wir Kleinen der mangelnden Finanzen wegen aber nur bedingt mitspielen, war „Penningsstrinzjes". Es wurde mit einer Münze im weichen und mit Kreide auf hartem Boden eine Linie gezogen oder, wenn beides nicht möglich war, eine Hauswand als Linien-Ersatz zu Hilfe genommen. Dann Geldstücke, im geringsten Falle Pfennige, deswegen der eigenartige Name des Spiels, zu dieser Linie, beziehungsweise Wand, geworfen. Wessen Münze am nächsten lag, der hatte gewonnen und durfte alle Münzen einkassieren.

Ein anderes Spiel, das wir, weshalb auch immer, „Luppert" nannten, war eine Art Versteckspiel. Mit dem Unterschied, dass ein fester Ort, vorzugsweise eine Hauswand, vereinbart worden war, an dem eine Person mit geschlossenen Augen und angelehntem Kopf bis zu einer bestimmten Zahl zählte und wenn die andern alle „Luppert" gerufen hatten, musste der Zähler rufen: „Ich komme!" und anfangen zu suchen. Auf dessen Suche hatten die anderen die Möglichkeit, zu jener Stelle zurückzulaufen und sich dort mit der Hand dagegen abzuschlagen. Hatte der Suchende jemanden entdeckt, rannte er zurück und schlug, den Namen des Ertappten rufend, an. Natürlich konnte ein ganz Schneller ihn dabei überholen und noch vor ihm anschlagen. War er ganz erfolglos, musste er noch einmal suchen.

Wie sich damals schon herausstellte, war ich einer der schnellsten, sodass ich nur sehr selten der Suchende sein musste. Nachlaufen machte damals vermutlich den anderen schon keinen Spaß mehr, wenn ich dabei war, denn ich war, letztendlich nicht nur der Haken, die ich schlagen konnte wegen, eigentlich nie einzufangen; und sollte ich der Fänger sein, hatte ich ganz schnell ein Opfer gefunden.

So sehr unsere Freizeit auch nach viel Spiel, Spaß und Freude aussah, so täuscht es doch ein wenig darüber hinweg, wie sehr man von den Eltern für alle möglichen Tätigkeiten herangezogen wurde. Oftmals, kaum war die Schule aus, hieß es schon, Papa in der Werkstatt oder auf der Baustelle, im Haus, Garten oder auf den Äckern zu helfen.

Papa und Mama hatten von ihren Eltern einige Grundstücke vererbt bekommen und je nach Saison durfte, musste, manchmal sogar wollte man, mit den Eltern, Landwirten und Winzern zum Rüben stellen oder Weintrauben lesen. Dazu rutsche man, falls vorhanden, mit Knieschützern auf Knien den Acker zwischen zwei Rübchenreihen entlang, um die kleinen Pflänzchen zu vereinzelnen. Gab es doch noch nicht wie heute solche Maschinen, die Samenkörner einzeln und in gleichmäßigen Abständen aussäen konnten.

Einmal, es müsste ein Samstag oder Ferientag gewesen sein, hatte der gegenüber wohnende Landwirt uns Kinder aus der Nachbarschaft ersucht, beim "Rübchenstellen" zu helfen. Gute Bezahlung, Essen und Trinken frei war vereinbart, ging es morgens früh auf seinen Acker, oben am Berg.

Berg wurde übrigens ein schätzungsweise 4 bis 6 Meter hoher Hang genannt, der sich in etwa einem Kilometer Entfernung vom Dorf aus östlicher in westlicher Richtung, entlang zog und mit allerlei Gestrüpp und Gebüsch bewachsen war und wo wir Kinder, obwohl von den Eltern nicht gerne geduldet, uns gelegentlich umhertrieben. Höchste Bäume dort waren Akazien, deren zuckersüßen Blütennektar wir genüsslich aussaugten, auch, wenn man sich dabei den einen oder anderen Stachel in der Haut einholte. An jenem besagten Tag waren wir alle sehr fleißig bei der Arbeit und freuten uns schon auf die nahende Mittagspause. Wussten wir doch, dass es auf dem Feld immer wieder dick mit Wurst belegte Brote gab. Der Bauer überreichte uns die Brote und Getränke, die in Bierflaschen, mit diesem Draht-Klapp-Verschluss gefüllt waren. – „He, do iss jo Woi droi?!", stellte ein Junge aus unserer Nachbarschaft, fest. Und niemand konnte, bevor er es selbst probiert hatte, so recht glauben. „Ajo, dess iss jo werglisch Woi", meinte ein Mädchen. Und alle schauten verwundert den Bauern an, der nur dastand und uns wortlos schmunzelnd „genießen" ließ.

Das jedoch sollte er noch bereuen. Wieder bei der Arbeit, klappte das einfach nicht mehr so richtig. Alles umher schien zu wackeln und zu schwanken, und es gab eine regelrechte Tollerei auf dem Acker. Nicht mehr auf den Knien, vielmehr auf dem Bauch wurde gerutscht und mit dem Kopf war man so nahe am Boden, dass wir hätten auch mit dem Mund die Pflänzchen herausziehen können. Mit einem Wort, wir waren allesamt total besoffen. Da half auch das Geschimpfe des mit hochrotem Kopf umherstampfenden Bauern nichts mehr. Die letzten Rübchenreihen sahen aus, als hätte eine Rotte Wildschweine ihr Unwesen getrieben. Der Weg nach Hause dauerte mit dem „Pflugskarch“ und dem vorgespannten Kaltblut Hektor eine gute Stunde und kam einer Fahrt mit einem Umzugswagen beim Fastnachtsumzug gleich. Den Leuten wurde zugewinkt und „Helau“ zugerufen. Der Bauer zog nur sein Genick ein und versuchte, Hektor mit Zügelgeklatsche auf dessen Rücken und einem ständigen: „Hü, Hü“, zum Galopp zu bewegen. Aber, der gute alte Hektor ließ sich Zeit und Zeit und Zeit.

Wieder zu Haus angekommen, drückte der gute Mann, sichtlich verärgert, jedem von uns, 1,50 DM in die Hand und lobte uns von seinem Anwesen. Wie ich später erfuhr, war der Vater von Franz bei ihm und stellte ihn wegen des geringen Lohnes und des Weines gehörig zur Rede. Nie wieder bat er einen von uns um Hilfe und ich bin mir sehr sicher, es wird ihm eine große Lehre gewesen sein.

Dieser und auch andere Landwirte bestellten, das heißt pflügten, eggten und besäten unsere Äcker, sodass für uns, ganz besonders für Mama und uns Kinder, eine gewisse Verpflichtung bestand, ihnen bei den Erntearbeiten zu helfen. War es zum Lesen der Weintrauben oder Ernten von Rüben und Kartoffeln, wenn um Hilfe gebeten wurde, konnte schlecht „Nein“ gesagt werden.

Ja, unsere Gemarkung mit ihren vielfältigen, fruchtbaren Bodenbeschaffenheiten garantierte eine hervorragende Vegetation. Es wuchs und wächst immer noch fast alles, was man sich in der Landwirtschaft vorstellen kann.

Mitten in einem sanften Hügelgelände des Wonnegaus gelegen, zieht sich nördlich des Dorfes der etwa hundert Meter hohe Klausenberg – gekrönt vom Wahrzeichen unseres Dorfes, der „Klausenberg Kapelle“ –, über den auch der „Jakobs-Wanderweg“ führt. Nicht nur hier, auch an seinen Ausläufern in östliche sowie westliche Richtung, gedeihen mit die vorzüglichsten Weine Rheinhessens.

Ob hierzu die alljährlichen Bittprozessionen entlang des Rheinweges und nach Halt und Gebeten an den einzelnen Bildstöcken, beigetragen haben? Wie auch immer, jedenfalls gab unser Pfarrer sein Bestes, indem er mit Weihrauch und Weihwasser die Weinberge sehr ausgiebig segnete.

Mir jedenfalls drängte sich bisweilen ein Gedanke auf, ob er vielleicht von dem einen oder anderen Winzer und Ackersmann gebeten wurde, möglicherweise, mit einem Fässchen Wein als Gegenleistung, seinem Grund und Boden mit den jeweiligen Gewächsen, an dem die Prozession gerade vorüber ging, einen extra Schwinger mit dem Rauchfass oder Sprenger voll Weihwasser hat zukommen zu lassen.

Nicht für Messwein, nein, denn hierzu gab es ja im Pfarrgarten auch einen ausreichend großen Weinberg. Nur so, lediglich für den privaten Bedarf, um einen Missbrauch in dieser kirchlichen Hinsicht auszuschließen.

Für uns Kinder war es stets ein Vergnügen, mit zur Lese zu gehen. Konnte man sich dabei mit so mancher verdienter D-Mark ein ganz ansehnliches Sümmchen verdienen und zusammensparen.

Und wenn dann ein gewisses Sümmchen zusammengespart war, man schon einige Wunschvorstellungen zu verwirklichen im Kopf hatte, hieß von Seiten der Eltern: „Ei, du könnschd emol widder e paar neje Schuh brauche“! PFFFF!!!

Gefährliche Rutschpartie

Einmal war ich mit dem Landwirt Bunn im Rheinweg zur Traubenlese, in einem anderen Wein-Anbaugebiet in östlicher Richtung der Gemarkung. Ein sehr starker Regen am Tag vorher hatte die Böden und somit auch die Feldwege, die noch nicht befestigt waren, vollkommen aufgeweicht. Die Fahrt zum Wingert (Weinberg) durch die tief ausgefahrenen mit Wasser gefüllten Fuhrgleise verlief relativ gut, auf der Heimfahrt jedoch gab es große Probleme. Schon von Ferne sah ich diese Stelle auf uns zukommen und befürchtete das Schlimmste. Herr Bunn gab den beiden sehr edel aussehenden Warmblütern die Zügel und schon schlitterte der große vierrädrige Wagen, auch „die Roll" genannt, hinein in den Morast und rutschte nach links in die tiefere Fahrrinne.

Die bis zum Rand gefüllte große Bütte bewegte sich zur Seite, bis an die Bande des Wagens. Da alle Helfer auf dem Wagen standen und sich an ihr festhielten, war mein erster Gedanke, hoffentlich ist da neben niemand eingeklemmt worden, und gleichzeitig befürchtete ich, der Wagen stürzte um. Unser Gefährt war zwar sehr in Schieflage, zum Umstürzen kam es aber Gott sei Dank nicht. Ein weiteres Problem war, dass wir so sehr feststeckten, dass uns die Pferde nicht sofort frei bekamen. Herr Bunn peitschte sie mit den Zügeln an. Die Rösser stiegen hoch, wieherten laut, kamen ins Rutschen und eins davon wäre sogar fast umgestürzt.

Letztendlich aber, als die vielen Helfer vom Wagen abgestiegen waren und mit Schieben halfen, wurde es, mit nun vereinten Kräften, doch noch geschafft und wir kamen alle wieder unversehrt nach Hause.

Papas Stütze

Mit der beginnenden Schulzeit begann auch Papa immer öfter, meine Hilfe in Anspruch zu nehmen. Diese Hilfe in seiner Schreinerei bestand anfangs meist aus Handlangertätigkeiten, wie: Werkzeuge reichen, an großen Objekten, Fenstern und Türen anhalten und wenden helfen, mit der Drumsäge Holz zusägen oder auf der Baustelle von zu Hause vergessenes Werkzeug beizuholen. Durch diese Hilfe wurde Mama beträchtlich entlastet und hatte so mehr Zeit für den Haushalt, den Garten oder um mit den Bauern als Nebenerwerbs-Tagelöhnerin auf die Felder zu gehen, um die eine oder andere Mark dazuzuverdienen. In späteren Jahren wurde für mich aus dieser Hilfe, ja, man könnte sagen, eine Art frühzeitige Lehre, die jedoch ohne wirklichen Abschluss blieb.

Die Werkstattarbeiten, ganz besonders das Sägen mit der Drumsäge, ging beträchtlich in die Knochen beziehungsweise Muskeln. Da musste ich mit meinen noch dünnen Ärmchen Papa oft um eine Pause bitten, denn beim Zusägen von Fenstern für einen gesamten Neubau kam schon einiges zusammen. Die großen Blasen, die sich bald an meinen Händen bildeten und aufgingen, waren zusätzlich eine enorme Belastung. Manchmal wünschte ich mir, der Sohn eines ganz gewöhnlichen Fabrikarbeiters zu sein. Denn solche Kinder hatten viel mehr Zeit, ihre Hausaufgaben zu erledigen und zum Spielen. Aber, mich hatte nun einmal dieses Los getroffen und damit musste ich mich einfach abfinden.

Wenn Papa außerhalb zu tun hatte, wurde immer unser großer Wagen herangezogen. Wagen, damit ist nicht ein toller, motorisierter Transportwagen gemeint, nein, unser Wagen bestand aus zwei, mindestens einen Meter Durchmesser bestückten Holzspeichenrädern mit Eisenreifen, einer schätzungsweise zwei Meter langen und einem Meter breiten Auflage mit beidseitig einsteckbaren Steckbrettern, zwei mindestens noch einmal einen Meter langen Griffen (Holmen) und unten, vorn und hinten einer Stütze aus Eisen. Der Wagen an sich war schon sehr schwer, und wenn er noch beladen war und es den Berg hoch ging, bedeutete dies eine enorm große Anstrengung. Sollte die Auflagefläche in ihrer Größe einmal nicht ausgereicht haben, wurde diese kurzerhand mit entsprechend langen Holzrahmen oder Brettern und Schraubzwingen vergrößert.

Arbeiten mit Papa außerhalb der Werkstatt zu erledigen, konnten wieder total anders wahrgenommen, sogar empfunden werden. Bei Reparaturarbeiten in der alten Schule, noch dazu, wenn sie ganz leer gewesen war, nur Papa und ich, es ist nicht zu beschreiben, wie ich mich da fühlte, ja fast schon irgendwie verklärt. Ich hätte jetzt da überall umher rennen, schreien, über die Bänke und Tische springen und sonstigen Quatsch machen können, niemand wäre zugegen gewesen, der mich in die Schranken gewiesen hätte. Jedoch was tat ich nichts, nein, rein gar nichts. Ich machte mir sogar Gedanken darüber, ob ich dieses nichts getan zu haben im Nachhinein sogar bereuen würde. Und, was machte Papa, dass ausgerechnet er, mit seiner großen, gerade spontan überkommenen Neugierde und Indiskretion, es sich nicht verkneifen konnte, respektlos in einige der auf einem Tisch gestapelten Hefte zu schauen? Total aus der Rolle gefallen noch dazu, als er mir gegenüber darauf hinwies: „Guck emol do, was der e scheenie Schrift hot, do kenschde da emol e Beispiel nemme!"

Welch Zufall wollte es, dass ich im ersten Stockwerk der Schule aus dem Fenster in Richtung Kirche schaute, dort etwas auf dem Boden sah, das ich von dort oben nicht recht erkennen konnte. Was es wohl sein mag? Eine junge Katze, ein etwas größerer Vogel? Ich spurtete wie ein geölter Blitz die Treppe hinunter, um mir das noch unbekannte Wesen aus der Nähe zu betrachten. Ach, wie süß, eine junge Schleiereule, anscheinend beim ersten Flugversuch vom Kirchturm runter etwas hart unten gelandet und noch unter Schock, oder instinktiv sich ganz unbewegt erholte. Da ich wieder hoch zu Papa sollte, überlegte ich, was ich mit dem lieben Tierchen machen sollte, So sitzen und räuberischen Tieren ausgesetzt lassen, nein, das kam keineswegs in Frage. Also nahm ich behutsam das gewichtsmäßige fast Nichts in meine Hände und brachte es zu einem an das Kirchengelände angrenzende Gebäude, dessen vermutliches Küchenfenster nur knapp über den Erdboden ragte und erkennen ließ, dass dahinter jemand zu Hause ist. Also klopfte ich daran, als sich sodann auch der Herr des Hauses zeigte und öffnete. Er, ein Gemeindemitarbeiter, erkannte sofort mein Begehren, dieses zarte, flauschige Wesen loswerden zu wollen. Spontan erklärte er sich bereit, sich um den weiteren Verbleib und die Versorgung jenes bereits lieb gewonnenen Tierchens zu kümmern, was mir selbstverständlich sehr gut gefallen hatte.

Wieder hoch zu Papa, der vermutlich etwas davon mitbekommen hatte, erst recht, da ich für einen Moment, ohne ihm etwas gesagt zu haben, aus seinen Augen verschwand. Er meinte auf meine Schilderung des Zwischenfalls hin: „Dess hoschde werklich gut gemacht."

***

Auch Aufträge für die Kirche gab es gelegentlich zu erledigen, erst recht bei der Innen-Renovierung der Sankt Bonifatius Kirche in Abenheim, vermutlich in den 1950er-Jahren.

Auf der Empore der „Mannsleitseit" galt es, den Fußboden zu erneuern. Beim Entfernen der uralten Bodenbretter kam außer sehr viel Staub auch manche Opfermünze zum Vorschein. Nie hätte ich gedacht, dass die Fugen zwischen den Brettern so breit sind, als dass da beim Verfehlen des Klingelbeutels oder Opferkörbchens ein 1 DM-Stück so mir nichts, dir nichts, hindurchflutschen kann. Ich war sehr mit mir am Hadern, ist dies nun ein Geschenk Gottes für mich, dass ich Papa in seinem Haus mit zu Werke ging? Oder, soll heißen, die Finger weg Freundchen, das gehört mir, und nun ab damit in den Opferstock beziehungsweise in den Klingelbeutel damit. Also, erstens nahm ich an, dass der großzügige Spender es bemerkt hatte und ein anderes Geldstück nachgeworfen hatte und zweitens, zumindest ein Finderlohn hätte mir doch zugestanden. Wie auch immer, ganz ehrlich, ich konnte mich beim Schreiben dieser Zeilen beim besten Willen nicht mehr daran erinnern, wie ich mich verhalten hatte. Jedoch, sollte es ein Fehler gewesen sein und ich etwas für mich zurückbehalten haben, dann gab es ja zum Glück noch die Beichte, und da war, wenn ich den Beichtspiegel beim loswerden wollen meiner Sünden komplett aufgesagt hatte, bestimmt auch die Stelle der 10 Gebote dabei gewesen, die mich vor dem Verlassen des Beichtstuhls mit der erteilten Absolution vom vermeintlichen Vergehen losgesagt hätte. Als dann die auferlegte Buße vollzogen war, ich auch noch ein Bereuen und ernstliches Bessern versprochen hatte, sollte doch letztendlich ein Schlussstrich drunter gezogen worden sein.

***

Da oben auf der Empore, im Volksmund auch die „Boatskersch" genannt, war ohne elterliche Begleitung erst ab einem bestimmten Alter der Aufenthalt gestattet. War dieses erreicht, fühlte man sich auch schon erwachsen. Ich war noch etwas unsicher, wenn ich an der Brüstung stand und nach unten schaut. Was, wenn wegen meiner Unachtsamkeit da mein Gebetbuch runterfiele, vielleicht noch auf eines Gläubigen Kopf? Was, wenn ich mich zu sehr überbeugte und da runterstürzte? Außerdem wähnte man sich da vorne ständig unter Kontrolle der hinter einem Sitzenden. Nein, ich zog es vor, wenn da oben, dann hinten in den Bankreihen. Dort immer noch an die gefundenen Schätze unter meinen Füßen denkend. Hatte zwar schon einmal daran gedacht, wie viele Versuche es bedürfte, eine Münze runterfallen zu lassen, bis sie in einem Schlitz verschwänden. Ausgeschlossen, da Papa und ich damals Bretter mit Nut und Feder verlegt hatten.

***

Die große Orgel da oben faszinierte mich am allermeisten. Und, wenn der Organist, „De Karlo" genannt, die Register zog, die Tasten und Pedale drückte, konnte es bei voller Kirche und dem Gesang der Gläubigen ganz schön laut zugehen. Mitunter kam es mir so vor, als spielte der Organist zu schnell, oder es wurde zu langsam gesungen. Besonders beim „Te Deum“ fiel mir das auf. Beim erklingenden des „Großer Gott, wir loben Dich ...“ kam es mir ganz besonders so vor, als wollten alle alles geben. Ich meine noch bei „... loben Dich“ gewesen zu sein, als die Orgel schon „Herr wir preisen ...“ spielte. Wie auch immer, vielleicht waren es auch meine unmusikalischen Fähigkeiten, die mir einen „gehörigen“ Streich gespielt hatten?

Unüberhörbar war es jedoch, wenn die Orgel manuell, das heißt, ohne Elektrizität betrieben werden musste. Da waren Bein-, besonders Wadenmuskeln gefragt, den riesigen Blasebalg in kontinuierlicher Tretfolge und konditionaler körperlicher Verfassung in Aktion zu bringen und zu halten.

Einmal, es war mal wieder voll in der Kirche, zu damaliger Zeit keine Seltenheit, musste, wie die Orgel wie beschrieben betrieben werden. Das klappte überhaupt nicht, die Beinmuskulatur eines bereitwilligen Pedaletreters schien nicht den erforderlichen Ansprüchen zu entsprechen. Es war dermaßen verzerrte, gequälte Orgelmusik und die Anfeuerungsrufe des Organisten zu hören, so dass sich in der Menge da unten eine für eine Kirche ungewohnte Heiterkeit breitmachte.

Hatte nur noch gefehlt, dass ein Applaudieren und „da capo“ – Rufen zu hören gewesen wären. Nein, anscheinend besann man sich, wo man sich befindet, und hielt Abstand davon.

***

Auch galt es in jener Zeit in unserer Werkstatt, an einer sakralen Figur, der Mutter Gottes, Maria, eine Restauration vorzunehmen. Jedoch lediglich am Sockel, der wurmstichig war, was bei zunehmendem Schaden hätte bedeuten können, dass die Figur kippte, vom Altar gestürzt und als Folge ein größerer Schaden entstanden wäre.

Beim Betreten der Werkstatt, noch dazu, wenn ich alleine war, hatte ich stets ein seltsames Gefühl. Irgendwie wusste ich nicht so recht, was mit mir geschah. Vermutlich aus Ehrfurcht dieser geweihten Statue gegenüber vermied ich, ihr direkt in die Augen zu schauen. Ich bemühte mich, sie als Ganzes zu betrachten, was mich doch, der mir eigenartig vorgekommenen Stimmung im Raum wegen, ein klein wenig enthemmte.

Dadurch, dass ich bei den Restaurationsarbeiten öfter in die Kirche und dort in die entlegensten Winkel gelangen konnte, was nicht jedermann gegeben war, noch dazu mit persönlichem Kontakt zum damaligen Maler, konnte ich lernen, wie vergoldet wird. Mit den hauchdünnen Goldblättchen sind Oberflächen an Ornamenten und Figuren belegt worden. Ganz besonders faszinierte mich, was es damit auf sich hatte, dass der Künstler, bevor er das Blättchen mit einem flachen breiten Pinsel aufnahm, über seine Wange fuhr. Einzig sein nicht erkennbares Gesichtsfett bewirkte, dass das Blattgold flach blieb, sich nicht faltete oder zerknitterte und somit problemlos aufgetragen werden konnte. Was selbstverständlich keine Macke von ihm gewesen ist, sondern allgemein die Art einer solchen Anwendung ist.

***

Kirchliches in Verbindung mit weltlichem war nicht selten Anlass, gerne daran teilzunehmen: Die Bittprozessionen, oft noch vor Schulbeginn, die Fronleichnamsprozessionen, mit in die 4 Himmelrichtungen und sehr fleißigen Händen erbauten Altären und deren Ausschmückung, sowie der sich am Weg befindlichen geschmückten Häuser mit sakralen Bildern, Fähnchen, Mai-Bäumchen an den Wänden, Gras auf den Straßen, Blumen und Blüten-Blättern, welche Kinder aus ihren Körbchen ausstreuten und der herrliche ihnen zu verdankende Duft, der dafür verwendeten Blumen, der Pfingstrosen, jederorts in der Luft lag. Das Kirchweihfest mit der „Reitschul", der Schiffschaukel Schieß- und Süßwarenstand mit den mir so sehr geliebten „Glücksdutten" und dem darin enthaltenen Eingetrockneten, (ich nehme an, mit 3 Pünktchen Gedachtes darstellen, sollte nicht als anrüchig, diskriminierend, Menschenverachtend empfunden werden, sondern als mindestem Respekt dem sehr alten, deutschen Sprachgebrauches wegen, gerecht zu werden, „Schrumpf- …?“ :-(, nicht zu vergessen dem herrlichen Duft in der Mittagszeit, nach gebratenen Koteletten und Markklößchen-Rindfleisch-Suppe, in der Kirche noch sündhaft-fiktiv in der Nase, aber danach auf den Straßen und erst recht dann, jaaa, dann, auf dem elterlichen Mittagstisch. Hey, Moment mal, da fällt mir ein, dazu musste es ja gar nicht Kirchweihfest sein, das gab es doch fast jeden Sonntag. Also, lieber Gott, Du trägst es mir bitte und hoffentlich nicht nach, indem Du mich an dieser Stelle möglicherweise als kleinen Sünder dastehen und des mir von Dir in Gnade gegebenen ausgeprägten Organs und dessen Sinnes-Wahrnehmungen recht alt aussehen lässt. Allenfalls: „In Reue und Demut bekenne ich …!“ „Nein, ich drück das jetzt nicht wieder weg, genau so werds do steh geloss!“

Die Primiz-Feier Karl-Heinz Fuhrs, der Besuch eines Abenheimers aus Übersee, ein kirchlicher Würdenträger, sogar Hochwürdigster, Prälat namens Lottermann, der sogar der Onkel meiner Mutter gewesen ist. Stets wurde staatsaktmäßig, gemeindemäßig, ein echter Akt „auf die Beine gestellt“.

Nur indirekt kirchlicher Erinnerungen zuzuordnen sind die Verbindung meines Kopfes zu ihnen: Ja, ein sehr engagierter Mensch in der Kirche war Johann Guckert, „De Schoo“, der, zusammen mit seiner lieben Frau, die ehrenvolle Tätigkeit des/der Küsters:rin, übernommen und, so ganz nebenbei hauptberuflich, in eigenem Salon, an mir schon von klein an das Haareschneiden vornahm. Da hieß es gelegentlich schon einmal, meiner sich allmählich bildenden Mähne wegen und seinem hierdurch größerem Aufwand wegen, mich in, nein nicht kürzeren Haaren, in kürzeren Zeitabständen, bei ihm sehen zu lassen. Bei diesen Worten musste er gemerkt haben, dass meine großen Ohren und nicht nur diese, eine, von mir unbeeinflussbare, sich mehr und mehr steigernde Röte hat sichtbar werden lassen, was ich, wenn ich in den großen Spiegel schaute, selbst erkennen konnte. Und, da meine Ohren schon allmählich unter den langen Haaren unsichtbar wurden, hatte ich höllische Angst, er könnte mir diese mit seinem Rasiermesser, welches er vorher an einem ca. 5 Zentimeter breiten und 1 Elle langen Lederriemen extra dafür geschärft hatte, abschneiden. Dachte ich noch, er sollte sich nicht so anstellen und anstatt sein unnötiges mit der Schere in der Luft rumklappern an meinem Kopf Schneiden vornehmen, sich solche Worte erübrigt hätten. Außerdem waren seine dabei gemachten Mündchen-Schnütchen-Grimassen für mich eine Qual, ein Lachen zu unterdrücken und mich hab regelrecht dazu zusammenreißen müssen.

Na ja, wenn er dann zum Schluss sein Birken-Haarwasser aus einer Flasche auf seine Hand gegossen, mit der zweiten Hand verteilte und dann auf meinen Kopf wuschelnd auftrug, mir dann auch noch meine zum Fassonschnitt geschnittenen blonden Haare auch noch mit dem Kamm stylte, ja dann, auch noch seinen verdienten Lohn kassierte, schien, da ich ein freundliches Lächeln zu vernehmen glaubte, die Welt wieder in Ordnung sein.

***

Ein anderer, dem solche kirchlichen Dienste anvertraut waren, war der „Strauße Franz“. Seine Tätigkeit bestand vorwiegend daraus, die Schäfchen der Kirchengemeinde auf Pflichten, Kundgebungen mit Glockenläuten hinzuweisen und aufmerksam zu machen: Zum Gebetsruf, zum Beginn einer Messe, zur Andacht, Mette, Kindtaufe, Eheschließung, zum Tod und zur Beerdigung, Eucharistiefeier und anderes mehr.

Wenn es wieder einmal an der Zeit war, dass bald die Glocken wieder läuteten, zog es mich zum offenstehenden Glockenturm, um vielleicht auch einmal eines der dicken Hanf-Seile in die Hände nehmen zu dürfen, was Franz auch für kurze Zeit zuließ. Jedoch, wenn das Läuten beendet worden ist, sollte doch die restliche noch vorhandene kinetische Energie eher Un-Sinnvoll genutzt werden können. Nein, damals dachte noch keiner an eine Energieverschwendung, Franz wusste etwas damit anzufangen, war derjenige, der sich, wie ein „Glöckner von Notre-Dame“ an den Seilen zu seinem Vergnügen bis an die Decke hochziehen ließ, sodass ich mir Gedanken und Sorgen machte, er könnte sich eine schwere Verletzung einhandeln, indem er mit dem Kopf da oben dagegen knallte.

Meinen besorgten Gesichtsausdruck nahm er anscheinend zwar zur Kenntnis, es musste jedoch für ihn eher als sehr beeindruckt rübergekommen sein. Denn er reagierte lediglich mit einem sichtbar höchst amüsierten, breiten Lachen.

Die Birnenernte

Einmal, es war ein wunderschöner Spätsommertag, zogen wir, Papa, meine Schwester und ich, mit dem großen Wagen los, um Birnen auf unserem Acker ganz weit außerhalb des Ortes, oben auf dem Berg, in Richtung Gundheim, zu ernten. Ein riesengroßer Weidenkorb stand zusammen mit zwei kleinen Körbchen oben drauf. Auch unsere lange Leiter und eine lange Stange hatte Papa mitgenommen und wir durften uns sogar auf Wegstrecken, die nicht so arg steil waren, oben auf den Wagen setzen.

War das eine Freude, ja, es schien ein wunderschöner Tag zu werden.

Auf dem Acker angekommen, half uns Papa zuerst einmal vom Wagen und machte die Stützen herunter, um ihn zu sichern. Er stellte die Leiter an den Baum und stieg sie mit dem einen Körbchen und einem Haken hoch. Eine ganze Weile lasen meine Schwester und ich die noch guten heruntergefallenen Birnen auf und es war noch nicht einmal ein Körbchen gefüllt, da kam meine Schwester auf die Idee, über die großen Räder auf den Wagen zu steigen.

Als ich dies sah, musste ich sofort daran denken, welch wackelige Angelegenheit dies doch mit diesen Stützen war und rannte hin, um den Wagen festzuhalten. Meine dumme Schwester stieg auch noch in den großen Korb hinein, der immer noch auf dem Wagen stand. Ich dachte, wie kann man nur so blöde sein? Und mit ihr schimpfend hielt ich krampfhaft den Wagen fest.

Nun, es kam, wie es kommen musste. Meine Schwester schrie: „Her uff, loss mich geh!“, indem sie sich heftig im Korb bewegte. Der Korb fiel um, rollte und plotzte vom Wagen runter und mit ihm – mein Schwesterlein: „Du bleeder Kerl, du hoschd misch erunner geschmiss!“, meinte sie weinend und ich sah, wie sie am Kopf blutete. Sie rannte ganz plötzlich weg, Richtung heim, und niemand hatte die Möglichkeit, richtig nach ihr zu sehen, wie sehr sie sich verletzt hatte.

Da der Birnbaum ein Stück weit vom Feldweg entfernt auf dem Acker stand, hatte Papa das alles gar nicht mitbekommen. Er fragte nur etwas später: „Wu iss donn eigentlich die Elsbeth hie?“ Und ich entgegnete: „Ei, isch waas net, sie iss uff oomol fortgerennt.“ Dass sie aber vom Wagen gefallen war und sich dabei verletzt hatte, davon hatte ich ihm nichts gesagt.

Die Birnenernte hatten nun Papa und ich ganz alleine erledigt.

Mit dem über die Hälfte gefüllten großen Korb fuhren wir nach Hause. Dort angekommen, fanden wir meine Schwester mit einem Pflaster und Mull darunter auf dem Kopf vor. Sie war zu Tante Mariechen gelaufen, welche sie zum Arzt Dr. Viel schickte, der sie umgehend versorgte. „Dess hot misse sogar geneeht werre“, meinte sie noch, mich sehr böse dabei anschauend. Ich freute mich jedoch sehr, dass keine noch schlimmere Verletzung die Folge des Unfalls gewesen war.

Zwar meinte Mama noch zu mir: „Was hoschde donn widder gemacht?“, auf was ich nur antworten konnte: „Ei garnix“.

Aus den vielen Birnen, lange grüne und noch harte Früchte, auch „Gundemer lange“ genannt, kochte Mama nach einigen Tagen Lagerung oben im Flur Mus und viele Stücke, „Schnitze“, in Gläser ein. Andere Früchte wurden zum Weichwerden und Essen noch etwas länger auf jenem Regal in der 1. Etage gelagert.

Auf der Baustelle

Auch um Fenster, Türen oder Möbel zum Kunden zu transportieren, wurde immer der große Wagen genommen, dessen Benutzung zwar stets mühevoll, aber eigentlich sehr dienlich war.

An der Baustelle angekommen, hieß es bald, Werkzeug vergessen. Was hieß, Helmut renne und hole es. Und Helmut rannte und rannte. Denn mit dem Fahrrad, „der alten Schoor", wollte ich nicht fahren. War es doch ein altes verrostetes Herrenfahrrad, über dessen Längsstange ich noch nicht drüber konnte. Deshalb, wenn ich einmal damit unterwegs war, musste ich unter der Stange durchtreten. Und das sah vielleicht aus, ja, ich schämte mich, so unterwegs zu sein. Deshalb rannte Helmut lieber, rannte und rannte. Ich wollte so schnell sein, dass sich Papa immer wieder wunderte, als ich schon wieder zurück war. So schnell zu sein, hatte aber auch noch einen ganz anderen Grund.

Papa vertrug keinen Alkohol. Wenn er auch nur ein Gläschen Wein oder Bier getrunken hatte, gingen seltsame Veränderungen in ihm vor. Er wurde lustiger, zog auf eigenartige Weise seine linke Wange hoch und nippte, einmal angefangen, immer öfter an seinem Gläschen, bis er langsam anfing, dummes Zeug zu reden. Ja, ständig hatte ich die – und dies geschah in unserer Weingegend sehr oft – vom Kunden hingestellte Flasche oder den Krug im Auge und wie deren Inhalte am Schwinden waren. Da ich Papa immer wieder bat, nicht zu trinken, hatte ich manchmal das Gefühl, er schickte mich nur weg, zu Hause etwas zu holen, das er gar nicht brauchte, um sich wieder ein Schlückchen gönnen zu können.

Deshalb rannte ich, als wäre der leibhaftige Teufel hinter mir her. Wenn ich dann zurückkam und bemerkte, dass nichts an Getränk weniger wurde, war ich sehr stolz auf mich. War aber das Gegenteil der Fall, versuchte ich beim nächsten Mal noch schneller zu sein.

Irgendwann später einmal wurde mir zu Weihnachten ein Fahrrad geschenkt. Zwar nicht ein solches, wie ich es mir gewünscht hatte, schön lackiert und mit Gangschaltung, sondern ein schwarzes, ohne Gänge, mit großer Aufschrift „STANDARD".

Papa meinte damals noch, als ich es entgegennahm: „Awwer dodemit muss isch aach ab unn zu emool fahre." Ich dachte nur, na toll und machte mir schon Sorgen darum, mit dem Drahtesel überhaupt nicht zum Fahren zu kommen. Aber meine Bedenken waren unbegründet. Im Nachhinein glaube ich sogar, dass er das damals nur so im Spaß gesagt hatte, denn er war so gut wie nie mit diesem Rad gefahren.

Gefährliche Spiele und andere Dummheiten

Papa auf der Baustelle, besonders in Neubauten, zu helfen, hatte, außer, dass ich dabei etwas lernte, auch noch andere Vorteile. Da zu jener Zeit noch mit Karbid-Gas geschweißt wurde, fand man dort stets welches vor. Mit ihm konnte prächtig geschossen werden. Auch Urban, ein Nachbarjunge, war stets dabei, wenn ich mal wieder etwas mitgebracht hatte, Blödsinn damit zu machen. Und wer meinte, „Betreten der Baustelle verboten" hätte uns davon abgehalten, auf anderen Baustellen danach zu suchen, der irrte gewaltig.

Mit diesen grauen, eigenartigen, seltsam streng riechenden Steinen konnte man sich wie echte Sprengmeister fühlen. Ein wenig Wasser in eine Dose mit Deckel und einem kleinen Loch, ein kleines Stückchen Karbit hinzu, einen kleinen Moment warten, an das Loch ein brennendes Streichholz halten und – Bumm! Einen Schlag gab das! – Schnell mussten wir danach die Stellung wechseln, denn das hätte sonst bestimmt Ärger gegeben.

Ein anderes Mal, wenn die kleinen „Flösschen" (Wasserrinnen am Straßenrand) wieder etwas Wasser führten, legten wir dort kleine Karbidstückchen hinein und zündeten sie an. Das war irgendwie ein prickelnder Anblick, wenn da überall, bis runter in die „Entenpuddel" (ein durchs Dorf fließender Bach), viele solcher rauchende stinkende Lichter brannten.

Auch ohne Feuer konnte geschossen werden, was aber nicht so den Effekt hatte. Das Vergasen des Karbids erzeugte nämlich einen so starken Druck in einer Dose mit Deckel, dass dieser mit einem lauten Knall wegflog.

Ein weiteres „Spiel", das ich mir so hab einfallen lassen, war Folgendes:

Die Zündschnur

Oben, in unserem Haus, da wo die Särge standen, hingen diese vielen Stricke über einem Balken, die, wic bereits erwähnt, früher einmal bei der Getreideernte zwecks Binden der Garben Verwendung fanden. Miteinander verbunden ergaben diese eine wunderbare Zündschnur. Zwar brannte die Lunte zuerst nicht ganz zufriedenstellend, doch klein Helmut wusste auch hierfür Rat.

Ich erinnerte mich an Papas Kanister (mit Xylamon-Holzschutzmittel), auf dem eine rote Flamme abgebildet war, was doch heißen musste – brennt gut. Wenn Papa Holz damit behandelte, hatte er bereits eine leere Konservendose bereitstehen, in die er immer nur eine bestimmte kleinere Menge einfüllte.

In diese schüttete ich etwas von dem ätzend riechenden Zeug hinein und tränkte darin meine zu einer langen Schnur verbundenen Kordeln. Im Hof ausgelegt und am Ende eine Büchse mit Karbid und Wasser, dann am anderen Ende angezündet – ja, eigentlich sollte der laute Bums bald erfolgen, jedoch die Lunte brannte und rußte und stank, wodurch die Rückstände eine eklige schwarze Spur im Hof hinterließen. Der Rums, ein sehr lauter, war erst sehr viel später erfolgt, sodass ich mit dem Gesamtergebnis eher unzufrieden war. Es sollte auch das letzte Mal gewesen sein, dass ich mir eine solche Aktion vorgenommen hatte. Denn das Entfernen der schwarzen Spur im Hof nahm so viel Zeit in Anspruch, dass ich echt Mühe hatte, fertig zu werden, bis die Eltern, von all dem nichts ahnend, wieder heimkamen. Und wenn sie mich dann fragten, ob ich auch brav gewesen sei, antwortete ich stets mit: „Ajoo!"

Wer ruft auch gleich die Feuerwehr?

Einmal, ich stand an einem verregneten Samstag-Nachmittag in der Küche am Fenster und schaute hinaus Richtung unserer Schreiner-Werkstatt: „Babba, hoschd du drauß in de Werkschdatt de Owwe brenne?“ Papa, noch halb im Tiefschlaf seines Mittagsschläfchens: „Ää.“ „Noo.“ Ohoh, dachte ich und ging wortlos aus der Küche. Mama, die so am Küchentisch saß, dass sie dort, wo ich hinschaute, keinen Blick hinwerfen konnte, ließ meiner Frage keine besondere Bedeutung zukommen. Ich aber hatte sehr große Bedenken, des Rauches wegen, der unter dem Werkstattdach hervorquoll und ahnte schon, weshalb dies so war.

Ganz vorsichtig öffnete ich die Werkstatttür und schaute hinein. Ein gewaltiger Schreck durchfuhr meinen Körper, jedoch, ich behielt mich voll unter Kontrolle. Keine Panik, dachte ich, ging hinein in die Werkstatt, machte die Tür hinter mir zu und machte mich, eigentlich recht cool, an die Sache ran. Zuerst verschaffte ich mir einen Überblick, bevor ich handelte.

Hinten an der Wand, direkt neben der Hobelmaschine, glimmte an aufrecht stehenden Hölzern und am daran haftendem Staub, der auch dahinter an der Wand hing, Glut empor – Wasser muss schnellstens bei, dachte ich und ging schleunigst zum Wasserhahn im Hof an der Hauswand und füllte den dort stehenden Eimer. Ich bespritzte die glühenden Stellen vorsichtig, indem ich mit der Hand Wasser aus dem Eimer schöpfte, wollte ich doch das Verschütten größerer Mengen Wassers vermeiden, um mich nicht wieder unliebsamen Fragen hätte stellen müssen.

Gott sei Dank!, dachte ich, als es aufhörte zu rauchen. Die angekohlten kleineren Holzstücke steckte ich flugs in den großen Hobelspäne-Ofen, kehrte den angeschmorten Staub von der Wand und schüttete ihn dazu. Von den wenigen längeren Holzstücken sägte ich die verkohlten Stellen ab, in den Ofen damit und den Deckel drauf. Eigentlich durfte nun nichts mehr passieren, beruhigte ich mich.

Jetzt musste ich die nächsten Tage ja nur noch Papa frierend meine Hilfe anbieten und ihm vorschlagen, den Ofen anzünden zu dürfen. Ich verbrachte den ganzen Nachmittag noch in der Werkstatt, um zu sehen, ob sich da noch etwas feuermäßiges ergeben würde. Aber nichts geschah mehr.

Obwohl ich mal wieder sehr mit mir und meinem Schutzengel zufrieden war, ging ich in der Nacht des Öfteren an das Fenster, das zum Hof führte und schaute nach dem Rechten.

Am nächsten Morgen war wieder mein erster Blick aus dem Fenster und ich meine, einen leisen Seufzer von mir gegeben zu haben, als die gute alte Werkstatt noch an ihrem angestammten Platze stand.

Ja, ich muss zugeben, das war wohl die allergrößte Dummheit, die ich mir in meinem Leben geleistet hatte.

Da Papa an jenem Samstag des Fast-Unheils nicht in der Werkstatt, sondern in seinem Büro arbeitete, hatte auch ich nichts zu tun und kam so auf die Idee, mit kleinen roten Knallkörpern – Reste von Silvester –, in unserem Dialekt auch, „Eselsförzjer" genannt, im Hof herumzuballern. Der plötzlich einsetzende Regen machte mir einen gewaltigen Strich durch die Rechnung, sodass ich auf die glorreiche Idee kam, in der Werkstatt damit fortzufahren. Ich sah zwar, wie die knallenden Dinger in der Gegend herumspritzten, dachte aber, sie seien erloschen, es ginge keine Gefahr mehr von ihnen aus.

Mein Schutzengel, so dachte ich im Nachhinein, muss wohl ein kleiner Schelm gewesen sein, sonst hätte er mich doch erst gar nicht auf diese verrückte Idee kommen lassen und mir einen warnenden Tritt in den Hintern gegeben.

Was hätte passieren können, wenn ich das im Entstehen begriffene Großfeuer nicht noch entdeckt hätte? Die ringsum an unser Anwesen und Gebäuden angrenzenden Scheunen und Häuser, an welche die Feuerwehr nicht einmal richtig an den Brandherd herangekommen wäre. Der Gedanke daran jagt mir heute noch einen eiskalten Schauer über den Rücken. Zumal ich nach der Eltern Tod feststellen musste, dass unser gesamtes Anwesen mit einer Versicherungsprämie von gerade einmal dreitausend D-Mark versichert gewesen war.

Na ja, es war alles noch einmal gutgegangen und meine Rechnung auch voll aufgegangen. Das mit Papa – Helfen, Frieren, Ofen anzünden – klappte wunderbar; und mein ganzes Leben lang, bis zum heutigen Tage, habe ich dieses Geheimnis „fast" ausnahmslos für mich bewahrt.

Gefahr in der Werkstatt

Arbeiten in einer Schreiner-Werkstatt sind oft mit einigen Gefahren verbunden.

Was mir heute noch einen Schauer über den Rücken jagt, ist die Erinnerung an Mamas Darstellung, wie sie an der großen Fräsmaschine behilflich war, in Türplatten, auf drei Seiten, einen Falz zu fräsen. Ihre Aufgabe bestand darin, die Platten an deren Ende in der Waagerechten zu halten, während Papa sie über die Maschine schob. Da für diese Arbeit in den Fräskopf andere Messer eingesetzt werden mussten, hatte Papa sie kurz vor Fräsbeginn ausgewechselt. Er rief Mama zu, er sei soweit, und sie könne nun in die Werkstatt kommen.

Mama war nun vor Ort und gemeinsam hatten sie schon das Türblatt auf den Tisch der Maschine gelegt. Papa schaltete diese ein, plötzlich ein Schlag hinter Mama an der Wand und Papa schaltete kreidebleich wieder die Maschine aus. Ein Messer hatte sich gelöst, oder Papa hatte es nicht richtig festgezogen, flog ganz dicht an Mamas Kopf vorbei und schlug in der Wand hinter ihr ein. Ein ziemlich großes Loch war entstanden, das sie so schockierte, dass sie erst einmal eine längere Pause einlegen mussten.

Mama sagte noch, dass sie den Luftzug des Messers verspürte, als es an ihrem Kopf vorbeiflog.

Irgendwann musste die Arbeit fortgesetzt werden. Jedoch, seit jenem Ereignis hatte nicht nur sie, sondern auch ich, ein mulmiges Gefühl, wenn wir an dieser Maschine helfen sollten. Einmal, ich war gerade dabei, ein langes Holzstück auf der großen Hobelmaschine zu hobeln. So wie Papa dies machte, hatte ich mir längst abgeguckt und ließ bei dieser Tätigkeit sehr große Vorsicht walten. Aber anscheinend fehlte mir noch die Kraft, wie Papa sie hatte, das vielleicht zehn Zentimeter breite Kiefernholzstück über die Maschine zu schieben und gleichzeitig fest aufzudrücken. Ich sah noch auf der Oberseite eine

Aststelle, und obwohl ich vorsichtig weiterschob, war das Holz plötzlich unter meiner Hand verschwunden und nach hinten in die Werkstatt geflogen. Ich verspürte einen kurzen Schmerz in meinem linken Daumenballen und riss geistesgegenwärtig die Hand zurück, gleich mit der rechten Hand die Verletzung zuhaltend. Zuerst wagte ich gar nicht, diese wegzunehmen, doch nach einigem Zögern überwand ich doch meine Angst, um einen kurzen Blick auf die entstandene Verletzung zu werfen. Na ja, der Daumen war noch dran. Durch das viele Blut jedoch konnte man die Größe der Wunde nicht abschätzen. Schnell zur Mama in die Küche, die mich, als sie die Verletzung in Augenschein genommen hatte, auch gleich zum Arzt schickte. Dieser klammerte die Wunde, jagte mir eine Spritze in den Arm und meinte, dass das nicht so schlimm wäre und bald wieder verheilte.

Noch heute, wenn ich einen Blick auf meine linke Hand werfe, muss ich an diesen Tag denken, denn eine Narbe als Andenken ist doch noch zurückgeblieben.

An dieser Hobelmaschine ergab sich noch eine andere gefährliche Situation, an der ich aber nur indirekt, und, man höre und staune, sogar in positivem Sinne beteiligt war.

Ich hatte mit Papa eine größere Menge Holz gehobelt. Die Maschine war bereits ausgeschaltet, als ein Kunde mit seinem mir gegenüber drei Jahre älteren Sohn durch die Werkstatttür hereinkam. Die lauten Brummtöne der Maschine nahmen bereits einen tieferen Ton an, was mir zu erkennen gab, dass sie noch eine ganze Weile nachlaufen würde.

Der aus mehreren mit Klavierband verbundenen Holzstückchen bestandene Messerschutz war noch nicht über die Messerwelle geklappt, was sofort die Alarmglocken in mir ertönen ließ. Ich begab mich noch zur Maschine hin, hatte sich meine Eingebung schon verwirklicht. Der unbedarfte Junge erhob gerade seine Hand und wollte auf die silbern glänzende Welle greifen, da machte ich einen Satz auf ihn zu und drückte ihn von der Maschine weg. Der Junge schaute mich darauf hin recht verwundert an, konnte mein Verhalten ihm gegenüber nicht ganz verstehen. Als das Brummen verstummt und die Welle zum Stillstand gekommen war, zog ich ein wenig am Treibriemen, bis ein Messer in der Welle nach oben zu stehen kam. Nun zeigte ich dem Jungen, was geschehen wäre, hätte er seine Hand da draufgehalten. Er wurde totenblass und sah mich nur total erschrocken und dankbar an.

Einmal hatte ein Bauer eine mit Muskelkraft zu bedienende relativ große Maschine zur Reparatur gebracht, mit der für das Vieh Futterrüben kleingehäckselt wurden. Sie stand nun auf unserem Hof und meine Neugier trieb mich dazu, das Innenleben dieses Monstrums zu erkunden. Ich stieg auf einen Hocker, um von oben an die etwa 1,20 m hohe und circa 50 cm im Quadrat trichterförmige Öffnung heranzukommen. Komisches Ding, dachte ich beim Hineinsehen und fummelte, aus welchem Grund auch immer, von oben mit der rechten Hand in der Maschine sowie zwischen den vielen versetzt angeordneten, teils stark verrosteten Messern herum. Mein kleiner Bruder stand dabei und schaute mir zu. „Dreh emol e gonz kloo bissje erum", sagte ich zu ihm. Er nahm die Kurbel in die Hand und als ich sah, wie sich da innen die Messer anfingen zu bewegen, zog ich schnell meine Hand heraus. Aber es reichte nicht, ich war nicht schnell genug, sie herauszuziehen, um unverletzt davonzukommen. Das Ende eines Messers erwischte mich noch an der Oberseite meiner rechten Hand, und eine rechtwinklige Fleischwunde war entstanden. Was zur Folge hatte, der neugierige, dumme Helmut musste wieder einmal den Hausarzt bemühen, Nadel und Zwirn an ihm anzuwenden. Nicht jedoch, bevor Mama erste Hilfe geleistet hätte.

Die Übersetzung von der großen Kurbel über die kleinen Zahnräder auf die Messerwelle bewirkte, dass auch schon durch die kleinste Drehbewegung daran die Messer sofort in schnelle Rotation versetzt wurden.

Ein andermal, in der ganzen Werkstatt waren keine Abfall-Leistchen mehr für den Bau eines Drachen zu finden, beschloss ich, aus längeren Abfallstücken auf der Kreissäge welche zu schneiden.

Ich stellte den Anschlag der Maschine auf die gewünschte Stärke von einem Zentimeter ein und schaltete sie an. Vorsichtig schob ich das Holzstück entlang des Anschlages über das Sägeblatt, als ich bei einem lauten Knall hinter mir sehr erschrak. Ich staunte nicht schlecht, als ich mich umdrehte und nach hinten schaute. Das Leistchen verklemmte sich zwischen Anschlag und Sägeblatt und flog, angetrieben von der Rotation des Sägeblattes, mit hoher Geschwindigkeit und Wucht Richtung hinterer Wand mit einem mannshohen Sockel. In einem der da oben stehenden Blechkanister steckte nun gleich einem geworfenen Speer mein gerade vollendetes Werkstück, was mir im Gedanken daran, was passiert wäre, wenn dort gerade jemand gestanden hätte, einen gewaltigen Schrecken einjagte.

Papa, der allzu menschliche Geschäftsmann

Ja, so war er:

Samstag war der Tag, an dem Papa Büroarbeiten verrichtete. Es wurden Kostenvoranschläge erstellt, Materialbestellungen zusammengestellt und Rechnungen geschrieben. Ausschließlich hatte ich sonntags die Aufgabe, Letztere zu den Kunden zu bringen. Bevor ich sie aber in die Hände bekam, bemerkte ich gelegentlich, wie Papa nach seiner Kalkulation die Rechnung neu schrieb, nur, weil sie ihm zu hoch vorkam. Ich dachte mir dann immer, dass es doch für unsere Hauskasse viel angenehmer wäre, er würde stattdessen auf den errechneten Betrag noch ein kleines Sümmchen draufschlagen. Aber Papa ließ sich da nicht beirren. Ja, er räumte der Kundschaft sogar einen Nachlass von zwei Prozent bei Barzahlung ein.

Auch das noch, dachte ich – auch noch Prozentrechnen. „Dess machschde gonz oofach“, meinte Papa: „Do gehschde hie unn duschd de Reschnungbetraach dorch hunnert daale unn dess wass erauskimmt mol zwo nemme.“ „Donn gehschde hie unn ziehschd dess, wass de eraus hoschd om Reschnungsbetraach ab.“

Beim Kunden dann – „Wie war dess?“ Ach so, ja – Und ich errechnete in klassischem Rechenstil den zweiprozentigen Rabatt auf den Pfennig genau aus. Bei meinem damaligen Intelligenzquotienten in Sache Mathematik ein sehr vertrauensvolles Unterfangen Papas.

Mir war nie richtig wohl dabei. Ständig hatte ich Angst, mich zu unseren Ungunsten zu verrechnen. Aber später wurde mir klar, dass Papa doch noch einmal nachrechnete, ob auch alles seine Richtigkeit hatte.

Wenn mir dann der Rechnungsbetrag ausgehändigt worden war und ich „Betrag dankend erhalten“ druntergeschrieben und die Rechnung mit meiner eigenhändigen Unterschrift quittiert hatte, konnte ich mich schon auf ein schönes Sonntagsgeld freuen. Enttäuscht war nicht nur ich, wenn es hieß: „Wir bringen es vorbei." Denn daheim wurde ja auch bereits auf das Geld gewartet. Besonders schlimm war es, wenn auf das Vorbeibringen Tage, Wochen oder Monate gewartet werden musste. Allerdings noch viel schlimmer, wenn überhaupt nicht bezahlt wurde; und da konnte Papa „ein Liedchen drüber singen".

Einc andere Art Kundenverhalten, die immer wieder Papas Gutmütigkeit herausforderte, war, dass Leute in die Werkstatt kamen und sich kostenlos Werkzeug ausliehen, dann aber, wenn überhaupt, dieses, stumpf oder beschädigt zurückbrachten.

Auch wenn sie kamen: Mal ein Leistchen, mal etwas Leim, mal etwas Fensterkitt, Nägel oder Schrauben zu verlangen und auf eine Weise nach dem Preis fragten, dass man eigentlich gar keinen nennen konnte, meinte Papa nur, dass es das Wiederkommen kostete.

Ich dachte dann, wenn die immer nur so kommen und Papa mit seinem Wiederkommen auch noch dazu ermutigte, wo sollte das hinführen?

Ganz dreiste Kunden kamen sogar und fragten erst gar nicht groß. Dann hieß es nur: „Isch kennt so e Lättsche gebrauche, konn isch mer dess do mitnemme?" Was Papa darauf antwortete, ist wohl nicht schwer zu erraten.

Wegen unserer Schreinerei brachten mir viele Kinder, besonders die aus der Nachbarschaft, so manche Sympathie entgegen. Schätzten sie doch durch unsere vermeintlich schier endlose Holz-Ressource, meine Möglichkeit, „Waffen" in geradezu unbegrenzter Anzahl herzustellen.

Ja, ich konnte schon seit ganz jungen Jahren von mir behaupten, Meister der Waffenbau-Kunst zu sein. Materialien, die für Gabelschleudern und Pfeile und Bogen benötigt worden waren, fanden sich zur Genüge in der Natur vor. Für Gewehre, Schwerter und Messer jedoch war unser Dachboden mit seinem Riesenvorrat an Holzresten stets von mir aufgesuchte Rohstoff-Quelle.

Da oben herumzustöbern war zwar nicht ganz ungefährlich, ein Fehltritt konnte nämlich das durch die Decke brechen und in die Werkstatt Stürzen bedeuten. So bedingt, da die Werkstattdecke nur von unten ganz und von oben nur an einer größeren Stelle verschalt war.

Eine Gabelschleuder herzustellen, forderte nicht einmal so sehr viel Geschick. Reichte doch eine Astgabel, deren Griff etwa zehn Zentimeter lang und drei Zentimeter dick war. Die beiden Gabelenden sollten vielleicht zwei Zentimeter dick und auch zehn Zentimeter lang sein. Ein bis zwei Zentimeter von den Gabelenden entfernt erfolgte rundum eine Einkerbung. Ein alter Einweckgummi, so durchgeschnitten, dass die Zuglasche in die Mitte kam, dann mit starker Schnur die beiden Gummienden verlängert und um die Einkerbungen gebunden, fertig.

Kleine Steinchen, die ich mir beim Friedhofsbesuch mit den Eltern eingesteckt hatte, waren die idealen Geschosse.

Da hatten die Tauben auf dem roten Falzziegeldach der Scheune des übernächsten Nachbarn hinter unserer Werkstatt keine Möglichkeit, sich über längere Zeit niederzulassen.

Nöö, treffen wollte ich sie so unbedingt auch wieder nicht. Mir reichte es schon zu sehen, wie meine „Kugel" an ihnen vorbei zischte und ich sie alle auf einmal auffliegen sah. Dieses Spielchen konnte sich beliebig oft wiederholen.

Was mich stets wunderte, dass niemand nachforschte, wo denn die Geschosse, mitunter sogar bunte Murmeln, herkamen. Aber, da grenzten so viele Grundstücke aneinander, dass der Verdacht auf den „lieben kleinen Helmut" wohl nie aufkam.

Ich hatte mit einem circa fünfzig Zentimeter langen und fünf mal fünf Zentimeter dicken Holzstück eine Waffe gebaut, mit der ein Ziel-Objekt noch sehr viel besser hatte anvisiert werden können. Dazu reichte auch ein normaler, nicht zu kleiner Einweckgummi. Diesen vorn um das Holzende gelegt, sodass die Zuglasche mittig nach hinten zeigte, und mit flachköpfigen Nägelchen festgenagelt.

Oben darauf, in einem solchen Abstand von vorne, dass der Gummi, wenn man an ihm zog, gerade bis zu jener Stelle kam, an der ein Nagel mit gestauchtem Kopf eingeschlagen und auf diesen eine Wäscheklammer gesteckt wurde. In die Zuglasche ein passendes Steinchen, ich benutzte gelegentlich auch Murmeln, in die Lasche und unter Ziehen in die geöffnete Klammer gesteckt. So war dieses Gewehr jederzeit schussbereit.

Aber niemals hätte ich diese Waffe auf Menschen gerichtet. Da musste vielleicht eine Katze oder ein Spatz mal eher dran glauben. Schwerter und Dolche herzustellen war meine große Leidenschaft. Konnte ich sie doch mit den mir zur Verfügung stehenden Mitteln sogar maschinell herstellen. Die Haupt-Arbeitsgeräte waren die Absetzsäge, eine Raspel und die Tellerschleifmaschine. Im Nu waren die tollsten „Kampfmittel" mit aufgegriffenen Ideen aus diversen amerikanischen Spiel-Filmen in unserem Kino hergestellt.

Pfeile und Bogen waren eigentlich das effektivste Equipment. Der Bogen, ein beliebig langer, gerader, zwei bis drei Zentimeter dicker Ast des Schwarz- oder Weißdornstrauches und eine kräftige Schnur, bevorzugt war die Bespannung eines Tennis- oder Federball-Schlägers, als Sehne, fertig. Die Pfeile wurden aus nicht zu dicken Schilfrohren und für das Ende ein Stück eines Astes vom Holunderstrauch gefertigt. Aus dem Stück Holunderast wurde das Mark entfernt und der so entstandene Stopfen auf das Schilfrohr gesteckt. Die Pfeile waren, sobald sie auf einen harten Gegenstand geschossen wurden, sehr zerbrechlich und da kamen als Ersatz dünne Bambusstäbchen sehr gelegen. So mancher Winzer wird sich wohl gewundert haben, wenn diese Rebstützen in neu angelegten Weinbergen plötzlich nicht mehr alle vorhanden waren.

Nöö, der kleine Helmut hat sie dort nicht entwendet, aber das Fuggern war unter uns Kindern stets an der Tagesordnung.

Doch, was sollten all diese Waffen ohne Ritterburg? Selbstverständlich hatten wir überall in der Gemarkung unsere „Bunker" gegraben, von denen aus unsere „Raubzüge" unternommen worden waren. Raubzüge, die eigentlich nur aus großen Sprüchen, heißer Luft und einigem Geplänkel bestanden. Ernsthafte Schlägereien oder Gefechte folgten daraus nie.

Oben, auf dem „Berig", da hatten wir uns in ganz dichtem Gestrüpp eingebuddelt. Hoch gelegen, war von dort die ganze südliche Ebene unserer Gemarkung zu überblicken. Schandtaten wie Äpfel oder Nüsse klauen hielten sich in Grenzen, waren doch stets Feldschütze mit großen Hunden unterwegs.

Dort oben auf dem Berg gab es eine Kies- sowie zwei Sandgruben und in deren Nähe befanden sich wilde Müllkippen. Dort stöberten wir oft stundenlang herum und fanden den einen oder anderen für uns noch sehr brauchbaren Gegenstand. Ein sehr gelegener Gegenstand war ein alter Regenschirm, der außer ein paar Schönheitsfehlern für unsere Gebrauchszwecke noch sehr dienlich war – Fallschirmspringen nannten wir unsere tollkühnen Sprünge mit dem alten Schirm in der Hand, vom vielleicht 7–8 Meter hohen Rand der „Sandkaut“ auf den schrägen Sandabbruch darunter. Der Schirm hatte zwar keine große Bremswirkung, klappte er doch jedes Mal nach oben aus, aber er suggerierte absolut, an einem Fallschirm zu schweben.

Gefährliche Angelegenheit, sollte man meinen. – Nöö, auch nicht heute, als alter Esel Helmut, hätte ich dafür keine Einsicht. – Ja, ich würde es jederzeit wieder tun.

***

Einen vermeintlich ganz besonders wertvollen Fund machte Urban auf einer Müllkippe. Eine viermanualige sehr alt scheinende Mundharmonika. Hey, außer ein paar flattriger oder festgeklebter Lamellen ließ es sich darauf sogar noch relativ gut spielen.

Nöö, keiner von uns fragte, wer sie vor uns gespielt haben könnte, und ob der, der sie spielte, vielleicht sogar krank gewesen war. Nun, da Urban des Mundharmonikaspielens nicht mächtig war, überzeugte ich ihn, dass sie eigentlich in meinem Besitz besser aufgehoben sei. Ich spielte zu der Zeit schon lange Mundharmonika, hatte ja auch eine von meinem Paten geschenkt bekommen, und dies nicht einmal so schlecht. Urban moserte zwar noch etwas herum, fand sich aber damit ab, sie mir überlassen zu haben und in guten Händen zu wissen.

Möglich, dass auch ich dieses Musikinstrument besser nie in die Hände bekommen hätte. Denn, eine einige Zeit später aufgetretene Krankheit lässt die Vermutung offen, dass ich mich daran infiziert haben könnte.

Meine erste Zigarette

Bei unseren in der Gemarkung unternommenen Umherschweifereien waren wir stets ausgerüstet mit mindestens einer von Papas stibitzten Zigarette, Streichhölzern und Maggiwürfeln. Ja, richtig gelesen, Maggiwürfeln. Diese kleinen, circa ein Zentimeter im Quadrat großen Würfel organisierte Urban aus Muttis Küchenschrank.

Die zu lutschen war mal etwas ganz anderes, aber der darauffolgende Durst oft unerträglich. Was mich wunderte war, dass Papa nie eine Zigarette vermisste. Waren doch in der „vier Bali" Schachtel, die er damals zu kaufen pflegte, auch wirklich nur vier Stück enthalten. Da wäre doch ein Nachzählen für ihn nicht sehr schwer gewesen. Aber ich war großzügig. Ich hatte mir fest vorgenommen, wenn mal nur eine in der Packung sein würde, ihm diese nicht wegzunehmen.

Streichhölzer, nein, sie dienten nicht nur dazu, die Zigarette anzuzünden, da wurde auch schon einmal ein kleines Lagerfeuerchen damit entfacht. Und es kam vor, dass wir unsere Mühe hatten, ein etwas größer gewordenes Feuerchen wieder gelöscht zu bekommen.

Zu einem echten Abenteuer wurde es, wenn Feldschütze und deren Hunde sowie größere Jugendliche mit ihren Mopeds Jagd auf uns machten. Mich konnte dies zwar nicht beeindrucken, denn durch meine Sprints über Äcker und Gräben konnten auch PS-getriebene Fahrzeuge mir nicht habhaft werden. Einzig schlecht war, dass die, die mit mir herumstromerten, nicht besonders schnell laufen konnten. Also versteckten wir uns in Gräben oder Bächen und Gebüsch, kamen erst wieder hervor, wenn die Luft rein war. Rückzugsgebiete sind stets die in unserem Besitz befindlichen Äcker und unser Garten gewesen. Denn auf den Äckern oder in unserem Garten konnten wir uns aufhalten, so lange und oft wir wollten.

Einmal hatte ich mit einem Flüchtlingsjungen, der gerade aus dem Osten gekommen war, einen wunderschönen sechseckigen blauen Drachen gebaut. Zuerst ließen wir ihn stets gemeinsam fliegen, doch als mir wieder danach war ihn steigen zu lassen, konnte ich den neu gewonnenen Freund, der notdürftig mit seiner Familie in einem alten Fabrikgebäude untergebracht war, welches für Sozialwohnungen umgebaut wurde, auch „De Bau“ genannt, leider nicht zu Hause antreffen und beschloss deshalb, den Drachen alleine fliegen zu lassen. Da ich schon in der ideal dafür ortsnahen Gegend war, ging ich noch ein ziemlich langes Stück den Rheinweg hinaus, weit genug von den über den Dächern gespannten gefährlichen Stromleitungen entfernt. Der Wind war günstig und mein Drachen schwebte ruhig am Himmel. Da, Motorengeräusche! Die berüchtigten „Keimcher“ (Jungen mit einem anhaftenden, möglicherweise unterstellten asozialen Image) hatten womöglich den Drachen von ferne gesehen und waren nun gekommen, ihn mit Steinen vom Himmel zu holen. Und der kleine Helmut rannte und rannte, dabei immer wieder die Kordel in einem Achter um ein Stück Holz wickelnd. Welch ein Glück, die unfähigen Kerle auf ihren Mopeds waren nicht einmal imstande, den Drachen zu zerstören. Denn ich war rasch wieder im Dorf und da hatten sie doch der Leute auf der Straße wegen schnell von mir abgelassen.

Der melancholische Helmut

Ja, der kleine Helmut war kein Raubein, viel eher ein zartes unreifes „Früchtchen" mit sehr weichem Kern. Leicht verletzlich, aber sehr hart im Nehmen und großmütig obendrein. Dinge, die in ihm einen hartherzigen Jungen vermuten ließen, täuschten über sein wahres Innenleben beträchtlich hinweg.

Da musste er sich schon einmal einen Vorwurf eines nahen Verwandten anhören, beim Tode eines lieben Angehörigen keine Tränen vergossen zu haben. Aber für den kleinen Helmut, so wie auch für den großen, galt und gelten Tränen als Zeichen der Schwäche, nicht unbedingt nur der Trauer wegen. Die vielen bitteren Tränen, die innerlich geweint wurden, und das sind die, die am meisten schmerzen, steht niemand zu, weder zu bewerten noch zu beurteilen.

Nicht nur in Stunden der Trauer, auch in Stunden der Unzufriedenheit, erfahrenen Ungerechtigkeit, Schmerz sowie Sehnsucht, ließen den kleinen Helmut seine Musikinstrumente in die Hand nehmen und darauf spielen. Auch mit Gesang, je nach Stimmung wählte er seine Lieder, versuchte er, seine innere Regung und Stimmung nach außen zu tragen, um seine Umwelt, vielleicht besonders das, mit nur zwanzig oder dreißig Zentimetern Stein getrennt wohnende Mädchen nebenan, daran teilhaben zu lassen.

Wie sagte einmal eine Nachbarsfrau zu Mama, als ich das Elternhaus verlassen hatte: „Es dud mer joo soo laad, dass de Helmut nemmee do iss, der hot immer soo schee Musik gemacht unn aach soo schee gesung." Bestätigung hierfür bekam ich mal, eigentlich ganz beiläufig, von jemandem, als er mir sagte, dass ich in jüngeren Jahren sehr schön gesungen hätte. Es war Franz, mein Schulkamerad und späterer Arbeitskollege, der mir dieses Kompliment machte. Ihm, der ein begnadeter Musikus mit Trompete sowie Taktstock, stets mit meiner Bewunderung bedacht worden ist, traue ich zu, dies nicht nur so dahergesagt, sondern ehrlich gemeint zu haben.

Ja, eine Stimmung des Fernwehs konnte alleine schon ein abends über unser Haus hinweg fliegendes Propeller-Flugzeug auslösen. Das heller werdende Brummen, wenn es sich näherte und das tiefer werdende Brummen, wenn es sich entfernte, erzeugte eine Stimmung in mir, die sich nur schwer beschreiben ließe. Da wurde die Mundharmonika aus dem Nachttisch gekramt und die beliebtesten Lieder damit gespielt. Mein Bruder stimmte oft mit seinem Gesang begleitend ein.

Aus unserem Repertoire gab es zu hören: „Guter Mond du gehst so stille“, „Guten Abend, gute Nacht“, „Weißt du wie viel Sternlein stehen“, „Schlaf, mein Kindlein, schlaf ein“, „Schlaf, Kindlein, schlaf“, „Die Blümelein sie schlafen“, „Sah ein Knab’ ein Röslein steh’n“, „Rosemarie, Rosemarie, sieben Jahre mein Herz nach dir schrie ...“ Jedoch nicht wie im Lied, „Jedwede Nacht ... Traum ... Bild zugelacht.“ Nein, meine Rosemarie musste mit ihren damals 3 Jahren noch 15 Jahre Geduld haben, bis sie mich kennenlernte und seither, über 50 Jahre tatsächlich zulachen konnte und kann.

Viele Lieder mehr, auch deftig heftiges wie: „Wilde Gesellen vom Sturmwind durchweht“, „Wir lagen vor Madagaskar“ und so weiter, waren stets mit dabei. Auch ein schönes Kirchenlied war hin und wieder zu vernehmen, wovon die Marienlieder die bevorzugteren waren, als da waren: „Maria zu lieben ist allzeit mein Sinn“, „Maria Maienkönigin“, „Maria breit den Mantel aus“ und andere mehr. Ganz zu schweigen von den unzähligen Weihnachtsliedern, die natürlich nur in der Advents- und Weihnachtszeit zu hören waren.

Keine Anzeichen von Beschwerden oder Missfallen, keine Buh-Rufe. Ja, es schien so, als wären wir die einzigen Menschen auf der Welt. Keiner von uns dachte daran, dass irgendwer in der Nachbarschaft an unseren Klängen und Gesängen interessiert oder gar angetan sein, sogar daran Gefallen haben könnte und lauschte.

Im Nachhinein muss ich sagen, dass in jener Zeit überhaupt nicht maßgebend war, dass andere dies mitbekamen und sich eventuell sogar darüber lustig machten. Es zählte ganz allein, ein inneres Gefühl nach außen zu tragen.

Recht früh schon hatte ich von den Eltern ein Kinder-Akkordeon geschenkt bekommen, dem ich auch die herrlichsten Melodien entlockte und dies ganz nach Gefühl, ohne des Spielens nach Noten mächtig zu sein.

Ein Instrument jedoch vermochte mit seinen in unserer Region ungewohnten Klängen nicht nur mich, sondern auch einige Zuhörer verzaubern. Ich bin mir sicher, dass hierzu allein der Klang dieses Instrumentes und nicht meine musikalischen Unfähigkeiten von Bedeutung waren.

Als mir mein Cousin einmal eine sehr alte Zither, die schon sein Opa väterlicherseits gespielt hatte, zeigte, und einige Melodien darauf spielte, war ich so sehr begeistert, dass ich darum bat, sie mir für eine Weile auszuleihen.

Es war eigentlich gar nicht allzu schwer, Lieder darauf zu spielen. Es gab nämlich dazu Blätter, die unter die Saiten geschoben wurden, auf denen die zu spielenden Noten so angeordnet waren, dass sie unter den jeweils zu zupfenden Saiten zu liegen kamen. Nach nicht allzu langer Zeit hatte ich eine solche Übung darin, dass ich sogar meine Gefühle habe mit einfließen lassen können.

Inbrünstig gab ich so fast Abend für Abend mein Bestes.

Es fiel mir sehr schwer, als ich eines Tages, auf Verlangen meiner Tante, das Instrument wieder habe zurückgeben müssen. Na ja, ich konnte gut verstehen, dass sie sehr an diesem Erinnerungsstück hing und hoffte nur, dass es nicht in irgendeiner Ecke auf ihrem Dachboden verschwand, verstaubte, gar ganz vergessen werden würde und, dass gelegentlich auch einmal jemand darauf spielte. Dieser Tante hatte ich sogar zugetraut, dass die Nachbarn, mit denen sie befreundet war, der Auslöser dieser Rückforderung gewesen waren. Waren vielleicht sogar sie diejenigen, die sich von meiner Musik gestört fühlten? Na ja, ein solcher Verdacht sollte sich mit der Zeit vermutlich vorurteilsmäßig eher bestätigen.

Musste halt wieder meine Mundharmonika öfter zum Einsatz kommen. Aber so schön es auch war, mit dieser zu musizieren, so wehmütig musste ich immer wieder an die Klänge der Zither zurückdenken.

Konnte ich auf ihr doch nur die Lieder spielen, die auf den zugehörigen Blättern aufgeführt waren, war es mir möglich, eine große Anzahl mehr auf meiner doppelseitigen Mundharmonika zu spielen. Nicht nach Noten, sondern rein nach Gehör und Gefühl, spielte ich meine Lieder, und niemand kann mir meine Meinung nehmen, dass die so gespielten Melodien mehr Gefühl ausdrücken, als die stur nach Noten gespielten es je können. Denn, die nach Noten gespielten kommen aus dem Kopf, die ohne Noten gespielten aus dem Bauch, und der liegt ja bekanntlich näher am Herzen.

Nicht selten wurde mir meine Meinung beim Zusehen nach Noten spielender Musikanten bestätigt, wenn sie wie gebannt auf ihre Notenblätter starrend ihren Instrumenten Töne entlockten, ohne dabei die innere Harmonie, vorausgesetzt es ist eine vorhanden, mit der äußeren in Einklang zu bringen.

Unsere fast allabendlichen Weisen führten dazu, nahtlos in das Reich der Träume übergeleitet zu werden. Wenn dann auch noch „Hektor“, das Kaltblut, in der Nachbarschaft fast noch den Takt mit seinen stahlbeschlagenen Hufen auf dem Pflaster des Stallbodens schlug und ein Wiehern und Schnaupen aus seinen Nüstern ertönten, hatte man das Gefühl, dass zumindest er ein stetiger Zuhörer gewesen ist.

Wenn dann gelegentlich am sehr frühen Morgen ein sanftes Wecken durch das tiefe Brummen von Papas Hobelmaschine erfolgte, wurde noch einmal die Decke über den Kopf gezogen und ganz tief in sie wohlig mollig eingekuschelt. Die Welt schien dabei in bester Ordnung zu sein.

Helmut der Gekränkte

Einmal war der kleine Helmut so sehr gekränkt, dass er auf ganz dumme Gedanken kam.

Es war eigentlich ein Tag, von dem man annehmen musste, dass er ein besonderer wird. Fast wäre er auch ein noch sehr viel besonderer geworden.

Onkel und Tante aus Pfeddersheim waren zu Besuch und alle freuten sich über das Wiedersehen. Mein Onkel, Papas Bruder, war ja auch der Pate meines kleinen Bruders und entweder war es, dass ich aus Eifersucht wegen Onkels und Tantes Getue meinem Bruder gegenüber oder einem sonstigen Grund meinen Bruder zum Weinen gebracht hatte. Ich fühlte mich auch in keinster Weise schuldig, schon gar nicht konnte ich mich daran erinnern, Papa einen solch schwerwiegenden Anlass gegeben zu haben, mich so vor den Augen der Verwandten zu beschimpfen. Ich verließ unsere Küche und ging hoch in mein Zimmer. Dort überkam mich eine dermaßen große Wut auf meinen Vater, dass ich mir vornahm, ihm sehr wehzutun. Kurzerhand zog ich die Schublade einer Kommode auf, nahm einen Schal heraus, legte ihn mir um den Hals, machte einen Knoten und zog ganz fest zu. Die Tränen rannen mir über die Wangen und es begann sich ganz schnell ein Druck in meinem Kopf aufzubauen. Im Spiegel über der Kommode konnte ich mich sehen und wie mein Gesicht sich von Rot allmählich in Blau verfärbte. In diesem Moment fiel mir ein, dass ich, wenn ich tot sein würde, am allermeisten Mama verletzte. Ich sah sie am Küchentisch mir gegenüber sitzen und in ihre wunderschönen dunkelblauen Augen schauen, mit denen sie mich immer wieder anstrahlte. Sofort griff ich nach dem Schal und versuchte, den Knoten zu lösen. Ich hatte jedoch so sehr fest zu gezogen, dass es mir nur mit größter Mühe und vermutlich in allerletzter Sekunde gelang, die Schlaufe zu öffnen. Noch lange stand ich vor dem Spiegel und alle möglichen Folgen, die daraus hätten entstehen können, gingen mir durch den Kopf.

Ich hörte noch vor der Haustür meinen Onkel sagen: „Wu iss donn de Helmut, mer wollen uns doch noch funnem veabschiede?“

Doch ich hatte fest vor, mich an jenem Tag unten, und schon gar nicht mehr von meinem Vater, sehen zu lassen. War aber sehr froh, Mama dies nicht angetan zu haben.

Nur meinen allerengsten Vertrauten habe ich bisher von diesem – einem meiner größten – Geheimnis erzählt.

Meine Krankenhausaufenthalte

Schon in ganz jungen Jahren hatte ich große Probleme mit meinen Ohren. Ein länger anhaltender kalter Windzug, und ich hatte eine Mittelohrentzündung. Schmerzen ohne Ende waren die Folge und einmal sogar eine Mittelohrvereiterung in meinem linken Ohr. Es halfen keine Medikamente, weshalb mein Ohr von hinten aufgemeißelt werden musste, damit der Eiter herausfließen konnte.

Die Operation verlief problemlos, nur eine kleine Narbe hinter dem Ohr ist geblieben. Bis dahin quälten mich unbeschreibliche Schmerzen. Mama holte mich nachts zu sich ins Bett, um mit Umschlägen eine Linderung herbeizuführen. Nicht mehr nachvollziehbar, was meine Eltern in jener Zeit mitmachen mussten. Wurde ihnen doch Nacht für Nacht der Schlaf geraubt. Ich selbst hatte stets hohes Fieber und manchmal, so kann ich dies bis heute noch nachempfinden, dabei das Gefühl, in einen sich drehenden laut rauschenden großen Tunnel zu stürzen. An einen damaligen Krankenhausaufenthalt kann ich mich nicht mehr erinnern, auch nicht daran, wie meine Eltern mich damals weiterhin umsorgt hatten.

Nur einmal in meinem ganzen Leben hatte ich Mama diesbezüglich etwas vorzuwerfen, ja, ich war ihr gegenüber sogar sehr böse gesinnt.

Es war der Tag, als ich mit Mama ins Krankenhaus nach Worms fuhr. Ach, das sei überhaupt nicht so schlimm und der Doktor wollte nur einmal in meinen Hals schauen, versuchte sie mich zu beruhigen.

Wenn ich Hals und Doktor nur hörte, schrillten bei mir schon die Alarmglocken. Hatte ich den Hals-Nasen-Ohren-Arzt, der wenige Tage zuvor einige Untersuchungen an mir vornahm, noch recht gut in Erinnerung. Finger so dick wie Bratwürste, sodass ich annehmen musste, einer davon in meinem Mund würde mich bereits umbringen. Und dann die riesengroße

Spritze daneben auf einem kleinen mit Glas bedeckten Tischchen – Horror pur in den Augen eines kleinen Kindes und erst recht in meinen. Nun gut, im Krankenhaus angekommen, wurden wir von einer Frau in einen Raum gerufen, in dem sie mich untersuchte und verschiedene Sachen aufschrieb. Dann besprach sie etwas mit Mama und ich merkte schon, wie unangenehm es ihr war. Ich wusste, jetzt sollte ich im Krankenhaus bleiben, wogegen ich mich heftig weinend wehrte. Die Frau sagte noch zu Mama, sie solle mit mir draußen im Flur noch etwas Platz nehmen. Kurz danach meinte Mama zu mir: „Gell, bleibschd schee brav do sitze, die Mama kimmt klei widder." – Aber keine Mama kam mehr, an ihrer Stelle kam die Frau aus dem Raum, in dem wir vorher waren und sagte, ich soll mit ihr mitkommen, die Mama käme später wieder. In dem Moment erkannte ich, dass alles nur Lug und Trug gewesen war, ich war darauf sehr wütend und traurig zugleich. So plötzlich in einer fremden Umgebung zu sein, unter fremden Menschen und mit dem Gedanken auf das, was noch auf mich zukommen würde, machte mir große Angst.

Am nächsten Tag wurden mir die Mandeln aus dem Rachen und Polypen aus der Nase entfernt und ich kann mich noch sehr gut daran erinnern, wie ich nach der Operation in eine nierenförmige Schale sehr viel Blut erbrochen hatte. Sehr sehr unangenehm war im Nachhinein der Gedanke an das eklige Zeug, das sie mir zur Betäubung auf die Nase gesetzt hatten. Äther hieß dieses Mittel, dessen Geruch ich noch heute in der Nase zu vernehmen glaube.

Das leckere Eis, das es aber oft danach zu essen gab, ließ ein wenig den Groll Mama gegenüber allmählich schwinden. Doch an dem Tag, an dem sie mich das erste Mal besuchte – sie durfte ja nur vom Flur aus durch ein Fenster schauen –, hatte ich, obwohl sie mir ein wunderschönes blechernes Flugzeug, aus dem, wenn man es auf dem Boden schob, sogar Funken sprühten, mitgebracht hatte, ihr keine oder nur sehr wenig Beachtung geschenkt, was mir nachher aber wieder sehr leidgetan hatte. Erst dann fiel mir ein, dass es ihr ja auch sehr schwergefallen sein musste, ihr Kind ins Krankenhaus zu bringen. Denn viel später wurde mir bewusst, dass eine solche Operation auch Risiken mit sich brachte.

Die nächsten Tage musste ich des Öfteren über den Flur in ein Behandlungszimmer gehen, wo mir mit einem seltsam eklig schmeckenden Zeug der Hals ausgepinselt wurde.

Einmal, im ersten Moment war ich doch sehr geschockt, als ich dort wieder die Eingangstür öffnete und eine alte Frau direkt vor mir auf einem Stuhl saß und eine lange dicke Nadel, aus der eine gelbliche Flüssigkeit tropfte, in ihrer Nase stecken. Sie winkte mir zu, was ich als Bedeutung auffasste, wegzuschauen.

Während mein Hals ausgepinselt wurde, musste ich an die alte Dame denken, die doch bestimmt sehr viel mehr erleiden musste als ich. Die Schwester war mit mir fertig und schickte mich wieder zurück auf mein Zimmer. Mein Weg führte mich noch einmal an der Gepeinigten vorbei und ich musste ihr einfach noch einmal in die Augen sehen. Ich konnte es kaum fassen – sie lächelte mir zu und nickte mit dem Kopf, was ich sofort auch sehr herzlich erwiderte. Mein ganzes Leben lang hatte ich dieses Bild vor Augen und ich hatte mich noch sehr oft gefragt, wie es der Frau denn wohl ergangen sein wird.

Mit meinem Flugzeug spielend und oft aus dem Fenster schauend, war sie zu spüren, die große Schwermut und das Heimweh nach zu Hause. Der große Baum direkt vor dem Fenster ließ mich immer wieder, manchmal auch nur so in mich hinein, ohne einen Laut von mir zu geben, das Liedchen singen vom „Vöglein im hohen Baum, klein ists, man sieht es kaum." Was hätten denn die Kinder, Jungs und sogar Mädchen im Zimmer von mir gedacht, wenn ich meine Melancholie so preisgegeben hätte. Anderen gegenüber eine Schwäche zu zeigen, nein, das wurde stets von mir zu vermeiden versucht.

Obwohl ich sehr froh war, als mich Mama aus dem Krankenhaus abholte, spürte ich doch eine gewisse Betrübnis, die liebgewonnenen Kinder, besonders die, die mit mir auf einem Zimmer lagen, und die sehr netten Schwestern zu verlassen.

Besuch des Taufpaten auf der Baustelle

Es war schon dumm von dem kleinen Helmut, die Baustelle seiner Verwandten im Dorf, auf der auch sein Taufpate als Maurer arbeitete, über die frisch betonierte Betontreppe am Hauseingang besuchen zu wollen.

Es war mal wieder einer der schönen Sommertage, an denen ich besonders frohgemut Dinge unternahm, die ich am Tag danach wohl lieber hätte sein lassen.

Mein Pate war gerade am Neubau meiner Tante und meines Onkels, der direkt am Sportplatz lag, beschäftigt, da erinnerte ich mich beim Fußballspielen an seine kurze Zeit zuvor zu mir gesprochenen Worte, ihn doch gelegentlich dort einmal zu besuchen.

Ich freute mich schon sehr darauf, das Haus einmal von innen sehen zu dürfen, und machte mich auf den Weg. Keine fünfzig Meter hatte ich zu gehen und schon stand ich vor dem Neubau. Ein Sprung, die zwei drei Tritte hoch und ich stand oben. – Oh, das war aber eben sehr weich unter meinen Füßen. Ich drehte mich um und schaute nach unten. Ja, das wären eigentlich die richtig schönen Abdrücke gewesen, sich zu verewigen. Doch ich hatte die Rechnung ohne meinen Paten gemacht. Der hatte mich schon bemerkt und war zum Eingang geeilt: „Hoschd du koo Aa im Kopp?!“, „Hoschd du ned gesäh, dass do frisch betoniert iss?!“, „Mach dass de fortkumschd!“, blitzte und donnerte er mich an.

Und so schnell ich gekommen war, war ich auch wieder weg und machte mich schleunigst auf den Heimweg.

Dies war wieder einmal ein Grund, zu meinen Kaninchen zu eilen um mir bei ihnen, sie streichelnd und schmusend, Trost zu erhoffen. In dem Moment war das kleine Tierchen mir sehr viel lieber als mein Pate.

Er, der mir in früheren Zeiten, da er noch sein superschweres 500er BMW-Motorrad fuhr, das man bei uns zu Hause zu hören glaubte, wenn er es bei sich daheim antrat, um zu uns zu kommen. Er, der bei Umzügen stolz als zweiter Kommandant vor den Feuerwehrmännern herzog und, zu dem ich stets voller Respekt aufgeschaut hatte war es, der mich allertiefst enttäuschte und verletzte.

Kein Hinweis, keine Absperrung, vielleicht hatte mich die Sonne geblendet, ich bemerkte jedenfalls nicht, dass die Treppe frisch betoniert war.

Mindestens ein halbes Jahr lang hatte ich meinen Paten deswegen nicht mehr angeschaut, machte voll davon Gebrauch, jemanden mit Missachtung, ja sogar Verachtung zu bestrafen.

Irgendwann kam er dann doch auf mich zu und entschuldigte sich für sein Verhalten, dass er die Treppe wieder glattgezogen habe und dass eh noch Steintritte aufgelegt würden.

Was ich mir als kleiner Junge bei diesen Worten gedacht hatte, ist wohl nicht schwer zu erraten. Zum Glück hatte sich über meinem Kopf keine Sprechblase gebildet, sodass er es hätte lesen können.

Sehr dumm, wie manche Erwachsenen sich gegenüber Kindern im Affekt verhalten können. Es reicht manchmal schon eine kleine Äußerung, um eine Beziehung und Vertrauen sehr zu beschädigen.

Kurze Zeit als Turner

Eine Kränkung der weniger Emotionen hervorrufenden Art widerfuhr dem kleinen Helmut als Turner.

Ja, ich war auch einmal ein begeisterter Turner gewesen. Mit meinem damaligen Freund Dietmar besuchte ich regelmäßig die Turnstunden. Rolle vorwärts und Rolle rückwärts beherrschte ich schon sehr gut und an den Geräten, na ja, da gab ich halt mein Bestes.

Einmal, zuerst beim Bodenturnen, dann bei Übungen am Reck, bemerkten mein Freund und ich in den enganliegenden langen weißen Turnhosen unseres Turnwartes etwas, das sich, hätten wir solche Hosen angehabt, bei uns bei Weitem nicht so sehr ausgeprägt abgebildet hätte, wie es bei ihm der Fall war. Wir staunten zuerst nicht schlecht, mussten dann aber immer wieder lachen. Der gute Mann fragte überhaupt nicht nach dem Grund unserer Belustigung, sondern schickte uns umgehend vor die Tür. Ja, das war klein Helmuts letzter Tag als Turner. – Man schickt einen kleinen Helmut nun mal nicht gerade so vor die Tür. Nein, der kleine Rächer hatte durch seinen Austritt aus dem Turnverein erbarmungslos zugeschlagen. Sein Freund hingegen wurde von seinem Vater, der damals im Vorstand des Vereins war, wieder weiterhin zur Turnstunde geschickt.

Ach ja, jener Freund, dessen übergroße Leidenschaft es war, an Geld-Spielautomaten zu spielen, war es, der mir auf meinen Wunsch hin das Rollschuhlaufen beibringen wollte. Er fand, es sei am besten, gleich eine steile Straße hochzugehen und dann von dort oben hinunterzurollen. Nie zuvor stand ich auf Rollschuhen, und es sollte auch das letzte Mal gewesen sein.

Die Rollschuhe waren angeschnallt und schon ging es los, bergab. Einmal schmiss ich die Beine nach vorne, dann nach hinten, fuchtelte, nach einem Griff zum Festhalten suchend, in der Luft herum, und steuerte schnurstracks auf den rechten

Straßengraben zu. Ich war nicht mächtig die blöden Dinger an meinen Füßen in eine andere Richtung zu lenken, schon lag ich im Straßengraben.

Wie der lachte – wie der lachte, diese personifizierte Schadenfreude. Ich schnallte die rostigen Drecksdinger von den Füßen und warf sie wütend vor ihn hin. – Und er lachte und lachte und lachte. Was nicht unbedingt dazu beitrug, unsere Freundschaft lange währen zu lassen. Mein eigentlich bester Freund war nach wie vor Urban. Und als Dietmars Mutter, oder seine Oma Urban einmal ansprach, seine Finger von mir zu lassen, schließlich sei ich ja ihres Sohnes/Enkels Freund, hatte ich diesem Verhalten überhaupt kein Verständnis entgegenbringen können und obwohl wir eine schöne mit einigem Blödsinn verbundene Zeit, miteinander verbrachten, hatte sich die Freundschaft nach und nach aufgelöst.

Nicht gerade ein Musterschüler

Mit ihm zusammen sein hieß, nur Dummheiten im Kopf zu haben. Auch als wir beide uns beim Wechsel des Klassenraumes an einem Tisch ganz hinten links nebeneinander setzten. Nein, man kann nicht sagen, dass wir auf diese „Eselsbank" gesetzt wurden, es war einzig unser gemeinsamer Wunsch. Aber nicht eine allzu sehr gute Idee.

Einmal irgendetwas Unsinniges getan, konnte er nicht mehr davon ablassen, musste es ständig wiederholen, was selbstverständlich die Aufmerksamkeit am Unterricht gewaltig störte.

Eines hatte ihm so sehr viel Freude bereitet, dass es mir schon auf den Geist ging, wenn er mal wieder meinte, es tun zu müssen.

Unter unserem Doppeltisch war je ein Fach zum Einschieben des Schulranzens vorgesehen. War der Ranzen eingeschoben und die relativ große Verschlussklappe nach unten gebogen, bestand die Möglichkeit, Dinge schnell hervorzuholen oder wieder wegzupacken. Wenn da bloß nicht diese beiden kleinen durchlöcherten Leder-Riemchen rechts und links gewesen wären.

Hatte man nämlich seinen Stuhl nahe genug nach vorne gerückt, war es möglich, wenn ein Riemchen in die Hand genommen und daran gezogen wurde, sodass die Verschlussklappe am Stuhlbein rieb, einen Ton zu erzeugen, der an den unter Druck abgelassener Gase erinnerte. Anzunehmen, dass dieses Geräusch unser schon etwas in die Jahre gekommenen Lehrers gar nicht gehört hatte, den Rest der Klasse hatte es jedenfalls, als man wusste, woher die Töne kamen, zeitweise belustigt.

Unser auch etwas älterer Pfarrer war da bedeutend hellhöriger. Ihm entging nichts, und da musste zur Strafe schon einmal die Hand hingehalten werden, um sich mit seinem Stöckchen auf die Finger schlagen zu lassen.

Musste er auch ständig mit seinen körperlich erzwungenen Grimassen uns zu solchen Späßchen animieren?

Es kam nämlich vor, dass, wenn er da vorne saß, dermaßen sein Gesicht verzog, ich unwillkürlich an meine ihm gebrachten Leberwürstchen denken musste, da es schien, als hätte er zu sehr viele davon verschlungen und sein Magen ließe ihm so mit Reflux der Säure ein Sodbrennen in seiner Speiseröhre entstehen. Auch als ein stark und mühevoll unterdrücktes Gähnen könnte sein verkrampfter Gesichtsausdruck ausgesehen haben.

Nicht nur Dietmars nachgebildetes akustisches Gaseablassen war die Lieblingsbeschäftigung meines damaligen Freundes, nein, auch die tatsächliche natürliche Art eines solchen Bedürfnisses.

So war er bekannt dafür, dass, wenn es ihn diesbezüglich wieder einmal drückte, er sich mitten in eine Gesprächsrunde schlich, um dann seinen angestauten Druck leise abziehen zu lassen.

Wenn dann in der Runde ein unangenehmer Geruch zu vernehmen war, wurde nur sein Name gerufen und nach ihm umgeschaut. Ihn, den Verursacher, sah man sich dann hämisch grinsend davonschleichen.

Zigarre und Pfeife zu viel davon

Einmal, mein Freund war morgens nicht in die Schule gekommen, ging ich am Nachmittag zu ihm, um nachzusehen, was denn der Grund gewesen war. Seine Mutter fing mich schon an der Haustür ab, indem sie meinte, ich könne nicht zu ihm, dass er krank im Bett liegen würde, die Gelbsucht habe, was wiederum sehr ansteckend sei. Ich ließ ihm eine gute Besserung und Grüße ausrichten und ging nach Hause. Auf dem Heimweg über meinem Kopf eine große Blase mit vielen Fragezeichen.

Kann ein allzu großer Pfeifentabak-Genuss eine Gelbsucht auslösen? Immer wieder stellte ich mir diese Frage, ja, sogar bis heute ist sie mir nicht beantwortet worden.

Ich hatte mir heimlich eine Tabakspfeife und ein Päckchen Landewyck-Silber-Tabak sowie vier Bali-Zigaretten gekauft. War das ein Spaß, als ich mit meinem Freund und anderen Jungen an jenem Sonntag spazieren ging. Das erste Pfeifchen durfte natürlich ich, das zweite er, das dritte er, das vierte er …

Dreizehn Füllungen hatte er geschafft, weil er unbedingt zeigen wollte, wie Manns er bereits geworden ist. Dann wurde ihm schlecht und schlechter. Ja, er schien wirklich gelb und grün in seinem Gesicht zu werden. Jedenfalls brachte ich ihn heim, wo er nur sagte, dass ihm ganz plötzlich übel geworden sei. Als ich aber am nächsten Tag von seiner Gelbsucht gehört hatte, machte ich mir große Vorwürfe, zugelassen zu haben, dass er so viele Pfeifen-Füllungen geraucht hatte und ich nur eine und eine Bali. Ehrlich gesagt, so richtig gut war mir diese Aktion auch nicht bekommen. Eine Wiederholung sollte es nie wieder geben.

Helmut der Wütende

Es kam sehr selten vor, dass Helmut, wenn er wütend war, sich an anderen Individuen abreagierte.

Es war mal wieder an einem wunderschönen Sommertag. Ich hatte vor, mich mit Schulkameraden nachmittags auf dem Sportplatz zu treffen, was bereits morgens während der Unterrichtspausen abgesprochen worden war. Obwohl ich wusste, dass Papa mit meiner Hilfe an jenem Tag rechnete, nutzte ich die Zeit seines Mittagsschläfchens, das Haus zu verlassen.

Am Sportplatz angekommen, wurden auch gleich die Mannschaften bestimmt und schon ging es los.

Mitten im Spiel, Entsetzen pur. Eine mir sehr gut bekannte Stimme rief meinen Namen: „Heeelmuuut!!" – Nein, alles, nur das nicht. Aber ich hatte keine Sinnestäuschung. – Papa stand dort, leibhaftig, mit dem Fahrrad an der Bande: „Aller hopp, du wollscht mer doch helfe!", rief er mir zu. Von wegen helfen wollen, helfen müssen sollte es heißen: „Gleich!", rief ich ihm zu, „isch kumm klei hoom!"

Da, oh Schreck, jetzt rollte auch noch der Ball auf ihn zu. Ich ahnte schon nichts Gutes, als er das Fahrrad an die Stange lehnte, unter ihr durchkroch wie ein Hundertjähriger und an den Ball trat wie ein Nilpferd. Am liebsten wäre ich in jenem Moment in ein Mauseloch gekrochen. Aber es kam noch viel schlimmer. Zuerst traf er den Ball nicht richtig und er flog in eine Richtung, wo alle Anwesenden nur: „Uouw!" machten, gleichzeitig flog auch noch sein rechter Schuh in meine Richtung. – Welch ein Gelächter kam da bei meinen Mitspielern auf und einer davon rief: „Wouw Helmut – super Flonke!" Ich hatte eine solche Wut im Bauch, dass ich sofort den Sportplatz verließ –, und was machte Papa? – Der stand nur da und lachte blöd.

Daheim angekommen, Papa war schon in seiner Werkstatt, ich stand noch im Hof, kam doch tatsächlich unsere junge schwarze Katze an und schmiegte sich um meine Beine. „Geh weg", sagte ich zu ihr und schubste sie mit dem Fuß von mir weg. Sie kam zurück und wollte weiter schmusen. Da ich aber total frustriert war, nahm ich sie und warf sie – rückwärts über meinen Kopf – hoch auf unser Wohnhausdach. Ich dachte schon, die bin ich endlich los, kommt sie doch tatsächlich über unser Einfahrtdach, über das Holzschuppen-Dach über den Schweinestall, auf die Fensterbank an der Werkstatt und zu mir und miaute und schmeichelte, wie nie zuvor. Ja, es schien ihr richtig Spaß gemacht zu haben. – Hey, dachte ich, das muss ich noch einmal probieren, und tatsächlich, so oft ich die Katze auch hochwarf, sie kam immer wieder zu mir zurück.

Wie weggeblasen war plötzlich mein Frust und ich nahm sie auf den Arm und schmuste mit ihr.

Ich bemerkte, dass Papa nun ungeduldig wurde, und ging ihm trotz alledem bestens gelaunt zur Hand.

„Der Wäschbach"

Der unser Dorf durchfließende Bach, auch „Der Wäschbach" genannt, führte das ganze Jahr über Wasser. Er entspringt im Westen der Gemarkung „In der Klinge" und durchfließt ein Kleingartengebiet, in welchem auch meine Eltern einen etwa 300 Quadratmeter großen Garten besaßen, bevor er am Ortsrand in ein betoniertes Bassin mündet. Obwohl auf einem großen weißen Holzschild – über einem Strommastsockel angebracht – ein Badeverbot mit sehr großen Buchstaben angebracht war, tummelten sich in den Sommermonaten viele Badefreudige in dem kühlen Nass. Ja, einige sehr sportliche junge Männer sprangen sogar kopfüber vom Sockel dieses Mastes und kamen oft mit total verschmutzten Händen wieder an die Oberfläche. Dies war stets ein gefährliches Unterfangen, ragte doch der Sockel etliche Zentimeter vom Beckenrand entfernt schätzungsweise zwei Meter über die Wasseroberfläche hinaus. Der Boden und die Tiefe des Beckens waren durch den sich mit der Zeit angesammelten Schlamm schlecht abzuschätzen. Dies bedeutete eine Zweckentfremdung ersten Ranges. Sollte dieses Becken doch in erster Linie als Wasserreservoir für die Feuerwehr dienen und zweitens den Einwohnern die Möglichkeit bieten, ihre Wäsche zu waschen. Hierzu war entlang der vorderen Längsseite ein Gestänge angebracht. An der vorderen Stirnseite gab es eine schätzungsweise 80 Zentimeter breite Öffnung, an der ein Schieber angebracht war, mit dem das Wasser abgelassen beziehungsweise gestaut werden konnte. Da ständig genügend Wasser vorhanden sein musste, war der Schieber stets geschlossen und nur das Wasser, das zufloss, floss auch wieder über diesen Schieber ab. Im hinteren Bereich war zwar auch eine gleiche Öffnung, dort jedoch keine Stauvorrichtung angebracht. Über die beiden seitlichen Betonteile schwappte gelegentlich Wasser und es bildete sich somit darauf eine gefährlich glatte Algenschicht. Wollte man auf die andere Seite des Beckens gelangen, war es geschickter und weniger gefährlich, vorne über den Schieber zu klettern, anstatt hinten über diese Betonteile zu springen.

Einmal, Helmut und Urban gelüstete es mal wieder, in „Der Wäschbach“ Fische zu fangen. Mit den primitivsten Hilfsmitteln, leeren Konservendosen, ging es auf die Jagd. Eigentlich waren wir beide bei früheren Gelegenheiten im hinteren Bachlauf, in dem wir sogar waten konnten, sehr erfolgreich, doch sollte es diesmal vorn, im großen Becken, versucht werden. Eine Rotbrust, so nannten wir unsere Jagdbegierde, sollte es unbedingt sein. Rotbrust, dabei handelte es sich um ein Stichling-Männchen, das während der Paarungszeit eine rötliche bis violette Färbung an der Bauch- und Brustseite aufwies und das in einem Wasserglas mehr zur Geltung kam als ein nur goldgelbes Weibchen.

Die Jagd begann. Ich begab mich suchend an die vordere Stirnseite, wo die Sperre war, und obwohl ich Urban noch den Rat gab, nicht nach hinten zu gehen, versprach er sich von dort bessere Fangquoten. Es dauerte nicht allzu lange und ich hörte einen Plumps und heftiges Geplätscher. Urban war in höchster Not, konnte er zu jener Zeit ebenso wenig schwimmen wie ich. Ich kletterte wieder über die Sperre zurück auf die Seite mit dem Gestänge, und obwohl ich mich weit darüber lehnte und versuchte, ihm die Hand zu reichen, war es mir nicht möglich, ihm zu helfen. Immer wieder tauchte er unter und schien dabei allerhand Wasser zu verschlucken. Mir blieb nichts anderes übrig, als um Hilfe zu rufen. Zum Glück kehrte eine ältere Frau zu dieser Zeit die Straße, sonst hätte mich so schnell weit und breit niemand gehört.

Mit dem langen Besen in ihren Händen kam sie angerannt, langte damit hinter Urban ins Wasser und zog ihn Richtung Ufer. Es muss wohl im allerletzten Moment gewesen sein, als er wieder unterging und sie ihn gerade noch bei den Haaren erwischte und daran herauszog. Schnell beugte sie ihn vornüber und ließ die große Menge verschluckten Wassers aus Urban heraussprudeln. Noch während er eine ganze Weile danach hustend Wasser spuckte, mussten wir uns eine gehörige

Standpauke der Frau anhören und eigentlich versprechen, nie wieder hier zu spielen.

Nö – eigentlich hatten wir hier nicht mehr gespielt, oder müsste man Baden und Planschen auch in die Kategorie „Spielen“ einordnen?

Eine Lehre war uns beiden das schon damals. Jedenfalls ließen wir in Zukunft eine ganze Menge Vorsicht walten.

Beachtenswert ist, dass Urban einer der ersten war, der von uns Jungs schwimmen konnte. Dass er aber in punkto Gefahr und Wasser nicht zu lernen bereit war, bewiesen seine Schwimmabenteuer in späteren Jahren mit seinem größeren Bruder im Rhein. Hier waren sie nämlich nach seiner Aussage an fahrende Schiffe herangeschwommen und ließen sich bergan mitnehmen, um sich dann wieder an den Ursprungsort treiben zu lassen.

Messerwerfen

Was hätte ich damals ohne meinen Freund Urban angefangen, wenn er ertrunken wäre? Er, der mir vertrauensvoll beim Messer- und Stricknadelwerfen assistierte.

Ja, ich hatte mal wieder solch eine nicht ganz ungefährliche Idee. Voraus ging, dass ich im Kino in unserem Ort einen Wildwestfilm sah, bei dem ziemlich viele Messer durch die Gegend flogen.

Das müsste ich doch auch können, dachte ich. Kaum zu Hause angekommen, suchte ich auch schon ein hierfür geeignetes Messer in der Schublade unseres Küchenschrankes. – Nein, all diese Messer, breite lange, kurze, spitze, waren dazu nicht geeignet. Da fiel mir ein Messer ein, das ich schon oft in der Hand hielt, Papas Kittmesser. Mit diesem Messer, das auch noch denen im Film sehr ähnlich sah, wurde der Kitt beim Fensterverglasen in den Falz gedrückt und anschließend glattgestrichen. Was mir Papa schon früh beibrachte und was ich, da ich dies auch sehr gut hinbekam, oft selber ganz eigenständig machen durfte. Ja, da musste schon eine gewisse Vorsicht, Geschick und Ausdauer zu Tage gelegt werden. Leonhard, der gelegentlich in Papas Betrieb mithalf und Fenster verkitten auch sehr gut konnte, hätte ich fast sogar in seiner Perfektion eingeholt.

So einigermaßen ging das Werfen mit diesem Messer, aber richtig zufrieden stellte es mich nicht. Da muss eine andere Lösung her, dachte ich, und es wäre das erste Mal gewesen, dass der kleine Helmut keine Lösung gefunden hätte. Ausprobieren könnte ich es ja mal, dachte ich und machte mich auf die Suche nach Mamas Strickzeug. Aha, da waren sie, die begehrten Stücke. Schöne, lange, blitzende Stricknadeln aus Stahl. Na ja, wenn ich mir nur eine davon nähme, würde sie die Mama vermutlich nicht vermissen.

In der Mittagspause, Papa machte gerade sein Mittagsschläfchen, ging ich in die Werkstatt, legte die schwere Tellerschleifmaschine auf den Rücken und spitzte die Nadel an beiden Enden so spitz wie eine Nähnadel an. In der Werkstatt hatte ich gleich die Möglichkeit zu trainieren, standen doch dort genügend Bretter und Holzplatten umher. Mannohmann, war das eine Freude! Noch eine Zielscheibe mit Papas Zimmermannsbleistift aufgemalt – perfekt! Damit Papa nicht gleich anfing, Fragen zu stellen, stellte ich das Brett, umgedreht ganz hinten in die Ecke hinter einige Holzabschnitte. Immer wieder kam ich in den folgenden Tagen zum Üben hierher zurück. Bald hatte ich erkannt, dass es ja noch sehr viele solcher Plätze auf unserem Anwesen gab: Am großen Hoftor, an der Tür zum Schweinestall, an der Klotür, überall erkannte man an den kleinen Einstichstellen, dass da jemand aktiv war. Allerdings, ob wurmstichig, oder klein Helmut bedingt, war nicht so leicht zu erkennen.

Nun, die Zeit war reif, und auch das immer nur an eine Holzwand Werfen langweilig. Ein lebendes Ziel auszuprobieren, wäre gar nicht schlecht.

Immer, auch wenn ich auf die Straße ging, hatte ich meine Nadelwaffe bei mir. Nicht weit von zu Hause, gerade einmal um zwei Ecken, war an einem sehr kleinen „Sparkassen-Tante Lenas" Höfchen eine Tür aus Holz angebracht. Gerade beim Üben daran kam Freund Urban hinzu. Ich zeigte ihm meine Wurfkünste, was ihn auch zugleich sehr beeindruckte. Bald darauf, als Urban an meinen Fähigkeiten nicht mehr zweifelte, war er nach kurzem Überreden bereit, sich an diese Wand zu stellen, um mir zu assistieren. Einige Würfe blieb er mit sichtlich „Schiss" in der Hose da stehen, doch da die Nadeln seinem Kopf immer näher kamen, zog er es alsbald vor, sich als Zielscheibe nicht mehr zur Verfügung zu stellen. Ich betitelte ihn noch mit Feigling, aber es war nichts mehr mit ihm zu machen, worum ich im Nachhinein doch sehr froh war.

Irgendwann im Spätjahr, Mama hatte mal wieder Lust auf Stricken bekommen, suchte sie, „wie einen kleinen Kreuzer" ihre Stricknadel. – Oh, jetzt erst wurde mir bewusst, dass sie mit einer alleine ja gar nichts anfangen kann. Aber ich verriet ihr nichts; und schließlich hatte sie auch bald andere Stricknadeln, aus einem anderen Material, gefunden: „Uff!"

Mäusesuchen

Urban war auch für andere Zwecke und Abenteuer stets zur Stelle.

Wie ja allgemein bekannt, fangen und fressen Katzen sehr gerne Mäuse. Unsere Katze, mit Namen Mienzje, sollte es gut haben. Da es bei uns zu Hause nicht genügend Mäuse zu geben schien, weil unsere Katze beim Essen stets um den Tisch schlich und um Futter bettelte, machten wir uns mit dem Spaten und einem Eimer auf den Weg, für Futter zu sorgen. Wir suchten uns Äcker aus, wo kurz zuvor Getreide geerntet worden war. Hatten wir erst einmal ein „Mausloch" gefunden, war es ein Kinderspiel dem Gang nachzugraben, um bis dorthin zu gelangen, wo das Nest und auch die Jungen waren. Ein Nest pro Tag, das sollte fürs Erste genügen. Daheim angekommen, setzten wir unserer Katze „das gefundene Fressen" vor, die es sich auch sichtlich schmecken ließ. – Den nächsten Satz sollten empfindsame Tierliebhaber besser überlesen. – Zuerst ein kurzes Quietschen der noch blinden Mäuschen beim Zubiss und dann ein genüssliches Schmatzen der Katze. Eigentlich machte es uns sehr viel mehr Spaß, nach den Tierchen zu suchen, als sie an die Katze zu verfüttern. Unsere Freude wurde zutiefst getrübt, als die Katze „die Schnauze voll" hatte und von unseren Mäuschen nichts mehr wissen wollte. Eine Darstellung, wie und was mit den anderen Tierchen geschah, bedarf es keiner nennenswerten solchen. Da klafft eine kleine Erinnerungslücke. Eine damalige Plage den kleinen Nagern, wortwörtlich auf den Pelz zu rücken, da war jedwede Art des Mittels der Gegenmaßnahme einem Landwirt recht und fand sogar dessen Wohlwollen, nicht nur uns Kindern gegenüber. Auch Erwachsene, die sich ein paar D-Mark zuverdienen wollten, stellten Fallen, vorrangig für Hamster und Maulwürfe auf. Es gab eine Sammelstell, die deren Felle entgegennahm. Auch Weinbergschnecken waren sehr begehrt, auf deren Suche ich mich auch gelegentlich begeben hatte. Sehr groß war dann die

Enttäuschung, wenn eine gewisse Anzahl der Tierchen mit ihrem Gehäuse noch durch einen Ring fielen, mit dem die Soll-Größe ermittelt wurde. Niemand dachte wohl zu jener Zeit an Naturschutz. Erstrangig war einen großen Verlust bei den damals noch sehr kargen Ernten zu verhindern und die Bevölkerung mit genügend Nahrung zu versorgen.

Herrliches Kinderleben auf dem Land

Das wohl schönste Leben eines Kindes war und ist, auf dem Land aufzuwachsen. Niemals hätte ich mir vorstellen können, meine Kindheit in einer Stadt und schon gar nicht in einer engen Mietwohnung in der xten Etage zu erleben.

Bei uns auf dem Land, da, wo schon die Vorfahren sich gegenseitig kannten, gab es ein sehr viel familiäreres Leben als in der Stadt. Und in schlechten Zeiten, besonders in denen des Krieges, wägten sich die Landbewohner nicht so sehr den Gefahren der Bombenhagel ausgesetzt wie in der Stadt. Auch was die Versorgung mit Nahrungsmitteln anging, war man auf dem Lande sehr viel besser aufgehoben. Oft wurde erzählt, wie die Stadtbewohner aufs Land gekommen wären und nach allem möglichen, besonders nach Kartoffeln, gebettelt hätten. Als dann in späteren Jahren die Wormser frühreifen Jugendlichen aufs Land kamen, um dort die unbedarften Mädchen zu entführen, hieß es immer nur: „Die Grumbeerbeller sinn were doo." Da gab es gelegentlich schon einmal handgreifliche Auseinandersetzungen.

Dort aber, wo Vereine ihre Feste feierten, blieb es meistens ruhig. War den Stadtjungs der Zusammenhalt und die Muskelkraft der Sportler und Landwirte stets bewusst.

Ein ganz besonders friedliches, alljährlich veranstaltetes Fest war das Sommernachtsfest, ausgerichtet vom FSV. Mitten auf dem Schulhof der neuen Schule war ein Tanzpodest aufgebaut, das mit unzähligen Laubbäumchen und Zweigen umstellt war. Die bunten Lampen darüber schufen eine wunderbare Atmosphäre. Wenn getanzt wurde, wünschte ich mir stets, auch schon erwachsen zu sein und nicht so sehr früh nach Hause zu müssen. An der Seite der Mauer eines Anwesens entlang waren mit einfachen Hilfsmitteln Buden aufgebaut. Ein paar Holzstangen aufgestellt, mit großen Planen darüber und Tischen vorne hin, schon waren sie fertig. Hier überreichten sehr fleißige Hände Speisen und Getränke. Unter den großen Linden und Kastanien kam, wenn die Musik spielte, bald ausgelassene Stimmung auf.

Wir Kleinen freuten uns schon riesig auf die Kinderbelustigung am nächsten Tag. „Würstchenschnappen", „Geldtauchen", „Sackhüpfen", „Eierlaufen" und eine hohe Stange hinaufklettern, um die dort oben an einem Kranz hängenden Gegenstände herunterzuholen, stand stets auf dem Programm. Meine Lieblingsdisziplin war eindeutig Geldtauchen. Es war eine mit Wasser gefüllte Wanne aufgestellt, aus der man, mit dem Kopf untergetaucht, mit dem Mund Münzen aufsaugen musste. „Würstchenschnappen", fand ich ziemlich fies. Da wurden an Schnüren angebundene sehr leckere Würstchen über eine Vorrichtung herabgelassen, aber nur so weit, dass man noch nicht daran kommen konnte. Wenn jemand hochsprang, wurde das Würstchen schnell hochgezogen und der es erwischen wollte, schnappte in die Luft. Die umstehenden Leute hat das in höchstem Maße belustigt. Hätte vielleicht eher Volksbelustigung heißen sollen. Schließlich, nach etlichen vergeblichen Versuchen wurde doch gnädig ermöglicht, in das Würstchen zu beißen, um es dann genüsslichst fertigessen zu können.

Mit den Eiern, das war nichts für mich. Mit einem Kochlöffel und dem Ei darauf über eine bestimmte Strecke um die Wette laufen, da hätte sich der kleine Helmut niemals beteiligt. Ebenso wenig wie beim „Sackhüpfen". Gewinnen zu müssen, dagegen hatte ich schon von je her eine große Abneigung. Es fiel mir schwer, gewinnen zu wollen, wenn es direkt neben mir Verlierer gab.

WM 1954

Leidenschaft eines Schulanfängers in jener Zeit war das Sammeln der den Kaufreiz bei Kunden weckenden Beigaben beim Erwerb allerlei Produkte. Gut erinnern kann ich mich noch an kleine weiße Spielfiguren, die man beim Kauf einer ganz bestimmten Margarinesorte geschenkt bekam. Es galt, die Figuren eines kompletten Bauernhofes zusammen zu bekommen. War einmal der Bauer, die Bäuerin, ein Huhn oder ein Schwein in Händen, konnte nicht abgewartet werden, auch den Rest, der einen großen Bauernhof ausmachte, zu sammeln. Beim damaligen hohen Verbrauch dieser „Ersatzbutter“ – die „gute Butter“ hätten sich meine Eltern bei fünf Mündern nicht leisten können – dauerte es nicht lange und die Grundlage einer Mindest-Miniatur-Landwirtschaft war erreicht.

Wir Kinder hatten nicht so die hohen Erwartungen an Essbares wie es heute der Fall ist. Uns genügte eine mit Margarine bestrichene Scheibe Brot, wenn es süß sein sollte, etwas Zucker oder Marmelade darauf und deftig, mit Senf oder eingelegten Gurkenscheiben. Und, war die Marmelade einmal alle, reichte es auch, etwas Zucker auf ein Stück Brot zu streuen und mit Wasser zu beträufeln.

Etwas in den Hintergrund gelangte dieses Figürchen-Sammelfieber durch die anstehende Fußball-Weltmeisterschaft 1954. Bildchen mit den nominierten Spielern und dem Trainerstab zu sammeln, stand auf der Tagesordnung. Ich verstand zwar damals noch nicht so recht die große Euphorie, die der Fußball aufwirbelte, wurde aber dennoch mit der Masse einfach mitgerissen. Ab dem Zeitpunkt war ich des Öfteren auf dem Sportplatz zu finden und auf der Straße musste jeder Gegenstand als Fußball herhalten.

Einmal, ich marschierte gerade die Kirchgasse entlang, stieß ich auf etwas ältere Jugendliche beim Spiel. Ein circa 15 Zentimeter dicker schwarzer Ball lag auf der Straße. Als ich in die Nähe des Balles kam, wurde ich aufgefordert, den Jungs diesen zuzuspielen. Ich ließ mich darum nicht zweimal bitten – kurzer Anlauf – und Schuss – „Aua!", nein, kein Schrei war zu hören, keine Träne zu sehen. Ja, ich setzte meinen Weg lächelnd fort. Sollten diese Idioten, so dachte ich, doch denken, ich hätte Stahlfüße. War doch diese Kugel außen mit schwarzem Gummi ummantelt und der Inhalt aus solidem Eisen oder sonstigem schwerem Material. Es tat sehr, sehr weh und zu Hause stellte ich fest, dass der Fuß anfing bunt zu werden und anzuschwellen. Nein, kein Ton darüber, das war mal wieder etwas, das der kleine Helmut so ganz für sich alleine behielt. Und wenn mir in den folgenden Tagen einer der damals Anwesenden über den Weg lief, stellte ich mein Humpeln ein und ließ mir nichts anmerken. Alleine ihr verwundertes Gesicht verschaffte mir größte Genugtuung.

Ein andermal, es war an einem sehr kalten, aber sonnigen Tag im Frühjahr, als ich vergnügt auf die Straße ging. Ein kleiner Junge aus der Nachbarschaft kam mir auf der Straße entgegen. Er war noch in etwa 10 m Entfernung, als ich ihm zurief, „Achtung Karlheinz – Flanke" und gegen einen 4 bis 5 Zentimeter dicken Stein trat. Oh je, der Stein war festgefroren und rollte nicht wie beabsichtigt zu dem Jungen hin, sondern stieg und stieg und landete mitten im Gesicht des total erschrockenen Jungen. Als er weinend seine Hand kurz wegnahm, konnte ich sehen, wie irgendwo in der Nasengegend Blut floss. Ich entschuldigte mich für meinen „Fehltritt", hörte aber noch, wie er weinend nach Hause lief und an der Haustür sagte, ich hätte ihn mit einem Stein beworfen.

Jedenfalls muss er seinen Eltern berichtet haben, wie es geschehen war und die Verletzung muss auch nicht allzu schlimm gewesen sein. Denn es hatte mir danach niemand irgendwelche Vorwürfe gemacht.

Ich dachte nur –, Glück gehabt. Das hätte auch leicht ins Auge gehen können. Steine auf der Straße, nein, die hatte ich, zumindest wenn Personen zu sehen waren, nicht mehr als Ballersatz benutzt.

Die Zeit war nun gekommen und die WM 1954 war eröffnet. Die Spiele verfolgte ich am Radio, indem ich in der Küche auf den Hocker stieg, der unter der Konsole stand, und mich auf die Ecke des Küchenschrankes setzte. So konnte ich dem Geschehen am allernächsten sein. Den alten Volksempfänger gab es nicht mehr und neben dem Fußball begeisterte mich noch das grüne magische Auge und die Vielfalt der auf der Skala aufgeführten Radiosender. Irgendwie schweiften dabei meine Gedanken hinaus in die weite, weite Welt. Die auf die Entdeckung durch den kleinen Helmut noch lange auf ihn warten sollte.

Es sprach sich herum, es gäbe im Gasthaus „Zum Rebstock", dessen Wirt „de Bumbes" genannt wurde, einen Fernsehapparat. Zu einem Spiel, ich kann mich nicht mehr erinnern, ob es das Endspiel war, hätte auch zur damaligen Zeit für mich, mit meinen 8 Jahren, noch keine besondere Bedeutung gehabt, jedenfalls es war ein Spiel mit der Deutschen Mannschaft, weshalb ich zu dieser Gaststätte ging. Im Nebenraum, in dem das Gerät etwa zwei Meter über dem Boden, auf einer Konsole aufgestellt war, bemerkte ich ein sehr dichtes Gedränge und die Leute standen zum Teil sogar noch in der offenen Tür. Der typische Geruch nach abgestandenem Wein und Bier sowie der Abzug einer dicken Rauchschwade durch die Tür stieg mir, nicht sehr unangenehm, aber eher eigenartig, vorher so nicht wahrgenommen, in die Nase. Ab und zu ging ein Geraune, Jubel- oder gar Buhrufe, durch den Gastraum, was mich neugierig hatte werden lassen und dazu ermutigte, wenn es gelänge, auch nur einen einzigen Blick auf den Bildschirm zu werfen. Es war mein allererster Blick auf eine sogenannte Mattscheibe, als ich mich an den Beinen der Umherstehenden vorbei gezwängt hatte. Schwarz-Weiß sah ich da, in etwa 7 m Entfernung einige kleine Männchen umher rennen; und für mich löste es nicht diese Begeisterung aus, als dass ich mich noch sehr lange dort aufgehalten hätte. Da war mir mein Platz auf dem heimischen Küchenschrank doch ein angenehmerer, zu dem ich mich auch schleunigst hinbegab, den Rest des Spieles am Radio mitzuverfolgen.

Die Begeisterung auf Fußball in den darauffolgenden Tagen war allgemein und bei mir persönlich so groß, dass ich mich gerne bereit erklärte, in der Schülermannschaft des FSV Abenheim mitzuspielen. Die von einem Schulkameraden, Jürgen „De Jockel", für 1,50 DM gekauften ausgelatschten Fußballschuhe – da fällt mir gerade ein, dass die zwei Tauben, die ich von ihm kaufte, auch je 1,50 DM kosteten –, waren mir zwar etwas zu klein, taten aber noch eine ganze Weile gute Dienste. Blasen nahm ich mit dem Gedanken in Kauf, dass ich die Treter ja immer nur für kurze Zeit tragen musste.

Klein Helmut war kein großer Ballkünstler, aber schnell wie der Blitz und einen ordentlichen Bums mit dem rechten Fuß hatte er auch drauf. Dass der Ball nicht nur mit der Spitze, dem Spann, dem Außen- sowie Innenrist getreten werden kann, sollte er erst lange Zeit später erfahren. Dennoch, seiner Schnelligkeit wegen, hatte er als Rechtsaußen und der Nummer 7 auf dem Trikot bald seinen mehrjährigen Stammplatz in der Mannschaft.

Ein Spiel, es fand statt in unserer Nachbargemeinde Gundheim, habe ich ganz besonders in Erinnerung. Ein einen Kopf größerer Junge war mein Gegenspieler. Ich war ständig früher am Ball und er kam mir nicht hinterher. Ich bemerkte nicht nur bei dem Jungen einen gewissen Frust, sondern auch bei den Zuschauern beziehungsweise seinen Fans. Als es dann auch noch dazu kam, dass er über meine Beine stolperte und stürzte, was der Schiedsrichter aber nicht ahndete, waren die Zaungäste nicht zu bremsen. Sie forderten den Jungen auf mit: „Treten um! Der konn doch nix!", „Du bischd viel besser als der!" Doch obwohl dieses Spielchen noch eine ganze Weile so weiterging, ließ ich mich nicht beirren, ja, ich war mehr auf der Hut als vorher und wich so mancher Attacke geschickt aus. Mal schlug ich einen Haken, mal sprang ich über zum Tritt ausgeholte Beine.

Die bösen Mienen meines Gegenspielers und dessen Fans nicht aus den Augen lassend, begab ich mich nach dem Spiel sofort in die Nähe unseres Trainers, denn ich befürchtete, dass diese Aufgebrachten noch handgreiflich würden. Meine Bedenken waren jedoch überflüssig und ich konnte unbehelligt mit dem Rad nach Hause fahren.

Noch lange Zeit danach, wenn wir uns begegneten, tauschten wir unangenehme Blicke aus oder versuchten, denen des anderen irgendwie auszuweichen.

Bei einem Turnier in Worms-Hochheim, das ich noch gut in Erinnerung habe, kam es zum Highlight in meinem Fußballleben. Eine Jugendmannschaft der Wormatia war mit dabei und uns alleine körperlich stark überlegen. Gegen die hatte ich spielerisch mit meiner Unerfahrenheit keine Chance, auch nur einen Punkt zu machen. Das bemerkten auch die Gegner, weshalb mir niemand große Aufmerksamkeit schenkte. Irgendwie schafften wir es ins Endspiel und die Wormaten wägten sich schon als die sicheren Sieger, doch hatten sie ihre Rechnung ohne den kleinen Helmut gemacht. Ganz alleine stand er da vorne, zwischen Elfmeterpunkt und Torlinie und, wie es bei Schüler- und Jugendspielen einmal so üblich war und alle dem Ball hinterher sprangen, beachtete ihn niemand. Der Ball kam, ob gewollt oder ungewollt, von der linksaußen Position nach innen, während der Torwart die kurze Ecke schützte, na, und wer hatte den richtigen Torriecher? Genau! Ich stand nun einmal da, und ich wäre blöd gewesen, hätte ich da nicht meinen Fuß hingehalten: „Toor!“, schrie meine Mannschaft, und betatscht und beklopft ging es zum Anstoß. Die Gegner glichen alsbald auch aus und es stand lange Zeit unentschieden. Aber, es waren die letzten Minuten des Spiels, als sich die Situation fast genau wieder so wie vorher wiederholte, ich schoss das Siegtor, gerade noch rechtzeitig kurz vor dem Abpfiff. Überglücklich nahmen wir unseren Trikotsatz, der als Preis ausgelobt war, in Empfang und ich war mir sicher, einen guten Teil dazu beigetragen zu haben. Sehr frustriert verließen die Verlierer den Platz, sie waren verärgert darüber, den kleinen Helmut so sehr unterschätzt zu haben.

Für meine weitere „Fußballkarriere“ war dieser Tag sehr förderlich. Obwohl es fußballtechnisch keine so große Tat gewesen war.

1954 war auch das Jahr der Trauer in unserer Familie. Oma starb und Papas Meinung nach sollte ich, der kleine unschuldige Helmut, einen gewissen Teil dazu beigetragen haben.

Es war an einem Spätsommertag, als ich, mein Bruder und ein anderer Junge aus der Nachbarschaft für Oma den Winterbrand (Briketts) in den dafür vorgesehenen Verschlag hinter dem Schweinestall zu setzten. Zu diesem Ort führten von der einen Seite drei flache Treppenstufen hinab, auf eine Art Podest, und von da in den tiefen Gewölbekeller unter der Werkstatt, wo große Mengen Kartoffeln gelagert waren. Auf der daneben liegenden Seite, gegen den Hof hin, war oben ein Rand mit einem alten Stück Sandsteingewände erhöht. Während unserer Arbeit kam Oma hinzu und beauftragte mich, nach nebenan ins Kolonialwarengeschäft zu gehen, um ihr etwas einzukaufen. Sehr ungern erfüllte ich meinen Auftrag und, da Helmut schon immer gerne schnell war, kam er mit dem eingekauften Artikel zurück, spurtete auf Oma zu und rief: „Oma, da hoschdes!“ Oma erschrak dermaßen, dass sie über diesen Sandsteinrand stolperte und nach unten auf das Podest fiel: „Au, au!“, war zu hören und: „Der hot misch enunner geschdumpt!“ Papa kam aus der Werkstatt herbeigeeilt, half der Oma aus dem Loch und war sehr wütend auf mich. Er glaubte unbedingt seiner Mutter, die immer wieder behauptete, ich hätte sie da hinuntergestoßen. Ich weiß noch, dass ich Oma zwar berührt habe, um ihr das Eingekaufte zu geben, aber das kann nicht als Stoß bezeichnet werden. Nach meiner Schilderung, wie es denn passiert sei, glaubte mir Mama und milderte stets Papas Schimpfattacken.

Oma wurde zum Arzt und nach diagnostiziertem Befund ins Krankenhaus gebracht. Unterarmknochenbruch hieß es, mit dem Oma wieder ärztlich versorgt nach Hause kam. Aber der angelegte Gips alleine vermochte Oma nicht mehr genesen zu lassen. Es ging ihr von Tag zu Tag schlechter und sie musste sogar das Bett hüten. Eine Lungenentzündung kam hinzu, die der 83-jährige Körper nicht mehr bewältigen konnte. Kurz vor Weihnachten starb die Oma, deren Beerdigung von zu Hause aus vonstatten ging. Das mächtige alte Hoftor war geöffnet und große Buchs-Sträucher in Kübeln, die für solche Zwecke von irgendwo herbeigeholt wurden, standen um den Sarg, der im vorderen Einfahrtsbereich aufgestellt war.

So traurig der Tod unserer Oma war, so erleichtert war die Familie und ganz besonders Mama, die allerhand während Omas Bettlägerigkeit zu tun hatte.

Obwohl ich immer das Gefühl hatte, dass meine Oma eher meinen kleinen Bruder als mich ihn ihr Herz geschlossen hatte, der Pate meines Bruders war ihr Sohn, während mein Pate der Schwager meiner Mutter war, freute ich mich nicht, dass Oma nicht mehr da war, doch ein bisschen darauf, dass ich nun in ihrem Bett und dem schönen großen Zimmer schlafen durfte, in dem sie zeitlebens ihr Reich hatte. Dies sollte jedoch nicht von langer Dauer sein, plante Papa doch dort ein Schaufenster einzubauen und in diesem Raum Möbel auszustellen.

Vielleicht trugen auch meine Späßchen mit Oma dazu bei, dass sie mich nicht allzu gerne mochte. Wenn nämlich mein Bruder zu ihr kam, bekam er jedes Mal ein Stück Würfelzucker geschenkt.

Einmal, ich nutzte Omas Weitsichtigkeit aus, auch zu einem Zuckerstück zu kommen. Ich machte mich so klein, dass sie annehmen sollte, dass ich mein Bruder sei: „Oma, geb mer mol e‘ Zuckersche“, stellte ich auch seine Stimme nach. Und sie meinte: „Waad moin Buu, du krieschd e‘ Zuckersche funn mer.“ Doch in jenem Moment musste ich dermaßen lachen, dass der ganze Schwindel aufflog. Schimpfend jagte sie mich davon und ich hatte zukünftig nicht mehr die geringste Chance, sie milde zu stimmen. War auch nicht besonders tragisch für mich, denn so musste ich wenigstens nicht mehr den langweiligen Rosenkranz mitbeten.

Tauben, Wellensittich, Fische

Die beiden schon erwähnten Tauben hatte ich kurz vor Papas Vorhaben mit der Möbelausstellung gekauft und suchte nun eine vorübergehende Bleibe für sie. Da ich wieder zum Schlafen nach oben ging, bot sich das nicht mehr benötigte Zimmer der Oma ja geradezu an, hier die lieben Tierchen unterzubringen. Sie schienen sich hier sehr wohlzufühlen, konnten sie doch in dem großen Zimmer gut umherfliegen. Der obere Kranz von Omas Kleiderschrank war ihr Lieblingsplatz. Doch was füttert man denn Tauben? Was fressen die denn am liebsten? Und der kleine Helmut erinnerte sich an Mamas Worte, die einmal sagte, sie schütze ihre im Garten ausgelegten Erbsen mit darübergespannten Fäden. Helmut war klar, Tauben fressen Erbsen. Ich kaufte deshalb welche in einem Laden für Landesprodukte beim Landwirt über der Straße, der mit dem Rübchenstellen, und fütterte die Tauben ausschließlich damit. Was die dann auf Omas Kleiderschrank, und nicht nur da, an grünen Ausscheidungen hinterließen, war alles andere als ansehnlich, was Papa natürlich mal wieder verärgerte. Er gab mir zu verstehen, dass die Tiere so schnell als möglich aus dem Raum nach draußen gebracht werden müssten. Dort, hinter dem Schweinestall, da, wo Omas Brennmaterial lagerte, waren oben vorne zwei Balken, zwischen die es sich anbot, einen Kasten dazwischen zu bauen. Mit meinem damals schon sehr ausgeprägten handwerklichen Geschick war dieser Kasten auch schnell gebaut. An der Vorderseite brachte ich von oben nach unten Holzstäbe an, die sich zu einem gewissen Teil in einem kleinen Rahmen öffnen ließen. Eine Stange noch von links nach rechts und fertig war mein Taubenschlag. Behutsam setzte ich die beiden Turteltäubchen dort hinein und hatte eine ganze Weile meinen Spaß damit. Die Kunden, die zu Papa in die Werkstatt kamen, bewunderten stets mein Werk, indem sie meinten, dass ein so kleiner Junge so etwas schon machen konnte?

Doch eines Tages, es war nicht einmal ein halbes Jahr vergangen, da stellte ich auf dem Weg zum Füttern der Tauben eine bemerkenswerte Stille fest. Mein Blick in den Käfig ließ mich fast erstarren und ich musste sogar weinen. Die beiden Tauben lagen tot im Käfig auf dem Boden und hatten keine Köpfe mehr. Auch außerhalb des Käfigs ließen sich keinerlei Blutspuren erkennen und die Köpfe waren einfach verschwunden. Der erste Verdacht war, dass Papa etwas damit zu tun gehabt hätte. Er beteuerte zwar immer wieder, keine Ahnung zu haben, wie denn das passiert sein könnte, doch geglaubt habe ich ihm das bis heute nicht.

Der Verlust war überstanden und mein Wunsch, mir in einem richtigen Vogelkäfig einen Vogel halten zu dürfen, wurde bald erfüllt. Irgendwoher wurde ein alter Vogelkäfig aufgetrieben und ein von einem Züchter erworbener Wellensittich eingesetzt.

Da Wellensittiche nach Papas Meinung viel Krach und Dreck machten, sollte ich den Käfig im Hof an die Wand hängen und nicht in die Wohnung bringen. Die Höhe legte Papa fest, damit auch Katzen nicht die Möglichkeit haben sollten, dort heranzukommen.

Vier Meter hoch, so hoch, wie gerade einmal unsere lange Leiter reichte, sollte es sein. Um weitere Diskussionen zu vermeiden, gehorchte ich und der Vogel hing jetzt ganz da oben. Wen wundert es, wenn mit der Zeit vergessen wurde, dem armen Tierchen Futter und Wasser zu geben? Also, das Thema Vogel war bald auch wieder Vergangenheit. Danach kam meine Bitte, ein Aquarium mit dem einen oder anderen Fisch, anzuschaffen. He, Moment mal, so kannte ich Papa noch gar nicht. Brachte er doch, der Anlass, wenn es einen besonderen gegeben haben sollte, ist mir nicht mehr bekannt, ein kleines Aquarium mit einem Schleierschwanz und einem Goldfisch mit nach Hause. Die Freude war übergroß und ich hatte eine ganze Weile meinen Spaß damit. Die regelmäßige Reinigung stand irgendwann wieder an und ich stellte das Aquarium, welches auf dem Fensterbrett des Fensters Richtung Einfahrt stand, auf den Hocker. Ein altes Stück Gartenschlauch diente dazu, das Wasser abzulassen. Dies war ein ziemliches Unterfangen, denn bis das Wasser endlich einmal zum Laufen kam, hatte man schon eine Menge dieser Brühe im Mund gehabt und heftig um sich gespuckt. Na, das lief ja auf einmal ganz prächtig. Noch einen kurzen Blick nach unten auf den Eimer, ob auch nichts daneben geht, und dann aufpassen, dass nicht zu viel Sand mit ausgespült wird. Der Wasserstrom verringerte sich plötzlich zusehends.

Schock! Der Schleierschwanz, wo ist er nur geblieben? Nicht mehr im Aquarium und auch nicht im Eimer. Oh Gott, im Schlauch, schoss es mir durch den Kopf. Schlauch hoch, reingeschaut, kein Durchblick möglich. – Kräftig ins Schlauchende gepustet, kam der Schleierschwanz, sichtbar gezeichnet, wie ein Torpedo aus dem Schlauch geschossen. Sein Schleier schwebte gar nicht mehr so schön geordnet, sondern hing, wie eine Fahne ohne Wind, nach unten. Um nicht auch noch den Goldfisch in Gefahr zu bringen, beendete ich die Aktion, indem ich schnell frisches Wasser einfüllte. Oh je, der Beschleierte machte ganz und gar nicht mehr das her wie in den Tagen zuvor. Er torkelte da im Wasser umher und sein Zustand wurde täglich kritischer, bis er eines Morgens leblos am Boden des Aquariums lag. Den Goldfisch hatte das anscheinend so sehr mitgenommen, sodass er auch nur noch einige Wochen zu leben hatte, was zur Folge hatte, das Aquarium wieder abzuschaffen.

Der ausgeliehene Fisch

Ein Junge, dessen Mutter eine Gaststätte betrieb, zeigte mir einmal seine Fische, die er von einem Gast geschenkt bekommen hatte. Es waren prächtige Fische, ob Rotaugen oder Rotfedern bin ich mir nicht mehr sicher, die so groß waren, dass ich solche nur einmal zuvor lebend gesehen hatte, und zwar damals, als dieser Mann, hinter der Welschgasse seinen Weiher zur Reinigung und Abfischung leer machte. Diese Fische hatten es mir so sehr angetan, dass ich dachte, auch welche haben zu müssen.

Ich musste nicht lange überlegen, bis mir der alte Steintrog im Hof einfiel, der doch die allerbesten Voraussetzungen bot. Nur Mama galt es noch zu überzeugen, dass ich ihn unbedingt bräuchte. Da gerade keine Blumen eingepflanzt waren, entfernte ich die Erde und reinigte ihn gründlich. Dann befüllte ich ihn mit Wasser und wartete. Wartete, bis ich annehmen konnte, dass der Junge mir gegenüber nicht Verdacht schöpfen würde, wenn ich mir einen seiner Fische auslieh. – Na, hinsichtlich des Aufwandes, den ich betrieben hatte, sollte es schon eine längere Leihe werden.

Die Zeit war reif und ich marschierte Richtung „Wäschbach", in dessen Nähe sich die Gaststätte befand. Hinter der Gaststätte gab es eine kleine Eingangstür, die immer geöffnet war und durch die man in den hinteren Hofteil gelangte. Von hier aus konnte man auch über den vorderen Hofbereich durch den eigentlichen Ein- beziehungsweise Ausgang wieder nach draußen gelangen.

Aber darüber machte ich mir in jenem Moment keine Gedanken. Mit einem „Schwupp" hatte ich mit einem kleinen Eimerchen einen Fisch herausgeschöpft, und, da ja beim Eintreten die Luft rein war, musste sie so kurz danach ja auch noch klar sein, machte ich mich wieder mit ganz unschuldsvoller Miene von dannen.

Das war ja mal wieder eine Freude, als der Fisch in meinem „Teich" schwamm. Fischfutter war aus Aquariumszeiten noch vorhanden, es dauerte aber eine ganze Weile, bis der eingeschüchterte Fisch etwas davon fraß. Am nächsten Tag wagte ich den Jungen, dem ich seinen Fisch entwendet hatte, in der Schule kaum anzusehen, er ließ sich aber diesbezüglich nichts anmerken. Zwei, drei Tage später, ich weiß nicht mehr, was überwog, mein schlechtes Gewissen oder das Mitleid mit dem nun so ganz einsamen Fisch. Jedenfalls, was folgte war die Aktion, „Retoure".

Ich schöpfte den Fisch wieder mit ausreichend Wasser in den Eimer und zog los, ständig um eine Ausflucht bedacht. Aber, auf den Straßen war es ruhig und nur aus der Gaststätte hörte ich wie zuletzt auch einiges Gemurmel. Schnell den Fisch wieder in sein ursprüngliches Becken eingeschüttet und nichts wie weg.

Nach dieser Aktion war ich das erste Mal seit Tagen wieder entspannt, ja, ich konnte sogar wieder so richtig in mich hineinlachen. Ich dachte nämlich dabei, was der Junge jetzt wohl denken würde, wenn der zweite Fisch plötzlich wieder zurück war. Denkt er vielleicht, die Katze, die ihn geholt hatte, brachte ihn ihm wieder zurück? – Hihi. Bei jedem Gedanken daran musste ich lachen und hatte damit sogar mehr meine Freude, als ich sie vorher mit dem Fisch hatte.

In der Schule oder bei sonst einer Begegnung ist darüber nie gesprochen worden. Aber vielleicht war es auch so, dass er das kurze Verschwinden überhaupt nicht wahrgenommen hatte.

Das ausgeliehene Bajonett

Der Sohn eines Gemüsehändlers, der nicht weit von uns, gerade einmal um zwei Ecken, sein Geschäft hatte, zeigte mir einmal, hinten in deren Scheune, ein ungewöhnlich großes Messer. Ich dachte zuerst an ein Schwert oder Ähnliches, da sagte mir aber Walter, dass es sich um ein Messer handelte, das Soldaten im Krieg vorn auf das Gewehr aufsteckten. Diesem blitzblanken Ding maß er weiter keine Beachtung mehr zu, sondern legte es dorthin zurück, von wo er es vorher herbeigekramt hatte. Dieses Ding, immer wieder musste ich an dieses Ding denken, bis ich mich dazu entschloss, es zu mir nach Hause zu holen. Ich wusste, dass sich das große Schiebetor zu deren Scheune auch im geschlossenen Zustand leicht für ein Kind öffnen ließ. Zwar nur einen kleinen Spalt, der aber reichte, um hineinzukommen. Dazu brauchte man nur an der Seite des Tores dieses ein wenig von der Wand wegzudrücken und einige Zentimeter zur Seite zu schieben und schon war man drin. Es dauerte nicht lange und ich hatte das begehrte Stück Stahl in meinen Händen. Ich kam mir damit sehr stark vor, so etwa wie Sigurd aus den Comic-Heftchen. Zu Hause angekommen, fuchtelte ich mit meinem Schwert herum, ließ aber niemanden bemerken, was ich mir da auf die krumme Tour angeeignet hatte. Keine zwei Tage vergnügte ich mich damit, bevor ich mal wieder diese Gewissensbisse bekam. Ich überlegte, was ich nun eigentlich davon hätte, wenn es weiterhin mein Raubgut wäre. Meine selbstgebastelten Holzschwerter waren doch bestimmt genauso gut, ja, sogar viel schöner und zudem konnte auch niemand etwas dagegen einzuwenden haben, wenn ich sie mit auf die Straße nahm. Außerdem, wenn die Soldaten das Ding auf dem Gewehr hatten, war vielleicht schon einer damit getötet worden und es klebte womöglich noch etwas Blut daran. Also, so wie ich es mir geholt hatte, brachte ich es wieder zurück und war heilfroh, es wieder los zu sein.

Fahrt mit Esel und Wagen

Einmal gastierte in unserem Dorf ein kleiner Zirkus auf dem Sportplatz, was sich bei uns Kindern schnell herumsprach.

Der kleine Helmut war natürlich auch schnell zur Stelle und begeisterte sich an dem ungewohnten Anblick, besonders deswegen, weil er noch nie vorher solche lebenden Tiere gesehen hatte.

Ein Esel, der es mir besonders angetan hatte, schien eigentlich ein liebes Tier zu sein. Der Direktor kam auf mich zu und fragte, ob ich Mutes genug wäre, mit dem Esel und einem kleinen Wagen zu den Bauern im Dorf zu fahren, um Heu und Stroh zu erbitten. Keine Frage, so dachte ich, war das doch fast wie Weihnachten und Ostern auf einen Tag für mich. Niemals zuvor hatte ich ein Gespann selbstständig fahren dürfen. Also kam ganz selbstverständlich ein spontanes „Ja". Und der gute Mann war total froh, dass ihm jemand diese für ihn womöglich unliebsame Arbeit abnahm.

Der Esel wurde eingespannt und mit noch zwei anderen Kindern machte ich mich auf den Weg. Zuerst natürlich zu den Landwirten, die ich von Arbeiten mit Papa dort oder von der Hilfe auf dessen Äckern her kannte. Es lief eigentlich prima, wir hatten schon den einen oder anderen Stroh- oder Heuballen erbettelt, da lag ganz plötzlich mitten auf der Straße dieser blöde Pferdeäpfel-Haufen. Dass Esel so dumm sein können, hätte ich vorher nie gedacht. Er blieb für mich unverhofft an der Hinterlassenschaft stehen und roch daran und roch und roch. Es dauerte eine geraume Zeit, bis er endlich davon abließ und weiterging. Doch oh je, schon wieder Pferdeäpfel. Wieder blieb das Grautier minutenlang stehen und schnupperte und schnupperte. Obwohl es der Esel war, der immer wieder roch, hatte ich die Nase voll von diesem Spiel und ich beschloss, wenn der endlich wieder loslaufen würde, den direkten Weg zurück zum Sportplatz zu nehmen. Blamieren und lächerlich machen wollte ich mich schließlich vor den Leuten auf der Straße auch nicht, schon gar nicht eines Esels wegen. Gott sei Dank ging es auch irgendwann wieder weiter und es war nicht mehr weit zu fahren. Und, was lagen da wieder auf der Straße? Genau, „Dunnerkeil nochemol!", schon wieder Pferdeäpfel. Erneut blieb das blöde Vieh stehen und roch. Mir passte das überhaupt nicht und ich wurde ziemlich ungeduldig. Mit dem Zügel klatschte ich auf den Rücken des Tiers und ich hatte das Gefühl, dass ich am nächsten Tag noch dort stehen müsste, wenn es nicht endlich weiter ging.

Auf einmal – ich hatte gerade wieder mit dem Zügel auf den Rücken geklatscht – stieg das Tier mit beiden Beinen hinten hoch und trat mit voller Wucht gegen die Trennwand zwischen ihm und unserer Sitzbank. Ein riesengroßes Loch klaffte dort, wo der dumme blödsinnige Esel hingetreten hatte und mich fingen im Geiste an Fragen des Direktors zu quälen, wie dies denn nur möglich gewesen wäre.

Wir setzten jedenfalls unsere Fahrt mit dem mutwillig vom Langohr beschädigten Wägelchen fort und ich war heilfroh, das Gespann wieder übergeben zu können. Der Direktor machte keine Anstalten, uns zu beschimpfen, ganz im Gegenteil, er war froh, als er sah, dass wir mit dieser Aktion letztendlich doch erfolgreich waren und ihm aus der Not des Futtermangels für die Tiere sehr geholfen hatten. Für ihn war bestimmt sehr wichtig, dass uns nichts geschehen war und wir alle drei wohlauf gewesen sind. Als Belohnung für unsere gute Tat gab es für eine Kindervorstellung Freikarten, auf die wir uns sehr gefreut hatten.

Fahrt mit 1 PS und 'nem Kohlewagen

Einmal durfte ich mit einem Landwirt und dessen Pferdefuhrwerk helfen, Kohlen und Brikett auszufahren. Am Bahnhof wurde von einem Güterwaggon das Brennmaterial auf den zweirädrigen Wagen geladen, dann zur Waage gefahren, welche vor der schon einmal erwähnten Gastwirtschaft an der „Wäschbach" der Öffentlichkeit zur Verfügung stand, die Ladung dort gewogen und dann zu den verschiedensten Leuten gefahren wurde. Die letzte Fuhre war geliefert und da es schon anfing zu dämmern, machten wir uns schnurstracks auf den Heimweg. Da sich die Stelle der Waage auf diesem Weg befand, fuhren wir noch einmal dort hin und der Bauer stellte den Wagen genau wieder so darauf, womöglich um jetzt noch einmal das Leergewicht zu ermitteln. Oder aber, so wie ich auch noch vermutete, nicht um den Wagen wiegen zu lassen, sondern damit der Bauer in der Gaststätte, zu der die Waage gehörte und wo auch das Gewicht abgelesen wurde, einkehren und mit einem Gläschen oder zwei seinen Durst löschen konnte. Ich sollte mich auf Geheiß des Bauern hin mit dem Zügel in der Hand auf den Wagen stellen und aufpassen, dass der Gaul nicht davonläuft.

Okay, kein Problem für mich, das krieg ich schon hin, dachte ich, und hatte dennoch ein ganz mulmiges Gefühl in der Magengegend. Es dauerte und dauerte und keine Spur des Durstigen. Da fing das Pferd plötzlich an, unruhig zu werden. Alles Ziehen und Rufen half nichts, das Fuhrwerk rollte vorwärts von der Waage. Blöd, dachte ich, und daran, auf der Straße zu wenden und wieder auf die Waage zurückzufahren. Aber nein, ich glaube, Fanny, so hieß das Pferd, zog es vor, geradeaus Richtung Bauernhof zu laufen. Nein, dachte ich, ich muss wieder unbedingt zur Waage zurück, „du fährst mir jetzt nicht in den Hof hinein." Ich fasste mir ein Herz und trieb das Ross an. An der Hofeinfahrt vorbei, durch die Fronstraße über „die grad Gass", mittlerweile war es schon dunkel geworden, über die Rathausstraße, am Bahnhof vorbei zur Waage, auf die Waage drauf und ein lautes „Brrrr". Wie eine Eins stand das Fuhrwerk, so, wie es der Bauer abgestellt hatte. Er kam auch alsbald aus dem Gasthaus und fragte mich nur: „Unn, hotts geklappt?" Ich erwiderte ihm mit einem kurzen „Jou" und wunderte mich, dass er überhaupt keine Fragen stellte. Hatte er mich womöglich gar nicht vermisst? – Seltsam! Aber ganz ehrlich, geträumt hatte ich das auch nicht. Und, wenn ich mich zurückbesinne, einen Hauch Weingeruch aus seinem Munde hatte ich auch wahrgenommen.

Es gab für mich keinen Grund, über jenes Erlebnis zu berichten, denn mit meinem gerade einmal 10 Lenzen zählenden Alter hätte mir das eh niemand geglaubt.

Salto Mortale

Einmal war ich mit dem Sohn jenes Bauern auf einem Acker, um Kartoffeln zu laden und nach Hause zu bringen.

Ich stand oben auf dem großen vierrädrigen Wagen, auch „Die Roll" genannt, ganz vorne in Fahrtrichtung. Plötzlich gab der Fuhrmann dem Pferd die Zügel, worauf das Pferd auch sofort gewaltig anzog. Er schaute sich noch nach mir um und lachte, als wüsste er, was denn nun geschehen würde. Automatisch lief beziehungsweise torkelte ich plötzlich, ohne es zu wollen, rückwärts, ohne jede Möglichkeit, einen Halt zu finden, bis zur hinteren Bande, knallte mit den Beinen gegen diese und ich weiß nicht, wie es geschah, ich musste einen echten Salto rückwärts geschlagen haben, stand ich mit beiden Beinen unten auf dem Erdboden.

Er hielt das Pferd an, kam nach hinten gerannt und fragte: „Iss der wass bassiert?", worauf ich nur mit einem energisch bösen „Nein" antworten konnte. Nicht nur nach dieser Situation, auch schon früher, nach anderen gefährlichen Lagen, war mir bewusst, dass mir mein Schutzengel wieder einmal sehr zuverlässig zur Seite stand.

Der Möbeltransport

Jener schon einmal erwähnte Gemüsehändler besaß einen relativ großen Lkw, mit dem er Papa gelegentlich große Schreinerarbeiten transportierte. Die Fracht bestand aus Fenstern, Türen sowie Möbelstücken.

Einmal fuhren der Gemüsehändler, Herr Kron, Papa und ich mit dem Lkw, ein 7,5-Tonner, nach Worms, um einen Kleiderschrank beim Großhändler für einen Kunden abzuholen. Ein Auftrag und das Geschäft mit Möbeln war eigentlich – außer dem mit den Särgen – das Lukrativste für Papa. Da fielen an Aufwand lediglich die Fracht und das Aufstellen beziehungsweise die Montage ins Gewicht. Das konnten an Einnahmen schon einmal 30 % des Einkaufspreises bedeuten. Eigentlich leicht verdientes Geld, und die entsprechende gute Stimmung sowie das zu erwartende Trinkgeld trugen zudem beträchtlich zur Vorfreude bei.

Der Schrank war aufgeladen und stand nun senkrecht rechts an der Seite auf dem hohen Wagen mit Plane. Da die Entfernung zurück nicht einmal zehn Kilometer betrug, sollte ich mich als „der kräftige Kerl" hinten auf die Ladefläche stellen und den Schrank festhalten. Es sollte ja auch langsam und vorsichtig gefahren werden, wurde mir zugesichert. Kein Gurt, kein Seil, nichts, rein gar nichts, kam zur Anwendung, um diesen Schrank gegen das Umfallen festzubinden. Mit lautem Geratter des Dieselmotors und den sich Zigaretten rauchend unterhaltenden beiden Männern vorne in der Fahrerkabine ging die Fahrt los. Zuerst hörte ich noch ein: „Alles klar do hinne?", was ich mit einem lauten „Jaaa!" beantwortete. Was für ein Gewanke und Geschwanke. Wie ein Betrunkener bewegte ich mich ungewollt da hinten und mit mir selbstverständlich auch der Schrank. Irgendwo unterwegs nach einer Linkskurve, ich konnte es trotz größter Anstrengung nicht vermeiden, fiel der Schrank um und, da ich direkt davor stand, auf mich drauf. Ich schrie mir fast die Kehle aus dem Hals, aber die beiden da vorne zeigten nicht die geringste Reaktion, so sehr waren sie in ihre Unterhaltung vertieft. Ich hatte große Angst, der Schrank könnte mich erdrücken, aber zum Glück lag er, da er doch sehr hoch war, auf der seitlich gegenüberliegenden Begrenzung des Wagens und der Plane auf. Bei dem zu beliefernden Kunden angekommen, machten beide, als sie hinten die Plane hochhoben, nur ein bedeppertes, fast vorwurfsvolles Gesicht und meinten: „Wass hoschd donn du geschafft?" Worauf ich nur mit einem bösen Blick entgegnen konnte: „Wass soll isch donn wohl geschafft hawwe?!"

Ich war dennoch froh, dass der Schrank keinen sichtbaren Schaden genommen hatte, denn dies hätte sehr wahrscheinlich einen größeren finanziellen Verlust bedeutet.

Papa der Geschäftsmann

Auf einem Schild, das außen an unserer Hauswand angebracht war, stand: Papas Name, Bau- und Möbel-Schreinerei, Meisterbetrieb. Auf einem anderen Schild stand zu lesen: Sarglager.

Omas ehemaliges Schlafzimmer hatte Papa zu einem Ausstellungsraum umfunktioniert. Die zwei ursprünglichen Fenster entfielen und ein großes Schaufenster wurden an deren Stelle eingebaut. In dem Raum waren lediglich Kleinmöbel ausgestellt. Kunden konnten ihre Kaufwünsche aus bereitgestellten Katalogen aussuchen und, wenn gewünscht, die Ware beim Großhändler besichtigen. Der Möbelverkauf war als Nebenverdienst gedacht und anfangs ein echter Erfolg. Papa konnte viele Wohnungseinrichtungen verkaufen und hatte dabei lediglich die Aufgabe, die Möbel vor Ort aufzubauen beziehungsweise aufzustellen. Erst als die großen Möbelhäuser in der Stadt eröffneten, war dieses Geschäft unrentabel für ihn geworden. Aus dem Ausstellungsraum entstand unser Wohnzimmer. Ich höre noch heute, wie Papa auf die Möbelhäuser schimpfte, indem er meinte: „Die machen es große Geld unn isch konn donn nochher die Flickärwet mache!“

Aber, halb so schlimm, er hatte ja noch einen Neben-Geschäftszweig, mit dem auch ganz gut Geld zu verdienen war.

Der Ruf eines Kauzes, „quitt-quitt“, wenn er bei fortgeschrittener Abenddämmerung rief „komm mit – komm mit“, der darauf hinwies, dass eine arme Seele demnächst diese Welt verlassen musste, ließ in Papa mit seinem verhaltenen Aberglauben schon etwas Hoffnung aufkeimen, die jedoch fast schon Gewissheit war. Wenn in den nächsten Tagen auch noch zu ungewohnter Zeit die Glocken läuteten, kam eventuell auf Papa ein lukratives Geschäft zu. Dann nämlich sah man ihn aus der Werkstatt kommen und ans Hoftor eilen. Er blieb dort so lange stehen, bis ihm ein Passant berichtete, wer denn nun gestorben sei. War es ein Kunde seiner Konkurrenz, ging er stets sichtbar geknickt in seine Werkstatt zurück. War es aber ein Angehöriger seines Kundenkreises, hörte man sein typisches kurzes Freudenräuspernhusten und man sah ihn kräftig die Hände reiben und alsbald die traurige – oder sollte es heißen frohe – Kunde am Küchenfenster Mama zuzurufen. Das Allerschlimmste, was dann noch passiert sein konnte, war, dass die Person in Worms im Krankenhaus gestorben war. Dann nämlich war er futsch, der Traum vom schnell nebenbei verdienten Geld. Für solche Fälle wurden nämlich ausschließlich Wormser Bestattungsunternehmen beauftragt. Papas Kommentar lautete dann, „Jetzt muss der/die ausgerechnet im Kronkehaus sterwe".

Wurde der Auftrag aber doch Papa erteilt, so wurde in der Regel ich zur Hilfe beordert.

Mir machte es sogar Spaß, den Sarg herrichten zu helfen, und manchmal durfte auch mein Freund Urban dabei mit Hand anlegen, was ihm stets sehr große Freude bereitet hatte.

Der Sarg wurde auf zwei Böcke gestellt, damit es einfacher war, die Beschläge anzubringen und man sich nicht dabei bücken musste. Die Särge machte Papa nicht mehr wie in früheren Zeiten selbst, sie wurden von einem Großhändler schon bis auf die Beschläge und die Innenausstattungen fertig montiert und lackiert „ins Haus" geliefert. Je nach Gewicht der Person, die gestorben war, und dem Gewicht des Sarges, bezüglich der Art des Holzes, montierte ich an die Seiten, je nachdem, insgesamt vier oder sechs Trage-Griffe, was vorher mit den Hinterbliebenen besprochen worden war. Je Griff zwei Löcher gebohrt, die zweimal zwei spitzen Enden hindurch gesteckt, dann über einen großen Schraubenzieher diese Enden umgebogen und die Spitzen mit dem Hammer innen in das Holz getrieben. Dies verhinderte absolut das Herausrutschen der Griffe bei Belastung. Diese Arbeit erforderte unbedingte Gewissenhaftigkeit.

Der Sarg wurde innen mit einer Lage Hobelspänen gefüllt und dann mit einem speziellen kräftigen weißen Papier ausgeschlagen. Ein Kopfkissen wurde mit Stroh oder Holzwolle gefüllt und eingelegt. Der Deckel kam darauf und die Löcher für die langen Zier- und Verschlussschrauben wurden vorgebohrt, um diesen zu befestigen. Ganz oben auf den Deckel noch ein Kruzifix und Zierrosetten genagelt und schon war die Arbeit erledigt. Etwas früher, als an den langen Seiten noch keine Verzierungen, vornehmlich Palmen, eingefräst waren, befestigte man dort Palmen-Nachbildungen aus gepresster lackierter Pappe.

In jüngeren Jahren, als solche Arbeiten ausschließlich Papa ausführte, durfte ich lediglich für die Füllung sorgen. Auf meine Frage, was ich denn da alles hineinschütten könnte, meinte er, dass ich das nehmen soll, was sich so vorfinden ließe, und zählte auf: Hobelspäne, Sägemehl, Holzwolle, Stroh, eigentlich alles, was den Raum ausfüllte.

Papa war sehr überrascht, als der geschlossene Sarg eine gewisse Zeit später zu qualmen anfing. „Wass issen jetz los!?", hörte ich ihn rufen. „Heeelmuut!!" – Hm, schoss es mir durch den Kopf, da muss irgendetwas geschehen sein, wenn Papa so energisch und laut nach mir ruft. Mama sagte noch: „Geh emol enaus unn froo emol wasser will." Ich ging hinaus in den Hof und sah, wie Papa den Sargdeckel wieder abnahm. „Wieso kimmden do eigentlisch so viel Raach eraus?", fragte ich verwundert. Und Papa meinte: „Wass hoschden du do alles enoi gemacht?" Ich sagte erst einmal nichts, denn Papa hatte auch schon des Rauches Ursache entdeckt: „Ei Buu – do derf mer doch koo Äsch enoimache!" Aber dann musste er, des offensichtlich doch noch sehr begrenzten Schadens wegen, heftig Lachen. Mama war ans offene Fenster gekommen und fragte nach dem Grund der Belustigung und Papa meinte, dass ich die heiße Asche, die nebenan zum Abkühlen stand, hineingeschüttet hätte. Auch sie musste herzhaft lachen und meinte: „Jesses noo, wass wären do gewäs, wonn der erschd bei de Beerdischung oogefong hett tse brenne?"

Wieder einmal eine Belehrung für den kleinen Helmut: Asche erst dann weg zu schütten, wenn sie auch tatsächlich erloschen ist.

Bevor auf dem Friedhof eine Leichenhalle errichtet worden war, wurden die Verstorbenen noch mit einer prächtigen ganz schwarzen Pferdekutsche von zu Hause abgeholt und zur Beerdigung auf den Friedhof gefahren. So auch bei unserer Oma. Die Trauergemeinde lief hinter der Kutsche mit den stolzen mit Scheuklappen geschützten schwarzen Rössern her, während voraus ein Mann mit einer Trommel marschierte. Sein gespielter Trauermarsch bestand aus einem langanhaltenden Trommelwirbel, dann dreimaliges Tam – Tam – Tam, und dann wieder langer Trommelwirbel und so weiter, bis zum Grab.

Oft schien mir, dass der Trommler der traurigste der bei dem Zug Anwesenden war. Jedenfalls ließ sein sehr ernstes Gesicht mit der stark hängenden Unterlippe im Gegensatz zu anderen der Trauergesellschaft dies vermuten.

Als alsbald die Halle gebaut worden war, wurden die Toten mit einem Wagen vom Trauerhaus zum Friedhof transportiert. Wenn dies erst am Abend geschah, musste entweder mein Bruder oder ich mit einer Stalllaterne nebenherlaufen, da Papa beim Einsargen ja dabei sein musste. So richtig Spaß hatte das uns nicht gemacht und irgendwie war uns doch sehr schummrig dabei zumute. Doch auch angenehmere Arbeiten durfte ich zusammen mit Papa verrichten.

Arbeiten auf einem Bauernhof

Einmal war ich mit Papa auf einem großen Bauernhof im Dorf, dem „Bellenhof" beschäftigt. Es galt, eine neue Zimmertür einzubauen. Acker- sowie Weinbau wurde auf diesem Hof betrieben und Papa meinte plötzlich nach ein paar Hammerschlägen: „Mer kennt jetz direkt emool wass trinke." Der Bauer meinte, dass er, nach getaner Arbeit mit uns in den Weinkeller gehen möchte, um ein paar Pröbchen des neuen Jahrgangs zu ziehen.

Die Arbeit war nach etwa einer Stunde getan und der Bauer mit unserer Leistung sehr lobend zufrieden. Nun wolle er sein Versprechen einlösen und mit uns in den Weinkeller gehen, der sich hinten über den Hof, unter einer Scheune befand.

Doch was nun, die Kellertreppe war weg? – „Eieiei, unn jetz?", fragte Papa enttäuscht. „Do werd die negschde Daa e neiji oigebaut, unn do henn mer die alt schunnemol erausgeriss", waren des Hausherren Worte. Papa war sichtlich anzumerken, dass er befürchtete, auf seine Schlückchen verzichten zu müssen. Nicht ganz einen Meter unterhalb des Scheunenbodens schloss die Oberkante eines Schutthaufens ab, vermutlich der der ehemaligen gemauerten abgerissenen Treppe. Übermütig und erwartungsvoll den edlen Tröpfchen entgegenfiebernd, sprangen wir drei, da uns ja nichts anderes übrigblieb, auf den Schutthaufen, welcher durch mitrutschendes Geröll den Abstand nach oben noch etwas größer werden ließ. Schon beim Anschalten des Lichtes von oben konnte ich sehen, dass es sich um einen sehr großen Keller mit vielen riesigen Fässern handelte. Nun jedoch, da wir da unten standen, erschien er mir mit seinem imposanten hohen Gewölbe noch einmal so groß. Der Bauer ging zu einem Tisch und zündete eine Kerze an. Dies sei notwendig, um der Gefahr einer Erstickung durch Gärgase, vorzubeugen. Ob Gase in einer gefährlichen Konzentration vorhanden wären, sähe man, wenn die Flamme auszugehen drohte und flackerte. Als ich das hörte, wäre ich am liebsten – hätte es die Treppe gegeben – aus Angst wieder nach oben gegangen.

Na, da kämen doch einige Pröbchen zusammen, bis wir fast all diese Fässer durchprobiert hätten, dachte ich und schlürfte das eine oder andere Probier-Gläschen in mich hinein. Der Bauer beabsichtigte schon wieder, das rote Schläuchchen in das Fass zu stecken, da meinte ich, dass es nun genug wäre und ich endlich nach Hause zum Abendessen wolle. Papa meinte: „Aller hopp, dess oone noch unn donn gehmer."

Gesagt getan, die Gläschen waren geleert, um nun endlich, nach etwa einer Stunde Wein zu trinken, Schluss zu machen. Wir begaben uns zum Schutthaufen, als Papa und ich den beschwipsten Bauern hörten: „Wuu issen donn do die Lader hiekumm, wuu do immer geschdonn hot?" Keine Leiter war zu sehen da unten. Alle Mühe und Versuche, da ohne Leiter hochzukommen, waren vergeblich. Oben konnte man sich nicht irgendwo festhalten und unten rutschten immer wieder die Füße weg. Zu unseren immer schwerer werdend erscheinenden Körpern kam nun auch noch großes Gelächter hinzu. Fast wie im Kindergarten wurde herumgealbert, bis ich die beiden, die noch etwas mehr als ich schwankten, auf die Idee brachte, eine menschliche Leiter zu bilden, und ich würde dann über sie hochsteigen. Es bedurfte einiger Versuche, bis der Unterbau hielt und ich nach oben klettern konnte. „Do driwwe im Schöppsche do leid e Lader", meinte der Bauer, welche ich auch ganz schnell fand und die große Gruben-Rettungsaktion erfolgreich beendete. Schwankend machte sich Papa und ich auf den Heimweg, auf dem wir über unsere Aktion noch bis zu Hause zu lachen hatten. Und, was soll ich sagen, hatte Papa in der Vergangenheit einmal einen über den Durst hinaus getrunken, war er nun nicht mehr wiederzuerkennen. Er war stets auf alles böse und beschimpfte sogar ganz laut die Leute, was uns allen sehr peinlich war. So heiter aber wie er diesmal mit mir zusammen war, hätte ich überhaupt nichts dagegen einzuwenden gehabt, wenn er gelegentlich mal ein Gläschen zu viel getrunken hätte.

„Geld liegt auf der Straße"

Einmal, es war an einem Samstagnachmittag nach einem Regenschauer, am Tag zuvor, wurde ich von meinen Eltern beauftragt, die Straße zu kehren. Da unser Straßenanteil nur etwa 10 Meter betrug, war unsere Straßenseite sehr bald blitzblank. Da fiel mir auf der anderen Seite an der Hausecke des Landwirtes – dem mit dem Rübchenstellen – eine große Pfütze auf. Ich nahm meinen Besen und wollte dort nur so zum Spaß ein bisschen rumschrubben.

Da, ich traute meinen Augen kaum. Die Besenborsten hatten nur kurz durch das trübe Wasser gestrichen, kam ein 50 Pfennigstück zum Vorschein. Verblüfft sah ich mich erst einmal um, ob mir jemand bei der Entdeckung meines Schatzes zugesehen hätte, bückte mich und griff in die Brühe, an die Stelle, wo ich das silberne Geldstück gesehen hatte. Fünfzig Pfennig, so schnell kann man reich werden, dachte ich, und überprüfte noch einmal die Echtheit der Münze, bevor sie in meiner Tasche verschwand. Könnte da eventuell noch mehr liegen, dachte ich? Ich kehrte weiter. – Da, ein 10 Pfennigstück, und da, noch eins. Das schien ja wirklich ein verborgener Schatz zu sein. Und mit großem Eifer kehrte ich und kehrte und kehrte. – Und da, der absolute Höhepunkt. Ich meine, bei dem Anblick fast in Ohnmacht gefallen zu sein – ein 2 Mark-Stück. Ich war in diesem Moment das reichste Kind im Ort: 2,70 Mark, damit war schon einmal der Kinobesuch für drei Sonntage gesichert. Und wenn da noch das Taschengeld hinzukam. Eine Überlegung folgte der anderen, wobei ich auch an mein Sparbuch denken musste. Das ergäben in meinem Sparbüchlein, in dem mit den Klebemarken, ja, Moment mal – Ich überlegte: 2 Mal Einer-Marken, einmal eine Fünfziger-Marke und zwei Zehner-Marken. Oder fünf Fünfziger-Marken und zwei Zehner-Marken oder gar siebenundzwanzig Zehner-Marken – Ui, da würde mich aber die Tante Lena von der Sparkasse loben, wenn ich so viel

Geld brächte. Ich nahm alsbald meine Sparkasse und brachte sie, selbstverständlich mit einem Teil meines Schatzes, zu ihr hin. Tatsächlich war sie sehr begeistert und lobte mich mit den Worten, dass ich, wenn ich so weiter sparen würde, wenn ich einmal groß wäre, etwas Schönes dafür kaufen könnte.

Siebzig Pfennig zurückzubehalten, so viel sollte es schon sein, hielt ich für das Vernünftigste.

Stolz trug ich mein Büchlein wieder mit dem Gedanken nach Hause, irgendwann einmal ein reicher Mann sein zu wollen.

Seit jener Zeit hielt ich auf der Straße besonders die Augen offen und ich muss sagen, noch so manches Geldstück gefunden zu haben.

… und noch mehr Schätze liegen auf der Straße

Andere Schätze, die in meinen Augen aber partout keine sein wollten, waren die, die meistens Papa auf der Straße fand, die aber immer nur ich bergen sollte:

„Do owwe uff de Gass lein widder Knoddle erum! Hopp nems Wäälsche odder en Oomer unn geh enuff un holse!“ – „Ach Monn, immer muss isch so en Scheiß mache!“, entgegnete ich ihm ablehnend. Machte mich aber auf den Weg, die Pferdeäpfel zu holen, da ich wusste, dass Mama sich wegen des guten Blumendüngers sehr freuen würde. Mit Eimer, Schaufel und Handfeger ausgestattet, zog ich los. Das Wägelchen mit seinen Eisenreifen hätte zu sehr gerattert und ich wäre wohl jedem Schulkameraden und ganz besonders Kameradinnen sofort aufgefallen, was mir sehr peinlich gewesen wäre. An jeder Ecke machte ich Halt und lugte erst einmal um sie herum, ob da nicht doch jemand sein könnte. – Nee, nichts, weiter zur nächsten Ecke. Wie ein Dieb schlich ich mich so an die beschriebenen Fundstellen. Fegfeg, schon war das pferdig stinkende Mistzeug in meinem Eimer. – Und der schnelle Helmut zischte wie ein geölter Blitz um die Ecken wieder nach Hause. – Uff, das Hoftor zugeschlagen und freudig Mama den Blumendünger präsentiert, den sie auch gleich in ihre Blumenkübel schüttete und in die Erde einarbeitete. „Sieschdes“, meinte Papa noch dazu, „die hemmer widder.“ Und Mama meinte: „Ajo, dess Geld hemmer widder geschpart.“

***

Ein anderes Fundstück, es sollte eigentlich von mir eine hilfsbereite Geste, Hilfe einer nicht mehr ganz jungen Frau gegenüber sein, was ich da auf unserer Parallelstraße liegen sah.

Ich war gerade einmal wieder dort zum Spielen, da ging eine Frau mit einer Tasche an mir vorüber. Ich sah ihr noch nach, weil ich in ihr die Frau erkannte, die vor einiger Zeit schon einmal hier entlanggelaufen und plötzlich umgefallen war. Leute, die sich damals auf der Straße aufhielten, kamen zu Hilfe, denn die Frau war ohnmächtig geworden. Sie halfen ihr wieder hoch und setzten sie auf einen Eckstein. Nach einer Weile stand sie plötzlich auf, meinte, es würde ihr schon wieder besser gehen, und ging weiter.

An jenem Tag aber fiel ihr etwas runter. Ich wartete einen Moment, aber sie bemerkte es anscheinend nicht. Ganz unbedarft nahm ich dieses Ding – so etwas hatte ich vorher nie gesehen – an einer Stelle auf, an der kein Blut war und rannte ihr hinterher. Als ich ihr nachrief, stehen zu bleiben, sie habe etwas verloren, drehte sie sich um und meinte, das gehörte ihr nicht, während ich darauf bestand, dass ich gesehen hätte, wie sie es verloren hatte. Da meinte die Frau in einem sehr unfreundlichen Ton, ich solle weggehen und das wegschmeißen. Verständnislos warf ich meinen Fund an die Straßenseite und war gleichzeitig sehr verwundert über das eigenartige Verhalten der Frau.

Einige Zeit später wurde mir klar, weshalb die Dame damals so reagiert hatte, als ich nämlich erfuhr, dass es sich dabei um eine Damenbinde gehandelt hatte.

„Die Sau raus lassen"

Einmal, die Eltern waren nicht zu Hause, überlegte der kleine Helmut, womit er sich die Zeit vertreiben könnte. Da kam ihm die Idee, dem armen Schwein, dem kurz bevorstand, geschlachtet zu werden, einen Besuch abzustatten.

Vorsichtig zog ich an der kleinen niedrigen Stalltür den Riegel zurück, öffnete die Tür einen kleinen Spalt und hatte vor, in Papamanier mit dem rechten Fuß und dem Schienbein das neugierig gewordene Schwein zurückzuschieben.

„Hey, du dummi Sau!", „willschd du vielleischd do droi bleiwe!", rief ich noch, doch es war zu spät. Ich hatte das Schwein und dessen Kraft im Rüssel total unterschätzt. War es am Türspalt noch ein Missfallen ausdrückendes Quieken, das zu hören war, so konnte ich jetzt nur noch ein vergnügtes „Oink-oink" vernehmen. Ja, das Schwein schien sehr glücklich zu sein, in unserem Hof herumzurennen. Oder war es mehr ein Hüpfen? Ganz vor, bis zum Hoftor und wieder zurück, bis zur Werkstatt. Sah das ulkig aus! Der Hintern schwenkte, wenn es langsam ging, mal nach rechts und mal nach links, und es sah fast so aus, als wenn eine Frau versuchte, wie eine feine Dame zu gehen. – Und dann noch die feinen Schühchen dazu und ganz auf Zehenspitzen, wie eine Ballerina – Lustig!

Ach ja, dachte ich und hatte doch ein wenig Mitleid mit dem armen Tier. Doch die Gedanken des Mitleids wurden schnell von anderen verdrängt. Im Geiste sah ich schon die leckeren Brat-, Leber-, und Blutwürste vor mir, auf dem von Papa extra dafür gebauten Holzgestell, das unten quer, auf jeder Seite, einen Fuß hatte, auf welchem jeweils ein mindestens 1,80 Meter hohes und 10 Zentimeter breites Holzbrett mit Einkerbungen angebracht war, damit runde, etwa 1,50 Meter lange Stangen eingehängt werden konnten. Oben, im kleinen Kämmerchen, stand immer, wenn geschlachtet worden war, dieses Gestell in der Nähe des Fensters mit dem davorgebauten Mückendraht-

Rahmen, an dem die beiden Oberlicht-Flügel geöffnet waren und von einem Flügel zum anderen eine kräftige Stange gelegt wurde, auf der ein Schinken, der Schwartenmagen und einige schwere, dicke Blutwürste zum Trocknen aufgehängt waren.

Aber zum Glück hatte das Schwein ja noch ein wenig Zeit.

„Hey, du bleedi Sau, mach dass de vun de Momme erne Blumme eweg gehschd!“ Ja, jetzt hätte ich am liebsten sofort den Metzger gerufen, ausgerechnet an Mamas Lieblingsblumen, den prächtig blühenden Geranien, hatte sie sich herangemacht. Ich holte mir eine Holzlatte aus der Werkstatt und hielt das Schwein damit in Schach. Noch eine geraume Zeit ließ ich das Schwein alle Ecken im Hof ausschnuppern und immer wieder, wenn es einen neuen Geruch wahrgenommen hatte, hörte ich, wie es durch den Rüssel die Luft ausstieß und sah, wie sich dabei ein Staubwölkchen bildete.

Nun, es war Zeit geworden, das Tier wieder in den Stall zu bugsieren. Doch war dies letztendlich nur mit allergrößter Mühe möglich.

Die Tage vergingen, als mitten in der Nacht Mama an mein Bett kam und mich wachrüttelte: „Hopp eraus, du muschd helfe, mer missen die Sau schlachde!“ Und ohne groß zu fragen, stand ich auf, zog mich an und rannte nach unten. Papa war ganz aufgeregt, hatte er doch in der Nacht ein eigenartiges Geräusch gehört. Als er nachschaute, sah er, wie unser Schwein schnaupend im geöffneten Stall lag. Zum Glück erreichte er auch den Metzger, Peter, der sofort kam und nach dem Tier sah. Papa und der Metzger waren sich einig darüber, dass das Schwein nachts aus dem Stall gelaufen war und sich beim Zurückrennen an der Wand im Stall eine Kopfverletzung zugezogen haben musste.

Notschlachtung hieß es. – Mama hatte bereits den großen Kessel mit Wasser gefüllt und Feuer gemacht, da zum Entfernen der Borsten sehr heißes Wasser benötigt wurde. Mit einem Schussapparat schoss der Metzger dem Tier in die Stirn und stach mit einem langen Messer auf der rechten Seite in den Hals. Papa hielt es fest und ich musste das erste Mal die große Schüssel unter die Wunde halten, das Blut damit auffangen, und, damit dieses nicht gerann, mit einem langen Kochlöffel umrühren. Beide, Papa und der Metzger, meinten, ich hätte meine Arbeit gut gemacht. Ich war auch ein wenig stolz auf mich, doch hatte das Ganze eine ganz eigenartige Wirkung auf mich. Noch nie vorher hatte ich erlebt, wie ein solch großes Tier starb. Aber, so erinnerte ich mich, war es genau wie bei Oma. Dort war ich auch dabei, als sie noch einmal atmete und dann plötzlich alles still und regungslos war.

Bei Oma war ich noch etwas kleiner und ihr Sterben hatte mich nicht so sehr erregt, wie es bei dem Schwein der Fall war. Hier zitterte und bebte ich am ganzen Körper, was bei Oma nicht der Fall gewesen war. – Aber vielleicht lag es ja auch nur an der Kälte der Nacht, die mich gehörig frösteln ließ.

Zum Glück waren die große Mulde und das Schlachtgeschirr von nicht allzu sehr weit weg herbeizuholen, sodass alsbald mit der Arbeit begonnen werden konnte.

Zuerst wurde die Mulde, eine große lange Zinkbütte, längs neben das Schwein auf die Seite gekippt, dann das Tier, indem die Mulde kräftig festgehalten werden musste, in diese hineingerollt und die Mulde wieder aufgerichtet. Große Eimer heißes Wasser wurden herbeigeschleppt und über das Schwein geschüttet. Der Metzger nahm ein kegelförmiges faustgroßes Gerät, an dessen spitzem Ende ein Haken angebracht war, in die Hand und schabte damit die Borsten ab. Das musste den Metzger sehr viel Kraft gekostet haben, denn ich sah, wie sehr er sich dabei bemühte. Mit einer langen Kette, die er unter den Körper des Tiers gebracht hatte, wendete er es, um auch an andere Stellen heranzukommen. Den Haken an dem Schaber steckte er von oben in die Schühchen und zog sie damit aus. „Da, dess derfschde behalde", sagte der Metzger und drückte mir eins davon in die Hand. Seltsam, wie das aussah, so dünn und so leicht, so hätte ich mir die damals, als das Schwein noch im Hof herumlief, nicht vorgestellt. Nichts damit anzufangen wissend, warf ich sie zur Seite, dorthin, wo sonst immer bei Schlachtungen solche Sachen vorerst hingeworfen wurden.

Als alle Borsten entfernt waren, wurde das zum Teil rot gefärbte Wasser in eine Rinne im Hof gekippt, über welche die

Brühe – das war damals noch so üblich – auf die Straße lief. Die Borsten wurden in der Mulde zurückbehalten. Die Mulde schoben Papa und der Metzger dann an die Stelle, an der das Schwein an den Hinterbeinen an einen Balken der Hofeinfahrt gehängt wurde. Damit die Seile nicht vom Bein rutschten, schnitt der Metzger der Länge nach einen Schlitz direkt oberhalb des Fußes hinter eine Bein-Sehne und fasste das Seil dort durch und verknotete dieses. Nun öffnete er mit einem Messer den Bauch, aus dem ein unangenehmer Geruch ausströmte und holte die Eingeweide heraus. Die einzelnen Organe bekam ich dabei sofort erklärt und auch, was daraus gemacht werden sollte. Als alles fein säuberlich ausgenommen war, schüttete der Metzger noch einen Eimer Wasser in den Bauch und ließ es spülend herauslaufen. Dann nahm er ein Beil und hackte damit das Tier, auch den Kopf, von oben nach unten, der Länge nach durch. Jetzt merkte ich, wie Papa nervös wurde. Der Fleischbeschauer sollte kommen und das tote Tier untersuchen. Es stellte sich dann immer die große Frage, vorher eine Versicherung abzuschließen, oder es darauf ankommen lassen, dass das Tier gesund war. Na ja, in diesem Fall schloss er vorsichtshalber eine Versicherung ab, was aber im Nachhinein nicht nötig gewesen wäre, jedoch, da diese Versicherung nur ein paar DM kostete, eine gewisse Sicherheit geboten war, einen größeren Verlust in Kauf nehmen zu müssen. Der gute Mann drückte nämlich seinen Stempel auf den zukünftigen Schinken, nachdem er mit einem Schnitt in die Lunge und die Leber und mit prüfendem Blick darauf die Gesundheit des Tieres festgestellt hatte. Nun war die große Spannung gelöst und es kam allgemeine Freude auf. – „Dodruff missemer jetz awwer e Gläsje trinke!", sagte Papa und eh man sich versah, hatte er auch schon eine Flasche Wein herbeigeholt und geöffnet. Genüsslich schluzerte er an seinem Gläschen, während der Metzger es vorzog, lieber eine Tasse Kaffee zu trinken.

Ja, es wurde ein glückliches Schlachtfest. In der Werkstatt, auf der einen Hobelbank an der Fensterfront, war eine große Holz-Platte gelegt, auf der das Fleisch weiter zerlegt und ausgebeint, also von den Knochen entfernt wurde. Beim Zubereiten der einzelnen Wurstsorten weigerte ich mich jedoch, das noch ungekochte Brät zu versuchen. Eh ich mich versah, hatte mir der Metzger mit seinem blutigen Blutwurst-Finger einen Schnurrbart unter die Nase gemalt, was ich überhaupt nicht ausstehen konnte und ihn deshalb sofort wieder mit Wasser abwusch. Bevor nun die einzelnen Wurstsorten aus den unterschiedlichen Herkunftsorten des Fleisches, vom Bauch, dem Kopf, den Beinen oder der Leber etc., hergestellt wurden, mussten zuerst die Behältnisse dafür, Magen, Blase und Därme, innen und außen gereinigt werden und konnten nun gefüllt werden. Natürlich, der Nabel des Schweins diente als Futter für die lieben Vöglein, was heutzutage Futterknödel übernommen haben. Auch einen gewissen Teil des ausgelassenen Fettes diente uns Kindern zur Herstellung von Futterringen. Zwei Zentimeter breite Pappstreifen unterschiedlicher Länge zu einem inneren und einem größeren äußeren Ring zusammengeklebt, einige Vogelfutter-Körner unters Fett gemischt, das Ganze etwas erhitzt und zwischen die Ringe gegossen, Schnur dran und fertig.

Der große Kessel dampfte und die Würste kamen gelegentlich nach oben. Der Schwartenmagen, mit dem Finger draufgetupft, verschwand in dem trüben Sud – der zukünftigen, sehr leckeren Metzelsuppe –, ehe er an einer anderen Stelle wieder auftauchte. Was später einmal in einem Zoo als Vergleichs-Beispiel meines kleinen Bruders herhalten musste, als er nämlich sah, wenn ein Flusspferd unter- und wieder auftauchte und meinte: „Gell, dess sieht jo aus, wie en gonz dicke Schwademaa."

Ein großes Thermometer, das an einer Schnur befestigt im Kessel hing, zeigte stets die Temperatur des Wassers an und ich hatte die verantwortungsvolle Aufgabe, nachzusehen, damit das Wasser nicht zu heiß oder zu sehr abzukühlen drohte. Dazu dienten die verschiedenen Ofentürchen mit ihren Schiebern. Diese ab und zu geöffnet oder verschlossen sowie Holz nachgelegt, bewirkte eine relativ gute Regulierung, was aber wiederum vorsorglich die Mama machte.

Am Nachmittag erschienen die Onkel und die Tanten zum „Metzelsuppe-" und Wellfleisch-Essen. Wir Kinder freuten uns schon sehr auf die Nierchen und konnten nicht so recht verstehen, dass Onkel Hans auch seinen Anteil davon bekommen sollte. Für uns war klar, Nierchen sind nur etwas für Kinder.

Und, wenn wir der liebe Gott gewesen wären, wir hätten Schweine nur aus Nierchen bestehend erschaffen. Am selben Tag kamen noch die gefüllten Wurstdosen zum Verschließen zu Leuten, „es Spohre-Mäd'“, die hierfür eine Maschine hatten, und am nächsten Tag durften wir Kinder Metzel- beziehungsweise Wurstsuppe und kleine Leber- sowie Blutwürstchen austragen. Dies war nach Schlachtfesten immer die Aufgabe, die wir Kinder am liebsten erledigten. Konnte man sich doch damit einige D-Mark an Trinkgeld verdienen. Zwar gab es gelegentlich noch Streit zwischen mir und meiner Schwester, wer denn wo hintragen durfte, aber dass es zu einer Einigung kam, dafür sorgten letztendlich unsere Eltern.

Sogar der Herr Pfarrer und die Schwestern bekamen ihre Suppe und Würstchen ab. Ich kann mich noch sehr gut daran erinnern, wie das dicke Bäuchlein unseres Herrn Pfarrers Mayer unter seinem Gewand auf und ab hüpfte, als er lachend meine leckeren Gaben an der Tür des Pfarrhauses entgegennahm. In der Hoffnung, nur einen der vielen im Klingelbeutel in der Kirche gesammelten Groschen zu erhalten, machte ich mich mit einem „Vergelt's Gott“ wieder auf den Heimweg. „Es negschdemol konnscht du zum Parre geh“, sagte ich daheim zu meiner Schwester. Die lachte nur schadenfroh, da sie vermutlich vorher „den Braten schon gerochen hatte“.

Dennoch, von Verwandten und Nachbarn, bekam ich unerwartet viel Geld geschenkt, sodass ich auch ohne finanzielles Wohlwollen des Pfarrers rundum zufrieden war.

Verlockender Schinken

Ach, wie verlockend war es doch, wenn nach einem Schlachtfest die duftenden Würste an den Stangen unseres Wurstgestelles und der selbst geräucherte Schinken oben vor dem Fenster hingen. Kaum konnte man es erwarten, bis der saftige Schinken angeschnitten werden konnte. Schon sein Räucher-Vorgang und der einiger Würste erweckten extremste Gelüste. In unserem Keller stand hierzu ein altes Holzfässchen mit Deckel, in dem sich unten nahe des Bodens eine Öffnung befand. Auf dem Boden lag eine Schicht Sand und darauf streute Mama extra dafür gesammeltes Buchen-Sägemehl aus der Werkstatt.

Viele unserer Kunden kamen gelegentlich extra deswegen in unsere Werkstatt, um sich etwas von diesem doch sehr begehrtem Sägemehl zu holen, weshalb auch in der Werkstatt ein großer Jutesack bereitstand, wobei die Aufgabe, den zu füllen, oft auch die meine war. Stets war ich darauf bedacht, nur Buchen-Sägemehl einzufüllen. Dies erkannte ich leicht am Geruch und dem braunen Farbton.

Auf dieses Sägemehl im Fässchen schüttete Mama einige wenige glühende Kohlen oder Brikettstücke und darauf noch einmal eine Schicht Sägemehl. Den Schinken und die Würste hing sie an einen alten zurechtgeschnittenen Besenstiel, den sie, bevor sie das Fass mit dem Deckel verschloss, in Kerben oben am Rand des Fasses legte. Der beißende Rauch trieb uns Tränen in die Augen und bewirkte, dass wir stark husten mussten. „Gell, du kroinschd, weil mer do die dot Wutz vebrenne dunn?“, fragte sie scherzhaft lachend, und mit einem: „Noo“ und Kopfschütteln machte ich mich schleunigst aus dem Rauch.

Obwohl der größte Teil des Rauches aus dem Keller hoch in unser Kämmerchen dort durch ein Fenster abzog, verteilte sich doch ein rauchiger, nicht einmal unangenehmer Geruch in unserem Haus, der dem Duft eines geräucherten Schinkens immer näher kam.

Mama schaute immer wieder nach, ob noch genügend Glut und Sägemehl vorhanden war, damit der Räucher-Vorgang, der einige Stunden, wenn nicht sogar Tage dauerte, nicht unterbrochen wurde.

Und da hing es nun und lachte mich regelrecht an, das Teil des Hintern „einer vornehm gehenden Frau“, wie ich einmal beobachtet hatte.

Der große Schinken war längst angeschnitten worden und es fehlte auch schon ein beträchtliches Stück. Bei diesem Anblick ließen die sich bildenden Säfte in meinem Mund ein Zögern nicht mehr länger zu. Ich ging die Treppe hinunter in die Küche und tat, da meine Schwester und Mama gerade am Tisch saßen, als hätte ich überhaupt nichts vor. Dann, nach einigen Minuten, ging ich, nur mal so, zum Küchenschrank, zog ganz leise die obere Schublade einen Spalt auf und fingerte das etwas längere Messer heraus, bevor ich es in meinem Hemdsärmel verschwinden ließ. „Ach, jetz habb isch joo noch wass vegess“, sagte ich, öffnete die Küchentür und verschwand nach oben. Einen dicken Streifen säbelte ich mit meinem Messer vom Schinken ab und begann genussvoll, diesen zu verschnabulieren. Doch was war jetzt das? – Alles Schlucken und Würgen ließen mich das gekaute Stück Fleisch weder runterschlucken noch rauswürgen. Ich hatte die allergrößte Atemnot und war kurz vor dem Ersticken, dachte ich an Mama in der Küche. Ich rannte runter, stellte mich vor sie, öffnete den Mund und meinte nur noch, „ä ä äächch“, und sofort wusste sie, um was es ging. Sie griff mir in den Mund und zog das Stück Schinken heraus, das sich an den Zähnen festgehängt hatte.

Ja, dieses Mal war wohl Mama mein Schutzengel, denn wenn sie nicht zu Hause gewesen wäre, weiß ich nicht, wie diese Sache geendet hätte.

Seltsam, weder von ihr noch von meiner Schwester war dazu ein mir unangenehmer oder gar peinlicher Kommentar zu hören. Dennoch schämte ich mich meiner heimlichen Begierde wegen doch ganz gewaltig.

Von einem Schinken mundgerechte Stücke abzuschneiden, dabei war ich bis zum heutigen Tag sehr bedächtig. Auch, dass der Aufschnitt nicht mehr längs, sondern quer zur Maserung erfolgte.

Die Erste Heilige Kommunion

Dieser Pfarrer, da hätte er sich doch in diesem Moment an meine Suppe und Würstchen erinnern müssen, damals, als ich im Beichtstuhl kniete und den Beichtspiegel bei der Beichte zur Ersten Kommunion nicht auswendig konnte. Vor all den anderen Kindern schickte er mich wieder hinaus in die Bank und meinte, ich solle erst wieder hereinkommen, wenn ich alles auswendig gelernt hätte.

Dieser Moment änderte total mein Verhältnis zur katholischen Kirche. Gerade er, der wusste, dass ich ein fleißiger regelmäßiger Kirchgänger war, hätte doch ein Auge zudrücken können.

Na ja, machte er dann beim zweiten Anlauf auch, als ich wiederholt ins Stocken kam. Ich verstand absolut nicht, weshalb ich jetzt alle möglichen Sünden auswendig lernen sollte. Wieso eigentlich gab es dann die Gewissenserforschung, bei der man den Beichtspiegel durchlas und dann, was zutraf, auswählte und beichtete? Auch hatte ich das Gefühl, dass er mich aus diesem Grund nicht als Messdiener ausgewählt hatte. Zur Folge hatte dies alles aber, dass ich nur noch der Eltern zuliebe in die Kirche gegangen bin und den ganzen katholischen Glauben kritisch hinterfragt hatte. Weshalb mussten in den meisten Orten 2 Kirchen stehen? Weshalb müssen solche prunkvollen Gotteshäuser gebaut, Glaubenskriege geführt werden. Ganz im Vordergrund stand oftmals meine Frage, ob Jesus sich bei seiner Schlüsselübergabe an Petrus seine Kirche Derartiges gedacht haben könnte? Ob die christliche Ur-Lehre möglicherweise bewusst oder unbewusst verfälscht wurde.

Nichtsdestotrotz und, sei es, so wie es ist, recht oder unrecht, wurde es ein sehr schönes Fest und die großen Hortensien-Stöcke, den Rosenkranz, das Kruzifix und das Gebetbuch hatte ich mit einem nicht gerade sehr erfreulichen Danke entgegengenommen, wofür ich meine unbedarfte kindliche

Weltanschauung damals hier als eine Art Entschuldigung einschieben möchte.

Da war es mir schon viel lieber, Geschenke oder Glückwunschkärtchen meiner Eltern für andere Kommunionkinder auszutragen. Nur die vielen ... köpfe, die man geschenkt bekam und die ich damals in mich hineinstopfte, hatten unangenehme Folgen einer ganz besonderen Art.

Maikäfer fangen

In unserem Hof gab es nach Papas Idee auch einmal einen Hühner- und einen Gänsestall. Der Gänsestall befand sich gleich rechts neben der Eingangstür zur Werkstatt. Die Gänse machten einen solchen Krach und Dreck, dass sie bei uns keine lange Bleibe hatten und zu einer besonderen Gelegenheit schnell wieder abgeschafft wurden, indem sie im Kochtopf landeten. An die Stelle des Stalls kam dann ein großer neuer Kessel, in welchem beim alljährlichen Schlachten eines Schweins die Wurst und das Fleisch gekocht wurde.

Der Hühnerstall befand sich zwischen Klohäuschen und der Werkstatt, gleich hinter der Mistgrube. Da Hühner so gerne Kleingetier wie Fliegen, Käfer, Schnecken und Würmer fressen, machten wir uns Kinder, auch unser Nachbarjunge Urban, auch, da es gerade die Hochzeit dieser Krabbler war, auf den Weg, um nach Maikäfern zu suchen. Nicht nur auf den Bäumen in unserem Garten, auch auf unseren und sogar uns fremden Äckern suchten wir nach den in jenem Jahr vermehrt aufgetretenen Plagegeistern. Ein 5 Liter fassender leerer Blecheimer mit Deckel kam zum Einsatz, in welchem uns Sirup aus der Zuckerfabrik in Worms zustand, da wir einen Acker mit Zuckerrüben bepflanzt hatten und diese dort abgegeben wurden. War der Eimer nun mit Käfern so sehr gefüllt, dass es schwierig wurde, den Deckel wieder zu verschließen, ohne dass die Maikäfer entwischten, schleppten wir die eigentlich harmlos aussehenden Tierchen nach Hause, um sie an unsere Hühner zu verfüttern. Keine allzu gute Idee, denn die Eier, welche die Hühner daraufhin legten, schmeckten irgendwie nach Maikäfern. Ich meine sogar, in einem Ei mal ein Beinchen eines Maikäfers vorgefunden zu haben.

Nun, der Appetit auf Ei war schnell vergangen, und als auch noch die Hühner Eier ohne Schalen legten, wurde beschlossen, sie wieder abzuschaffen. An die Stelle des Hühnerstalls folgte ein kleiner Pflanzgarten, in dem Tomaten und in der Küche gebräuchliche Kräuter sowie auch Blumen angepflanzt wurden. Doch war auch dieser nur für kurze Zeit angelegt, da sich unser Nachbar darüber beschwerte, von diesem Garten nasse Wände in seiner gegenüberliegenden Wohnung zu bekommen.

In den späten fünfziger Jahren ist der ganze Hof betoniert worden und Pflanzen waren nur noch in Kübeln vorzufinden.

Dass der Hühnerstall abgerissen wurde – es war ja nur ein Drahtverschlag mit kleinem Häuschen –, war mir damals nicht einmal so sehr unrecht. Hatte ich doch jetzt den Platz, einen neuen Wunsch von mir, einen Kaninchenstall, Wirklichkeit werden zu lassen.

Auch an das Werkstattdach kam ich nun besser heran und die Möglichkeit hatte sich erweitert, meine heiß geliebten Rauchkolben dort zum Trocknen draufzulegen. Rauchkolben waren gesammelte Schilfrohrkolben, die noch zum Teil grün in die einzelnen Rillen der Falzziegel gelegt wurden. Wurden diese nach der Trocknung angezündet, rauchten und dufteten sie so herrlich. Wenn dann auch noch im Mund ein gewisser Sud aus dem Stängel austrat, war der Genuss vollkommen.

Die Kaninchenzucht

Nach dem Abriss des Hühnerhäuschens begann ich, nach einigem Hin und Her mit den Eltern, mit dem Bau eines Kaninchenstalles.

Der Käfig, in dem ursprünglich die beiden Tauben untergebracht waren, hatte schon einmal die richtige Größe, er musste nur noch abgeteilt und mit Hasenstall-Draht versehen werden. Klappte wunderbar und bald hatte ich auch eine Häsin, mit der ich, in einem Sack transportiert, zu einem Bauern ging, der einen Rammler hatte. Es sollte sich auch nach des Bauers Meinung, bald Nachwuchs einstellen. Jedoch obwohl mehrmals ein solcher Deckvorgang wiederholt wurde, es tat sich nichts. Der Bauer beteuerte, dass sein Bock in anderen Fällen erfolgreich gewesen sein sollte, also musste es an meiner Häsin liegen. Als diese von unserem Nachbarn geschlachtet worden war, versuchte ich es mit einer anderen Häsin noch einmal und diesmal mit Erfolg. Gleich so viele Kaninchen, da musste eine Stallerweiterung erfolgen. Na ja, unter dem bisherigen Stall war noch genügend Platz, einen weiteren hinzubauen. So hatte ich vier relativ große Boxen, in die ich die Jungen dann je nach Geschlecht auseinandersetzte.

Immer wieder, besonders, wenn ich Kummer hatte, zog es mich zu meinen Kaninchen, die ich oft stundenlang streichelte. Doch ließ der Tag nicht lange auf sich warten und die Kaninchen waren schlachtreif und auch das Futter wurde immer knapper.

Zwar erklärte sich unser Nachbar noch ein letztes Mal dazu bereit, eins unserer Kaninchen zu schlachten, doch ich sollte ihm dabei gut zusehen, denn ich müsste das in Zukunft schon selber machen. Also blieb mir nichts anderes übrig, als zuzusehen. Zuerst mit einem Knüppel oder der Handkante einen kräftigen Schlag ins Genick, dann mit einem spitzen Messer seitlich in den Hals stechen und kurz einschneiden, bis viel Blut lief. Das Kaninchen ausbluten lassen, bis kein Blut mehr lief, und mit einer kräftigen Schnur oder einem dünnen Strick an den beiden Hinterbeinen an einer geeigneten Stelle aufhängen. Dann mit einem spitzen scharfen Messer direkt hinter den Läufen rund herum ums Bein einen ganz leichten, nicht tiefen Schnitt machen und von dort innen, den Beinen entlang, bis zum Schritt, einen Schnitt machen. Jetzt kann das Fell von oben nach unten runtergezogen werden. Ab und zu über den Kopf mit dem Messer etwas nachhelfen und schon ist das Kaninchen abgezogen. Den Balg mit Stroh ausstopfen und an eine luftige Stelle hängen. Da man damit sogar noch Geld verdienen könnte.

Nun musste das Kaninchen auch noch ausgenommen werden. Vorsichtig mit spitzem Messer von oben nach unten, bis zum Brustbereich, einen Schnitt machen und den Bauch öffnen. Dann mit beiden Händen dort hineingreifen und die ganzen Innereien herausholen. Er erklärte mir noch, was essbar ist und was nicht, und dass ich ganz besonders darauf achten müsste, dass die Galle unverletzt von der Leber entfernt wird. Dazu setzte er das spitze Messer dort an, wo der Gallengang in die Gallenblase mündet, drückte mit dem Messer und dem Daumen den Gang zu und riss die Blase von der Leber ab. Eigentlich kein Hexenwerk, dachte ich, was sich später auch so erweisen sollte. Außer einmal – da hatte ich mit der Galle Probleme, denn sie war mir beim Entfernen ausgelaufen und somit konnte die Leber nicht mehr gegessen werden –, gab es nie Probleme und ich sollte noch sehr viele Kaninchen zu schlachten haben.

Irgendwann einmal wurde mir das ständige Futtersuchen und Papa in der Werkstatt helfen und Schularbeiten machen zusammen mit der Kaninchenzucht zu viel und deshalb musste ich sie aufgegeben.

Eine ganze Weile blieb es still in Sache Haustiere, doch sollte bald der leerstehende Stall mit einer anderen Spezies besetzt werden.

Die Taubenzucht

Wie schon so oft, einmal etwas gesehen und schon wollte man es auch haben. So wie mit mir bei einer Geflügelschau in unserem Ort geschehen ist. Es war nicht das erste Mal, dass ich dort gewesen bin, „in Spohres Saal", es zog mich immer wieder hin, gab es doch sogar eine Tombola, die hoffen ließ, vielleicht eine Taube zu gewinnen.

Welch ein Gegackere, Gekrähe und Gegurre, kam mir beim Betreten des Saales, in welchem gelegentlich auch Theaterstücke und Tanzveranstaltungen stattfanden und dem eine Gaststätte angeschlossen war, entgegen. Wie starke Magnete zogen mich die wunderschönen Tauben in ihren kleinen Käfigen an. Die verschiedensten Rassen waren zu sehen. Ein Züchter stellte „Rote Wiener Steiger" aus, die mich ganz besonders faszinierten.

Ich musste zwangsläufig an den Dachboden unseres Wohnhauses denken, und auch daran, dass ich schon damals, als ich das allererste Mal da oben war, die Idee hatte, dass hier der allerbeste Platz wäre, einen Taubenschlag einzurichten. Und nun, sollte dies der Augenblick sein, in dem sich dieser Gedanke verwirklichte?

Ich sprach mit dem Züchter der Wiener Rasse, ob er bereit wäre, mir ein Pärchen zu verkaufen, was dieser sofort bejahte. Ich solle doch gelegentlich einmal zu ihm kommen, seine Züchtung zu besichtigen. Dies hatte ich mir darauf hin auch unbedingt einmal vorgenommen.

Es gab zuerst noch mit Papa das gewohnte Hin und Her, Für und Wider, doch dann, da kein striktes Verbot ausgesprochen worden war, wurde mit dem Bau begonnen.

Mit Hammer und Meißel brach ich ganz behutsam, immer den Fugen entlang, die nicht allzu harten, luftgetrockneten Lehmsteine aus der Wand, damit nicht zu viel Schmutz in den Hof fiel. Eine etwa 20 mal 20 Zentimeter große Öffnung in der Giebelwand sollte genügen. Sie musste sich in einer sicheren

Höhe, über dem Dach unserer Einfahrt befinden, sodass für Katzen ein Eindringen unmöglich war. Sodann kaufte ich von meinem Ersparten – bei der Traubenlese verdienten – Geld genügend Maschendraht, um die beiden noch offenen Seiten des Taubenschlages zu schließen. Die zwei anderen Seiten begrenzten die Giebelwand und das Dach. Das benötigte Holz fand ich auf dem Dachboden der Werkstatt, die Scharniere und den Riegel für eine Tür in einem Schrank, in dem Papa viele solcher Beschlägeteile aufbewahrte. Da ich mittlerweile die Erlaubnis Papas hatte, an den Maschinen zu arbeiten, fiel es mir nicht schwer, die benötigten Holzteile darauf fachmännisch herzurichten.

Eine trapezförmige Vorrichtung, welche aus zwei Längs- und drei Querleisten bestand, brachte ich außen unterhalb des Loches an. Sie sollte Gewährleistung für einen besseren An- und Abflug sein. Auch ein Schiebetürchen hatte ich vorgesehen, das ich über Umlenkrollen vom Hof aus öffnen und schließen konnte.

Zwei etwas über 1 Meter lange Nistmöglichkeiten, die bei fünf Boxen circa je Box 20 Zentimeter Breite ergaben, baute ich so, dass sie auch 20 Zentimeter tief und hoch waren. Eine solche Reihe stellte ich auf den Boden rechts neben dem Einbeziehungsweise Ausflugloch, die andere Reihe auf einen vorspringenden Balken links neben dem Einflugloch, in einer Höhe von etwa einem halben Meter.

Wie die große Anzahl der Boxen zu erkennen gibt, hatte ich vor, in das Taubenzüchtergeschäft ganz groß einzusteigen.

Ein Betonnapf für das Futter und einer für das Wasser wurden besorgt, schon war mein Taubenschlag komplett. Und nun konnte ich mir für die Eingewöhnung der Tauben den ganzen Winter über Zeit lassen.

Jetzt fehlten nur noch die Tierchen.

Bevor ich zu dem Züchter der Wiener Steiger ging, hatte ich schon von anderen Taubenliebhabern 3 junge Pärchen erstanden und sie in den Verschlag gesetzt. Auf einigen in halber Höhe angebrachten, Sitzstangen nahmen die Tauben auch alsbald Platz, doch zuvor verkrochen sie sich scheu ganz hinten in der Dachschräge. Pah, wie das staubte, als sie ihren ersten Rundflug unternahmen. Na ja, zum Glück waren die schräg unterhalb gelagerten Särge gut mit großen Tüchern abgedeckt, sonst hätte das wieder Ärger bedeuten können.

Mein Besuch bei dem Züchter der „Wiener Steiger", Herrn Kron, versetzte mich in großes Staunen. So professionell wie dessen Taubenschlag ausgestattet war, von so etwas konnte ich nur träumen. Aber schließlich war ich mit meinem auch zufrieden.

Da der Mann Papa gut kannte, war er doch sein Kunde und Vereinskamerad im Kirchenchor, bekam ich das Pärchen zu einem supergünstigen Preis. Ja, es war das absolute Highlight meines Zuchtbeginns, solch edle Tiere im Verschlag zu haben. Schon jetzt freute ich mich auf den Frühling, den Tag, an dem die Tauben das erste Mal ausfliegen werden.

Bis dahin tat ich meine tägliche Pflicht, die Tiere diesmal mit Getreidekörnern anstatt Erbsen zu füttern.

Ohjeh, ein Problemchen tauchte auf, mit dem ich eigentlich nicht gerechnet hatte – Ratten! An ihren Hinterlassenschaften hatte ich sie erkannt. Diese „Mistviecher" fraßen fast mehr Futter als meine Lieblinge! Umgehend musste eine Falle dafür sorgen, dass dieses Ungeziefer ausgemerzt wurde. Eine große Drahtfalle, die wir schon da oben in früheren Zeiten aufgestellt hatten, um dem immer wieder aus der hohlen Zimmerdecke zu hörenden Geraschel ein Ende zu bereiten, war noch vorhanden, und ich konnte die eine oder andere Wanderratte dingfest machen. Es war keine schöne Ansicht, sie in einem Eimer Wasser ertrinken zu sehen. Aber die Wut über ihr Auftreten verringerte enorm das Aufkommen eines schlechten Gewissens. Wusste ich doch, dass Ratten in früheren Zeiten Überträger einer ganz schlimmen Krankheit, der Pest, waren. Mir war aber gleichzeitig auch klar, dass die Tauben ja bald ausfliegen und somit eine Fütterung im Taubenschlag überflüssig sein würde.

Irgendwann einmal hatte ich gehört, man sollte, damit die Tauben sich an den Heimat-Schlag binden, Anis einbringen. An diesen Geruch gewöhnten sie sich und kämen nach Ausflügen immer wieder zurück. Also besorgte ich mir Anisöl und träufelte es in den Taubenschlag. Ob ich damit aber Erfolg haben würde, sollte sich noch zeigen.

Die Tage wurden wärmer und endlich war der Frühling und somit auch der Tag gekommen, an dem die Tauben ihren ersten Ausflug machen sollten. Ich zog die Klappe hoch und wartete und wartete und wartete. Nichts zu sehen. Papa kam aus der Werkstatt und meinte: „Unn, wie siehts aus? Iss schunn ooni erauskumm?" „Isch glaab isch hab vorhin emol en Kopp erausgugge gesä", erwiderte ich. Und ein wenig ungläubig ging er hämisch grinsend zurück in seine Werkstatt. Ich holte mir einen Stuhl und harrte weiter der Dinge, die da kommen mochten.

Nach einer ganzen Weile kam auch eine Taube ziemlich zögernd heraus und flog oberhalb des Loches auf das Dach. Eine zweite folgte, ging aber bald wieder in die Behausung zurück. Die nächsten Tage kamen immer mehr zum Vorschein und meine größte Freude war, dass sie auf die umliegenden Dächer und wieder zurück flogen. Bei allabendlichen Kontrollen konnte ich stets mit Zufriedenheit ihre Vollzähligkeit feststellen.

Es war ein herrlicher Anblick, wenn ich Futter in den Hof streute und sie alle zum Fressen herunterkamen. Ja, ich hatte relativ lange große Freude an meinem neuen Hobby. Ich legte mich sogar aufs Wohnhausdach und sah stundenlang den Tauben zu, wie sie ganz weit hinaus, über die Felder und dem ganzen Ort ihre Kreise zogen. Und bisweilen fragte ich mich, was Papa wohl dachte, wenn er mich da oben von seiner Werkstatt und Hobelbank aus liegen sah, oder war dies eventuell sogar gar nicht möglich, sodass er mich, so klein er war, aus seinem Blickwinkel überhaupt nicht sehen konnte? Na ja, da keine Gefahrenhinweise wegen der doch sehr niedrig über das Dach gezogenen Stromleitungen oder wegen eines möglichen Sturzes von da oben von ihm zu vernehmen waren, sollte doch alles auch in seinem Sinne und Wohlwollen geduldet sein.

Doch sehr großen Züchtungserfolg hatte ich nicht. Mal wurden gelegte Eier nicht ausgebrütet, mal verendeten Jungvögel in den Boxen, noch bevor sie flügge wurden.

Immer mehr Tauben kamen mit der Zeit nicht mehr zurück, bis der Taubenschlag völlig geleert war.

Die beiden Wiener hatte ich, da sie aneinander überhaupt kein Interesse zu finden schienen, schon eine geraume Zeit vorher aus dem Schlag gefangen und sie in meinen bereits dazu vorbereiteten Kaninchenkäfig gesetzt. Siehe da, es dauerte gar nicht allzu lange, und die beiden fingen an, sich zu beturteln. Ich legte etwas Stroh als mögliches Nistmaterial in den Kasten und zu meiner Freude sah ich, wie sich dieses in einer Ecke nach und nach anhäufte. Es war ein nicht besonderes, aber doch erkennbares Nest entstanden. Es dauerte noch ein paar Tage und es befanden sich zwei Eier darin. Die Alten brüteten die Eier fast ununterbrochen, lediglich zum Fressen wurde das Nest verlassen und es fand dabei auch gleich eine Abwechselung statt.

Als die Jungen geschlüpft waren, wurden sie auch sehr gut, ausschließlich im geschlossenen Stall, von ihren Eltern versorgt.

Da dachte ich mir, es müsste doch eigentlich möglich sein, den Käfig zu öffnen und sie frei fliegen zu lassen. Bestimmt wäre der Elterninstinkt so ausgeprägt, dass sie die Jungen nicht im Stich oder sogar verhungern lassen würden. Gesagt getan, ich machte eine Öffnung in die Tür, brachte noch ein Abflugbrett davor an und brauchte nicht lange zu warten, bis das Männchen hervorkam und wegflog.

Das wird es nun gewesen sein, dachte ich nach einer Weile und wollte schon das Loch wieder schließen, sodass wenigstens noch ein Elternteil die Jungen versorgte, da hörte ich von hinten oben ein Flattern und siehe da, das treue Männchen kam zurück und hatte sich auf dem Werkstattdach niedergelassen. Rasch entfernte ich mich vom Käfig in eine andere Ecke des Hofes und sah zu, wie es geraume Zeit auf dem Dach hin und her lief, ständig dabei den Blick zum Käfig gerichtet. Auf einmal, ich hätte laut Juhu schreien können, flog es auf den Käfig drauf, blickte nach unten auf das Brett und schwupp, war es heruntergeflogen, eilte in den Käfig und entleerte seinen prallen Kropf in die heftig fordernden Schnäbel. Noch einige Male machte das Männchen diese Alleingänge, bis irgendwann auch das Weibchen auf diese Weise Futter heranschaffte.

Einige Tage später war das Weibchen plötzlich verschwunden, es kam nie wieder zurück. Das seltsame dabei war, dass das Männchen seit jenem Tag hinkte. War es eine Falle, der es entkommen war, oder gar einer Katze oder einem Raubvogel? Diese Frage musste ich mir immer wieder, auch noch am heutigen Tage stellen. Das Männchen übernahm weiterhin die Fütterung und zog die beiden Jungen bis zu deren Selbstständigkeit alleine groß.

Es dauerte nicht allzu lange und die beiden Jungen verließen den Käfig. Zuerst mit nur ganz kurzen Flugstrecken vom Käfig zum Werkstattdach, dann auf den Schweinestall und das hohe Hausdach. Abends waren sie immer wieder in ihrer Behausung. Die beiden Jungen waren so zahm, dass sie meinem Bruder und mir, wenn wir ihnen zuriefen, auf die Schulter flogen und dort sitzen blieben.

Ihr Vater jedoch entfernte sich und suchte sich einen neuen Platz und der war ganz oben auf dem Balken, dem sogenannten Katzenlauf, unserer Hofeinfahrt. Dort verbrachte er noch sehr viele Jahre, bis Papa einen Mann aus unserer Nachbarschaft beauftragte, dessen Leidenschaft es war, so habe ich das sogar als Kind noch in Erinnerung, mit dem Luftgewehr auf der Straße herumzulaufen und Spatzen abzuschießen, dies auch mit dem Tauben-Männchen zu tun. Ich hätte laut anfangen können zu heulen, als ich das hörte. Nie, auch nicht bis zum heutigen Tage, hätte ich meinem Vater diese Tat verzeihen können. Er beteuerte stets, er habe sich dazu veranlasst gefühlt, da die Taube zu viel Dreck gemacht, ja, sein ganzes Holz besudelt hätte. Er verriet mir nicht einmal, wo die tote Taube verblieben war. Ich vermute jedoch, dass der wilde Jägersmann sie mitgenommen und verspeist hatte.

Die 98er Miele

Papas ganzer Stolz war ein Motorrad, eine 98er Miele. Dieses hatte im Hof seinen festen Platz, und zwar unter dem Dach der Hofeinfahrt, rechts, direkt unter dem Küchenfenster.

Waren die Eltern einmal nicht zu Hause, war es eine Freude für mich, mich auf das aufgebockte Fahrzeug zu setzen und es anzutreten. Manchmal dauerte es schon eine Weile, bis dies gelang, aber dann, dann zeigte die Maschine, was in ihr steckte. Ja, dieses Treibstoffgemisch, das in einem ganz bestimmten Verhältnis aus Benzin und Öl bestand, erzeugte dermaßen starke Abgase, dass ich die Vollgasaktionen wenige Zeit später abbrechen musste, um in der nur auf einer Seite offenen Hofeinfahrt nicht zu ersticken.

Aber mit der Zeit wurde es langweilig, bei laufendem Motor das sich drehende Hinterrad nicht in Bodenkontakt zu bringen. Lange Rede, kurzer Sinn, klack, und schon war das Ding runter vom Bock. Mann, war das schwer, zumal meine Füße gerade so auf den Boden reichten.

Nach hinten geschoben, zum Hoftor, ersten Gang rein, Kupplung los, „Jippie!“, Gas, Bremse – Bremse, ja, da gab es eine. Man musste nur den rechten Hebel ziehen, da, vor dem Griff, wo auch Gas gegeben wird, oder die Pedale rückwärts treten. Beides war doch in diesem Moment gar nicht möglich. Hatte ich doch die Füße auf dem Boden und die rechte Hand am Gasgriff. Aber, da war ja noch eine dritte Bremse, die Werkstatttür. Ein Schlag, eine kurze Federung nach hinten, nun lag sie da, Papas Miele und das Hinterrad drehte sich immer noch. Schnell ausgeschaltet und mit Mühe wieder auf die Räder und zurück auf seinen Platz gestellt, hatte ich für diesen Tag zuerst einmal genug.

An der Werkstatttür war außer einer kleinen schwarzen Reifenspur kein Schaden entstanden, auch das Motorrad blieb zum Glück unbeschädigt.

Obwohl ich an jenem Tag genug davon hatte, reizte es mich aber doch sehr, mal richtig mit der 98er zu fahren.

Fahren ohne Motorrad-Führerschein

Es war ein wunderschöner Sommertag. Ich war mit Mama und Papa in unserem Garten. Mama war gerade beim Graben und Säen, während Papa auf der Gartenbank saß und genüsslich eine Zigarette paffte. Oben, am Gartenzaun, gleich neben dem kleinen Türchen, hatte er seine 98er abgestellt. Ich setzte mich darauf, drehte die Pedale und schaute zu Papa. Der Motor sprang nicht an und Papa rief mir zu: „Här bloß uff!", aber mit nicht ernster Miene. Noch einmal gedreht, als ich den Benzinhahn aufgedreht hatte und schon knäckerte das Gefährt. Gang rein und los gings, überhaupt keinen Gedanken mehr an Papa verschwendend. Den Feldweg ganz bis zum hinteren Ende dann nach rechts, an meines Patens Garten vorbei, über die Wäschbachbrücke nach rechts, den Feldweg vor. Ein Bauer, kam mir mit seinem Traktor-Gespann entgegen, schaute mich überrascht an, uff, gutgegangen, ich hatte es geschafft, zwischen ihm und dem Wäschbach-Graben vorbeizudonnern. Dann wieder nach rechts, noch einmal nach rechts und wieder den Feldweg ganz hinter, diesmal aber nicht rechts, sondern links abgebogen, hoch auf die Landstraße. Rechts und links frei, also nach links. Mann, das war Motorradgenuss pur. Endlich den zweiten Gang rein, fünfzig km/h zeigte der Tacho an. Whow! Wieder ins Dorf hinein und dann nach links in den Feldweg Richtung Garten. Was quietscht denn da so hinter mir?, dachte ich und sah, dass ein anderer Motorradfahrer, der es sehr eilig hatte und mich gerade überholen wollte, eine mustergültige Vollbremsung hingelegt hatte. Der Fahrer schüttelte den Kopf und fuchtelte mit einem Arm in der Luft herum, während ich mich mit Vollgas davon machte. Am Garten angekommen, stand Papa schon am Zaun und meinte, als ich das Motorrad abgestellt hatte: „Här ma bloß uff", und lachte dabei. Vermutlich nur, da er sah, dass sein Lieblingsstück keine Schrammen aufwies.

Es war ja auch noch mit gerade einmal 13 Jahren viel zu früh, ein Motorrad zu fahren. Regeln, wie zum Beispiel beim Abbiegen die Hand rauszustrecken, hatte ich ja bis dahin auch noch nicht gelernt.

Kopfsprung

Ja, was Wasser anbelangte, bin ich nie der große Held gewesen. In dem Wäschbach planschte ich nur ganz hinten, hinter der Brücke, im niedrigen Wasser herum und im Schwimmbad in Pfeddersheim stets nur im Nichtschwimmer-Becken. Nur gelegentlich, wenn nicht viel Betrieb im Schwimmbecken war, sprang ich mal schräg über eine Ecke ins Becken und es war mehr ein Tauchen denn ein Schwimmen, um an die andere Seite zu gelangen.

Einmal, es war an einem wunderschönen Sommertag, zog es mich mit dem Fahrrad ins Schwimmbad nach Pfeddersheim. Dieses Mal stellte ich nicht wie sonst üblich mein Fahrrad bei Onkel und Tante ab, sondern direkt beim Schwimmbad.

Ich begab mich in die Umkleidekabine, zog meine Badehose an und gab auf einem Bügel meine Kleider ab. Ich zog mein Bändchen um den Arm und ging von da direkt an das nicht weit entfernte Nichtschwimmerbecken, an dessen tiefste Stelle, da wo auch eine Leiter nach unten führte.

Anstatt über diese ins Wasser zu steigen, machte ich voller Überschwänglichkeit einen Sprung kopfüber in das Becken, ohne die Arme nach vorne zu nehmen. Was ein riesiger Fehler gewesen ist.

Ich knallte voll mit dem Kopf auf den Betonboden, sah Blitze und Sternchen und hörte ein dumpfes Rauschen. Ich weiß nicht, wie lange es dauerte, bis ich wieder auf meine Beine kam, es schien mir jedoch wie eine Ewigkeit vorzukommen. Mit schrecklichen Kopfschmerzen und starkem Nasenbluten watete ich schwankend zu der breiten Treppe. Nicht einmal eine Stufe kam ich hoch, da stürzte ich und schlug mir so sehr mein Schienbein auf, dass auch dieses zu bluten anfing. Ich ging zu meiner Decke und legte mich darauf. Nach einer ganzen Weile torkelte ich zur Kleideraufbewahrung und ließ mir meine Kleider geben. Die Frau schaute mich noch seltsam an, ich begab mich in die Kabine, zog mich um und holte dann mein Fahrrad. Ich war nicht imstande, den steilen Berg hinaufzufahren, sondern schob mein Fahrrad nach oben. Endlich erschöpft oben angekommen, ruhte ich mich ein wenig aus. Wegen meines Schwindelgefühls konnte ich das Fahrrad nur mit Mühe geradeaus fahren. Zu Hause endlich angekommen, legte ich mich nur mit den Worten „Mir ist übel“ in mein Bett. Kein Wort darüber, was passiert war, überstand ich die nächsten Tage mit immer wieder auftretenden Kopfschmerzen.

Nie mehr sprang ich so unbedacht in ein Gewässer. Zwar wusste ich damals nicht, was ich mir alles verletzt haben könnte, wie gefährlich die Folgen sein könnten, aber von anderen solchen Unfällen hatte ich später gehört, dass sie zu Lähmungen oder gar zum Tode geführt hatten.

Da kam mir wieder der Gedanke an meinen Schutzengel auf.

Hatte er mich jetzt vor den Folgen des Unfalls geschützt? Weshalb hatte er mir aber nicht auch nur ein Wörtchen ins Ohr geflüstert, diesen Sprung zu unterlassen?

Schwimmen lernen

Schon seit frühen Kinderjahren hatte ich das Begehren, Schwimmen zu lernen. Doch niemand sollte sehen, wie blöd ich mich dabei anstellte.

An einem trüben Sommertag stellte ich daheim mein Fahrrad auf den Kopf, öffnete die beiden Muttern auf der Achse, nahm das Vorderrad heraus, zog die eine Seite des Mantels über die Felge und den Schlauch heraus, nachdem ich die Sicherungsmutter des Ventils abgeschraubt und dieses herausgezogen hatte. Ich pumpte den Schlauch wieder auf und ging, nachdem ich meine Badehose angezogen hatte, damit zur Wäschbach. Dort angekommen legte ich in Form eines Achters den Schlauch um den Bauch und den Hals und stieg hinten, da, wo einmal eine Sperre hätte eingebaut werden sollen, ins Wasser. Zuerst schräg hinüber zu den Stangen, dann wieder zurück. – Ach, ist Schwimmen schön, dachte ich und schwamm jetzt sogar schon die ganze Länge durch. Nach einigen Runden meinte ich, dass dies doch auch ohne Schlauch zu schaffen sein müsste. Also legte ich den Schlauch ab und schwamm wieder zur Stange. Ja, es bedurfte einer Menge mehr an Anstrengung, den Körper immer wieder nach oben zu halten.

So, und jetzt, jetzt reiße ich mich zusammen und schwimme, etwas mehr zur Nähe der Stangen hin, längs durch. Ich hatte es geschafft. Die ganze Länge ohne Schlauch. Mann, war ich stolz auf mich. Ich war zwar völlig entkräftet, konnte aber sagen, ich kann schwimmen. Diesen Sommer über bekam ich noch oft die Gelegenheit, meine Schwimmkünste zu verbessern, was ich auch sehr zu genießen wusste.

Helmut der Zurückhaltende

Dem kleinen Helmut waren Einzel-Wettkämpfe zuwider. Wettkämpfe mit der Mannschaft ja, aber im Einzel, nein.

So kam es auch, dass ich bei den Sommer-Bundesjugendspielen, obwohl ich sportlich sehr gut war, nie mein Bestes gegeben hatte. Ich wollte weder Sieger noch Verlierer sein und so brachte ich immer nur so viel Leistung wie unbedingt nötig.

Sieger sein, so dachte ich, bewirkt, dass andere mir neidisch sind. Verlierer zu sein, dass ich Mitleid bei anderen hervorrufe oder mich sogar lächerlich machte. Genauso verhielt ich mich auch in der Schule. Als Streber zu gelten und bei jeder Frage den Finger zu strecken, davon hielt ich nichts. Ich hatte nämlich auch Angst dabei, mal etwas Falsches, ganz Dummes zu antworten und mich einem Gelächter preiszugeben.

Der Lehrer unserer letzten beiden Schuljahre in der Volksschule erkannte meine sportlichen Talente und bekniete mich inständig, mich einmal feste anzustrengen, ich bekäme dann auch eine sehr gute Note ins Zeugnis.

Na ja, irgendwie tat mir der Mann plötzlich leid. Ja, ich ließ von all meinen Vorsätzen ab, indem ich ihm zu verstehen gab, mich zu bemühen und seinem Bitten nachzukommen.

Schon bei den Vorbereitungen auf die Spiele fiel mir auf, wie sehr er sich um mich bemühte. Wie weit die anderen sprangen und den Ball warfen und besonders, wie schnell sie waren, schien ihn überhaupt nicht zu interessieren. Ich merkte mehr und mehr, wie ich in seiner Gunst sehr gestiegen war.

Der große Tag war nun gekommen und ich hatte echt alles gegeben. Ganz aufgelöst überbrachte er mir die Botschaft, dass ich die beste Punktezahl erreicht habe und eine Ehrenurkunde erhalten würde. Mir war es eigentlich wurscht, ob nun Sieger- oder Ehrenurkunde, ich hatte mein Versprechen gehalten, mich anzustrengen, mehr wollte ich nicht.

Nur wenige Tage später stand ein Bericht in der Zeitung, in dem ich als bester der Jungen mit Anzahl der erreichten Punktezahl und Erreichen der Ehrenurkunde genannt wurde. Das erste Mal, dass in einem solchen Zusammenhang mein Name in der Zeitung zu lesen war. Ja, ich muss gestehen, dass ich und ganz besonders Papa mächtig stolz darauf war.

In meinem Zeugnis, er hatte tatsächlich Wort gehalten, stand bei Sport diesmal „Sehr gut“.

Meine Anstrengung hatte sich in vielerlei Hinsicht gelohnt. Hatte es doch bei dem Lehrer wieder vieles wettgemacht, was ich ihm während der beiden Jahre nachgetragen hatte.

Hinsichtlich Lehrer „Wünsch"

Dieser Lehrer!? Die erste Zeit mit ihm war nicht gerade meine schönste und ich befürchtete sehr, dass in meinem Abschlusszeugnis die eine oder andere Makel-Note enthalten sein würde.

Papa, der zusammen mit ihm im Kirchenchor gesungen hatte, kam immer wieder von der Singstunde nach Hause und berichtete, dass der „Schwollkopp" ihm seine zweite Bassstimme streitig machen und ihn von seinem angestammten Platz verdrängen wolle. Papa war echt wütend, und wie ich ihn kannte, hatte er es ihm, ganz besonders nach ein paar Gläschen, heftig beigebracht. „Wass will donn der uffgeblosene Knallkopp?" „Der moont vielleischt, der kennt als kloner Schulmooschder eme Schroinermooschder ebbes beibringe?!" So oder ähnlich stellte ich mir seine Worte ihm gegenüber vor. Ganz besonders dann, wenn ich dem Lehrer am nächsten Tag im Unterricht ins Gesicht schaute.

Wenn Papa nämlich von der Singstunde nach Hause kam, bevor er seinen Frustdurst mit ein paar Gläschen zu stillen versuchte, konnte man schon von Ferne hören, dass er mal wieder seine Moralpredigt lautstark verkündete; und ich meine, einige der von mir gemutmaßten Worte darunter vernommen zu haben.

Der Lehrer sagte zwar nichts, aber ich meinte stets, Gedanken lesen zu können. Aber wenn er auch nur im Geringsten geahnt hätte, wie ich ihn in Gedanken, in jenem Moment betitelte, ich glaube, er hätte mich sofort von der Schule verweisen lassen.

Die Gummichen-Schlacht

Es war mal wieder einer dieser wunderschönen Sommertage. Übermütig tobten die Schüler, und natürlich auch ich, der nicht mehr ganz kleine Helmut, auf dem Schulhof herum.

Mit kleinen Gummiringchen und zusammengelegten geknickten Papiergeschossen jagten wir, uns gegenseitig beschießend, durch die Gegend.

Papier, das bringt doch gar nichts. Das müsste schon etwas sein, das sich mit etwas mehr „Schmackes" schießen lässt, dachte ich mir, und schon war sie entwickelt, die neue Wunderwaffe. Büroklammern in der Mitte aufgebogen und durchgebrochen, Mann, da war vielleicht etwas dahinter. Damit konnte sogar ein Blatt Papier durchschossen werden.

Weshalb musste sich auch Heinrich gerade in diesem Moment umdrehen, als ich das „Knörzchen" seines Hinterkopfes anvisiert hatte? Da war ganz plötzlich eine Lippe, die blutete. Und ausgerechnet Heinrichs. Er, mit dem ich eigentlich immer gut Freund war. Dessen Mutter, die Cousine Papas, dessen Vater einer der Landwirte war, der uns die Äcker pflügte, ausgerechnet ihn hatte es getroffen.

Ich gab ihm zu verstehen, dass es mir leidtäte. Die anderen Jungen seiner Klasse jedoch, die ein Jahr älter waren als ich, wiegelten ihn auf und meinten, er solle sich das nicht gefallen lassen und hetzten ihn auf mich. Heinrich rannte mir nach. Ich ließ ihn dabei sehr schlecht aussehen. Durch die vielen Tränen, die er weinte und meine Haken, die ich schlug, rannte er immer wieder, anstatt mir hinterher, in eine ganz andere, falsch eingeschlagene Richtung. Ich war mir ganz sicher, dass er mich niemals hätte fangen können. War ich doch zu dieser Zeit der schnellste Junge an der Schule. Die ganze Meute rannte hinter uns her. „Den krieschde, den packschde, du bischd viel schdärker als der, bleib schdeh du Feischling!!!" – Nein, Feigling, das Wort hätte nicht fallen dürfen. Ich blieb sofort stehen. Heinrich stand nun mir gegenüber und hatte die Fäuste erhoben, was so aussah, als wolle er mir ins Gesicht boxen. Ich erhob auch meine Fäuste und machte bum, und nun blutete Heinrichs Lippe und die Nase, die er alsbald auch mit beiden Händen zuhielt und somit außer Gefecht gesetzt war. Und Heinrich weinte und weinte. Er hatte mir in diesem Moment noch sehr viel mehr leidgetan als vorher und ich konnte es nicht mehr rückgängig machen.

Die Pausenglocke rettete mich aus dieser Situation. Ich war froh, dass es einen Grund gab, den Schulhof endlich zu verlassen.

Im Klassenraum angekommen, fragte natürlich gleich unser Lehrer: „Wer waaren dess?" Und, manche schauten, andere deuteten gar auf mich. Der Lehrer sagte dann nur mit ganz böser Miene und in ganz wütendem Ton zu mir: „Wo rohe Kräfte sinnlos walten!"

Nö, ich glaube nicht, dass er das Sprichwort nicht weiter aufzusagen wusste, wahrscheinlich fehlten ihm nur die Worte?

Mein ganzes Leben lang habe ich diese aus einem Zufall geborene Begebenheit sehr bereut, ganz besonders, da es nie die Gelegenheit gegeben hatte, mich dafür zu entschuldigen.

Reine Sturheit

Ein andermal, es war gerade in einer Lesestunde im Deutschunterricht. Der Reihe nach kamen alle Schüler dran vorzulesen und irgendwann auch der jetzt schon etwas größere Helmut.

Ausgerechnet als das Wort „Kostenvoranschlag" in dem Lesestück zu lesen war, kam ich an die Reihe.

Keine Panik, dachte ich, im Lesen hatte ich noch nie Probleme gehabt.

Doch nun tauchte dieses „saublöde" Wort auf, das ich in Verbindung mit Papa und Kundschaft ja schon oft gehört hatte: Kostenvoranschlag. Ich las es und hörte nur: „Nochemool!" Verdutzt schaute ich zu dem Lehrer auf und sah ihn fragend an – „Nochemool läse!" Ich schaute ihn wieder an und sah seinen roten Ballon-Kopf immer glühender und roter werden. „Nochemool läse, Dunnerkeil nochemol!!", wurde es immer heftiger. Zuerst dachte ich tatsächlich, der erlaubt sich einen Scherz mit mir. Dann plötzlich dämmerte es mir und ich bemerkte, was er meinte. Er forderte mich immer wieder auf, noch einmal zu lesen und, da ich nun wusste, um was es ging, las ich erst recht so weiter wie bisher. Die ganze Klasse fing nun an zu lachen. Ich schaute mich im Raum um und lachte mit. „Petz emool eme Ochs ins Horn!", rief er laut. „Soin Vadder hott e Schroinerei unn er waas ned emool, wie ma Koschdenvorooschlach vorliest!" Ich schaute ihn an und grinste, ja, ich grinste ihn so verachtend an, dass er vor Wut zu platzen schien. „Mit soome Kerl wie disch nemm ischs noch zu jeder Zeit uff!", waren seine Worte und eh die Lesestunde fortgeführt werden konnte, rettete nicht nur mich, sondern auch ihn mal wieder die Pausenglocke.

Eigentlich aus heutiger Sicht etwas Unmögliches, was sich der Lehrer in diesem Fall geleistet hatte. Er hatte meiner Meinung nach nur beabsichtigt, mich vor der Klasse lächerlich zu machen. Doch war der Schuss gewaltig nach hinten losgegangen.

Hätte er zum Beispiel zu mir gesagt, ich möge bitte das Wort einmal nach Silben getrennt vorlesen, ich hätte bestimmt ganz schnell meinen Fehler erkannt und gelesen, wie es sich gehörte.

Beim Vorlesen hatte ich, anstatt zu lesen: Vor – an – schlag, voran – schlag gelesen.

Unser voller Erwartungs-Einkehrtag

Ach, was hatten wir Jungs denn wohl erwartet, was es da auf einem Einkehrtag für unsere Zukunft zu erfahren gäbe? Anscheinend, dass es zwei Arten Menschen gibt, nämlich Frauen und Männer, oder so. Da kam nichts über Unterscheidungsmerkmale und überhaupt mehr an tiefergehenden Details zu erfahren, das wär's gewesen, was wir uns vorstellten. Der vortragende Herr da vorne, als hätte man dies alles nicht schon gewusst, laberte etwas daher über Sexualität, Zeugung, Vorsicht, Kinderkriegen, Verantwortung et cetera, was Jürgen, in der vordersten Reihe sitzend, urplötzlich so sehr zum Lachen brachte, als hätte er gerade einen sehr dazu anregenden Witz erzählt bekommen. Ja Jürgen, da hattest du damals schon unterschätzt, wozu einige Kirchenmänner in der Lage sein können: Klatsch, und du hattest eine derart saftige Ohrfeige sitzen, dass dir Hören und Sehen vergangen waren. Uns so unsere gute Laune zu verderben, da wäre es uns bedeutend besser ergangen, wenn wir in eine Kneipe eingekehrt wären.

Der Schullandheim-Aufenthalt

Ein andermal, es war während unseres Schullandheim-Aufenthaltes in Annweiler, nervte mich unser Lehrer gewaltig. Als wäre er der Trainer vom FC Dingsbums, lief er mir ständig mit seiner Stoppuhr hinterher, die ihm vermutlich das Christkindchen gebracht hatte. Ich sei doch der Einzige, der das Deutsche Sportabzeichen machen könnte und ich möge mich doch dazu bereit erklären, es in Angriff zu nehmen. Aber, was sollte ich mit einem Sportabzeichen? Was hätte ich davon, zu sagen, ich habe das Sportabzeichen? Wenn der es will, soll er es doch gefälligst selber machen. In Wirklichkeit aber schämte ich mich wegen meiner sehr dürftigen sportlichen Ausrüstung, was meine Schuhe anging. Ich hatte nur ein Paar Schnürstiefel und ein Paar Turnschläppchen dabei.

Beim lockeren Fußballspielen mit meinen Klassenkameraden fiel das nicht so auf, es sagte auch keiner etwas dazu, und obwohl sie mich immer wieder aufforderten, nicht zuletzt meines harten „Bums" wegen, mitzuspielen, als es darum ging, gegen eine andere Schulklasse im Haus zu spielen, lehnte ich ab, indem ich meinte, keine Lust zu haben.

Auch forderten mich meine Klassenkameraden auf, gegen ein Mädchen aus Berlin, das angab, besonders schnell zu sein, zum Hundertmeterlauf anzutreten. Erstens war es für mich uuunmöglich, gegen ein Mädchen anzutreten, und dann auch noch mit meinen Turnschläppchen und schon gar nicht mit den Schnürstiefeln.

Ein anderer Schüler, Wolfgang, nahm die Herausforderung an und besiegte das Mädchen um viele Längen, sodass alle meine Mitschüler fast einstimmig zu dem Mädchen meinten, „du hättest erst einmal gegen Helmut antreten sollen." Ich war mal wieder der Held, ohne etwas dafür getan zu haben, denn alle, nicht nur die Berliner, waren stets sehr neugierig auf meine Schnelligkeit. Das Mädchen hatte mir dennoch ob seiner Niederlage sehr leidgetan.

Aber Helmut zeigte sie nicht, schon gar nicht gegenüber den Mädchen.

Auch nicht, als mich unser Lehrer, bezüglich des Sportabzeichens darum bat, einmal tausend Meter zu laufen. Zuerst dachte ich zwar, bin ich vielleicht blöd, jetzt tausend Meter zu rennen, nur weil er sich das *wünscht*? Soll er sie doch gefälligst selber rennen.

Um den Sportplatz war ja schon eine prima Aschenbahn mit mehreren Spuren vorhanden, und, da auch andere sich bereit erklärten mitzulaufen, machte ich halt eben auch mit. Der Lehrer, er muss zwischendurch noch sehr brav gewesen sein, denn wahrscheinlich hatte ihm der Osterhase auch noch eine Trillerpfeife gebracht, für die er nun endlich eine Möglichkeit sah, sie auszuprobieren.

Wir standen also auf der gegenüberliegenden Seite der Start/Ziellinie. Er pfiff und wir rannten los. Ich legte natürlich gleich einen Blitzstart mit Sprint hin und konnte von der gegenüberliegenden Seite sehen, wie er mit seiner Stoppuhr herumfuchtelte und ständig draufschaute.

Dann ging es an ihm vorbei und er meinte beim Vorbeirennen: „Weiter so, super Zeit!" – Ich rannte weiter und als ich wieder drüben auf der anderen Seite war, sah ich die anderen erst gegenüber nachkommen. Ich setzte mich auf den Boden und wartete, bis sie mich eingeholt hatten. Erst jetzt rannte ich mit deren Tempo den Rest der Strecke weiter. Unser Lehrer hatte das Endzeitstoppen gar nicht erst unternommen, sondern meinte nur resigniert, weshalb ich denn nicht weitergerannt wäre? Worauf ich nur antwortete, keine Lust mehr gehabt zu haben.

Dennoch, ich verbrachte eine sehr schöne Zeit in diesem Schullandheim und bin meinen Eltern heute noch dankbar, dass sie das nötige Geld dafür, wenn auch schmerzlich, zusammengekratzt hatten, um mir diesen Aufenthalt zu ermöglichen. Am letzten Abend kam unser Lehrer mit ganz zerzaustem Haar und ziemlich angesäuselt in unser Zimmer und meinte: „Dass mer joo kääner me om ledschde Daa noch de Sauhund raushengd!"

Ja, so sprach er gelegentlich, was unsere Deutschkenntnisse aber, so meine ich, nie zusätzlich nennenswert negativ beeinflusste.

Fast ohne besondere Vorkommnisse endeten unsere schönen gemeinsamen Tage in Annweiler, wäre nicht der Unfall mit Karlheinz am vorletzten Tag passiert. Karlheinz hatte an jenem Tag Geburtstag und ich wollte zu den Ersten gehören, die ihm gratulieren. Blöd nur, Karlheinz lag im oberen Etagenbett und ganz vorne an der Kante, als er mir seine Hand entgegenstreckte, um meine Gratulation entgegenzunehmen. Ich schüttelte sie, nicht einmal sehr heftig, als er plötzlich da oben herunterfiel. Die Folgen für ihn: Schmerzen, Arzt und Armbruch Diagnose. Er versicherte mir, dass nicht ich daran schuld gewesen wäre, sondern er selbst hätte nicht daran gedacht, so nahe an der Bettkante zu liegen und sei unachtsam heruntergerutscht.

Wieder zu Hause angekommen, folgte der fast normale Alltag, mit dem Unterschied, dass, da es nun dem Ende der Volksschulzeit entgegen, der Unterricht sehr viel lockerer als vorher vonstatten ging.

Schulende und Berufsbeginn

Vorsorglich, einige Schüler könnten noch keine Lehr- beziehungsweise Arbeitsstelle, gefunden haben, kündigte sich ein Berufsberater an. Wie ich im Nachhinein beurteilen kann, war dies nur eine Art Pflichtübung, denn alle hatten bereits ihre Berufswahl getroffen. Mir persönlich hatte diese Beratung nicht allzu sehr gepasst, da ich bis zu meinem Lehrvertrag mein Ziel geheim halten wollte. Für mich stand schon seit geraumer Zeit fest, den Beruf des Fernmeldetechnikers zu erlernen. Papa hatte durch einen Bekannten bei Stammtischgesprächen erfahren, dass die Deutsche Bundespost Auszubildende suchte. Mich wunderte zwar, dass er mir diesbezüglich sogar zusprach und nicht darauf bestand, einen Schreiner-Nachfolger aus mir zu machen, aber, da es in dieser Zeit noch allgemeiner Brauch und Bestreben war, wenn irgendwie möglich, mindestens eines seiner Kinder in den Staatsdienst zu bringen, dies auch zu verwirklichen. Ich hatte angenommen, dass er eingesehen hatte, dass Selbstständigkeit nicht gerade das Nonplusultra bedeutete, eher gerade das Gegenteil und erst recht im Schreinerberuf: Große Investitionen für neue Maschinen, Aufträge einholen, dem Geld nachlaufen sowie die immer größer werdende Dichte an Konkurrenten trugen einen großen Teil zu seiner Befürwortung bei. Außerdem hatte seine Schwester ja auch einen Sohn, der bei der Bahn „untergebracht“ war. Sie hatte immer davon geschwärmt, einen Sohn zu haben, der mit einer goldbeknopften Uniform bekleidet sei.

Ja, und so kam es, dass ich nach einer schriftlichen Einladung mit Papa nach Mainz zur Aufnahmeprüfung fuhr. Ich war sehr erstaunt, auf dem Weg dorthin einen Schulkameraden mit seinem Onkel anzutreffen, welcher schon beim Fernmeldeamt beschäftigt war. Er hatte das gleiche Berufsziel und es ebenso wie ich, geheim gehalten. War er doch sichtlich genauso überrascht, mich zu sehen, wie ich ihn.

Nun, die Prüfung hatten wir beide bestanden und erfuhren nun davon, dass wir zu den etwas über sechzig Auserwählten aus weit über zweihundert Bewerbern zählten.

Es fiel mir die erste Zeit nicht gerade leicht, jeden Tag um 5 Uhr aufzustehen, um nach Mainz zu fahren und erst um 19:30 Uhr wieder nach Hause zu kommen. Da hatten es die vor Ort wohnenden doch bedeutend einfacher.

Einfach war es auch nicht für uns, mit den anderen Lehrlingen, die bereits eine weiterführende Schule besucht hatten, Schritt zu halten.

Gleichungen umstellen, na ja, beim „ohmschen Gesetz“ ging das ja noch, da gab es zu unserem Glück die sehr hilfreiche Eselsbrücke. Andere, größere Gleichungen aber, wurden hinsichtlich fehlender Kenntnisse eben nach jeder gesuchten Größe auswendig gelernt. Auch hatten wir nie gelernt, mit einem Rechenschieber umzugehen, was uns zusätzliche Nachteile brachte.

Obwohl ich eigentlich mit meinen Wochenend-Hausarbeiten ausgelastet war, bestand Papa immer noch auf meine Mithilfe in seiner Schreinerei, wodurch mir oft nur noch wenige Stunden am Sonntag verblieben, meine Hausaufgaben zu erledigen oder mich auf schriftliche Arbeiten vorzubereiten.

Papas Unnachsichtigkeit

Irgendwann an einem Samstag forderte Papa mich auf, ihm in seiner Werkstatt zu helfen. Mir war an jenem Tag sehr übel und ich fühlte mich sehr matt und schwach. Mama und meine Schwester waren mit in der Küche, als er hinzukam und mich schimpfend aufforderte ihm zu helfen. Ich saß auf dem Hocker unter der Radiokonsole, die Arme auf die Knie und den Kopf auf die Hände gestützt. Immer wieder forderte er mich auf und wurde mehr und mehr wütend. Als seine Worte nichts zu bewirken schienen, schlug er mir immer wieder auf den Hinterkopf, mich dabei auch noch einen Faulenzer nennend. Plötzlich überkam mich eine solche Wut, dass ich aufsprang, mir den Hocker schnappte, ihn hochriss und ihm drohte, ihn ihm auf den Kopf zu schlagen, wenn er mich auch nur noch einmal schlagen würde. Er war so überrascht, dass er sogar Angst zu haben schien. Mit den Worten: „Der erhebt die Hond gee soin Vadder!“ ging er nach draußen und war an diesem Tage nicht mehr zu sehen.

Ich war über meine Tat selbst überrascht, hatte sie auch hinterher sehr bereut, ja, Papa tat mir sogar leid. Sie brachte mir jedoch seit jenem Tag, von Seiten meines fast zwei Köpfe kleineren Vaters großen Respekt ein. Die nächsten Tage war es sehr schwer, wieder mit ihm in Kontakt zu kommen, hielt es nämlich keiner von uns für angebracht, sich zu entschuldigen, es wurde ganz einfach versucht, es zu vergessen.

Die nächsten Tage musste ich immer mehr feststellen, wie mein Körper von Tag zu Tag schwächer wurde.

Nur wenige Tage vergingen seither, unser Lehrlingstrupp war unterwegs in der Jngelheimer Gegend, eine oberirdische Telefonlinie einzurichten. Ich befand mich oben auf einem Mast, um eine mir aufgetragene Arbeit zu verrichten, da kam unser Ausbilder, schaute zu mir hoch und fragte, was denn los sei? Er hatte nämlich bemerkt, dass etwas mit mir nicht stimmte, ich mit Schüttelfrost auf dem Mast stand. „Komm schnell herunter“, meinte er und umgehend packten wir alles zusammen und fuhren zurück in die Lehrwerkstatt. Ich zog mich um, packte meine Sachen und fuhr nach Hause.

Beim Aufsuchen unseres Hausarztes kam dieser bei der Untersuchung zum Entschluss, mich nach Worms zum Gesundheitsamt zu schicken. Dort wurde mir ein Pflaster auf den Arm geklebt und gesagt, einige Tage später noch einmal zu kommen.

Eigentlich war ich nicht einmal sehr überrascht, als ich zu jenem Folgetermin bescheinigt bekam, dass ich an Lungentuberkulose erkrankt sei. Für meine Eltern schien eine Welt zusammenzubrechen, wussten sie doch, dass ich nun für einige Zeit in eine Heilstätte musste. Besonders Papa bemerkte, dass er mir Unrecht getan hatte und verhielt sich dementsprechend total anders als in der letzten Zeit.

Mittlerweile war ich auch von einem Facharzt geröntgt worden, der zwei kleine Schatten auf der Lunge feststellte.

Zu jener Zeit war mir noch nicht bewusst, was auf mich zukommen würde. Immer hieß es, na ja, da gehst du halt für ein paar Wochen in die Kur und da wird das schon wieder.

Die Kur

Sehr schwer fiel mir der Abschied von meiner süßen kleinen Nichte, die erst kurz zuvor geboren wurde und, da meine Schwester berufstätig und erst siebzehn Jahre alt war, in unserem Hause aufwuchs. Auch von meinen beiden zahmen Tauben, deren Pflege nun ganz meinem zehnjährigen Bruder zufiel und von meinen Freunden und Verwandten fiel es mir schwer, mich zu trennen. Schweren Herzens trat Mama mit mir die weite Reise nach Wittlich in der Eifel an. Irgendwo an einem der Umsteigepunkte fiel uns ein Mann mit einem Jungen in etwa meinem Alter auf, deren großer Koffer darauf schließen ließ, dass wir das ein und selbe Endziel hatten.

Die Gelegenheit ließ nicht lange auf sich warten, als beide Elternteile sich nach dem jeweiligen Ziel der Reise erkundigten. Als es dann hieß „Maria Grünewald“, so war der Name der „Heilstätte für Kinder und Jugendliche“, in die wir eingewiesen worden waren, war allen und ganz besonders uns beiden Betroffenen sehr wohl zu Mute. Ich merkte direkt, wie Mama ein kleines Steinchen vom Herzen fiel. Am Bahnhof in Wittlich verabschiedeten wir uns von unseren Elternteilen, die umgehend wieder die Rückreise antraten, während wir von einem Bus abgeholt wurden.

Hugo – so hieß der Junge – und ich waren uns auf Anhieb sympathisch und die Freude war riesengroß, als wir auch noch zusammen in ein Zimmer kamen. Vorher, ehe wir aufgenommen wurden, saßen wir noch im Speiseraum und tauschten Gemeinsamkeiten aus. Skat spielen konnten wir beide. Schach, er ja, ich weniger. Schon hatten wir ein Schachspiel zur Hand und er erklärte mir die möglichen Züge, die die einzelnen Figuren machen dürfen – eigentlich gar nicht so schwer, dachte ich und immer mehr begeisterte ich mich für dieses Spiel.

Bemerkenswert still war es zu dieser Zeit, nicht nur auf unserer Station, sondern im ganzen Haus. Nur sanfte klassische

Musik rieselte uns aus einem Lautsprecher ins Ohr. Später sollten wir erfahren, dass gerade Ruhezeit angeordnet worden war.

Eine Nonne war die erste Person, die uns begrüßte, aufnahm, das Zimmer zuwies und die Station zeigte. Hier und da tauchten noch eine Nonne, weltliche Schwestern und sonstige Gehilfen auf. Wir wurden sehr herzlich begrüßt und willkommen geheißen.

Am späten Nachmittag tauchten dann allmählich unsere Leidensgenossen auf und es wurde ordentlich beschnuppert. Wo wir her kämen, was unsere Hobbys wären und, was wir dächten, wie lange wir in diesem Hause bleiben müssten.

Schock! – Zuerst schenkten wir dem, was die uns sagten, nicht so recht glauben, als sie uns aber immer mehr auslachten, als sie hörten, dass wir gerade einmal mit vier bis sechs Wochen rechneten, wurde uns doch mulmig und wir stellten uns schon einmal darauf ein, von dem halben Jahr, das sie uns mindestens prophezeiten, die Hälfte, also ein Vierteljahr, hinkommen würde.

Ach ja, wie sehr hatten die vielen Unken recht, als es bei mir elf Monate und bei Hugo sogar noch mehr wurden. Aber alles in allem konnten wir noch zufrieden sein, denn es gab auch sehr schwere und kritische Fälle im Haus.

Ein sehr schwerer Fall, und der Junge wusste sogar, dass er nicht mehr lange zu leben hatte, war ein Achtzehnjähriger, der sehr gut Gitarre spielen konnte und ständig unterwegs war, um den anderen an deren Ohrläppchen herumzuspielen. Dies tat er so oft und jedermann ließ es auch geschehen, weil er wusste, wie es um ihn stand, dass es ihm den Spitznamen „Flutschimir“ einbrachte.

Mit seiner Gitarre durfte er in der Kirche und im Hausstudio spielen, was stets auch über die Lautsprecher auf alle Stationen und Zimmer übertragen wurde.

Wenn seine Musik einmal wieder live nicht zu vernehmen war und es hieß, dass der Pfarrer wieder bei ihm gewesen sei, wussten wir, dass er die Sterbesakramente empfangen hatte und uns wurde immer sehr Angst um ihn. Was aus heutiger

Sicht aus ihm wurde, weiß ich nicht, jedenfalls am Tag meiner Entlassung war er noch recht munter.

Ja, dass der Aufenthalt in dieser Heilstätte kein Zuckerschlecken werden würde, sollten wir bald am eigenen Leib zu spüren bekommen.

Infusionen, Spritzen, eine Handvoll Tabletten und Schlauchschlucken waren stets auf der Tagesordnung. Hinzu kamen die Ruhezeiten, bei denen man in dicke Decken eingewickelt auf einer Liege auf dem Rücken ruhig liegen musste. Es durfte kein Ton zu hören sein. Immer war eine Schwester zugegen, die Aufsicht hatte und strengstens aufpasste, dass sich jeder an die Ordnung hielt. Wenn dagegen verstoßen wurde, drohte Ausgangssperre oder Sperre in den Bastelraum zu gehen.

In diesem Bastelraum gab es die unterschiedlichsten Möglichkeiten, sich zu betätigen. Aus Kupferblech konnten Gefäße gedengelt, mit einem Pulver bestreut und dann in einem Brennofen gebrannt und somit emailliert werden. Die Mädchen machten sich Schmuckstücke und die Jungen waren mehr an Aschenbechern oder anderen Behältnissen interessiert.

Ich hatte mir aus einem Katalog einen Flugzeug-Baukasten bestellt, mit allem möglichem Zubehör. Die Hauptarbeit bestand darin, die vorgestanzten Balsaholzteile zusammenzukleben. Zum Zusammenhalten während des Klebevorganges dienten Stecknadeln und Wäscheklammern. Ja, es hatte riesengroßen Spaß gemacht, auch zu sehen, wie der Flieger mehr und mehr Gestalt annahm. Da gab es auch schon einmal ziemlich neidische Blicke. Sehr gerne versuchte ich zwischendurch einmal, den zugehörigen kleinen, fünf Kubikzentimeter Selbstzünder-Motor zu starten. Vorsichtig in einem Schraubstock eingespannt, startete ich mehrfach – nein, nicht den Motor, nur den Versuch erst einmal. Dieser schlug die meiste Zeit fehl und wenn er mal am Kommen zu sein schien, war dies nur von ziemlich kurzer Dauer. Das Äthergemisch alleine versetzte schon mit seinem Geruch den Bastelraum in eine bewusstseinsschwindende Atmosphäre, wenn dann auch noch der Motor lief, glaubte man sich in einer Räucherkammer und musste sofort alle Fenster aufreißen. Mich wundert heute noch, dass zu meinen Aktionen niemand etwas zu meckern hatte.

Den Motor zu starten, dazu bedurfte es stoßweiser Drehungen an dem aufgesetzten Propeller. Da kam gelegentlich ein gewaltiger Schlag auf den dafür benutzten Finger zurück, oder, wenn er zündete, auf der anderen Seite dagegen, sodass dieser richtiggehend blau wurde.

Das Holz-Modell hatte ich mit Papier bespannt und mit rotem Spannlack bestrichen. Niemals war es richtig geflogen. Einerseits hatte ich Angst, es könnte ohne Fernsteuerung wegfliegen und andererseits, es könnte abstürzen und zu Bruch gehen. Und so blieb es immer ein reines Schauobjekt.

Richtige Langeweile war eigentlich nie aufgekommen und wenn einmal erste Anzeichen dafür da waren, ließ man sich irgendetwas Blödsinniges einfallen, sich die Zeit zu vertreiben.

Ich hatte mir aus einem Katalog eine Luftpistole schicken lassen. Nur Hugo wusste davon, denn wäre dies herausgekommen, hätte ich vermutlich enorme Schwierigkeiten bekommen, zumindest wäre sie mir abgenommen worden.

Noch heute wundert mich, wieso niemand auf die Geräusche aufmerksam wurde, die doch zu hören gewesen sein mussten. Eigentlich hatte ich doch nicht gerade wenig aus unserem Zimmerfenster in die gegenüberliegenden Bäume auf Fichtenzapfen geballert. Fünfhundert Schuss Diabolos, damit konnte schon ziemlich lange geschossen werden. Die eine Amsel, die unten am Boden ahnungslos in der Ecke saß, an der ich einmal die Durchschlagskraft der Waffe ausprobiert hatte, tut mir heute noch leid. Jedes Mal, wenn ich aus dem Fenster nach unten sah, war es so, als säße sie noch lebendig da unten. Na ja, vielleicht war sie auch schon vor meinem Schuss tot, weshalb sonst war sie von meinen Schüssen nicht aufgeschreckt worden und davongeflogen?

Auch im Zimmer hatte ich häufig herumgeballert. Da aber nur mit zusammengeknüllten Papier- oder Alufolien-Kügelchen, lebende Ziele waren meist nur Fliegen.

Hugo hatte natürlich mit seinen vorsintflutlichen Gummichen- Geschossen keine Chance gegen mich, wenn wir beide unter der Bettdecke lauerten. Wenn er auch nur den kleinsten Körperteil sehen ließ, machte es nur „betsch“ und Hugo musste sich auch mal mit einem Kopfschuss gleich wieder unter seine Deckung zurückziehen.

Klar, dass wir die Gefährlichkeit dieses Spielchens erkannten und bald keine derartigen Kämpfchen mehr austrugen.

Aber immerhin wurde man ein wenig von den regelmäßig verabreichten Infusionen abgelenkt und mit der Zeit war man sogar Mutes genug, die zehn Zentimeter lange und mindestens ein Millimeter dicke Nadel aus dem Oberschenkelmuskel zu ziehen. Da mein Bett auf der linken Fensterseite stand, wurde mir auch stets ins linke Bein die Nadel gesteckt. Wenn die Schwester sie eingestochen hatte, kam eine dicke Mullschicht drumherum, die eventuell austretende Flüssigkeit aufsaugen und somit verhindern sollte, dass das Bett verschmutzt wurde.

Einmal, ich dachte noch, weshalb fühlt es sich da unten so feucht an, bemerkte ich, dass die Schwester die Nadel zu schräg angesetzt und seitlich durchgestochen hatte. Eine große Menge war im Mull versickert, aber etwas feucht wurde das Bett doch auch. Die herbeigerufene Schwester zog die Nadel wieder heraus, um sie erneut zu platzieren. Sie hatte sich mehrmals mit den Worten entschuldigt, dass ihr so etwas noch nie vorher passiert gewesen sei.

Einmal, ich hing gerade wieder am Tropf, kam die Schwester und meinte, ich hätte Besuch bekommen. Ich konnte es gar nicht glauben, dass, so wie sie sagte, mein Vater und mein Bruder gekommen waren und im Besuchszimmer auf mich warteten.

Ich freute mich sehr über den Überraschungsbesuch, ganz besonders, als ich meinen Bruder wieder sah. Zuvor aber hatte ich mich noch der lästigen Nadel und Flasche zu entledigen. Da noch ziemlich viel Inhalt zu sehen war, drehte ich den Schlauch auf und ließ die Brühe hineinrauschen. Als alles im Bein war, zog ich die Nadel heraus, klebte ein Pflaster über den Einstich und eilte zu meinem Besuch.

Ja, es war ihnen gelungen, mich mit ihrem Besuch zu überraschen. Ich musste allerdings mein Bein noch etwas hochlegen, damit sich die Flüssigkeit etwas verteilen konnte. Hätte ich von diesem Besuch gewusst, wäre ein früherer Zeitpunkt für die Infusion passender gewesen. So bemerkte auch mein Bruder bald, dass es aus meinem Hosenbein tropfte. Mehr als ein kleiner Marsch über das Anwesen war an diesem Tag nicht drin, denn bald mussten sie sich mit der 98er wieder auf die weite Rückreise begeben.

Die Reise zu mir war schon ein gewaltiges Unterfangen, denn eine Autobahn existierte noch nicht und Papas Motorrad streikte gelegentlich. Seltsamerweise erst recht dann, wenn es bergab ging. Immer wieder war es die Zündkerze, die verrußte, und ständig musste die Schadensbehebung mit deren Ausbau, Reinigung, Wiedereinbau und schmutzigen Händen erfolgen.

Eine lustige Abwechslung war stets, wenn Neulinge auf die Station kamen. Gerade die noch etwas Jüngeren wurden dann gnadenlos hereingelegt. Es war alles vorbereitet und einer der schon älteren Jungs übernahm die Position eines Arztes, während andere dabei assistierten.

Mitten in der Nacht fand eine Visite statt. Dem Neuankömmling wurde klargemacht, dass er umgehend untersucht und verarztet werden müsste.

Fast fachmännisch wurde an ihm herumgedoktert. Fieber messen, Puls fühlen, in den Mund schauen, den Rücken und die Brust abklopfen und abhören. Ein Notverband wurde angelegt, der aus Zahnpasta oder Haargel sowie Toilettenpapier bestand. Mit der Bitte, am nächsten Tag im Kellergeschoss, im Labor und den Ärztezimmern zu weiteren Untersuchungen zu erscheinen und sich dort anzumelden. Es wurde eine Zeit gewählt, da gerade die Mädchen ihre Untersuchungstermine hatten, die sich dann über die wie Mumien Erscheinenden schier kaputt lachten.

Auch mit Hugo und mir hatte man sich einen solchen Gag ausgedacht, aber so leicht ließen wir uns nicht aufs Glatteis führen. Rechtzeitig erkannten sie, dass bei uns beiden keine Aussichten auf ein erfolgreiches Unternehmen bestand. Denn mit unseren 15 Jahren sind wir ja auch nicht mehr die ganz Unbedarftesten gewesen. Gelegentlich kam es auch zu den reinsten Zimmergefechten. Es ging zwar relativ harmlos zu, doch da wurde schon einmal nachts ein Eimer voll Wasser dem im Bett Liegenden übergeschüttet, worauf natürlich gnadenlose Rache erfolgte, so, wie es einmal mit mir geschehen war.

Es war in einer warmen Sommernacht. Es galt, Rache zu nehmen wegen eben einer solch vorausgegangenen Wasseraktion. Hugo und ich hatten sehr weiche überreife Tomaten, die wir für die idealen Wurfgeschosse hielten. Diese so in das Nachbarzimmer zu bringen, dass es dort eine große Sauerei gäbe, war unser Ziel. Mitten in der Nacht steckte ich mir die Tomaten in meine rechte Schlafanzugtasche, stieg zum Fenster hinaus, hing mich an unseren Fensterladen und dann an den des Nachbarzimmers und feuerte die Tomaten in dessen Raum. Schnell wieder zurück und ins Bett und so getan, als ob wir schon sehr lange schliefen. Im Nebenzimmer bemerkten wir noch lange aufgeregtes Treiben und Türegehen, aber zu uns ins Zimmer kam niemand.

Ohoh, am nächsten Tag war die Hölle los. „Wer war das?“, hieß es. Aber niemand kam auf die Idee, dass es von unserem Zimmer aus hätte geschehen sein können. Also wurden wir auch gar nicht verdächtigt und danach gefragt, ob es jemand von uns gewesen wäre. Von unten und von oben, von überall her wurde die Lage inspiziert. Schließlich meinte ein selbsternannter Spezialist, dass dies nur aus dem Stockwerk darüber hatte geschehen sein können.

Der von da oben, der es gewesen war, sollte sich melden, ansonsten bekäme die gesamte Station eine Woche Ausgangsverbot verhängt.

Ja, so ungerecht geht es zu in dieser Welt. Weshalb hätte sich auch von dort oben jemand melden sollen?

So sehr hatte die Strafe die Jungs von dort oben aber nicht getroffen, sie steckten das mit hartnäckigem Trotz lässig weg. Ich sah zum wenigsten in einem von ihnen eine gleichzeitige persönliche Rache als gerechtfertigt. Hatte er mir doch kurz zuvor eine halb vergammelte, von zu Hause erhaltene Salami für fünf D-Mark verkauft.

Solche Geschäfte wurden gelegentlich getätigt, um den Zigarettenkonsum aufrechtzuhalten. Einen Kilometer galt es einen Berghang hinabzulaufen, um an diese begehrten Räucherstäbchen zu gelangen. Rauchen war zwar strengstens verboten, aber genauso wie das Fußballspielen auf einem nahegelegenen Sportplatz konnte weder das eine noch das andere unterbunden werden.

Rauchen und Fußballspielen waren gewiss auch der Grund, weshalb es hieß, dass sich mein Befund verschlechtert habe. Dies nach einem halben Jahr Aufenthalt. Was wiederum bedeutete, dass es mindestens noch einmal so lange dauern könnte. Also machte ich mir zum Vorsatz, mich zukünftig mehr an die vorgegebenen Regeln zu halten, denn schließlich wollte ich ja noch einmal nach Hause kommen.

Doch ließen andere Dummheiten nicht lange auf sich warten.

Etwa einen Kilometer von der Heilstätte entfernt, in nordöstlicher Richtung, führte eine einspurige Bahnlinie am Waldrand entlang. Einmal dort spazieren gegangen, fanden wir, eine Clique aus vier fünf Jungs, ein einer Draisine ähnliches Fahrzeug, jedoch nur aus Fahrgestell und Auflagefläche bestehend, neben den Gleisen liegend vor. Wir waren uns nicht ganz sicher, ob und wie oft die Strecke befahren wurde, deshalb lauschten wir gelegentlich an den Gleisen, ob sich denn ein Zug näherte. Da wir nun jenes Fahrzeug dabeihatten, konnten wir unseren Ausflug ein enormes Stück weiter ausdehnen. Unsere Ausgehzeit war sehr begrenzt und so mussten wir mit dem schweren Ding ganz schön den Berg hoch schuften. Bis zu einem sehr hohen Viadukt schafften wir es immer. Als Bremse hatten wir uns einen langen dicken Ast mitgenommen, den wir bei Bedarf unter die Räder klemmten. Das funktionierte auch ganz gut, nur, wenn wir an die Stelle kamen, an der wir den kürzesten Weg zur Heilstätte hatten, mussten wir das Gefährt ja stoppen und von den Gleisen nehmen. Es war, wenn der Wagen zum Stillstand gekommen war, ratsam, dass alle in einer Richtung von ihm heruntersprangen. Ein einziges Mal sprang ich als Einziger in die entgegengesetzte Richtung als die anderen. Das gab einen solch starken Rückstoß, dass es mir voller Wucht in die Hacken ging. Aber trotz sehr starker Schmerzen ließ ich mir es nicht anmerken. Und die blauen Flecken am Bein waren auch schnell wieder verheilt.

Dieses doch sehr abenteuerliche Unternehmen wiederholten wir noch einige Male, bis eines Tages unser geliebtes Fahrzeug nicht mehr anzutreffen war.

Aber wer weiß, vielleicht war es ja mein Schutzengel, der, um Schlimmeres zu vermeiden jemanden veranlasst hatte, es zu entfernen.

Eines Tages hieß es, in unser Zimmer soll ein Neuankömmling hinzukommen.

Hugo und ich waren noch sehr gespalten, ob wir uns nun eher freuen oder ärgern sollten.

Jedenfalls hatten wir uns damit abgefunden, denn ändern konnten wir es eh nicht. Ein netter Junge, etwas jünger als wir und sehr schüchtern, wurde uns alsdann auch mit dem Namen Joachim vorgestellt. Wir nahmen uns vor, ihn mit einem raffiniert ausgeheckten Plan reinzulegen.

Es ging auf den Tag zu, dass der Mond in voller Pracht am Himmel stand. Hugo hatte Joachim schon auf meine Mondsüchtigkeit aufmerksam gemacht und dass ich werwolfähnlich durch die Nacht, ja sogar über die Dächer hinweg, spazieren würde. Dass er sich aber nicht beängstigen müsse, denn, obwohl ich sehr wild erscheinen würde, dennoch sehr harmlos wäre.

Rechtzeitig machten wir an diesem Abend das Licht aus und ich beteuerte, diese Nacht besonders müde zu sein.

So lagen wir vermeintlich schlafend im Bett und ich glaube, dass Joachim der wachste von uns dreien war. Um Punkt zwölf Uhr fing ich zuerst mit Knurren und Fauchen an. Dann stand ich mit immer heftiger werdenden Bewegungen in meinem Bett auf und im Schein des Mondes sah ich, wie Joachim sich in seinem Bett aufrichtete und zu mir herüberschaute. Er flüsterte Hugo fragend zu, ob es denn nun los ginge, was dieser auch bejahte und ihn mit einem „Pssst“ aufforderte, ruhig zu sein. Ich stieg vom Bett auf meinen Nachttisch, öffnete das Fenster, stieg auf die Fensterbank nach draußen und hängte mich an den offenstehenden mit Sturmhaken an der Außenwand befestigten Fensterladen. Als ich von innen nicht mehr zu sehen war, forderte Hugo Joachim auf, mit hinüber auf die gegenüberliegende Hausseite zu gehen, dort´hin, wo sich die

Toiletten befanden, um zu sehen, wie ich über das Dach herunterkäme. Sie hielten sich eine ganze Weile im Toilettenraum auf, bevor sie wieder zurückkamen. In der Zwischenzeit war ich wieder in unser Zimmer zurück gestiegen und hatte mich in Joachims Bett ganz unten in die hintere Ecke gekauert und mit der Decke zugedeckt.

In unser dunkles Zimmer zurückgekehrt, schauten beide aus dem Fenster, wo ich natürlich nicht mehr zu sehen war. Joachim fragte Hugo, wo ich mich denn jetzt wohl befinden würde? Und Hugo meinte, irgendwo auf dem Dach natürlich. Joachim konnte nicht fassen, was gerade vor seinen Augen geschehen war und wurde mehr und mehr unruhig. Er setzte sich in sein Bett, aber ohne die Beine auszustrecken, jederzeit zum Sprung bereit. Er unterhielt sich noch mit Hugo, wo ich denn jetzt nur sein könnte, was ich gerade machte, und seine Stimme bebte und er zitterte am ganzen Körper. Da war ich mal wieder an der Reihe. Ich fing an zu brummen und zu röcheln. Als Joachim meinte, ich müsste ganz in der Nähe sein, er könne mich deutlich hören. Jetzt erst bewegte ich mich und als er dies bemerkte, machte er einen Satz über sein Kopfteil des Bettes hinweg in Hugos Bett. Er konnte sich nicht erklären, wie ich denn nun in sein Bett gekommen wäre. Ich vermute, er nahm an, ich hätte mich da hineingezaubert. Jedenfalls verweilte ich noch einige Zeit in seinem Bett, alle erdenklichen Stimmen von mir gebend. Ich nahm an, dass es nun genug sei und stieg aus seinem Bett, legte mich in meines, deckte mich zu und schlief.

Am nächsten Tag hätten wir, Hugo und ich, uns schier über unsere gelungene Aktion totgelacht.

Als wir versuchten, Joachim klarzumachen, dass wir das alles nur inszeniert hatten, konnte er es nicht glauben und ich blieb bis zu unserem Auseinandergehen für ihn der mondsüchtige Helmut.

In der zweiten Etage des Hauses waren die über Sechzehnjährigen untergebracht. Da nun auch mein sechzehnter Geburtstag gefeiert war, durfte ich hoch zu den Großen, aber ich ging mit gemischten Gefühlen. Irgendwie hatte man sich dort unten aneinander gewöhnt und es fiel mir nicht leicht, nach oben zu gehen. Ein dicker Junge, der nur das Futtern im Kopf hatte, war mein zukünftiger Zimmergenosse. Gemeinsam eiferten wir einem immer noch höher werdenden Idealgewicht entgegen. Denn eine wöchentlich stattfindende Wiegeaktion bestätigte mit stetig steigender Kurve unsere ungezügelte Fresslust. Dem Wiegemeister und anderen ärztlichen Verantwortlichen gefiel natürlich unsere Gewichtszunahme, denn dies ließ eindeutig auf eine baldige Genesung schließen. Zur Zeit meiner Entlassung hatte ich von ursprünglich etwa 75 auf genau 100 Kilogramm zugenommen. Oh je, wenn ich in den Spiegel schaute, hatte sich mein Äußeres doch sehr verändert. Aus einem doch eher schlankem Helmut ist ein dicker, im Gesicht mit vielen Pickel behafteter Helmut geworden. Nein, so nicht und letzten Endes auch nicht mit meiner angeborenen Schüchternheit, konnte ich mich unmöglich beim ausgemachten Ort, dem Koblenzer Bahnhof, mit meiner Brieffreundin treffen. Jene Freundin, die mir mein dicker Zimmergenosse Felix angepriesen hatte, ist womöglich sehr enttäuscht worden, als ich nicht zum Treffpunkt erschienen war. Ja, ich blieb mit eigenartigem Gefühl im Nacken beim Zwischenstopp im Zug sitzen, ohne auch nur den kleinsten Blick aus dem Fenster zu werfen. Auf der Weiterfahrt redete ich mir immer wieder ein, dass sie ja überhaupt nicht gekommen sein könnte. Nur wenige Kilometer in Richtung Heimat war ich für alle, die ich vorher kennengelernt hatte, vollkommen anonym.

Endlich wieder daheim

Der Tag meiner Entlassung kam immer näher. Gedanken, die ich mir während der elf Monate meines Aufenthaltes in der Heilstätte immer wieder machte, gingen mir nun vermehrt durch den Kopf. Das Schlimmste war, immer daran denken zu müssen, dass die Lehrlinge, die mit mir zusammen übernommen wurden, jetzt schon ein ganzes Jahr weiter waren als ich und auch mit der Lehre früher fertig sein und Geld verdienen würden. Ich musste zwangsläufig an meine Eltern denken, die bestimmt mit meinem baldigen Einkommen beziehungsweise meiner Mithilfe gerechnet hatten. Aber das Wichtigste für den Moment war, dass ich die Zusage hatte, mit meiner Ausbildung fortfahren zu dürfen.

Mir war klar, dass es nicht leicht würde, das nach über einem Jahr wieder Vergessene nachzuholen. Hinzu kam natürlich, dass mein Vater wieder, zwar eingeschränkt, aber dennoch mit meiner Hilfe rechnete.

Mit gespaltenen Gefühlen trat ich also die Heimreise an.

Voller Freude wurde ich schon zu Hause erwartet. Alles schien anders, viel kleiner geworden zu sein. Überall wurde ich herzlichst empfangen und dennoch hatte ich stets das Gefühl, als haftete mir irgendein Makel an. Meine Krankheit war ausgeheilt, das heißt, um den relativ kleinen Krankheitsherd hatte sich eine Verkapselung gebildet, die ein Leben lang verschlossen bleiben sollte, und dennoch fühlte ich mich wie gebrandmarkt.

Sehr überrascht war ich, als zwei meiner Klassenkameraden zu mir ins Haus kamen. Georg und Wolfgang boten mir an, in Zukunft, mit ihnen eine Dreierfreundschaft einzugehen, was ich natürlich überglücklich annahm. Beide hatten bereits einen Moped-Führerschein und auch ich machte mich umgehend daran, damit nicht nachzustehen.

Ich hatte von meinem Taschengeld, das ich monatlich bekommen hatte, trotz meiner Hobbys, die ich mir leistete, ein kleines Sümmchen zusammengespart und hatte so eigentlich wieder einen einigermaßen guten Start ins neue wahre Leben.

Die Führerscheinprüfung und den Sehtest hatte ich bestanden, doch das Wichtigste fehlte noch: ein Moped.

Bald nach meiner Rückkunft hatte meine Schwester geheiratet und ihr Mann war gerade dabei, sich einen neuen Motorroller zu kaufen. Sein bisheriges Fahrzeug, ein Zündapp-Moped, bot er mir für fünfzig D-Mark zum Kauf an. Mein gespartes Geld war schon für den Führerschein ausgegeben worden und meine Eltern waren momentan auch nicht in der Lage, mir zu helfen. Die rettende Idee hatte Mama, mal meinen Paten zu fragen, ob der bereit sei, mir einen Kredit zu geben.

Obwohl es sehr schlimm für mich war, dort um Geld zu betteln, entschloss ich mich wegen der erfolgreichen Aussicht, bald ein Moped zu besitzen, es zu tun. Nicht daran zu denken, dass da mal, mir nichts dir nichts, fünfzig Mark auf den Tisch gelegt wurden. Es war schon einiges Gekrieche und Gesülze vorher notwendig.

Na ja, ich hatte das Geld bekommen und somit auch ein Moped.

Fahrten mit dem Moped

Es machte mir großen Spaß, mit meinem Moped, einer 50 Kubikzentimeter Zündapp, durch die Gegend zu brausen. Sie war zwar nicht übermäßig schnell, doch im Gegensatz zu meinem alten Fahrrad eine kolossale Verbesserung. Besonders Papas Schreinerei profitierte davon. Konnte ich doch nun, wenn mal wieder etwas auf der Baustelle benötigt wurde, aber noch zu Hause in der Werkstatt lag, schnellstens herbeiholen. Doch manchmal auch zu Papas Leidwesen. War ich doch nun so schnell, dass er nicht einmal dazu kam, von der immer wieder von den Kunden zum Trinken dargereichten Flasche Wein einen Schluck zu nehmen. Mir gefiel das sehr gut, ich musste ständig heimlich in mich hineinlachen. Oft hatte ich das Gefühl dabei, als suchte er nun einen Grund, mich wieder wegzuschicken, um etwas zu holen. Wenn ich dann aber meinte, dass ich doch eben gerade erst weg war, grinste er nur und meinte: „No ja, es werd aach so geh."

Gerne unternahm ich auch Fahrten in die Pfalz zu meiner Tante Katharina oder an den Eiswoog. Mein Bruder oder auch Urban durften gelegentlich mitfahren und es kam gar nicht darauf an, dort zu sein, es machte in erster Linie Spaß des Fahrens wegen.

Wir unternahmen auch gerne Fahrten durch unsere Gemarkung, obwohl es verboten war. Es war zwar nie der Fall, dass wir verwarnt wurden, hatte ich doch stets eine Ausrede, parat eine Fahrt zu begründen. Hatten wir in der unser Dorf umgebenden Gemarkung überall Grundstücke und wenn ich dort hinwollte, gab es doch nur diese Wege.

Einmal, es war ein wunderschöner Sommertag, brauste ich mit Urban auf dem Rücksitz über die Feldwege. Sie waren zwar trocken, jedoch verbargen sich gelegentlich sehr tiefe Fahrrinnen unter dichtem Grasbewuchs und diese waren sehr tückische

Hindernisse. Aber das hält einen echten Rennfahrer oder den, der es einmal werden möchte, nicht vom Gasgeben ab.

Oben am Berg, direkt unterhalb des mit niedrigen Bäumen und Gestrüpp bewachsenen Hanges, ging es einen langen Feldweg entlang. Mann, machte das Spaß, den zum Teil in die Fahrbahn hineinragenden Ästen auszuweichen. Da verspürte man nicht einmal einen Schmerz, wenn einem gelegentlich ein Zweig ins Gesicht schlug: „Mach longsom, mach longsom!", hörte ich Urban immer wieder rufen, jedoch umso öfter er das tat, umso mehr hatte ich meine Freude. Doch heh! Was war das denn? Das Moped wurde plötzlich schneller und war viel besser zu manövrieren. Auch war es jäh so still hinter mir geworden. Ich prüfte mit dem Ellbogen nach hinten, schaute, da ich keinen Widerstand verspürte, in den Rückspiegel und erschrak im ersten Moment ganz gewaltig. Ich bremste sofort ab, schaute mich um und oh je, von Urban war nichts mehr zu sehen. Das gibt es doch gar nicht, dachte ich, und fuhr den Weg ein Stück zurück. Da kam er auch schon aus dem dichten Gestrüpp gekrochen, sich mit beiden Händen zwischen die Beine greifend. „Aua, au au!, dud dess weh!" Er jammerte zwar noch eine ganze Zeit lang ein wenig, machte mir wegen meiner rasanten Fahrweise jedoch überhaupt keine Vorwürfe. Er war auf diese Art ein sehr harter Bursche und er wusste einfach, dass solch ein Missgeschick im Umgang mit mir schon einmal passieren konnte. Ich überlegte noch, wie es geschehen konnte, dass ich ihn verloren hatte. Das kann nur an der Stelle gewesen sein, da das Moped mit dem Hinterrad links in eine Fahrrinne rutschte und ich dagegen steuerte. Da gab es einen staken Ruck, als das Hinterrad wieder auf die richtige Spur rechts hochgesprungen war. Ja, da war er einmal mehr mit dabei, unser Schutzengel. Denn außer ein paar blauen Flecken in der Nähe seiner Männlichkeit hatte es, wie sich später herausstellte, keine Funktionsbeeinträchtigung dieser bewirkt.

Fast Gründung eines Gesangvereins

Immer wieder lustig ging es zu, wenn wir Schulkameraden uns mal wieder trafen. Da hatte der eine oder andere schon für reichlich alkoholhaltige Getränke gesorgt und so kam es auch, dass wir auf die tollsten Ideen kamen. Einer aus unserer Runde, Heinz, hatte eine Flasche Cognac und ein anderer, Franz, Rotwein besorgt.

In Jürgens Zuhause war die Stube „sturmfrei", was hieß, in deren Wohnzimmer konnten in Ruhe gemütlich einige Gläschen hinter die Kehle gegossen werde. Es wurden Witze erzählt und Sprüche geklopft und zuletzt, in sehr angeheitertem Zustand Lieder gesungen. Da hatten wir alle noch jede Menge Jugend- und Wanderlieder et cetera im Kopf, sodass letztendlich sogar mit dem Gedanken gespielt wurde, einen Gesangverein zu gründen. In unseren Ohren klang das, was wir da grölten, zwar nicht schlecht, wie es jedoch auf andere wirken würde, daran haben wir in jenem Moment überhaupt nicht gedacht.

Na ja, der Gedanke an eine Vereinsgründung wurde sehr schnell wieder fallengelassen, da gegen Ende der Neige der alkoholischen Getränke der Gesang mehr und mehr verstummte. Ja, einige mussten der aufkommenden Übelkeit wegen gelegentlich vor die Tür. Eine Toilette im Haus gab es noch nicht, nur die damals klassische über dem Hof neben der Mistgrube. Ein alter, schon etwas zerschlissener Sandsteintrog, der vor der Grube stand, wurde missbräuchlich zur Aufnahme des Übergebenen benutzt. Ich bin mir nicht sicher, ob eine böse Absicht dahinterstand, der nicht ganz gefüllte Trog hatte nämlich noch seine bösen Auswirkungen.

Als wir uns wieder einmal trafen, erzählte uns Jürgen, dass er sich von seiner Mutter eine große Schelte hat anhören müssen. Sie konnte sich zuerst überhaupt nicht erklären, wieso ihre Enten durch den Hof torkelten. Erst als er ihr die Vorgänge am Abend zuvor beichtete, wurde ihr klar, dass die Enten den

Trog leer gefressen hatten und davon total betrunken waren. Nun, es dauerte nicht lange und sie hatten sich wieder erholt. Vielleicht waren sie von dem Alkoholgenuss sogar so sehr begeistert, dass sie gelegentlich zum Trog liefen, um nach einem solchen Genuss Ausschau zu halten?

Tuningversuch

Was ist schon ein Moped, das nur gerade mal so fünfzig Stundenkilometer schnell fährt?

Meine beiden neu gewonnenen Freunde erlernten gerade den Beruf des KFZ-Mechanikers. Georg hatte bereits ein Moped mit großem Nummernschild und durfte eh bis 80 km/h fahren und Wolfgangs Moped war immer das schnellste, obwohl er sagte, nichts daran frisiert zu haben. Äther in den Tank zu geben schien etwas zu bringen. Hinten ein größeres Ritzel, ja, auf gerader Strecke oder bergab hatte es etwas gebracht, den Berg hinauf jedoch war es sehr viel langsamer geworden. Altes Ritzel wieder drauf, da müsste es doch noch eine andere Möglichkeit geben, mit vornweg fahren zu können. Größerer Hubraum, ja, das könnte funktionieren. Den Motor zerlegt und in den Kolben von oben ein Loch gebohrt. Das hätte mir eigentlich auch einmal jemand sagen können, dass der Kolben innen hohl ist – Schwups, war der Bohrer durch das Aluminium gedrungen. „Scheibenkleister!“ Hätte ich doch besser die Finger davon gelassen, dachte ich.

Um den nun entstandenen Schaden wieder zu beheben, bohrte ich das Loch noch etwas auf, sodass eine Schraube, die ich in Papas Rumpelkiste gefunden hatte, hineinpasste. Den Motor hatte ich wieder zusammengebaut, der Auspuff rauchte ein bisschen mehr als vorher und ich war froh, jetzt noch wenigstens mit 40 km/h durch die Gegend tuckern zu können.

Meinen Freunden hatte ich natürlich von meiner Aktion nichts gesagt, die hätten mich bestimmt dafür ausgelacht.

Immerhin hatte ich etwas dazugelernt. Ich konnte jetzt viel besser die Wirkungsweise und den Aufbau eines Zweitaktmotors verstehen und sogar anderen erklären.

Das Sprichwort „Durch Schaden wird man klug“ hatte sich in meinem Falle eindeutig bewahrheitet.

Papa der Kumpan

Wem würde es nicht auf den Geist gehen, wenn er sich mit seiner Frau einen gemütlichen Fernsehabend gönnen wollte, jedoch durch ständiges Geknäckere und vermutlich auch Bildstörungen, hervorgerufen durch ein lästiges Moped, die allabendliche Ruhe gewaltig beeinträchtigt bekommt.

Eines Tages, am späten Nachmittag, fuhr ich, nur so zum Spaß, mit meinem Moped und dem Bruder auf dem Rücksitz im Ort umher. Dabei kamen wir zwangsläufig immer wieder an einem Haus vorn an der Ecke unserer Straße vorbei.

Plötzlich, was war das? Irgendein etwas größerer Gegenstand flog von diesem Haus her an meinem Kopf vorbei und rollte über die Straße. Ist es möglich, dass sich da jemand dermaßen genervt fühlte, dass er es mit Geschossen zu verhindern versuchte? Doch da hat derjenige nicht an Helmut den Rächer gedacht. Ich stellte zu Hause das Moped ab und begab mich zu der Stelle, an der der Gegenstand über die Straße rollte. Eine faustgroße Zwiebel war das Wurfgeschoss. Ich hob sie auf und nahm sie mit nach Hause, um sie meinem Bruder zu zeigen. Einen Plan, diese Zwiebel dem Besitzer wieder zukommen zu lassen, hatten wir bereits ausgearbeitet. Doch war es noch zu früh, ihn auszuführen. Dunkel sollte es sein, sodass uns niemand erkennen konnte.

Der große Moment war gekommen. Wir beide schlichen uns an dem besagten Haus vorbei bis zu einer etwa zwanzig Meter entfernten Hausecke. Von hier aus konnten wir sehr gut beobachten, dass in einem Zimmer in der ersten Etage ein Fernsehgerät lief und an sich bewegenden Schatten war zu erkennen, dass sich Personen in dem Raum befanden.

Ich wusste zwar, dass ich beim Werfen nur selten ein Ziel verfehlte, dass ich aber so zielsicher bin und bei Dunkelheit ein fast 30 m entferntes Ziel genau ins „Schwarze" treffen würde, hätte ich nicht für möglich gehalten.

Ich holte mit dem rechten Arm aus und die Zwiebel verließ meine Hand und ohne die Flugbahn verfolgen zu können, gab es plötzlich ein gewaltiges Klirren. „Volltreffer", rief Hans noch und schon rannten wir, als wäre der Leibhaftige hinter uns her. Aber nicht nach Hause hetzten wir, unser schon so oft aufgesuchter Zufluchtsort, der kleine Brunnen in unserem Garten, war unser Ziel.

So saßen wir nun da und ließen erst einmal mindestens eine Stunde verstreichen.

So auf der Brunnentreppe sitzend planten wir Plan B. Dieser Plan sollte lediglich dazu dienen, wieder nach Hause zu kommen, ohne dem Geschädigten in die Hände zu laufen. Wir nahmen einen Umweg am Bahnhof vorbei, wodurch wir von der anderen Seite kamen und nicht am Haus mit der zerbrochenen Fensterscheibe vorbei mussten. Um jede Hausecke wurde erst einmal gespäht, ob denn auch die Luft rein wäre. Aber schlau, wie wir waren, nicht direkt an der Ecke, von der gegenüberliegenden Hauswand aus. Nichts, niemand lauerte uns auf und bei unseren Eltern war diesbezüglich auch niemand gewesen.

Da kam mir der Gedanke, wie es denn jetzt wohl weitergehen sollte. Ich vermutete, dass die guten Leute ganz harmlos das Fenster bringen würden und, wenn es Papa repariert hatte, nicht bezahlten.

Es gab nur eine Möglichkeit, Papa in die Sache einzuweihen. Wir erzählten ihm also, wie es sich zugetragen hatte und Papa, so kannte ich ihn bisher ja gar nicht, sagte nur: „Loss mer die noor emool kumme!"

Meine Rechnung ging vollkommen auf. Als ich am Abend von der Ausbildung zurückkam, erzählte mir Papa, dass die tatsächlich gekommen waren, das Fenster reparieren zu lassen. Er sagte auch, er habe sie hochkant unseres Grundstücks verwiesen, nicht ohne ihnen klipp und klar seine Meinung dazu zu sagen.

Papa war echt froh darüber, dass wir ihn in der Sache eingeweiht hatten und war vollkommen auf unserer Seite – Ein echter Kumpan also.

Schuss aus dem Hinterhalt

Papa wäre mit Sicherheit ein nicht so guter Kumpan gewesen, hätte er von meinen Aktivitäten mit meiner Luftpistole gewusst.

Nur so zum Spaß mal mit ihr jemandem auf den Hintern zu schießen, das müsste es doch sein.

Also machte ich mich mit der Luftpistole bewaffnet in unseren Keller. Wenn andere dies können, kann ich das auch.

So dachte ich an jenen Vorfall, als ich an selbigem Hoftor vorbei ging, einen typischen Luftgewehrknall hörte und auf meiner linken Hand, die gerade in meiner Hosentasche steckte, einen Schmerz verspürte. Noch heute ist diese Stelle auf meiner Hand zu erkennen, auf der das Diabolo aufgeschlagen war.

„Auge in Auge, Zahn um Zahn", so sollte man hierzu denken, jedoch waren die Auswirkungen, in Relation gesehen, so gering, sodass ihnen keine größere Bedeutung mehr zugemessen worden ist.

Es dauerte also nicht lange, als aus dem Lebensmittelgeschäft nebenan ein Junge, der Hermann aus der Nachbarschaft, mit einem großen Stapel leerer Kartons auf den Armen kam und nach Hause ging. Welch ein herrlich strammes Popöchen bot sich mir da als Ziel. Aber, zehn Meter sollte ich ihn sich schon entfernen lassen, so fair sollte ich schon sein, damit das zusammengeknüllte Kügelchen aus Aluminiumfolie keine Verletzung verursachte – betsch, machte die Pistole, Kartons flogen durch die Luft und auf dem Boden umher. Der Junge drehte sich um und lief rasch in das Geschäft zurück. Ich hatte leise das Fensterchen geschlossen und er hegte keinen erkenntlichen Verdacht, dass der Schuss von unserem Haus ausgegangen sein könnte. Ich nehme an, dass im Geschäft so reagiert wurde, dass er glauben musste, das Geschoss wäre von dort gekommen, wie oder was auch immer?

Er sammelte jedenfalls, nachdem er sich noch einmal mit der Hand über seinen Hintern gestrichen hatte, den Kopf nach hinten drehte und einen Blick darauf warf, seine Kartons zusammen und setzte seinen Weg fort.

Ich hätte nie gedacht, dass man sich innerlich wegen so etwas fast hätte totlachen können.

Die Wiedereingliederung in die Lehre

Mir war sehr wohl bewusst, dass ich altersmäßig zurückgestuft würde, um mit den mir noch unbekannten Jungs mit dem zweiten Lehrjahr zu beginnen. Auch vom ersten Lehrjahr hatte ich drei Monate versäumt, die mir aber das Fernmeldeamt großzügig erlassen hatte. Also trat ich mit gemischten Gefühlen wieder einmal meinen ersten Tag in der Lehrwerkstatt an.

Ich wurde sehr herzlich in die neue Gruppe aufgenommen und auf Anhieb hatte ich mich mit allen sehr gut verstanden. Der einzige Vorteil, den ich den anderen gegenüber hatte, war, ein Jahr älter und auch von der körperlichen Seite her ein kräftiger Typ zu sein. Bei praktischen Arbeiten hatte ich durch meine Tätigkeit zu Hause den anderen Einiges voraus, nur in der Theorie musste ich hart nacharbeiten. Aber das Versäumte konnte ich die ganze Lehrzeit über nicht nachholen. So musste es auch kommen, dass ich nicht gerade mit Bravour meine Abschlussprüfung bestand.

***

Meine Krankheit war bald vergessen und es kehrte wieder Normalität in mein Leben ein. Normalität, die auch so manche extreme Begebenheit beinhaltete.

Eines Tages hieß es, alle müssen ins Fernmeldeamt zum Chef kommen. Geschlossen fuhren wir mit unserem Mannschaftsbus dort hin. Wir schauten uns gegenseitig an, und ich hatte das Gefühl, als betrachte mich unser Ausbilder irgendwie anders als sonst. Bei jedem seiner Blicke konnte ich mir ein Fragezeichen erdenken.

Er war kurz weg und als er zurückkam, forderte er mich auf, mit ihm hoch zum Chef zu gehen. Chef, das war der Leiter der Ausbildungsstelle. Oben angekommen, saßen da in einem größeren Büro, der Chef und Leute, von denen ich wusste, dass sie dem Personalrat angehörten. Sie baten, mich vor sie hinzusetzen. Ich wusste überhaupt nicht, was das Ganze sollte. Dann fingen sie an, mich auszufragen. Ob ich mich daran erinnern könnte, vor einigen Tagen bei einem Amerikaner in Oppenheim gearbeitet zu haben. Ich bejahte dies und dachte, was ich dort denn wohl falsch gemacht hätte, jedenfalls ich war mir sicher, meine Arbeit ordnungsgemäß erledigt zu haben. Ob ich mich an ganz bestimmte Gegenstände in dessen Wohnzimmer noch erinnern könnte. Ich zählte auf, was mir alles einfiel: Ein Schiffsmodell, auf dem Tisch eine große Flasche Whisky und so weiter. Als das, worauf sie Wert legten, nicht dabei war, fragten sie mich, ob ich denn kein Kofferradio gesehen hätte. Ich konnte mich aber daran nicht erinnern. Dann klärten sie mich auf, dass dem Amerikaner seit meiner Arbeit in seiner Wohnung das besagte Kofferradio fehlte. Sie wollten wissen, ob ich es mitgenommen hätte, was ich natürlich verneinte. Sie würden, wenn ich es zugäbe, Milde walten und es mit einer Entschuldigung und der Rückgabe des Gerätes bewendet sein lassen. Ich beteuerte wieder, damit nichts zu tun zu haben und dass ich das Vorhandensein eines Radios nicht registriert hatte. Ich hatte das Gefühl, dass die Männer mir glaubten, als sie fragten, ob ich denn alleine dort gearbeitet hätte, oder ob noch ein anderer Lehrling zugegen gewesen sei. Ich bejahte, dass ein anderer, als ich abgeholt wurde, hoch in die Wohnung kam und mir beim Runtertragen meines Werkzeuges und anderem Arbeitsbedarf geholfen hatte. Ich nannte dann auch den Namen des Jungen und ging mit meinem Ausbilder wieder nach unten zum Fahrzeug. Diesmal musste der Genannte mit nach oben. Eine Weile später kamen beide zurück und dem Jungen liefen die Tränen über die Wangen. Er hatte gestanden, für mich unbemerkt das Radio mitgenommen zu haben.

Wie kann ein Mensch nur so dumm sein. Er hatte nämlich zu meinem Glück nur das Radio und nicht die Hülle, in der es ursprünglich steckte, mitgenommen. Die Herren hatten ihm, so erfuhren wir dann von unserem Ausbilder, erklärt, dass die Polizei Fingerabdrücke genommen habe und es so eh herauskommen würde, wer es war. Auch mir hatten sie das mit den Fingerabdrücken gesagt, aber, da ich mir keiner Schuld bewusst war, konnte ich sagen, dass ich nichts dagegen einzuwenden hätte, wenn die Polizei meine Fingerabdrücke nehmen möchte.

Noch am selben Tag musste der Junge seine Sachen packen und wurde nach Hause geschickt. Er musste mit dem Radio zu dem Amerikaner, es zurückgeben und sich entschuldigen. Seit jenem Tag war der Junge nicht mehr zur Arbeit gekommen und wir hatten erfahren, dass er sofort nach Bekanntwerden, dass er der Täter war, seine fristlose Kündigung des Lehrvertrages erhalten hatte.

Erst jetzt wurde uns, die wir mit ihm zusammenarbeiteten, bewusst, dass er die letzten Tage immer ein Kofferradio dabeihatte und es in unserem Bus einschaltete. Wir alle hatten angenommen, dass es sein eigenes sei. Hätte ich gemerkt, dass er es, als er mir half, mitnehmen wollte, hätte ich dies selbstverständlich niemals zugelassen.

Das ausgezahlte Fahrgeld

Zwar war das uns ausgezahlte Fahrgeld stets gedacht, eine neue Monatskarte zu kaufen, doch an jenem Tag wurde dies vorübergehend vergessen.

Morgens wurde uns im Büro unser Fahrgeld ausgehändigt und so ging es mit dickem Geldbeutel mal wieder nach Oppenheim.

Es war ein sehr heißer Sommertag, als unser Ausbilder mit uns in eine in einem Waldstück gelegene Gaststätte fuhr. Ob es nun Zufall war oder nicht, traf er dort Bekannte. Nach einer Weile sagte er, er müsse uns kurze Zeit verlassen und wir sollten, bis er wiederkäme, in der Gaststätte und anständig bleiben.

Natürlich hatten wir das Wörtchen anständig wörtlich genommen, und, da es die Finanzen zu ließen, anständig einige Gläschen hinter die Binde gekippt. Da blieb es nicht nur bei Bierchen. Nein, auch das eine oder andere Schnäpschen wurde geschluckt.

Der Ausbilder war noch nicht zurück, da waren wir alle so blau wie die Veilchen. Da ich selbst sehr angesäuselt und Oppenheim für mich auf halber Bahnstrecke lag, wollten mich die anderen Jungs zum Bahnhof bringen. Da jedoch meine Beine immer schwerer wurden, versuchten sie mich zu schleppen. Da die Zeit aber immer knapper für sie wurde, wieder zur Gaststätte zurückzukommen, ließen sie mich mitten in einem Wäldchen zurück. Wäre eigentlich nicht weiter tragisch gewesen, hätten sie mich nicht mitten in Brennnesseln zurückgelassen. Hans und Willi hatten vor, mit dem Ausbilder nach Mainz zu fahren und dann mit den Mopeds zurückzukommen, um nach mir zu sehen.

Am nächsten Tag hatten sie mir auch berichtet, dass sie da gewesen seien, doch von mir jede Spur fehlte.

Ich war nämlich irgendwann aufgewacht und durch den Wald gegangen. Eigentlich war der Bahnhof mein Ziel, doch plötzlich stand ich am Rheinufer. Mir war nun klar, dass ich in die entgegengesetzte Richtung gegangen war. Ich machte mich im Gesicht etwas mit dem Rheinwasser frisch, wobei mich nicht störte, dass das Wasser nicht gerade das sauberste war, und legte mich eine Weile hin. Zwei Mädchen, die vorbei spazierten, stellten mit Bangen fest, dass ich nicht tot war, und liefen schleunigst davon.

Darin sah ich meine Chance, den Bahnhof zu finden. Ich lief den beiden also nach, sie wurden schneller, ich wurde schneller, wollte ich doch den Anschluss nicht verlieren, bis sie meinten, ich sei hinter ihnen her und losrannten. Erst als ich mich wieder alleine zurechtfand, ließ ich von der Verfolgungsjagd ab.

Am Bahnhof angekommen, legte ich mich erst einmal außen auf eine Bank. Irgendwann kam ich auf die Idee, mal in den Bahnhof gehen zu müssen, um zu schauen, ob denn nun bald ein Zug ginge. Und kaum war ich im Gebäude, fuhr auch schon ein Zug ein. Ich stieg ein, denn ich wusste noch so viel, dass, wenn der Zug von links nach rechts fährt, es Richtung heim gehen würde. In Osthofen angekommen stieg ich aus, da ich vorhatte, nach Hause zu laufen. Ich rief aber zuerst von einem Telefonhäuschen daheim an und fragte meinen Bruder, ob er mich mit dem Fahrrad abholen könnte, wozu er auch sofort bereit war. Als er bei mir ankam, war ich fast schon wieder nüchtern. Ich selbst fuhr das Rad, während er sich auf den Gepäckträger setzte. Na ja, die fünf Kilometer wurden einigermaßen gut bewältigt und zu Hause angekommen war von einem Rausch fast nichts mehr zu merken.

Am nächsten Tag hatten mich meine Kumpels schon mit Spannung erwartet, doch außer einiger Nesselspuren in meinem Gesicht war vom Tage zuvor nichts mehr zu erkennen. Ja, ich bemerkte, dass sie sehr erleichtert waren, mich unversehrt wiederzusehen.

Die Lehrzeit

Meine Ausbildung beim Fernmeldeamt Mainz war das Beste, was mir hatte widerfahren können. Fernmeldehandwerker war erst einmal angestrebtes Ziel, um später einmal die Laufbahn des mittleren Dienstes einzuschlagen. Die Möglichkeit, in den gehobenen Dienst aufzusteigen, stand jederzeit zur Disposition.

Doch stand das Ziel, erst einmal Handwerker zu werden, im Vordergrund.

Das erste Lehrjahr begann mit Metallbearbeitung. Es galt, einen groben Eisenwürfel mit der Feile auf ein ganz bestimmtes Maß zu schrubben und zu schlichten. Dabei mussten alle Winkel und Maße, in einer gewissen Toleranz stimmen und die Flächen plan sein. Stets wurde mit einem speziellen Winkel und einer Schieblehre die Genauigkeit überprüft. Viele Werkstücke wurden so von Hand angefertigt. Vorerst durfte nur eine Bohrmaschine als Arbeitsgerät zur Fertigung einer Lochplatte zu Hilfe genommen werden.

Feilen, Sägen, Bohren, Schmieden, Weich- beziehungsweise Hartlöten waren die Haupttätigkeiten im ersten Lehrjahr.

Auf eine Tätigkeit hatte ich mich am meisten gefreut, das Besteigen eines Telefonmastes. Mit den Steigeisen an den Füßen den Mast hoch und dies vielleicht noch dort, wo man von Passanten beobachtet wurde, und ich kam mir immer dabei bewundert vor.

Überhaupt, da das Telefon ja erst im Kommen war, war unser Trupp von der Bevölkerung gerne gesehen und stets willkommen.

Ganz stolz zogen wir unsere blauen Arbeitsanzüge an und die graue Kappe mit dem Posthorn und dem blinkenden silbernen Blitz darauf.

Unsere Lehrwerkstatt befand sich in alten Backsteingebäuden auf einer Landzunge im Zollhafen in Mainz. Auf der einen Seite hatte man den Blick auf den Rhein und auf der anderen Seite das Hafenbecken.

Einmal konnten wir zuschauen, wie die Wasserschutzpolizei dort eine Wasserleiche barg. Auch mein direkter Werktisch-Nachbar schaute gespannt dem Treiben da unten zu. Aber nicht im Geringsten hätte er damals vermutet, selbst einmal derart aus dem Rhein gefischt zu werden. Ja, das war doch ein ziemlicher Schock, als ich während meiner Abwesenheit davon erfuhr. Wie wir hörten, soll er in einem gewissen Rotlicht-Milieu verkehrt sein. Aber wie er ermordet wurde, war uns nie bekannt geworden. Nur so viel, dass er einen Schlag auf den Kopf bekommen hätte und dass man ihn etliche Kilometer flussabwärts aus dem Rhein gefischt hatte. Oh jeh, könnte es sein, dass da unserer beider Werktischnummern, meiner, 13a und der des anderen Jungen, 13b eingewirkt haben könnten, ich jedoch Glück hatte von Schlimmerem verschont geblieben zu sein? Diese Frage stellte sich mir sehr oft in meinem Leben und im Gedenken an meinen Tischnachbaren. Als diese Plätze uns zugeteilt wurden, hätte wohl keiner von uns beiden gedacht das große Pech-Los gezogen zu haben. Jedenfalls habe ich die Zahl 13 noch nie als eine Unglückszahl betrachtet.

Brachten die Tätigkeiten im ersten Lehrjahr so manche Blase und Schwiele an den Händen, konnten wir uns auf die interessanteren Arbeiten im zweiten Lehrjahr doch schon einmal sehr vorfreuen.

Es stand zwar auch weiterhin Metallbearbeitung auf dem Lehrplan, doch wurde diese überwiegend mit Maschinen verrichtet. Drehen auf der Drehbank war eine interessante wie auch gefährliche Arbeit. Einmal, ich war gerade an einem Werkstück beim Drehen, fasste die Welle einen Zipfel meines Arbeitsmantels und wickelte immer mehr meine Jacke auf. Es waren schon verdächtige Reißgeräusche zu hören, als ich geistesgegenwärtig den Notschalter betätigte. Meine Jacke hatte einige Blessuren abbekommen, aber die waren wieder zu beheben. Es war vorgeschrieben, dass bei Arbeiten an einer Drehbank grundsätzlich enganliegende Kleidungstücke getragen und lange Haare geschützt werden mussten. Immer wieder wurde uns warnend ein Unfall geschildert, bei dem einem jungen Mann die langen ungeschützten Haare vom Kopf gerissen wurden.

Wie nun mein Arbeitsmantel in die Maschine kam, kann ich nicht mehr nachvollziehen, enganliegend, na ja, so ganz war er das nicht.

Auf dem Lehrplan stand im zweiten Lehrjahr Kabellöten, das heißt, in der Fernmeldetechnik angewandte Kabel, die im Erdboden verlegt wurden, miteinander zu verbinden und die Spleißstelle mit einer Bleimuffe zu verschließen. Auch das Abschließen an Verzweigungseinrichtungen gehörte mit zu den Aufgaben. Mit dem Gasbrenner und dem heißen Zinn zu arbeiten, bedeutete hin und wieder schmerzliche Erfahrungen. Da blieb beim Verstreichen des flüssigen Zinns mit einem Lappen und Rindertalg nicht aus, dass ein direkter Körperkontakt zustande kam, was oft hässliche Brandblasen zur Folge hatte. Wurde die Flamme nicht richtig eingestellt oder die Bleimuffe oder das Bleikabel zu lange erhitzt, schmolz das Blei und die ganze Arbeit musste wiederholt werden. Ein übler Nebeneffekt bei solchen Arbeiten mit Blei war, dass die Gefahr bestand, sich eine Bleikrankheit einzufangen. Zu erkennen war sie an einem süßlichen Geschmack im Mund und grau werdendem Zahnfleisch. Dann musste umgehend gehandelt, viel Milch getrunken und die Tätigkeit unterlassen werden.

Viel mehr Spaß machte mir die Verdrahtung von Relaisschienen, Telefonapparaten oder Telefonanlagen. Die Kabelformen wurden festgelegt, das heißt, wie sie an den Schienen verlaufen sollten, dann mit einem Messstab die Maße genommen und auf eine Holzplatte übertragen. An Biege- oder Abzweigpunkten wurden Nägel in das Brett geschlagen und dann die einzelnen Drähte vom Ausgangspunkt zum Zielpunkt verlegt. Waren alle Drähte ausgelegt, folgte die Bindung des gesamten Kabelstammes mit gewachstem Bindegarn. Da kam es schon einmal vor, dass sich am kleinen Finger und seinem Ballen schmerzhafte Einschnitte, die beim Ziehen des Fadens entstanden, bildeten. Spannender Moment war immer der, wenn die Drähte am Bestimmungspunkt, den Lötösen oder Lötfahnen, verlötet waren. Ob gute Arbeit verrichtet wurde, zeigte stets ein elektrischer Test.

In dieser Zeit kam man auch das erste Mal mit einem Telefon in Berührung, mit dem die Möglichkeit bestand, nach außen, außerhalb der Lehrwerkstatt, ins öffentliche Netz zu telefonieren. Obwohl es strenge Richtlinien gab, dieses Telefon zu benutzen, erlaubten wir uns dennoch den einen oder anderen Schabernack. „Haben sie Eisbein?“, fragten wir bei Anrufen in verschiedenen Metzgereien. Da die Antwort immer „Ja“ lautete, erwiderten wir auch stets mit: „Dann ziehen sie doch warme Strümpfe an!“ und legten auf. Es reichte schon, dass wir uns die Reaktionen der Reingelegten vorstellten, um uns zu amüsieren.

Im dritten Lehrjahr konnten wir das, was wir gelernt hatten, endlich in die Praxis umsetzen.

Da zu dieser Zeit noch viele Fernsprechteilnehmer oberirdisch versorgt waren, bestand unsere Hauptaufgabe darin, Kabel in Kanäle einzuziehen und die einzelnen Häuser mit Endverzweigern und somit unterirdischer Versorgung zu versehen.

Der Sprechstellbau hatte mich besonders fasziniert. Telefone einrichten und sie den Kunden, damals hießen sie noch Teilnehmer, zu übergeben, zuzusehen, wie sehr sie es genossen, nun mit der weiten Welt direkt in Verbindung treten zu können, war schon einmalig.

Auch der Bau von Telefonanlagen in Gewerbe- und Industrieobjekten hatte mich sehr interessiert. Schon damals wusste ich, dass ich, wenn sich irgendwie die Möglichkeit ergäbe, in den Entstörungsdienst eintreten würde. Dafür Sorge zu tragen, solch wichtige Einrichtungen wie Münztelefone, Nebenstellenanlagen, Notrufanlagen und so weiter im Falle aufgetretener Störungen wieder in einen betriebsfähigen Zustand zu versetzen. Nach der Lehrzeit ging ich zuerst in den Sprechstellenbau im Wormser Fernmeldebaubezirk. Diese Zeit, selbstständig mit dem Dienstfahrzeug, einem VW Käfer unterwegs zu sein, machte riesigen Spaß.

Fast mit Dienstfahrzeug gefangen

Einmal war mir echt übel und ich beschloss, mich während der Mittagspause in meinem gelben Käfer mit einem kleinen Nickerchen zu erholen. Nicht jeder sollte sehen, wie da ein Staatsbediensteter im Auto sitzt und schläft. Ich beschloss, an den Rheinhafen zu fahren, um mich dort im Fahrzeug hinter einer Lagerhalle zu verbergen. Plötzlich weckte mich ein immer wiederkehrendes Geräusch. Ich musste in einen ziemlichen Tiefschlaf gefallen sein, sodass ich nicht bemerkte, wie sich jemand mit einem Kran einen Scherz erlaubte und mich mitsamt Fahrzeug mit gepressten Stoffballen zusetzte. Als ich mich umsah, waren bereits drei Seiten geschlossen. Nur nach hinten war erst ein Ballen hingesetzt. Ich legte den Rückwärtsgang ein, schob den Ballen zur Seite, fuhr aus meinem fast fertigen Gefängnis heraus und machte mich auf und davon.

Weit und breit keine Toilette

Einmal war unser Trupp mit Arbeiten an einer oberirdischen Linie beschäftigt, da hieß es Feierabend, alles zusammenpacken und fertig zur Rückfahrt machen. Ein Kollege war noch auf dem Mast und wollte partout nicht herunterkommen, obwohl auch er mit seiner Arbeit fertig war. Unser Vorarbeiter rief ihm noch zu, dass er sich beeilen solle, aber er kam einfach nicht herunter. Dann ging er hin zum Mast und sprach mit dem Kollegen. Während er da oben sich doch so langsam auf den Weg nach unten machte, kam unser Vorarbeiter auf mich mit einem eigenartigen Grinsen zu und fragte mich: „Helmut, wass moonschden warum der do owwe net erunner kumme will?“ „Koo Oohnung“, erwiderte ich. „Der hot in die Hosse geschiss unn will nemee erunner kumme, weiler sisch scheniert – konschde der sowas vorschdelle?“ Irgendwann hätte er ja runterkommen müssen, da gab es doch überhaupt keine Alternative. Aber, was in diesem Moment in dessen Kopf vorging, konnte sich niemand so recht vorstellen. Ich muss sagen, es war kein großes Vergnügen, ihn im Fahrzeug zu haben, um ihn nach Hause zu fahren. Tage danach schien der bestialische Geruch noch in unserem Mannschaftsbus wahrnehmbar zu sein.

Heikle Situation

Mussten wir während der Lehre noch Mauerdurchbrüche mit Hammer und Meißel herstellen, gab es im Sprechstellenbau bereits die ersten elektrischen Bohrmaschinen, allerdings ohne Schlagvorrichtung.

Einmal galt es für mich, in einem Wohnhaus durch eine dicke Außenwand ein Loch zu bohren. Die Wand war so stark, dass der Bohrer mit einer Verlängerung versehen werden musste. Ein schwerer Schreibtisch stand im Weg, aber es bestand ja die Möglichkeit, teils darunter zu kriechen. In Bauchlage setzte ich den Bohrer an. Zuerst war das Material weich und es ging auch sehr gut, doch plötzlich nur noch millimeterweise voran. Ich drückte etwas heftiger und da geschah es. Der Bohrer hatte sich festgefressen und die Maschine verdrehte mir die Arme. Ich hielt die beiden Griffe sehr fest, denn hätte ich nur einen losgelassen, hätte es mir vermutlich den anderen Arm ausgekugelt. Nach Hilfe wollte ich nicht rufen, denn das hätte mich schwach aussehen lassen. Also lag ich da und hielt die Maschine, auf ein mögliches Wunder wartend, fest. Und tatsächlich kam in diesem Moment ein Kollege zur Tür herein, den ich bat, den Stecker herauszuziehen. Unbeschreiblich, dieses Gefühl, endlich befreit zu sein. Ich bohrte nun etwas vorsichtiger weiter und zog immer wieder die Maschine zurück, um das gelöste Material aus der Wand zu holen.

Noch tagelang hatte ich Schmerzen in den Armen, die sich aber nach und nach wieder legten.

Noch eine harte Wand

Einmal, in einem älteren Wohnhaus sollte ein Telefon eingerichtet werden. Wegen Leitungsmangels gab es die damalige Lösung, eine Leitung mit zwei Telefon-Anschlüssen zu versehen, indem ein sogenannter Zweieranschluss installiert wude. Dazu war zwingend technisch erforderlich, eine Möglichkeit zu finden, diese Einrichtung zu erden. Weit und breit war keine Wasserleitung auf Putz zu sehen. Nur der Wasserhahn selbst lugte aus der Wand. An diesem beabsichtigte ich, mit einer Schelle die Erdleitung zu befestigen, die ich mit Kabelschellen und Nägeln heranführte. An einer solch harten Wand hatte ich ja noch nie zuvor eine Leitung zu verlegen. Das muss massiver Beton sein, dachte ich, und hämmerte und hämmerte. Ein Stahlnagel nach dem anderen verbog sich und deshalb setzte ich, nachdem ich die krummen Nägel entfernt hatte, immer wieder einen neuen an. Als ich gerade wieder einen Nagel entfernt hatte, bemerkte ich voller Entsetzen, wie tröpfchenweise Wasser aus der Wand trat. Niemals hätte ich gerade dort den Verlauf der Wasserleitung vermutet. Ich klopfte wieder einen Nagel in die noch kleine Öffnung und konnte so das Tropfen stoppen. Der alten Frau, der Besitzerin des Hauses, zeigte ich, was geschehen war und riet ihr, einen Handwerker kommen zu lassen, der die Schadstelle wieder in Ordnung brächte. Aber die alte Dame sagte nur: „Dess macht nix, dess Haus werd sowieso ball abgerisse."

Dieses Haus beschäftigte mich noch eine geraume Zeit und ich war sehr erleichtert, als eines Tages schweres Baugerät das Häuschen dem Erdboden gleich machte.

Die Führerscheinprüfung

Der größte Wunsch eines jungen Menschen ist es, endlich den Führerschein für ein Kraftfahrzeug in der Tasche zu haben. Auch ich hatte mich hierfür angemeldet und es sollten gleichzeitig der Führerschein für Pkw (Klasse 3) und der für das Fahren eines Motorrades (Klasse 1) sein. Alles lief wunderbar. Das Fahren während der Fahrstunden in der Stadt Worms bereitete mir keine Probleme und die theoretische Prüfung war bereits bestanden, nur noch die praktische Prüfung hinter mich zu bringen, dürfte auch nicht allzu schwer sein. Ja, so dachte ich, doch womit ich nicht gerechnet hatte, dass im letzten Moment doch noch etwas schiefgehen könnte. Mein Schwager, der mit mir zur gleichen Zeit die Prüfung machte, riet, so ca. eine Stunde vor Beginn der Prüfung, in einer nahegelegenen Kneipe zur Beruhigung ein Schnäpschen zu trinken. Ich kann bis heute noch nicht nachvollziehen, wie ich mich auf solch einen Rat einlassen konnte. War es, dass ich mich ihm gegenüber als Mann, er war fünf Jahre älter als ich, zeigen wollte, oder dachte ich in diesem Moment voller Vorfreude nicht an die Wirkung des Alkohols? Er jedenfalls bestand die Prüfung und ich durfte noch ein paar Tage „Ehrenrunden" in Worms drehen. Es war nicht mein kleiner Fahrfehler, der mir, vermutlich durch die Alkoholeinwirkung den „Lappen" kostete, was mich so sehr ärgerte, nein, dieser Triumph meines Schwagers und meine eigene Dummheit, mich auf seinen Rat eingelassen zu haben.

Einen Wermutstropfen gab es jedoch für mich, der Motorrad-Führerschein wurde mir bereits ausgehändigt, da ich die Prüfungen hierfür bestanden hatte.

Das geschenkte Motorrad

Kaum zu glauben, aber wahr: Papa hatte als Aushilfe bei größeren Arbeiten stets auf die Hilfe eines jungen Schreiners aus unserem Ort zählen können, der hierzu gerne bereit war und als Gegenleistung gelegentlich Arbeiten für sich persönlich in unserer Werkstatt mit den Maschinen ausführen durfte. Er hatte zwar Schreiner gelernt, arbeitete aber bei der Bundespost und dank seines Schichtdienstes konnte er seine Zeiten hierzu sehr gut einteilen.

Eines Tages sollte in unserem Nachbarort Herrnsheim im Wohnhaus eines landwirtschaftlichen Betriebes in einigen Räumen Parkett verlegt werden. Da es ein lukratives Geschäft zu sein schien, sollte dieser Schreiner als Hilfe tätig werden, da Papa diese Arbeit alleine nicht angehen wollte. Den Auftrag schien er ablehnen zu müssen, da seine Hilfe zur fraglichen Zeit Urlaubspläne hatte. Damit dieser Auftrag dennoch ausgeführt werden konnte, trat der Helfer an mich heran und bat mich, als sein Ersatz beim Parkettverlegen zu helfen. Er versprach mir, wenn ich mich hierfür bereiterklärte, mir sein Motorrad zu schenken. Ich wollte es zuerst gar nicht glauben, doch wurde mir versprochen, dass ich mich fest auf diesen Deal verlassen könnte. Schließlich willigte ich ein und konnte es kaum erwarten, mein „neues“ Fahrzeug, eine 175ger DKW, in Augenschein nehmen zu dürfen.

War das eine Freude, als die Parkett-Verlegearbeit abgeschlossen war. Ich hatte ein tolles Motorrad und zudem mir noch ein beachtliches Taschengeld verdient. Alle waren glücklich und zufrieden. Ich als der Beschenkte, der verhinderte Helfer als Beschenker und Papa, der sich sehr gerne sein vorher veranschlagtes Sümmchen ausbezahlen ließ.

Mein Motorrad

War das eine Freude, als ich endlich das Motorrad in Empfang nehmen durfte. Es war in einem sehr gepflegten, einwandfreien Zustand, ganz schwarz mit einigen weißen auflackierten Zierlinien. Einzig der zweite Sitz sah nicht ganz so gut aus, er ließ das Fahrzeug etwas unsportlich erscheinen, da er beträchtlich höher als der Fahrersitz angebracht war. Auch die nach oben gezogene Lenkstange war nicht so, wie ich sie mir gewünscht hätte. Aber, dies waren lediglich kleine Schönheitsfehler, die bei Bedarf ab und wieder aufmontiert und der Lenker nach Belieben tief nach unten oder nach oben gezogen werden konnte. Ansonsten war an dem Motorrad nichts auszusetzen. Es brachte es auf 110 bis 120 km/h und dies war für die damalige Zeit schon eine beachtliche Geschwindigkeit. Ein ganz neues Fahrgefühl, anstatt mit einem lahmen Moped umherzutuckern, mit dieser Maschine durch die Gegend zu rauschen.

Sie kam mir sehr gelegen, hatte ich nun die Möglichkeit, nicht mehr auf öffentliche Verkehrsmittel angewiesen zu sein. Gelegentlich machte es großen Spaß, einen Sozius mit an Bord zu haben. Doch gab es auch Momente, in denen mein Schutzengel mal wieder ordentlich zu tun hatte.

Der Überschlag

Einmal, ich war auf dem Weg von meiner Arbeitsstätte in Worms nach Hause, wurde mir der tiefergezogene Lenker fast zum Verhängnis. Am Ortseingang Herrnsheims fuhr ich etwas zu schnell in eine Rechtskurve und legte mich dabei zu sehr auf die Seite, sodass sich irgendwie meine Lenkstange unter dem Tank verheddert haben musste. Jedenfalls ging plötzlich das Motorrad hinten hoch, ich flog durch die Luft und die Maschine über mich hinweg. Das Motorrad kam etwa zehn Meter entfernt zum Liegen und ich musste mich zuerst einmal besinnen, wo ich war. Ein sich mit seinem Fuhrwerk in der Nähe befindender Landwirt kam angerannt und wollte mir helfen. Doch befürchtete ich, er würde mich meiner Fahrweise wegen beschimpfen, rannte zu meinem Motorrad, das noch lief, sprang auf und setzte meine Fahrt fort. Mir kam gar nicht in den Sinn, über Verletzungen oder Schäden am Motorrad nachzudenken. Erst als ich zu Hause angekommen war, begutachtete ich mein Motorrad und dann die Stellen an meinem Körper, an denen ich Schmerzen verspürte. Aber zum Glück gab es keine gravierenden Schäden. Am hinteren Sattel war die Befestigung etwas verbogen und ich selbst hatte nur ein paar kleine Schürfwunden. Irgendwie musste ich in diesem Moment an die Worte denken, die mittlerweile in unserem Dorf aus vieler Munde zu vernehmen waren: „Der rennt sisch mit dem Ding garandiert emol es Hern oi.“ Na ja, trotz alledem was mir mit diesem Motorrad geschah, kann ich heute sagen, dass es dazu nicht gekommen war.

***

Eine andere gefährliche Begebenheit auf dieser Wegstrecke zu oder von meiner Arbeitsstätte geschah, als ich mit einem damaligen Kollegen, Manfred aus Gundersheim, auf dem Weg zur Arbeit war, er mich, aus welchem Grund auch immer, zu Hause abholte und mitnahm. Da unten, um den Herrnsheimer Schlosspark in Richtung Worms, geschah es, dass mich Manfred darauf aufmerksam machte, dass uns links gerade ein herrenloses komplettes Rad eines Pkws überholte, was ihn spontan in ein herzhaftes Lachen versetzte, er jedoch jäh schrie: „Schei ..., dess iss jo moins!“ und vorsichtig sein Fahrzeug zum Stehen brachte. Immer noch blass von dem Schock, verfolgten wir mit den Augen, wo dieses Rad nun zum Stillstand kommen würde. Zum Glück kam gerade niemand, entgegen sonst ...?!

Manfred musste nicht lange nach dem Wieso und Weshalb fragen, sofort war ihm klar, dass er bei einem kurz zuvor erfolgtem Räderwechsel bei diesem einen die Schrauben nicht richtig angezogen hatte.

Nicht allzu weit, es mögen vielleicht 50 Meter gewesen sein, rollte das Rad in einen Graben. Ich rannte hin und holte es bei. Meine Erinnerung, wie er dieses Rad nun wieder am Auto angebracht hatte, hinterließ eine Gedächtnislücke. Jedoch, wie ich Manfred und seine praktischen Ideen und Fähigkeiten kannte, muss er noch solche Schrauben im Wagen gehabt haben oder provisorisch aus drei anderen Rädern jeweils eine herausgedreht und das eine Rad damit befestigt haben. Seine Worte damals: „Es werd schunn halte!“ Für noch zurückzulegende 5 km für mich ein klares „Okay“.

Das Überholmanöver

Einmal, ich machte mit meinem Bruder auf dem Rücksitz eine Spritztour, behinderte unsere rasante Fahrt ein VW Käfer. Die Straße war frei, kein Gegenverkehr und einem Überholen stand nichts mehr im Wege. Doch, weshalb ich mich nach dem Überholvorgang in einer leichten Linkskurve nach hinten umschaute, kann ich heute nicht mehr nachvollziehen. Wie weit der Käfer bereits zurückgefallen war, hätte ich auch im Rückspiegel sehen können. Doch, oh-oh, als ich wieder nach vorne schaute, befand ich mich in voller Fahrt auf dem grünen Seitenstreifen neben einem zum Glück nicht tiefen Graben. Einem Leitpfosten, der auf mich zu kam, konnte ich gerade noch so ausweichen, jedoch auf der dem Graben zugewandten Seite. Nur jetzt nicht bremsen, schoss mir durch den Kopf, und so gab ich weiterhin Gas und streifte an dem Pfosten vorbei. Ich verspürte einen starken Schmerz an meinem linken Fuß und meinen Bruder hörte ich einen lauten Schmerzschrei ausstoßen. Da mussten wir durch, dem nachfolgenden VW-Fahrer nur keine Blöße zeigen. Ich bemerkte, dass ich meinen linken Fuß nicht mehr auf die Fußraste stellen konnte, da diese nicht mehr vorhanden war. Zu Hause angekommen, betrachteten wir erst einmal unsre Füße. Na ja, sie schmerzten doch sehr, schienen aber noch dran zu sein. Wir hatten nicht den Mut, die Schuhe auszuziehen und nachzusehen. Wir gingen hoch auf unser Zimmer und erst dort zogen wir unter starken Schmerzen unsere Schuhe aus. Es stellte sich augenscheinlich heraus, dass außer sehr starken Prellungen keine größere Verletzung davongetragen wurde.

Einen Arzt hatten wir nicht aufgesucht, wir verließen uns mal wieder ganz auf unseren Schutzengel, der außer den in den nächsten Tagen und Wochen immer noch starken Schmerzen nur große rote, gelbe, grüne und blau Flecken zuließ. Das Motorrad, welches doch mit der Zeit einige Blessuren hatte, sollte nun so langsam ausgedient haben. Meine beiden nach meiner Krankheit gewonnenen Freunde, Wolfgang und Georg besaßen bereits ein Auto, Wolfgang einen gebrauchten Opel Rekord und Georg einen noch etwas neuwertigeren VW Käfer.

Ich hingegen sollte noch eine geraume Zeit zu warten haben, bis mein Versprechen Mama gegenüber eingelöst worden war.

Zur damaligen Zeit hatte Papa noch ausstehende Zahlungsverpflichtungen, welche für einen Kredit für eine größere Maschine noch abzuzahlen waren. Eine Maschine, die er jedoch nie zu Gesicht bekommen hatte, da er einem dubiosen Geschäftsmann ein stattliches Sümmchen als Vorleistung dafür erbrachte, jedoch übelst reingelegt wurde.

Papa und Mama hatten mittlerweile eine sehr kleine Rente und da wollte ich unbedingt ein wenig mit meinem Einkommen zur Tilgung beitragen. Als ich Mama sagte, dass ich noch so lange den größten Teil meines Einkommens abgeben möchte, bis die Schuld getilgt war, freute sie sich zwar, meinte aber, dass ich dies nicht unbedingt tun müsste, sie auch so zurechtkämen. Ich aber bestand darauf und hielt mein Versprechen.

Meine Schwester hatte Mama ihr mit gerade einmal 17 Jahren geborenes sehr liebes Töchterchen überlassen, welches sie auch sehr sorgfältig hegte und pflegte, es bis zu dessen beginnender Schulzeit als festes und sehr willkommenes Familienmitglied aufgenommen hatte. Da waren die 80 DM Alimente des Kindsvaters keine allzu große Hilfe.

Trotz meines damals noch geringen Einkommens – meine erste Lohntüte enthielt nicht einmal 500 DM – sparte ich mir so viel Geld zusammen, dass ich mir mein erstes selbst verdientes Auto kaufen konnte.

Das erste selbst verdiente Geld

Ach, war das ein wunderbares Gefühl, endlich sein eigenes Geld zu verdienen und sich auch einmal etwas Größeres kaufen zu können. Da ich selbst noch kein eigenes Auto besaß, nahmen mich meine beiden Freunde zwar immer und überallhin mit ihren Autos mit, doch fand ich es nun langsam an der Zeit, auch ein eigenes haben zu wollen. Das Verlangen, unabhängig zu sein, wurde auch immer größer.

Es ist eigentlich kaum zu glauben, dass ein junger Mensch, der ich mit meinen 20 Jahren nun war, noch niemals die Berge, noch niemals das Meer gesehen hatte. Ich hatte bisher zwar nie das Bedürfnis danach, wusste ich doch, dass Mama und Papa diese wunderbare Erfahrung auch selbst noch nie machen durften. Ja, Papa sein Versprechen Mama gegenüber niemals einlöste, doch für ein paar Tage mal in den Odenwald zu fahren und richtig Urlaub zu machen. Mama hätte dies allemal überaus verdient. Denn ein Leben lang war ihr keine Arbeit zu viel gewesen. Sie versorgte uns allerliebst, hütete das Haus, fütterte und mistete das Schwein, fegte die Straße, bepflanzte und bearbeitete unseren Garten und unsere Äcker, tapezierte und strich die Wohnung und ging als Tagelöhnerin mit den Bauern auf die Felder. Zwischendurch half sie noch Papa in der Werkstatt, schmierte ihm das Brot und schnitt es zudem noch in mundgerechte Stücke. Worte des Dankes hierfür konnte ich niemals vernehmen, eine von sich aus angebotene Hilfe im Haushalt konnte sie von ihm auch nie wahrnehmen. Bei Gartenarbeiten war er sehr schnell so weit, dass er unbedingt ein Päuschen einlegen musste. Aber, für was stand sie denn eigentlich da an unserem Brünnchen, die von ihm angefertigte hölzerne Gartenbank? Genau, zum darauf setzen natürlich, und, um dabei genüsslich ein Zigarettchen oder eine Zigarre zu rauchen. Seiner lieben Frau bei der Arbeit zuzuschauen, muss ihm als 7 Jahre älterer doch sehr angenehm vorgekommen sein, und er kostete und genoss es zusehends.

Mama hatte sich aber niemals beschwert, ja, sie sah es als ihre Pflicht, und es schien ihr sogar Spaß zu machen.

Was aber für uns Kinder das Allerwichtigste war, sie war eine ausgezeichnete Köchin und Bäckerin. Was sie mit einfachsten Grundnahrungsmitteln, wie Kartoffeln, Reis, Mehl und Gemüse aus unserem Garten zu hervorragenden Mahlzeiten kreieren konnte, war jederzeit ein Hochgenuss und erst Jahre nach ihrem Tod wurde uns dies erst richtig bewusst. Danke Mama!

Ja, da kam gerade gelegen und dies nicht nur mir, dass ich finanziell in der Lage war, mir von meinem Gesparten ein eigenes Auto zu kaufen. Konnte ich doch nun damit Papa besser bei der Transportbewältigung seiner angefertigten Tischlerarbeiten zum Kunden unterstützen, Mama bei der Feld- und Gartenarbeit als Chauffeur und auch als Transporteur sehr dienlich sein. Denn sie musste nicht mehr die Entfernung von ca. 1 km zu unserem Garten mit dem Leiterwagen, auch nicht den ca. 2 km langen Weg zu unserem Spargelacker zu Fuß zurücklegen. Spargelacker, auf die Idee, ihn anlegen zu lassen, kam Papa, da Spargel zu jener Zeit doch noch sehr wenig angebaut wurde und dementsprechend hoch die Preise gewesen sind, dachte er, dass da wohl nebenbei ein feines Sümmchen zu verdienen wäre. Dass dies nur mit sehr hohem Arbeitsaufwand zu bewältigen wäre, daran dachte er vermutlich überhaupt nicht. Mussten doch regelmäßig morgens und abends ob bei Regen oder Sonnenschein, über 3 Monate hinweg die Spargeln gestochen, geputzt, sortiert und in der Sammelstelle abgegeben werden. An jener Sammelstelle wurden auch die von uns Kindern gesammelten Weinbergschnecken und die Felle gefangener Maulwürfe und Hamster abgegeben. Gelegentlich Weinbergschnecken sammeln, das konnte schon fast zu einer Leidenschaft werden, jedoch Tiere ihres Felles wegen töten, nein, das kam uns nicht in den Sinn. Da waren schon einige Erwachsene mit ihren Fallen unterwegs, oft von den Landwirten auf Bauten der kleinen Nager aufmerksam gemacht, um sich die eine oder andere DM dazu zu verdienen.

Mein erstes Auto

Endlich ging ein großer Traum in Erfüllung, ein eigenes Auto. Es war eigentlich ein sehr seltsames Gefährt, jedoch, welch einen komfortablen Schlitten konnte man sich denn schon für 1500 DM kaufen. Na ja, musste es auch gar nicht sein. War ich mir doch jederzeit bewusst, ein anspruchsloser Mensch zu sein. Immerhin führte das Auto den Namenszug „SPEZIAL“, also schon etwas Besonderes, sollte man meinen. Ein Fiat 1100 Neckar Spezial war die vollständige Bezeichnung. Sah vorne aus wie hinten, hatte genügend Platz für 5 Personen und genügend Gepäck. Blau war zwar nicht meine Lieblingsfarbe, stand dem Wagen aber ganz gut und mit ein wenig Aufmotzung, beeindruckte er sogar ein wenig. Na, das wurde jedenfalls so angenommen. Einige weiße Streifen auf den Kofferraumdeckel, um die Front- und Heckscheibe innen eine Bordüre mit kleinen weisen Bommeln, selbstverständlich das grüne Duftbäumchen an markanter Stelle, perfekt. Fehlte eigentlich nur noch ein Wackeldackel und eine mit Häkelkunst verzierte Rolle Toilettenpapier. Nein, das wäre mir zu unsportlich gewesen.

Eine ganz große Besonderheit hatte mein Wägelchen. Das Gas war mit einem Handhebel festzustellen. Nur blöd, dass der Motor aufheulte, wenn man die Kupplung getreten und den Gashebel noch nicht zurückgeschoben hatte. Es dauerte aber nicht sehr lange, bis man das Ganze unter Kontrolle hatte. Auch bedurfte es einiger Zeit, sich an die Lenkrad-Schaltung und den Frontantrieb zu gewöhnen.

Der Autounfall mit Totalschaden

Wie sehr hatte ich doch meine Freude mit meinem Fahrzeug. Doch diese Freude währte nicht allzu lange.

Da sich zu jener Zeit mein Bruder in der Lehre als Schreiner in der relativ großen Werkstatt unseres Onkels, dem Bruder Papas, in Pfeddersheim befand, fuhr ich ihn – besonders bei schlechtem Wetter – morgens dort hin und holte ihn nach Feierabend auch wieder ab. Meinem Bruder kam dies sehr gelegen, musste er nicht die 6 km mit dem Fahrrad bewältigen.

Es trug sich zu, dass ich ihn an einem neblig-regnerischen Novembertag wieder abholte. Eigentlich meine Geschwindigkeit dem diesigen Wetter angepasst, fuhren wir auf der Landstraße, als ca. 1 km vor der Ortseinfahrt unseres Heimatortes der Nebel immer dichter wurde. Plötzlich, wie aus dem Nichts, tauchte vor mir ein Moped ohne Licht, auch in unsere Richtung fahrend, auf. Um einen Zusammenstoß zu vermeiden, trat ich voll auf die Bremse und zog dabei das Lenkrad leicht nach links. In diesem Moment jedoch bekam ich ganz plötzlich mein Fahrzeug nicht mehr unter Kontrolle, es drehte sich mit dem Heck und stand nun quer zur Gegenfahrbahn. Na ja, noch einmal gutgegangen, sollte man meinen, aber nein. Gerade das Gegenteil war der Fall. Ein gerade entgegenkommender VW-Käfer fuhr mir frontal in meine rechte Seite. Oh je, nach dem schrecklich lauten Knall des Aufpralls war es ganz still. Mein Bruder saß bewusstlos neben mir und ich war doch sehr froh, als er plötzlich wieder die Augen öffnete und fragte: „Was issen passiert?“ Ich selbst war natürlich auch zuerst einmal geschockt, sodass ich ihm noch gar nicht erklären konnte, was denn nun wohl passiert sei. Der vermeintliche Mopedfahrer hielt kurz an der Unfallstelle an, setzte aber sogleich seine Fahrt wieder fort. Im beteiligten Fahrzeug saßen ein Mann und eine Frau. Sie hatten keine größeren Verletzungen, nur die Frau beklagte den Verlust eines Zahnes, was man auch an ihrem blutenden Mund erkennen konnte. Im Nachhinein konnte ich nicht mehr nachvollziehen, wie lange es dauerte, bis die Polizei und ein Krankenwagen eintrafen. Als ich mich meinem Bruder wieder zuwandte, klagte er über Schmerzen in der rechten Hüftgegend. Erste Voruntersuchungen der Sanitäter ergaben kein genaues Bild, nur so viel, dass er mit ins Krankenhaus nach Worms zum Röntgen kommen sollte. Da es mittlerweile dunkel wurde, konnte ich nicht erkennen, was auf der Straße zur plötzlich aufgetretenen Glätte beigetragen hatte. Dies zeigte sich erst, als ich am nächsten Tag zur Unfallstelle gekommen war, um mein Auto abschleppen zu lassen und die Unfallstelle zu reinigen. Ausgerechnet an jener Stelle, als ich zu bremsen anfing, mündete von rechts ein sehr stark verschmutzter Feldweg in die Landstraße. Ein Landwirt hatte kurz zuvor Zuckerrüben von seinem Acker abtransportiert und dabei auf der Straße eine lange Schlammspur hinterlassen. Danke, lieber Landwirt, dachte ich zornig, musste es aber unumwunden so hinnehmen, dass es letztendlich doch meine eigene Schuld gewesen war.

Beim Besuch meines Bruders im Krankenhaus in Worms am nächsten Tag offenbarte sich, dass er einen sogenannten Sitzknochen gebrochen hatte. Mir tat er sehr leid, dass ich ihn durch meinen Fehler in diese Situation gebracht hatte. Er erholte sich den Umständen entsprechend wieder sehr schnell und die Hauptsache war, dass er keine Folgeschäden davontrug.

Noch sehr lange musste ich den schmerzhaften Anblick meines geliebten Autos ertragen, stand es doch gut sichtbar in der hinteren Ecke unseres Hofes. Na ja, selbstverständlich so, dass die beschädigte Seite nach hinten zeigte, zu Papas Werkstatt hin.

Kein Zeuge zum Unfallhergang war aufzufinden, außer meinem Bruder, der mich dazu mit seiner Schilderung und Aussage hätte entlasten können. In jenem Moment kam es mir so vor, als sei die ganze Welt gegen mich. Auch gab es zu der Zeit noch keine Rechtsschutz-Versicherung, sodass ich mir einen Anwalt zu meiner Entlastung hätte nehmen können. So blieb mir nichts anderes übrig, als in den sauren Apfel zu beißen und die auferlegte Strafe hinzunehmen. 800 DM Bußgeld wegen Körperverletzung und ein Monat Fahrverbot schien mir doch für die damalige Zeit und meine finanzielle Lage sehr heftig und ich bin mir heutzutage sehr sicher, dass ein Rechtsbeistand dafür mildernde Umstände und somit eine Entlastung für mich hätte beitragen können. Hatte ich doch den Mopedfahrer mit meiner eingeleiteten Vollbremsung vor großem Schaden, vielleicht sogar vor seinem Tod verschont.

Niemand außer meinem Bruder konnte bestätigen, dass es diesen Mopedfahrer tatsächlich gegeben hatte. Aber, weshalb wurde uns diese Tatsache nicht geglaubt? Weshalb sonst hätte ich denn so stark bremsen sollen?

Im Nachhinein war aus unserem Bekanntenkreis zu erfahren, dass mein Unfallgegner kurz vor dem Unfall noch in einer Gaststätte im Dorf mit seiner Frau gesessen und etwas gegessen, dazu alkoholhaltige Getränke getrunken hatte. Hätte nicht auch er vielleicht anders reagiert, wenn sein Alkoholgenuss vorher nicht mit eingewirkt hätte? Die den Unfall aufnehmende Polizei hatte gar nicht im Sinn, von uns beiden einen Alkoholtest vorzunehmen. Für sie stand zweifelsfrei fest, wer der Schuldige gewesen ist.

Für mich hatte jener Unfall zur Folge, dass ich während der nachfolgenden Jahre meiner Autofahrerzeit sehr vorsichtig geworden bin und mich nicht allzu sehr auf meinen Schutzengel verlassen habe. Oder hatte dieser vielleicht mich und die anderen Beteiligten schließlich sogar vor Schlimmerem bewahrt?

Na ja, wie auch immer, ich kann nach heutzutage über 50 Jahren sogar nachweisen, bisher unfallfrei mit dem Privat-Pkw gefahren zu sein.

Meine erste Auto-Reparatur

Da stand nun mein ehemaliges Traum-Auto, das erst kürzlich zu einem Albtraum-Auto geworden ist. Ab dem Tag des Unfalls mit dem Bus zur Arbeit fahren wäre für mich zum absoluten Horror geworden. Doch glücklicherweise ließ sich eine Mitfahrgelegenheit mit Arbeitskollegen arrangieren, sodass die Umstände vorerst doch ein wenig gemildert wurden. Aber dies sollte nicht die letzte Möglichkeit einer unabhängigen Mobilität für mich gewesen sein.

Ein in der Nähe wohnender Kunde Papas machte darauf aufmerksam, dass er den gleichen Fahrzeugtyp mit defektem Motor zu Hause stehen hätte und er bereit wäre, mir dieses Fahrzeug preisgünstig zu verkaufen. Hm, es war einerseits schon ein etwas seltsames Gefühl in meiner Magengegend, dieses schon etwas mehr in die Jahre gekommene graue Gefährt als mein nächstes Auto fahren zu müssen. Aber schließlich entschied ich mich doch, in den sauren Apfel zu beißen, würde sich doch bestimmt, wenn ich finanziell etwas bessergestellt sein würde, bald eine andere Möglichkeit finden lassen, ein schöneres und neueres Auto zu kaufen.

Es hatte schon etwas für sich, dass ich meinem Freund Wolfgang, der den Beruf des Autoschlossers gelernt hatte, gelegentlich dabei half, einen VW-Motor eines Käfers zu reparieren. Zwar ging es in erster Linie darum, den schweren Heckmotor herauszuheben, ich bekam aber sehr tiefe Einblicke in das Innenleben eines Motors. Ein- und Auslassventile, Kurbel- und Nockenwelle, Zylinder, Zylinderkopf sowie Kolben und deren Dichtringe, Zündkerzen, Zündverteiler und die Verbindungskabel. All jene Begriffe und noch sehr viel mehr hatten sich so sehr in meinem Gedächtnis festgesetzt, dass ich möglicherweise sogar selbst in der Lage wäre, einen Motor zu zerlegen und auch wieder zusammenzubauen.

Man könnte sagen: „Früh übt sich, was einmal ein Meister werden möchte." Denn alsbald sollte sich zeigen, dass sich das, was ich durch meine Aufmerksamkeit gelernt hatte, tatsächlich als sehr nutzbar für mich zeigen würde.

Das Fahrzeug mit dem defekten Motor, welches ich nach reiflichem Überlegen erworben hatte, galt es nun wieder fahrbereit zu machen. Nein, meine beiden Freunde, die ja das Handwerk des Autoschlossers gelernt hatten, sollten von meinem Vorhaben, die nötigen Reparaturen zu erledigen, nichts erfahren. Ich selbst wollte es unbedingt wissen, ob ich nicht auch in der Lage sein würde, solche Arbeiten zu verrichten. Zuerst musste ich den defekten Motor ausbauen und mir dabei merken, wo die einzelnen Kabel und Schläuche angeschlossen waren. Dann den ausgebauten Motor hinten in unseren Gewölbekeller schleppen. Oh je, war das eine Schufterei. Die steile Holztreppe da hinunter, das war vielleicht anstrengend und ich fragte mich dabei, ob ich es besser hätte sein lassen sollen. Nun, ich hatte es geschafft und den Motor da unten auf einem alten Holzgestell aufgebockt. Irgendwie sollte sich das Rad da, über das der Keilriemen gelegt war, doch drehen lassen, was aber mit noch so vielem Kraftaufwand nicht zu erreichen war. Da half kein Zögern, der Motor musste geöffnet werden. Fast wie beim Aufbruch eines Kaninchens damals, als ich es schlachtete, mutete es an, als das Innenleben zum Vorschein kam. Ja, es hatte sogar den zur jeweiligen Situation entsprechenden eigenartigen Geruch, war aber dennoch sehr viel angenehmer zu ertragen.

Da, da war auch schon das große Übel zu erkennen, die Kurbelwelle war gebrochen. Da war nun guter Rat teuer. Sollte ich den Motor meines Unfallautos hier mit dem defekten tauschen? Da wäre aber das Problem, dass die Motornummer nicht mehr mit der in den Fahrzeugpapieren übereinstimmte. Die Kurbelwelle von hier nach da tauschen? Einen Versuch sollte es wert sein, war meine Überlegung, und schon bald hatte ich den zweiten Motor in den Keller gebracht. Der Umbau der Welle wäre nicht so aufwendig gewesen, hätte sie sogleich auch in die beiden Lager gepasst. Es galt nun, mit in Streifen geschnittenem Schmirgelpapier die Anpassung so zu erreichen, dass so wenig wie möglich Reibung entstehen würde. Klappte doch ganz prima, und so war ich guten Mutes, den Motor wieder zusammenzubauen und in das Fahrzeug einzusetzen. Papa, der mein Tun schon seit geraumer Zeit beobachtete, meinte, „Wonn der widder oospingt, do fress ich en Besen." Nun, ganz sicher, dass dies geschehen würde, war ich mir nicht.

Alles war nun wieder an seinem Platz. Ich füllte Motoröl ein und prüfte noch einmal alle Anschlüsse. Als ich den Zündschlüssel drehte, tat sich auch etwas. Es waren die bekannten Geräusche, wenn ein Motor anlaufen will, und das immer und immer wieder. Papa meinte noch: „Dess werd tse Lebda nix mee." Wie sehr sollte er sich da getäuscht haben, denn kaum waren seine Worte ausgesprochen, startete der Motor mit einem ganz normalen Motorgeräusch. Jedoch fiel sofort auf, dass sich eine sehr starke Rauchentwicklung in unserem Hof breit machte. Papa lachte noch ganz verschmitzt und eher verlegen, bevor er mit einem „Dunnerwetter, dess hett isch net gedenkt" in seiner Werkstatt verschwand.

Ich hatte es geschafft. Die ersten Runden wurden gedreht und außer dem starken Rauch aus dem Auspuff und dem damit verbundenen hohen Motorölverbrauch konnte ich wieder zur Arbeit fahren und andere Unternehmungen vornehmen. Es war nun eine gute Alternative, die Zeit für eine Anschaffung eines anderen Autos zu überbrücken.

Mein neues Auto

Monate vergingen und mir wurde allmählich bewusst, wie sehr die starken Abgase meines Fiat doch die Umwelt und nicht zuletzt der hohe Ölverbrauch meinen Geldbeutel belasteten. Also sah ich mich bei jeder sich bietenden Gelegenheit nach einem für mich geeigneten neuen Auto um. Da ich dienstlich sehr mobil war, boten sich hierzu mehrere Möglichkeiten. Ja, ich hatte da schon eine ganz gewisse Vorstellung, wie denn nun mein neuer Wagen aussehen sollte. Und da stand er nun auch schon auf einem überschaubaren Händler Gelände, direkt an einer Straßenkreuzung in Worms. Eine beigefarbene 1500er VW-Limousine, genau der Wagentyp, mit dem ich meine Führerscheinprüfung absolviert hatte. Ein duftes Wägelchen, das zwar schon einige Tausend Kilometer auf dem Tachometer hatte, ansonsten aber vom Baujahr, dem sehr guten Allgemeinzustand und dem für mich erschwinglichen Preis her genau das Richtige gewesen ist. Erschwinglich bedeutete, dass mir, nicht zuletzt auch meines damals gesicherten Einkommens wegen, ein Kredit gewährt wurde. Außerdem war der Sparkassenangestellte ein guter Bekannter unserer Familie.

Ja, es hatte mir sehr große Freude bereitet, mich mit diesem Auto in unserem Dorf sehen zu lassen. Doch dauerte diese Zeit der Freude nicht allzu lange, bis mir wieder einmal das Schicksal, oder sollte ich sagen meine eigene Dummheit, einen Streich spielte.

Es sollte eigentlich eine schöne gemütliche Fahrt mit meinem Bruder zu Verwandten im Schwarzwald werden. Zuerst verlief auch alles sehr schön und gut, bis auf die Rückfahrt. Es ging auf der Autobahn 5 in Richtung Bruchsal, als nach einer mehrere Kilometer langen Gefällstrecke nach zuerst starken Geräuschen plötzlich der Motor ausfiel und ich auf dem Seitenstreifen allmählich zum Anhalten kam. Nichts war mehr zu machen, der Motor war nicht mehr betriebsbereit. Zum Glück hatte ich bereits mit meinem Fiat einen Vertrag beim ADAC abgeschlossen, als ich mit meinem Freund zur IAA in Frankfurt auf der Autobahn unterwegs gewesen war. Damals war ein poröser Ölschlauch schuld an einer sich im Fond ausbreitenden Rauchwolke. Ich roch sofort, dass etwas nicht stimmte und als ich meinen Freund darauf aufmerksam gemacht hatte, meinte er nur, „Noo, do iss nix." Auf meine Reaktion darauf, dass er doch einmal da unter das Armaturenbrett schauen solle, dass da doch Rauch hochsteigte, meinte er nur, „Jo, geh fort, doo iss nix." Erst als der Gestank immer stärker wurde, sodass er es auch bemerkte, meinte er, „Mach unn fahr schnell do newe hie, doo stimmt was net."

Ja, der gute Mann vom herbeigerufenen ADAC erkannte sofort die Ursache, flickte den Ölschlauch zwischen der Pumpe und dem Motor, goss einiges an Öl nach und meinte auf meine Frage, was das denn kosten soll, „Wenn sie in den ADAC hier und jetzt eintreten, brauchen sie nur das gebrauchte Öl zu zahlen", was für mich selbstverständlich bedeutete, auf den Vorschlag einzugehen.

1967 war der Tag des Beginns meiner Mitgliedschaft und ich bin den „Gelben Engeln" bis heute treu geblieben.

Genau diese damalige Begebenheit ließ mich noch hoffen, dass auch diesmal der ADAC wieder helfen könnte. Doch, so kompetent der Monteur auch war, konnte er nichts mehr ändern. Das Fahrzeug musste in eine Kfz-Werkstatt in Bruchsal abgeschleppt und der Schaden ermittelt werden.

Okay, nun standen wir da, in Bruchsal, mein Bruder und ich und mussten uns Gedanken machen, wie wir nach Hause kämen. Mit dem Zug nach Mannheim, mit der Straßenbahn nach Ludwigshafen, mit dem Zug nach Worms und mit dem Bus die letzten 10 km nach Hause. Und was soll ich sagen, wir hatten wieder einmal großes Glück, nämlich dass unser Geld in der Tasche gerade so für die Fahrt ausreichte.

Ein Anruf bei der Werkstatt ergab, dass der Motor mit einem Austauschmotor ersetzt werden müsste, die Kurbelwelle gebrochen und eine Reparatur teurer als ein neuer Motor wäre. Der eigentliche Grund sei ein Überdrehen des Motors gewesen. Ja, da bin ich wohl ein kleines bisschen selber daran schuld gewesen. Galt es doch, auf jener Gefällstrecke auf der Autobahn den Tacho einige Schritte höher ausschlagen zu lassen, um festzustellen, was aus diesem Motor herauszuholen wäre. Fatal ohne Tourenzähler, welcher in meinem Auto noch nicht vorhanden war.

Aber, alles gut. Mein Kredit bei der Sparkasse wurde aufgestockt und ich hatte somit ein sehr gutes Gefühl, mit dem neuen Motor noch viele Kilometer zurücklegen zu können.

Gerne war mein Schwager dazu bereit, mich nach Bruchsal zu fahren und mein heißgeliebtes Autochen repariert abzuholen.

Mittlerweile hatte sich unser Freunde-Trio aufgelöst und so war ich völlig auf mich alleine gestellt, andere Freundschaften zu knüpfen.

Georg, einer von uns dreien, hatte es sehr eilig, eine Freundin zu finden. Was er Wolfgang und mir voraushatte, war, dass er als erster ein eigenes Auto und einen Tanzkurs besucht hatte. Doch ganz so einfach war es nicht für Georg. Er hatte zwar eine Freundin auf einem Dorffest mit Musik und Tanz kennengelernt, aber riesigen Respekt vor der dortigen Jugend. Er brauchte jedes Mal unser beider Begleitschutz, wenn er die Grenzen des für ihn neuen Reviers übertrat. Wolfgang und ich waren schon von unserem Erscheinungsbild her sehr beeindruckend und mit Georg zusammen brachten wir nahezu stattliche 300 kg auf die Waage und hatten alle drei eine Größe von circa 183 cm.

Eines schönen Tages, wir waren wieder einmal auf einer Tanzveranstaltung in jenem Dorf nahe Alzey, als plötzlich einige halbstarke Jugendliche den Saal betraten und am Getränkeausschank einen behinderten Jungen drangsalierten. Sie hatten Stahlketten und Schlagringe in der Hand und machten dem Jungen damit sichtbare Angst. Einige gestandene Mannsbilder, vermutlich Mitglieder des Vereins, der das Tanzfest organisiert hatte, umzingelten die Jugendlichen und zwangen sie zum Verlassen des Gebäudes. Erzürnt fügten sich die Ruhestörer und verschwanden in der Ausgangstür. Doch dauerte es nicht allzu lange, da ging ein Raunen durch den Raum und alle Blicke richteten sich in Richtung Eingang. Da waren sie wieder, die bösen Buben, und hatten ihre großen Brüder und Onkels, oder wer das sonst noch war, mitgebracht und hatten anscheinend vor, für eine gehörige Schlägerei zu sorgen. Da sind sie wieder, die Alzeyer, war zu vernehmen und wie auf ein Kommando standen plötzlich an fast allen Tischen Männer kräftiger Gestalt von ihren Plätzen auf und auch Wolfgang und ich fühlten uns auch ohne Worte und Gesten der anderen dazu aufgefordert. Die Sitzreihen verlassend und auf die Eindringlinge zugehend, waren diese schneller wieder verschwunden, als sie gekommen waren.

Georg war zu jener Zeit mit seiner neuen Bekanntschaft in der Bar hinter der Bühne und hatte von dem Geschehen überhaupt nichts mitbekommen. Als dann beim letzten angekündigten Tanz Georg mit seiner Flamme schwankend aus der Bar, im Takt zu diesem Tanz heraustraten, die Band das Lied „Leise geh'n im Saal die Lichter aus ..." spielte, muss er wohl den Eindruck einer vollkommen heilen Welt vermittelt bekommen haben. Denn an unseren Tisch gekommen fragte er nur, „Unn, war was los?" Worauf wir nur antworteten, „Nöö, alles okay."

Ja, und so kam es, dass Georg der erste von uns war, der heiratete und sehr bald darauf auch Vater wurde.

Wolfgang und ich zogen darauf hin alleine durch die Welt. Sein alter Opel Rekord brachte uns sogar bis nach Rotterdam. Die beiden doch sehr langen vorderen Kotflügel flatterten dermaßen im Fahrtwind, dass ich befürchtete, dass diese jederzeit abhebten und wegflögen. Nie zuvor hatten wir eine solch große Stadt mit einem Auto besucht und wir hatten echte Probleme, uns zurecht zu finden. Da kam uns sehr entgegen, dass da am Straßenrand ein Polizist stand, den wir auch gleich um Hilfe baten. Ein sehr netter junger Mann mit seiner imposanten Uniform versuchte uns auf Holländisch und ein paar Englischwörtern den Weg zu einem günstigen Hotel zu erklären. Doch als er merkte, dass wir beide Sprachen nicht verstanden, forderte er uns gestikulierend auf, ihm zu folgen. Mit Polizeigeleit durch Rotterdam, das war schon etwas ganz Begeisterndes. Als wir am Hotel angekommen waren, ging er sogar mit zur Rezeption, sprach kurz mit der netten Dame hinter dem

Tresen, die er zu kennen schien, bevor er sich von uns verabschiedete, indem er uns noch einen schönen Aufenthalt und eine gute Fahrt wünschte.

Wir wurden in einem sehr schönen Doppelzimmer direkt an einer stark befahrenen Straße einquartiert, von wo wir einen weiten Blick die lange Straße rauf und runter hatten. An einem größeren Gebäude auf der gegenüberliegenden Seite war auf einem hoch oben angebrachten Schild „Levensverzegering" zu lesen und im Parterre, in einem Schaufenster die Worte „Foto van den Graaf". Selbstverständlich fanden wir alsbald heraus, dass dies auf Deutsch Lebensversicherung und Fotograf zu heißen schien, worüber wir uns noch lange Zeit sehr amüsierten.

Am Abend gingen wir in eine Gaststätte, um etwas zu essen und zu trinken. Wir wurden gebeten, in der Nähe eines Billardtisches Platz zu nehmen. Zwei jung Männer, die gerade ein Spiel begonnen hatten, beäugten uns schon eine ganze Weile, als einer der beiden bei einem Stoß mit dem Queue und seinem weit nach hinten gestreckten Hintern in unsere Richtung seine Gase laut abließ. Er hatte bemerkt, dass wir Deutsche waren, und wollte uns damit unverhohlen mitteilen, wie man mit solchen umgehen muss.

Ich hatte natürlich so darauf reagiert, als hätte ich es gar nicht bemerkt und war froh, dass Wolfgang dies nicht mitbekommen hatte. Denn der hätte es nicht mal eben so hingenommen, sondern hätte mit seinem gelegentlichen Hitzkopf womöglich noch einen heftigen Streit mit zu erwartenden sehr schlimmen Folgen reagiert.

An unserem Nachbartisch saß ein alter Mann, dem das Geschehen allerdings nicht entgangen war. Er fragte uns, ob er sich zu uns an den Tisch setzen dürfte, was wir sofort bereit waren, ihn darum zu bitten. Er freute sich zusehends darüber, Deutsche zu treffen, um sich mit ihnen zu unterhalten. Er sprach sehr gut unsere Sprache mit der typischen ch-Betonung und dem gelegentlich einfließenden deutsch-holländischen Dialekt. Er versuchte, das Verhalten des jungen Mannes zu entschuldigen, indem er ihnen immer wieder einen zornigen Blick zuwarf. Wolfgang fragte mich im Nachhinein, was denn da vorgefallen sei, das er nicht mitbekommen hätte. Und als ich ihm den Vorfall erklärte, regte er sich mächtig auf und meinte, „Oo Glick, dass isch dess net mitkriet hab!“ Wie auch immer, was er dann als Folge gemeint haben sollte.

Am nächsten Tag ging es dann nach Scheveningen an den Strand. Eine ganze Weile genossen wir den Anblick des Meeres, was für uns beide mit unseren 20 Jahren das erste Mal gewesen war.

Herrlich auch, sich von der uns doch sehr wild vorkommenden Brandung auf und ab tragen zu lassen. Wolfgang in seiner Begeisterung und seinem Übermut stürzte sich kopfüber in eine heranrollende Welle, bedachte dabei aber nicht, für eine Weile unter Wasser zu sein. Als er wieder auftauchte, spuckte, schluckte und fluchte er, was er nur konnte: „Die salzisch Scheißbrie, pfui Deiwel, doo krieschde mich so schnell nemmee enoi.“ Für ihn war das Baden in der Nordsee gelaufen, während ich hingegen das Planschen und Schwimmen noch einige Zeit genossen hatte.

Ach ja, das teure Hotelzimmer nagte sehr an unseren Finanzen, so dass wir doch sehr damit haushalten mussten. Eines Morgens war wieder eine Fahrt geplant, doch die alte Batterie versagte ihren Dienst. Es half nichts und ich musste den Wagen anschieben. Wolfgang meinte, wir sollten eine Kfz-Werkstatt aufsuchen und die Batterie Blitzladen zu lassen. Jedoch umgerechnet 50 DM für eine solche Ladung zu zahlen war uns doch etwas zu teuer, deshalb beschlossen wir, auch für den Rest unseres Urlaubes in Rotterdam meine Muskelkraft als Ersatz hinzuziehen zu wollen. Mir machte es hinsichtlich meines eventuellen Anteils an den Kosten für die Batterie gespart zu haben überhaupt nichts aus, ja, ich konnte Mama sogar noch eine schöne hölzerne Windmühle mit Melodie („Tulpen aus Amsterdam“) mitbringen, über die sie sich sehr gefreut hatte. Der Tank für die Heimreise wurde mit einem Teil unserer Restfinanzen gefüllt und dabei überlegt, was wir für den Gulden-Rest wohl noch an einem Happen für die Rückreise übrighatten. Na, das machte sich doch prima. Stand doch da auf einem an einer Metzgerei ausgestelltem Schild: „Verse Frikandeln“. Und was das hieß, darum mussten wir nicht lange rätseln, waren die doch in der Auslage des Schaufensters sehr gut zu erkennen.

Nun, unsere Rückreise verlief ohne Schwierigkeiten und wir genossen sehr die in Holland erworbenen Zigaretten, Zug für Zug.

***

Eine andere Fahrt unternahmen Wolfgang und ich an den Tegernsee. In Rottach-Egern fanden wir in einer sehr günstigen kleinen Pension ein Zimmer. Wolfgang fuhr in die langgestreckte Hofeinfahrt ein. Circa 20 Meter entfernt kam aus einer Eingangstür des ebenfalls langgestreckten Gebäudes eine junge Frau auf uns zu und als sie mich sah, fiel sie mir um den Hals und drückte mich ganz fest. Zuerst dachte ich an eine übergroße bayrische Gastfreundschaft, während mich Wolfgang überaus verwundert ansah. Sollte ich nun ihr Drücken erwidern oder es doch lieber sein lassen? „Dass du uns mal wieder besuchen kommst, damit hätte ich nicht gerechnet!“, waren ihre Worte. Jedoch allmählich merkte sie, dass ich mich sehr zurückhaltend zeigte. Sie schaute mich von rechts und links, von oben bis unten an und meinte: „Ach du lieber Gott, Entschuldigung, sie sehen ja genauso aus wie mein Bruder, welcher uns schon lange nicht mehr besucht hat.“

Immer wieder musste sie mich musternd ansehen und wunderte sich dabei über die doch sehr große Ähnlichkeit zu ihrem Bruder.

Das hatte sich natürlich auch sehr positiv auf den Preis des Zimmers und überhaupt auf unser gegenseitiges Verhalten ausgewirkt.

Ach ja, was waren wir zwei doch für Feiglinge. Auf einem Spaziergang am Tegernsee trafen wir auf eine Gruppe von vier hübschen Mädchen, mit denen wir den Spaziergang gerne noch ein wenig ausdehnten, als die Damen meinten, längst in ihrem Hotel und bei den Eltern sein zu müssen, da es bald Abendessen gebe.

Sie hatten anscheinend an uns beiden Gefallen gefunden und luden uns zu einem am Abend stattfindenden Ball in ihrem Hotel ein. Gut, wir hatten zugesagt, aber Tanz und das noch in einem Hotel, dazu noch von deren Eltern begutachtet, nein, das schmeckte uns überhaupt nicht. Erstens hatten wir mit Tanzen nicht allzu viel Erfahrung und zweitens dachten wir an die Kosten für den Eintritt und die Getränke für die Ladys. Na ja, wir könnten ja mal hingehen und schauen, ob die Damen tatsächlich erscheinen würden. Also machten wir uns schick und auf den Weg zu besagtem Hotel. Es waren schon aus der Ferne Klänge von Tanzmusik zu vernehmen, denen wir auch sogleich folgten und plötzlich vor einer Reihe von Fenstern mit Einblick in einen hell beleuchteten Saal standen. Ganz vorsichtig lugten wir über die erhöhte Fensterbrüstung, um dabei nicht ertappt zu werden. Und da saßen sie, die Grazien und blickten gebannt und erwartungsvoll zur Eingangstür. Wie Feiglinge zogen wir unsere Köpfe ein und schlichen uns wie Diebe auf und davon. Bis heute tut es zumindest mir leid, so gehandelt, die lieben Mädchen so versetzt und letztendlich sogar enttäuscht zu haben.

Ja, so waren wir damals, wie man auf gut rheinhessisch sagen würde, „echte Schisser“!

Auch nur noch in die Nähe des Tegernsees zu kommen, vermieden wir vehement, um den Mädchen nicht doch noch einmal über den Weg zu laufen.

So machten wir eine Fahrt in eine entgegengesetzte Richtung, zum Schliersee. Da draußen, die kleine Insel hatte es uns angetan, und wir wollten unbedingt dort hinschwimmen. Es wunderte uns schon, die Einzigen zu sein, die hier zum Baden ins Wasser gingen. Nach etwa 50 m wurde das Wasser plötzlich so kalt, dass, wären wir weitergeschwommen, wir uns vermutlich sehr unterkühlt hätten. Also schwammen wir zum Ufer zurück und stellten fest, dass wir vor lauter Kälte anfingen, wie die Gänse zu schnattern. Da hat uns wohl wieder einmal unser Schutzengel vor schlimmen Folgen behütet.

Auch diese Fahrt ging einmal zu Ende und Wolfgang hatte einen eher unangenehmen Termin im Krankenhaus anstehen. Er ließ sich an den Augen operieren, da die Behebung der Schrägstellung eines Auges vonnöten wurde.

Die Operation war sehr erfolgreich und auch das Näherkommen zu einer Krankenschwester hatte nicht nur für ihn, sondern auch für mich weitgehende Folgen.

Wolfgang berichtete mir, dass er mit einer Krankenschwester sehr intim geworden und dass dies nicht ohne Folgen geblieben sei und sie in acht Monaten ein Baby erwarteten. Mir gegenüber schien es, als wolle er sich entschuldigen, dass er mich nun alleine lassen würde. Ja, ich gebe zu, es war nicht ganz einfach für mich, zu verstehen, wie es denn nun weitergehen sollte. Aber, es hielt sich emotional für mich in Grenzen, hatten wir doch des Öfteren noch Kontakt miteinander und auch seiner Frau lag sehr viel daran, dass diese unsere Freundschaft erhalten bliebe.

Meine Beobachtungen, wie es meinen beiden Freunden ergangen war, nachdem sie ihre Frauen kennengelernt hatten, überzeugten mich davon, es einmal ganz anders angehen zu wollen.

Meine Freundin

Und so ergab es sich, dass sich anscheinend in der Familie und im Verwandtenkreis einzelne Personen sehr um mich und mein Wohlergehen viele Gedanken machten. Man befürchtete, dass ich, nun so ganz allein, auf die schiefe Bahn geraten könnte. War ich ihnen doch von klein an bekannt als lieber und braver Junge, noch dazu mit einem guten Beruf, überdies auch aus gutem Hause und da sollte man ihm doch zum ganz großen Glück ein wenig nachhelfen dürfen, ja, sogar nachhelfen müssen.

Eines Tages meinte Mama zu mir, dass Tante Katharina sich mit ihr am Telefon lange über mich unterhalten hätte, und dabei sei es in erster Linie darum gegangen, ob ich denn wohl schon eine Freundin hätte, wozu es doch nun, mit meinen 23 Jahren, so langsam an der Zeit wäre. Die liebe Tante, die Schwester meines Vaters, muss vermutlich sehr auf Mama eingequasselt und ihr versprochen haben, sie würde sich für mich bemühen, eine gute Freundin zu finden und somit eine gute Partie zu machen. Ich war einer solchen Idee zuerst einmal total abgeneigt, überlegte mir aber schon einmal, wie es denn dann so wäre, hätte ich eine Freundin und müsste von da an nicht mehr wie bisher nur mit Jungs in den Discos und Kneipen herumhängen.

Es dauerte nur einige Wochen, bis die gute Tante sich wieder bei Mama meldete und zu ihr meinte, sie hätte etwas für mich und ich solle doch einmal zu ihr kommen, um es mir anzuschauen. Ich war natürlich sehr überrascht, ja, sogar sehr verlegen und folglich völlig abgeneigt, wusste ich doch sofort, was die Tante da in die Wege geleitet haben würde. Dachte ich, es könnte doch sein, dass ein solcher „Kuhhandel", auch Freierei genannt, aufflog, meinen Freunden und Bekannten zu Ohren kommen könnte, was für mich wohl das Allerschlimmste gewesen wäre. Ich wägte ab, was denn schlimmer sein könnte. Weiter ohne Freundin oder sich der Lächerlichkeit preisgegeben zu haben. Ich bin mir sehr sicher, dass in jenem Moment des Zögerns und Zauderns mir mein Schutzengel geraten hat, mich für die Freundin zu entscheiden.

Ich schloss mich also bald der Meinung Mamas an, doch einmal zur Tante zu fahren, es sei ja ganz unverbindlich und ich könnte dann auch immer noch „Nein“ sagen. Also wurde ein Termin vereinbart und Tante Käthchen, so wie sie von uns Kindern immer genannt wurde, freute sich natürlich sehr über meine Entscheidung.

An einem wunderschönen Sommertag machten wir uns auf den Weg nach Ottersheim in der Pfalz. Tantchen hatte Kaffee und Kuchen gerichtet und uns sehr herzlich willkommen geheißen. In ihrem Haus hing immer noch dieser von Kindheit an als angenehm empfundene Geruch in der Luft. Ihre Brille schien, seit ich Tante zuletzt gesehen hatte, noch sehr viel stärkere Gläser mit seltsamen Ringen bekommen zu haben. Ihr eigenartiges verschmitztes Lächeln und ihr leichtes Lispeln beim Sprechen, wobei es schien, als holte sie kaum einmal Luft zwischendurch, zeigte, dass sie sich kaum verändert hatte, noch ganz die alte gewesen war.

Es war ihr sofort anzumerken, dass sie vor Freude, mir ihre Neuigkeiten endlich präsentieren zu können, sehr aufgeregt war.

Aus einer Schrankschublade kramte sie Briefe mit beiliegenden Fotos und legte sie mir auf dem Tisch vor die Nase.

„Do guck emol, was do for scheene Mädscher debei sinn. Do iss gonz bestimmt was for disch debei.“ Eine junge Dame fiel mir sofort ins Auge, sodass ich zur Tante meinte, dass diese mir von allen am besten gefiele. Worauf sie meinte, dass sich nicht das Mädchen auf ihre für mich aufgegebene Anzeige im „Pilger“ gemeldet hätte, sondern dessen Mutter.

He, wie seltsam ist das denn, dachte ich, und hörte mir Tantes ausführliche Worte dazu weiter aufmerksam an. Sie stünde mit der Mutter in Briefkontakt und dass diese für ihr liebes Töchterlein einen netten jungen Mann mit gutem Beruf und sicherem Einkommen suchte. Ich sollte ihr zur Anlage zu ihrem nächsten Briefkontakt ein Foto übergeben, damit man sich ein Bild von mir machen könnte, was nach einem Fototermin in Worms auch alsbald geschehen war.

Nun galt es, eine Antwort abzuwarten, ob denn auch die Gegenseite Gefallen an mir gefunden hätte. Ich befand mich zu jener Zeit wie in einem Film. Es tauchten Fragen für mich auf, die mich doch sehr aufwühlten, bedenklich und zweifelnd stimmten. Was, wenn nun eine Absage käme? Einen sogenannten „Korb" zu bekommen, wäre für mich sehr enttäuschend gewesen. Hatte ich mich doch so sehr schon auf ein Kennenlernen des hübschen Mädchens eingestellt.

Es dauerte nicht einmal eine ganze Woche, bis eine positive Antwort gekommen war und ich einen Termin vereinbaren sollte. Es war zwar immer noch sehr eigenartig, als ich mich mit meiner vermeintlich zukünftigen Schwiegermutter schriftlich in Verbindung setzte, um einen Termin zu vereinbaren, ihr holdes Töchterlein endlich einmal kennenzulernen.

Nein, niemals zuvor hatte ich eines meiner Autos so sehr gereinigt, wie dieses Mal. Es sollte als Erstes auf mich und meine Reinlichkeit einen guten Eindruck machen. Auch ich hatte kurz zuvor einen Friseurtermin und aus dem Kleiderschrank holte ich dazu mein bestes Outfit hervor. Ja, ich war ganz mit mir und meinem Aussehen zufrieden und konnte somit in die Höhle des Löwen einmarschieren. Selbstverständlich hatte ich für die Dame des Hauses, die eigentlich treibende Kraft für jene außergewöhnliche Angelegenheit, einen Blumenstrauß besorgt.

Es war an einem sonnigen Samstagnachmittag im August, als ich die Türglocke jenes Hauses betätigte und eine Frau Anfang 40 die Haustür öffnete. Es muss nur einen ganz kleinen Bruchteil einer Sekunde gedauert haben, als sich unsere Blicke trafen. Die Frau lächelte, senkte den Blick ihres hochroten Kopfes nach unten und forderte mich gleichzeitig zum Eintreten auf. In diesem Moment, als ich die Türschwelle überschritt, dachte ich noch nicht daran, dass dies ein Schritt in eine neue, mir noch unbekannte Welt und dazu ein ganz neues Leben sein würde. Aber, ich muss sagen, dass ich die Ruhe selbst gewesen bin. Trotz meiner angeborenen großen Schüchternheit war ich total meines Auftritts sicher, sodass ich mich kaum selbst wieder erkannte.

Ganz cool überreichte ich der Dame meine mitgebrachten Blumen und hatte gemerkt, dass sie ganz verlegen wurde und sich sehr darüber freute. Ja, ich hatte fast den Eindruck, als fühlte sie sich als die Angebetete.

Doch, was war denn das, als ich in das Wohnzimmer geleitet wurde. Am Tisch saß ein Mann Ende 40, ein junger Mann 17 Jahre und ein Junge 10 Jahre alt. Ein Sessel stand schon für mich bereit, auf den ich gebeten wurde, Platz zu nehmen. Doch hey, wo ist denn nun das Töchterlein, dachte ich, und war sehr verwundert, dass es noch eine ganze Weile dauerte, bis auch sie in den Raum eintrat. Die Zeit ihrer Abwesenheit wurde genutzt, um mich in der Runde vorzustellen. Schon ein seltsamer Zufall, dass der ältere Sohn denselben Vornamen hatte wie ich. Es schien den drei Männern sehr daran gelegen gewesen zu sein, zu erfahren, was ich denn so draufhätte, was Spiele anbelangte. Sie waren nicht schlecht überrascht, als sie erfuhren, dass ich etliche Spiele, darunter Schach, Skat, Schafskopf und viele andere mehr, imstande war zu spielen. Es kam mir in diesem Moment so vor, als wäre darauf mehr Wert gelegt worden als auf den eigentlichen Grund meines Erscheinens.

Doch irgendwie lag eine seltsame Atmosphäre in der Luft, die ich mir nicht erklären konnte. Nicht nur des anderen Dialektes, Pfälzisch, wegen, auch ansonsten verspürte ich plötzlich, dass da noch etwas im Argen lag, was ich mir momentan immer noch nicht erklären konnte.

Doch öffnete sich plötzlich die Zimmertür und Mutter sowie Tochter traten ein. „Do setschte dich hie“, meinte die Mutter etwas barsch zu ihrer Tochter, als sie in ihres Vaters und in meiner Nähe einen Stuhl bereitstellte. Etwas mürrisch mutete mir das ach so lieb geglaubte Töchterchen zu sein an, als es sich trotzig mit errötetem Kopf neben mich setzte. In jenem Moment hätte ich am liebsten „Und tschüs“ gesagt und flugs den „Tatort“ verlassen. Doch ich beherrschte mich, konnte mir aber immer noch keinen Reim auf eine solche Reaktion machen. Ich musterte sie, ohne es groß auffallen zu lassen. Sie war sehr hübsch, hatte dunkles, fast schwarzes, frisch gestyltes Haar und hatte auch ansonsten in ihrem schönen Kleid eine sehr gute adrette Figur. Aber, weshalb dieses eigenartige Verhalten?

Und plötzlich dämmerte es mir, was sich im Nachhinein auch bestätigte, dass nämlich die Tochter von dem ganzen geplanten Vorhaben der Mutter zuerst nicht informiert wurde und erst kurz vor meinem Besuch davon erfuhr, dass sie verkuppelt werden sollte, was sie ganz und gar ablehnte. Sie erschien schließlich nur deswegen, da ihr alle gut und besonders dann auch ihr Vater zugeredet hatten.

Na ja, die Gemüter beruhigten sich allmählich, und siehe da, Töchterlein redete mit mir und sah mich sogar an dabei. Ja, ich stellte sogar fest, dass es gar nicht mehr so sehr davon abgeneigt war, mich näher kennenzulernen.

Es wurde eigentlich noch ein sehr schöner Nachmittag mit Kaffee und Kuchen und als ich mich am Abend verabschiedete und Rosemarie, so hieß meine vermeintlich zukünftige Freundin, für den nächsten Tag zu einer Spazierfahrt einlud, war sie überhaupt nicht abgeneigt, mir zuzustimmen, ganz im Gegenteil, ich hatte den Eindruck, als freute sie sich sogar schon darauf.

Auf meiner Rückfahrt hatte ich ein sehr gutes Gefühl, schon am ersten Tag nicht nur bei ihr, auch beim Rest der Familie gut angekommen zu sein, sodass ich mich schon sehr auf den nächsten Tag freute.

Ja, es wurde tatsächlich ein schöner Tag. Wir fuhren mit meinem Hochglanzauto mehrere Ziele in der Pfalz an und fanden dabei allmählich unsere gegenseitigen Gemeinsamkeiten, erzählten uns über die jeweiligen Familienangehörigen und deren Verhältnisse, auch Freunde und Arbeitskollegen kamen dabei zur Sprache. Niemand, so hatte ich den Eindruck, hatte irgendwelche Geheimnisse dem anderen gegenüber zu verbergen.

Ich lud meine neu gewonnene Freundin zum Essen ein und es schien, als wären wir ganz alleine auf der Welt, das Umfeld wurde gar nicht mehr so sehr wahrgenommen, ja, sogar fast komplett ausgeblendet.

Eigentlich schade, dass ein so schöner Tag begann, sich dem Ende zuzuneigen. Wir verhielten uns eigentlich gleich so vertraut zueinander, als kannten wir uns bereits seit sehr langer Zeit. Sehr munter und fröhlich ging es auf der Heimfahrt zu, ja, es bestand von Anfang an eine solche Harmonie zwischen uns beiden, dass ein jeder fühlen musste, auf dem richtigen Weg zu sein, den Partner fürs Leben gefunden zu haben. Es ergab sich dann auch so, dass für das kommende Wochenende ein Treffen vereinbart wurde, und zwar sollte es zu meinem Heimatort gehen, nicht nur die Vorstellung und Bekanntmachung mit der Familie war geplant, auch, da an jenem Wochenende dort das Kirchweihfest zugange war. Zudem es auch noch meinen Geburtstag zu feiern galt. Dies aber ganz wie gewohnt ohne Remidemi und Tamtam, nur mit Händeschütteln und dem altbewährten Spruch: „Isch gradelier der zu doim Geburtsdag unn dass de long läbschd un gesund bleibscht." Ganz ohne Umarmung, Küsschen oder sonstigem Getue, wie es sich hierzulande in den letzten Jahren etabliert hat.

Am Samstag war es dann so weit, meine Freundin wurde endlich der Familie vorgestellt. Trotz erkennbarer beiderseitiger Verlegenheit war meine Freundin bald als zukünftiges neues Familienmitglied anerkannt und man konnte spüren, dass auch da die „Chemie" zu stimmen schien. Im ganz kleinen Rahmen wurde dann auch mein Geburtstag mit Kaffee und Kuchen gefeiert und Mama hatte für abends ihre leckeren Rouladen gekocht. Da Rosemarie erstmals außer Haus, und noch dazu in einem fremden, mit einem noch relativ unbekannten Mann übernachten sollte, bedurfte es im Voraus einiger Diskussionen zwischen ihr und ihren Eltern, wobei man letztendlich doch übereinkam und zustimmte. Es wäre nicht sinnvoll gewesen, des am Sonntag frühen Kirchganges wegen nochmals hin und her zu fahren. Das wohlbehütete Töchterlein zählte damals doch gerade einmal 18 Jahre und da sollte man wohl immer noch ein strenges Auge darauf haben.

Da Rosemarie so wie auch ich dem katholischen Glauben angehörte, war ein Sonntag ohne Kirchenbesuch von jeher undenkbar. Sogar nüchtern, denn das war damals noch unbedingt notwendig, noch dazu, wenn man die heilige Kommunion empfangen wollte. Ganz ohne etwas im Magen zu haben in die Kirche gehen, noch dazu an einem Feiertag, in eine total überfüllte, mit dem Einsatz von Weihrauch und mit endlos erscheinender Länge, verhieß nichts Gutes.

Ein Messdiener schwenkte einen Weihrauchkessel, es war vermutlich seine Lieblingstätigkeit während einer Messe, sodass da oben vor dem Altar, schon gar kein klarer Durchblick mehr herrschte, alles total vernebelt war. Nun schwappten die Rauchschwaden auch noch herunter, verteilten sich bis in den hintersten Winkel der Kirche und der Sauerstoffgehalt in der Atemluft wurde mehr und mehr von Kohlenmonoxid verdrängt. Jene Steh-Phase galt es nun, die Zähne aufeinander zu beißen und durchzuhalten, bis wieder Platz genommen werden konnte. Rosemarie setzte sich vorsorglich schon einmal und bevor ich auch nur dachte, dass es ihr wohl schlecht geworden zu sein scheint, rutsche sie auch schon von der Sitzfläche und lag nun da unten auf der Kniefläche. Nein, es war nicht daran zu denken, dass dies niemand anderes der Kirchenbesucher mitbekommen haben könnte. Aber die in den Reihen hinter uns mussten sich schon sehr ihre Hälse verrenken, um das Geschehen beobachten zu können.

Ich hob meine Freundin aus ihrer misslichen Lage nach oben auf die Sitzbank, wollte es ihr da gemütlich machen und sie hinlegen, als eine Dame in der Bank hinter uns meinte, es reichte, sie hinzusetzen, und ein Fläschchen aus ihrer Handtasche hervorkramte, es öffnete und Rosemarie unter die Nase hielt. Für mich war es wie ein Wunder, als Rosemarie wieder ihre Augen aufschlug und gar nicht mitbekommen hatte, was zwischenzeitlich mit ihr geschehen war. Vorzeitig verließen wir die Kirche und waren heilfroh, endlich wieder durchatmen zu können. Ach, wie war es ihr so peinlich, dass ausgerechnet bei ihrer ersten Vorstellung in meiner Heimatgemeinde so etwas widerfahren war. Was mussten denn die Leute denken? Schwanger, war wohl der erste Gedanke, den sie hatten und, alleine dass dies womöglich gedacht wurde, war schon eine Peinlichkeit an sich. Dennoch war ich sehr glücklich und stolz, all den vielen Bekannten in der Kirche gezeigt zu haben, dass ich ab sofort eine hübsche Freundin habe, mit der man sich, egal unter welchen Umständen auch immer, sehr gut und gerne in der Öffentlichkeit zeigen und sehenlassen kann.

Aus der Kirche daheim angekommen hatte Mama ein leckeres Mahl zubereitet und als Vorspeise gab es die obligatorische Markklößchensuppe mit Grünkernmehl, auf die sich ein jeder von je her schon während des Kirchganges sehr freute. Am Nachmittag ging es auf den Kerweplatz, wobei ich meiner Freundin auch unser Dorf ein wenig vorstellte.

Am Wochenende darauf fand in Worms das Backfischfest statt, dessen Festumzug wir uns anschauten und danach über den Festplatz am Rhein schlenderten. Ein Bratwurstbrötchen und später noch eine Schokolade-Banane waren seit jenem Tag ein Muss bei den alljährlichen Besuchen des Backfischfestes. Ferner schossen wir jedes Jahr an einem Schießstand ein Erinnerungsfoto, so wie ich es in früheren Jahren mit Freunden und Arbeitskollegen auch getan hatte. Schießen, ja, das konnte ich ganz gut, bin ich doch in der Zeit, als ich Worms im Fernmeldebaubezirk arbeitete im Post-Schützenverein gewesen. Auch als Rosemarie auf meine Bitte hin einmal versuchen sollte, ein Foto zu schießen, zögerte sie nicht lange, denn das bekamen wir auch ohne ihre fehlende Schießkenntnis hin, indem ich ihr 9 Treffer vorlegte, ohne die Mitte zu treffen, dann musste nur noch ein Treffer sitzen, um die Kamera auszulösen. Klappte trotz der nicht gerade günstigen Kosten ganz gut, unsere Gesichter zeigten jedoch sehr angestrengte Züge.

Es galt dann auch jedes Jahr die vielen kleinen Buden und Stände um den Rummelplatz, einen Teil des Backfischfestes, zu besuchen. Da bekam Rosemarie immer ganz große Augen und fand auch meistens etwas Passendes und ich konnte erkennen, dass sie diese Art des Shoppens sehr mochte. Das ganz besondere Highlight an jenem Tag aber war, dass wir den allerersten Kuss tauschten und von da an mit unserer Liebe zueinander sehr glücklich gewesen sind. Keiner von uns beiden konnte sich vorstellen, dass wir uns je wieder trennen würden. Ja, wir fühlten uns so sehr verbunden, dass wir beschlossen zu heiraten. Ganz ohne Kniefall oder sonstigen Schauspielerei ging unsere Verlobung vonstatten. Dennoch, an einer Tradition wurde festgehalten, nämlich den Brautvater um dessen Tochter Hand zu bitten. War eigentlich gar nicht so tragisch, wenn auch ich wusste, dass da ein wenig Eifersucht im Spiel gewesen war.

Am 30.03.1970 fand im erweiterten Familienkreis und mit meinem Freund Wolfgang mit seiner Frau unsere Verlobungsfeier statt. Es war eine sehr schöne Feier, mit der das Verhältnis mit der gesamten Familie etwas vertiefter und vertrauter wurde. Jedoch sollten bis zu unserer Vermählung noch 2 sehr lange Jahre vergehen, denn noch nie zuvor soll es geschehen sein, dass ein minderjähriges Töchterlein in der Familie volljährig gemacht wurde.

Mein erstes Abschiednehmen

Schon in den ersten Monaten des Wartens bis zur Hochzeit, machten wir uns große Gedanken, was unsere gemeinsame Zukunft betraf. Wir hatten geplant, zuerst ein Haus zu bauen und dann 2 Kinder zu bekommen. Ganz, wie es in der Natur so üblich ist, erst das Nest, dann die Küken. Es sollte uns nicht so wie meinen beiden Freunden ergehen, zuerst die Küken und dann erst das Nest. Man konnte sehr gut mitverfolgen, wie es den beiden anfangs so ergangen war. Nur noch ein Einkommen, Miete zahlen und überhaupt doch ein sehr eingeschränktes Leben führen, nein, das entsprach nicht unserer Vorstellung. Bei uns war allererste Priorität sparen, sparen und nochmals sparen. Rosemarie hatte dies eh sehr gut drauf, hatte sie doch mit ihrem Beruf als „Bankkaufmann/frau" die besten Voraussetzungen hierfür mitgebracht.

Zunächst aber hatten wir zu überlegen, wo wir denn zukünftig ansässig sein möchten. In meinem Heimatort gab es, wie meine Eltern recherchiert hatten, zu jener Zeit nur noch einen Bauplatz. Da dieser aber nur mit einem Flachdach-Bungalow bebaubar war, was aber gar nicht unserer Vorstellung entsprach, waren wieder alle Optionen offen und ich spielte schon mit dem Gedanken, eventuell in der Pfalz sesshaft werden zu wollen.

Eines Tages tauchte dann urplötzlich eine sehr interessante Möglichkeit auf, sogar günstig zu einem Bauplatz zu kommen. Meine zukünftige Schwiegermutter Rosa hatte nämlich in Aussicht, von ihrer Mutter ein Grundstück übertragen zu bekommen, welches in westlicher Richtung Hettenleidelheims zum Bauerwartungsgebiet erklärt worden war. Da ihr Bruder ihr Elternhaus schon überschrieben bekommen hatte, wollte auch sie zu ihrem Recht auf ihren Anteil kommen und setzte alle hierfür nötigen Hebel in Bewegung, um an das auch von ihrem Bruder sehr begehrte Grundstück zu gelangen. Ja, da war Rosa nicht ganz so leicht über den Tisch zu ziehen, wie es sich das Brüderlein vorgestellt hatte. Ganz heimlich still und leise, ganz in zu ihm passender Spitzbubenmanier, hatte er sich, ohne die Schwester in Kenntnis zu setzen, von der Mutter das Haus übertragen lassen.

Rosa setzte letztendlich ihren eisernen Willen durch und bekam das Grundstück überschrieben. Zu jenem Zeitpunkt war noch nicht zu ahnen, wie sehr dieses fast 1500 qm große Grundstück Einfluss auf die Familienverhältnisse nehmen würde. Dies zuerst sehr nachteilig, ganz zum Schluss aber doch sehr zu Rosemaries Vorteil.

Hieß es fortan ihr gegenüber, dass sie es wäre, die auf dieses Grundstück bauen dürfte, so sollte man sich nicht allzu sehr darauf verlassen, dass ein solches Versprechen auch eingehalten würde.

Ja, dieses Grundstück und die damit verbundene Zusage waren es dann auch, dass ich mich beruflich und arbeitgebermäßig schon sehr früh in die Pfalz, nach Eisenberg, habe versetzen lassen. Es war eine meiner tiefgreifendsten Entscheidungen in meinem Leben und dazu noch die gewagteste. Denn was, wenn unsere Verbindung doch nicht so fest gewesen wäre und Rosemarie es sich anders überlegt hätte? Für meine Person wusste ich, dass sie die Richtige ist, aber sie hätte sie doch jederzeit ihre Meinung ändern können. Dass meine Zweifel unbegründet waren, konnte ich zum damaligen Zeitpunkt noch gar nicht so richtig einschätzen.

Fiel mir der Abschied von den Wormser Kollegen doch sehr schwer, so wusste ich, dass sich in der Pfalz ganz neue berufliche wie auch private Entwicklungsmöglichkeiten ergeben könnten.

Auch für meine damaligen Kollegen fiel der Abschied sehr schwer und mein Vorgesetzter, Herr Janitz, hatte sogar Tränen in den Augen. Denn zwischen ihm und mir entwickelte sich in meinem letzten Jahr in Worms mehr und mehr in den letzten Monaten ein sehr vertrauensvolles Dienstverhältnis.

Es begann im Sommer, da wieder einmal Telefonmasten und Kabelkanalformsteine in unser Gemeinschaftslager direkt neben der Zuckerfabrik geliefert werden sollten. Da ich dem

Stadt-Bautrupp angehörte und einer der kräftigsten Kollegen war, wurde ich immer mit ausgewählt, diese schwere Arbeit zu verrichten. Nein, dachte ich, so konnte das nicht weitergehen, dass die Schwächeren stets geschont wurden, ich jedoch ohne jeglichen Lohnaufschlag hart ranmusste. Also versuchte ich, mich zu weigern, mich an dieser Arbeitszuweisung zu beteiligen. Mein Vorgesetzter beschimpfte mich als Drückeberger und wollte mich letztendlich sogar dazu zwingen. Da kam mir ein Knoten sehr zu Hilfe, der sich schon vor geraumer Zeit in meiner linken Leistengegend gebildet hatte. Ich gab dies als Vorwand an, nicht helfen zu können, da noch nicht geklärt war, ob es sich um einen Leistenbruch oder sonst eine Geschwulst handelte und ich bereits einen Termin beim Arzt bekommen hätte, um dies untersuchen zu lassen. Er glaubte mir nicht und wurde immer zorniger, dass er vermutete, es sei nur eine vorgeschobene Ausrede. Ja, das musste ich nun durchziehen, dachte ich und meinte zu ihm, wenn sie mir das nicht glauben, fahre ich in die Stadt in unser Dienstgebäude zum Bezirksbauführer, seinem Vorgesetzten, um mich über ihn zu beschweren. „Dann mach das mal“, waren seine Worte, da er meinte, ich täte es ja doch nicht. Also setzte ich mich in mein Dienstfahrzeug, einen grauen VW-Pritschen-Kombi, und fuhr los. Im Vorzimmer des Chefbüros nahm ich wartend Platz, da er gerade in einer Besprechung gewesen war. Und da geschah es, Herr Janitz stand plötzlich hinter mir und meinte, „Komm mein Jung, das kannst du doch nicht machen“, und meinte zudem, dass das auch gar nicht so gemeint gewesen wäre und er mir nun glaubte. Als er sich ausdrücklich entschuldigte, ging ich auf seine Bitte ein und ließ von meinem Vorhaben ab.

Am nächsten Tag brachte ich ihm eine Krankmeldung meines Hausarztes, mit der ich ihm zugleich unterbreitete, dass ich an meiner Leiste operiert werden müsste. Tatsächlich bekam ich auch alsbald einen OP-Termin im Martinstift in Worms, wo mir dieser Knoten entfernt und zur weiteren Untersuchung in ein Labor gesandt wurde.

Gutartig, lautete der Befund, jedoch bekam ich noch für eine ganze Woche eine Arbeitsunfähigkeitsbescheinigung ausgestellt.

Als ich den ersten Tag wieder zur Arbeit kam, war mein Vorgesetzter wie ausgewechselt. Fortan musste ich solch schwere Arbeiten nicht mehr verrichten, war lediglich noch sein Fahrer und mit Auskunder demnächst anstehender größerer Arbeiten.

Am Tag meines Abschiedes kamen alle Mitarbeiter des Stadtbautrupps im Chefbüro zusammen und es wurde mir zum Andenken ein Weinspender feierlich überreicht, welcher zwar bis zum heutigen Tag noch nie benutzt worden ist, jedoch als Zierrat in unserer Wohnung und später in unserer Hausbar stets parat stand und präsent war.

Meine neue Arbeitsstätte

Meine Versetzung von Worms nach Eisenberg verlief ganz ohne Komplikationen, denn in der Pfalz stand für die Zukunft ein Mehr an Arbeiten an, als es in Worms der Fall gewesen war. Der Fernmeldebaubezirk dort sollte vergrößert werden und es wurden zusätzlich Arbeitskräfte gesucht, auch solche, die nicht wie ich bei einem Fernmeldeamt der Deutschen Bundespost gelernt hatten. Allerdings sollten diese neuen Arbeitskräfte aus einem artverwandten Beruf kommen, als da waren Fernsehtechniker oder Elektriker. Und da ich in Worms schon einige Jahre praktische Berufserfahrung hatte, war ich natürlich jederzeit herzlich willkommen.

Zwar machte es mir keinen allzu großen Spaß, diese Neuankömmlinge in ihre neue Tätigkeit als Sprechstelleneinrichter anzulernen und einzuführen, jedoch sah ich es mir als Ehre, dass mir so viel Vertrauen entgegengebracht worden ist.

Mit der Zeit wurden auch die Kollegen der Entstörungsstelle und somit auch deren Vorgesetzter auf meine sehr gute Arbeit und mein Auftreten aufmerksam, sodass mir alsbald angeboten wurde, zu ihnen zu wechseln.

Ja, hier in der Pfalz war alles total anders, als käme ich in eine andere Welt. Es wurde ein anderer Dialekt gesprochen als mein rheinhessischer – Pfälzisch – und es wurden Knickerbocker getragen. Alles ging noch sehr ländlich zu und das war genau das, was mir hier nun am allerbesten gefallen hatte.

Die Eisenberger Luft roch bisweilen anders als vorher die Wormser Stadtluft, irgendwie eisenhaltig und erdig. Da kamen mir die Worte meines Lungenfacharztes in Worms in den Sinn, der mir, als ich mich von ihm bei einer letzten Untersuchung verabschiedete, fragte, wo es denn jetzt hinginge. Es gefiel ihm anscheinend überhaupt nicht, als ich ihm sagte, nach Eisenberg. „Um Gottes willen, wieso ausgerechnet nach Eisenberg?“, fragte er mich und meinte noch, dass dort die Luft doch so sehr schlecht sei. „Na ja“, meinte ich, „ganz so schlecht wird es da wohl nicht sein.“ Er wünschte mir alles Gute für meinen nun für mich doch ein wenig fraglich gewordenen neuen Lebensweg.

Meine Eltern, ganz besonders meine Mutter, mussten nun auch gemerkt haben, dass ich mich nach und nach von zu Hause entfernte, ließen sich aber nicht anmerken, dass es ein nicht leichter Abschied werden würde.

Jeden Tag die ca. 50 km Entfernung zu und von Eisenberg zurückzulegen sollte auch nur als vorübergehende Lösung verstanden werden. Denn bevor man sich versah, waren diese zwei Jahre wie im Fluge vergangen und unsere Hochzeit stand kurz vor der Planung. Nie war auch nur ein geringster Zweifel oder Gedanken, uns zu trennen, aufgekommen.

Unsere gemeinsame Wohnung

So sehr ich auch unsere Hochzeit herbeisehnte, so sehr dachte ich auch an die damit verbundenen Umstände, die aber eigentlich gar keine solche gewesen sind.

Wie in der katholischen Kirche so üblich, wird das Brautpaar kurz vor der Vermählung vom Herrn Pfarrer zu einem Aufklärungs-Gespräch eingeladen. Es wurde über eheliche Rechte, aber auch Pflichten gesprochen, als mich plötzlich, wie aus heiterem Himmel, der Pfarrer fragte: „Na, Helmut, was hat euch beiden denn zusammengeführt?" – Äh, noch bevor ich antworten konnte, schossen mir einige Gedanken durch den Kopf, was er denn nun geantwortet haben möchte, oder kannte er vielleicht sogar den Weg, wie wir beide uns kennengelernt hatten. Spontan kam es mir aber dennoch vor, was ich ihm auf seine Frage antwortete: „Zufall, Herr Pfarrer, reiner Zufall." Was da über meine Lippen kam, klang eher nach einem Stammeln als nach direkt heraus. Und, ich dachte noch, was ist das denn jetzt, was hat der denn auf einmal? Hochwürden streckte jäh beide Arme nach oben, bekam einen knallroten Kopf und meinte mit erhobener Stimme: „Gott hat euch zusammengebracht!" Er setzte jedoch alsbald ein Lächeln auf, welches mir zu verstehen gab, dass mit seinem „Ausraster" unsere Eheschließung wohl doch nicht gefährdet ist, auch wenn ich ihm nicht die von ihm erwartete Antwort gegeben hatte.

Na gut, hätte er gewusst, was sich gerade in meinem Kopf abspielte, wer weiß … Vielleicht hatte er ja recht, im Nachhinein sogar ganz gewiss. Doch für den Moment hätte ich am liebsten gesagt, „Aller hopp, wonn de moonschd."

Der eigentliche Termin der kirchlichen Trauung und noch einige andere Formalitäten wurden erörtert und festgelegt.

Puh, das wäre schon einmal überstanden, dann müssten andere, noch anstehende Unannehmlichkeiten wohl auch zu bewältigen sein. Die nächste Aufgabe, die es zu bewältigen galt, war das Aufgebot zu bestellen.

In einem Glaskasten am Rathaus wurde für die standesamtliche Trauung ein Zettel angeschlagen, auf dem unsere Namen, Berufe, Geburtsdaten sowie Rosemaries Geburtsnamen wie auch andere Daten sowie der Trauungstermin und -ort veröffentlicht. Ganz offenbar war Datenschutz zur damaligen Zeit noch ein Fremdwort. Denn was hätte doch damals schon mit all diesen gemachten Angaben angestellt werden können.

Peinlich, sehr peinlich war dann auch für mich, als meine zukünftigen Schwiegereltern von mir verlangten, die Eintragung meiner Berufsbezeichnung ändern zu lassen. Ich hatte zwar die Bezeichnung Fernmeldehandwerker angegeben, was zu jener Zeit ja auch stimmte, besser würde ihnen aber Fernmeldetechniker gefallen, was mein nicht mehr allzu weit entferntes Berufsziel gewesen war, wofür es jedoch noch einiger Prüfungen bedurfte.

Na ja, wieder einmal wurde man wegen solch einer Geringfügigkeit in eine vermeintlich missliche Lage gebracht, und es sollte nicht das erste und letzte Mal gewesen sein, dass dies der Fall gewesen sein sollte.

Nur allzu gut, dass mit unserer Hochzeit und der endlich damit verbundenen Selbstständigkeit Rosemaries eine gewisse Distanz zur allgegenwärtigen Bevormundung ihrer Eltern zukünftig gegeben sein sollte. Erübrigte sich auch bald ein Vorschlag, wir könnten doch in Rosemaries Elternhaus mit einziehen, da müssten doch alle nur ein wenig zusammenrücken, was für mich keinesfalls in Frage gekommen wäre.

Folglich missmutig waren auch ihre Reaktionen, als sie erfuhren, dass ich in Eisenberg eine schöne, genau auf uns beide zugeschnittene Wohnung gefunden hätte. Ihre Gesichtsausdrücke sagten mehr aus, als sie mit ihren Worten hätten andeuten können. Die Hauptsache war, Rosemarie gefiel die Wohnung auf Anhieb und wir beschlossen, sie gemeinsam zu mieten. 280 DM kalt für 60 qm. Noch dazu in einem 4-Familien-Wohnhaus in einem sozial eher gehobenen Umfeld, da musste man unbedingt zuschlagen.

Als wir den Mietvertrag abschlossen, brachten wir die allerbesten Voraussetzungen für einen Vermieter/in mit. Gute

Berufe, noch dazu im öffentlichen Dienst, regelmäßige Einkommen und eine voraussichtliche uns beiden vorschwebende Mietzeit von 4 Jahren, das gefiel der Vermieterin sofort. Noch dazu, da sie auch aus Rosemaries Heimatort stammte. Beim Haus mit unserer neuen Wohnung in der Gutenbergstraße 32 in Eisenberg handelte es sich um ein Eckhaus mit 4 Wohnungen, wobei unsere Wohnung aus einem Wohnzimmer, einem Schlafzimmer, einer Küche und einem Bad mit WC bestand. Einen kleinen Balkon und einen Kellerraum gab es zudem auch noch.

Ach, wie war das großartig, hatten wir nun einen schönen gemütlichen und eigenen gemeinsamen Ort, an den wir uns gelegentlich schon einmal zurückziehen konnten.

Es standen noch einige Renovierungsarbeiten an, bevor wir unsere ersten eigenen Möbel einräumen konnten. Es wurde nicht gekleckert, sondern gleich solche Möbelstücke gekauft, die wir auch in unser demnächst gebautes Wohnhaus mit einbringen wollten. Unser Erspartes – Rosemarie hatte bereits über 3000 DM und ich über 10 000 DM zusammengespart – was ein sehr gutes Startkapital gewesen war. Altdeutsch nussbaumfarben sollte es sein, unser neues Möbel, womit wir das Wohnzimmer komplett einrichteten. Ein 3-m-Schrank, ein ausziehbarer Tisch, eine goldfarbene Couch und zwei Sessel sowie ein kleiner Beistelltisch, perfekt, so richtig zum Wohlfühlen. Das Schlafzimmermöbel war von Rosemaries Eltern bereits gebraucht, aber in noch einigermaßen akzeptablem Zustand. Für die Küche brauchten wir noch zwei Stühle, einen Elektroherd und einen Kühlschrank.

Vier der allerschönsten Jahre unseres Lebens standen uns nun bevor und es wurde endlich Zeit, dass die Trauung vollzogen wurde und wir offiziell in die neue Wohnung einziehen konnten, beziehungsweise einziehen durften.

Nein, wir saßen nicht nur auf der faulen Haut, wir knüpften Teppichbilder und Läufer und ich sammelte nicht mehr benötigte Bretter von an meiner Arbeitsstätte angelieferte Kabeltrommeln für Einschalarbeiten und die Baubude auf unserer zukünftigen Baustelle.

Unsere Hochzeit

Endlich, endlich war es nun so weit, unsere standesamtliche Trauung wurde am 26.05.1972, an Rosemaries 21. Geburtstag und somit ihre Volljährigkeit vollzogen. Alles verlief eigentlich sehr unspektakulär und ich konnte es noch gar nicht so richtig fassen. Endlich frei, wie aus dem Gefängnis entlassen, kam ich mir vor. Die Gewissheit, nun eine zuverlässige Frau an der Seite zu haben, machte mich sehr selbstsicher und überglücklich. Auch Rosemarie wurde nun endlich von allen elterlich auferlegten Lasten und Pflichten befreit, was ihr endlich Luft zum Atmen gebracht hatte. Auch sie lebte regelrecht auf und genoss seit jenem Tag ihre gewonnene Freiheit.

Schöne Worte während der Zeremonie, die mir ins eine Ohr hinein und aus dem anderen wieder hinaus getreten waren, konnten mich eigentlich gar nicht so richtig erreichen, befand ich mich mit meinen Gedanken doch schon in einem ganz anderen, neuen Leben.

Ein paar Unterschriften von uns beiden und den Trauzeugen, Helmut und Hans, unsere beiden Brüder und schon war der bürgerliche Akt vollzogen. Die Geburtstagsfeier und der Polterabend waren dann der Höhepunkt des ersten Tages, doch allzu ausschweifend konnten diese beiden Anlässe nicht gefeiert werden, da ja am folgenden Tag die kirchliche Trauung in der Hettenleidelheimer Pfarrkirche vollzogen wurde und im Thomas-Morus-Haus in Eisenberg die große Hochzeitsfeier stattfand.

Der Tag der kirchlichen Trauung begann, wie so oft schon in Rosemaries Families Haus, sehr hektisch.

„Wo hast du denn deine weißen Handschuhe?“, fragte mich meine Schwiegermutter. Ich meinte sodann, „welche Handschuhe denn?“ „Du musst unbedingt weiße Handschuhe anhaben“, meinte sie. Ich hatte überhaupt nicht an weiße Handschuhe gedacht und wozu sollten die denn eigentlich notwendig sein? Wo jetzt noch weiße Handschuhe auf die Schnelle herbekommen? Da fiel ihr ein, dass bestimmt ein Freund der Familie, der irgendwann einmal in einem Spielmannszug aktiv gewesen war, solche Handschuhe gehabt haben musste. Anruf dort, ja, es gab welche, die musste er allerdings erst noch suchen. Auf striktes Verlangen der Schwiegermutter machte ich mich mit dem Auto auf zu jenem Wohnhaus am anderen Ende des Dorfes, um diese Handschuhe abzuholen.

Oh je, Schock! An den stark vergilbten Handschuhen waren auch noch die Motten, die an der einen Hand die Fingerkuppen bereits abgefressen hatten. „Dess macht doch nix, do zieschde de oone oo unn de onnere helschte donn in de onnere Hond", waren seine Worte, und was machte ich, ich ließ mich doch tatsächlich auf dessen blöden Vorschlag ein.

Die Kirchenglocken läuteten bereits, als ich auf dem Rückweg zu Rosemaries Elternhaus gewesen bin. Dort angekommen fragte ich: „Wo sind denn die Trauringe hingekommen, die ich hier auf den Küchenschrank gelegt hatte?" Zuerst wusste niemand, wo denn die Ringe hingekommen sein konnten. Bis auf einmal der Traum meiner schlaflosen Nächte, die Schwiegermutter, meinte, sie hätte sie, damit sie nicht wegkommen, woanders hingelegt. Nun wurde es allerhöchste Zeit, in Schwiegervaters dunkelblauen geschmückten Mercedes einzusteigen, um den Weg zur Kirche anzutreten. Meinem Schwager Helmut übergab ich einen Beutel mit Kleingeld, das zum Auswerfen für die erwartungsvollen schaulustigen Kinder gedacht war und den er mir nach der Kirche hätte überreichen sollen.

Alles lief wie geplant, keine nennenswerten Pannen, keine Stolperer, lediglich die weißen Handschuhe störten mich doch gewaltig, denn ich war stets darauf bedacht, dass niemand die angenagten Fingerkuppen zu sehen bekam. Auch während des Tausches der Ringe hätte ich sie am liebsten jemandem an den Kopf geworfen.

So, diese Hürde war nun auch genommen, unsere Verbindung gesegnet und nun konnte eh nichts mehr schiefgehen. Dachte ich jedenfalls. Denn, wo sind meine Münzen, die ich dem Schwager übergeben hatte? Dieser hatte natürlich viel zu tun. Er hatte eine sehr wichtige Arbeit zu verrichten, nämlich die ganze Zeremonie mit unserer extra hierfür gekauften Super-8-Kamera zu filmen. Dabei vergaß er total, dass er meine Münzen in der Tasche hatte, die sich jedoch in seinem Auto befand. Die wartenden Kinder vor der Kirche wären leer ausgegangen, hätte ich nicht noch einige 50 Pfennig- und D-Mark-Stücke in meinem Portemonnaie gehabt. Egal, auch wenn dann noch ein oder zwei 2-DM-Stück dabei war, hatte es mir auch nichts weiter ausgemacht. Hauptsache, die Kinder waren zufrieden, ja sogar überrascht und erstaunt, dass da so viele Silberlinge ausgeworfen wurden.

Die anschließende Feier im Thomas-Morus-Haus in Eisenberg ging sehr zünftig vonstatten. Nach dem Sektempfang folgte sogleich das Mittagessen. Dieses begann mit einer obligatorischen Pfälzer Markklößchensuppe. Es schloss sich ein Gang mit Rindfleisch und Meerrettich an, anschließend das Hauptgericht, Schwiegervaters selbstgemachte Knuppen. Diese bestanden aus einer Rindfleisch-Tasche, gefüllt mit Speckwürfeln vom Schwein, Zwiebeln und Gewürzen, dazu eine leckere Bratensauce. Ganz besonders gut kamen die Spargeln aus unserem eigenen Anbau sowie die Abenheimer Rot- beziehungsweise Weißweine an. Zum Nachtisch gab es verschiedene Eisvariationen und, wer wollte, dem wurde das eine oder andere Schnäpschen serviert.

Das war vielleicht lecker, so lecker, dass ehemalige Gäste heute noch davon zu schwärmen wissen.

Nach einer kleinen, dem schönen Wetter sei Dank, Spaziergangs-Pause ging es weiter mit Kaffee und sehr leckeren hausgemachten Kuchen, die Rosemarie mit ihrer damals schon ausgeprägten Leidenschaft für das Backen selbst kreiert hatte.

Pfarrer Dahl, der uns traute, befolgte unsere Einladung und nahm, indem er auch ein wenig zur Unterhaltung beigetragen hatte, am Kaffeetisch teil. Auch der Eisenberger Pfarrer, der für die Ordnung im Thomas-Morus-Haus die Aufsicht hatte, stellte sich als Besucher ein. Er verblüffte meine Abenheimer Verwandten doch sehr mit seiner Erscheinung und seinem Verhalten. Jeder erkannte, dass er an jenem Tage ein paar Schlückchen Alkohol zugetan war und meiner Schwester unzweifelhaft bei einer Begegnung im Saal andeutete: „Ach, wenn ich die schönen Frauen sehe“ und dabei seine Arme zur Umarmung ausstreckte. Was auch meine Schwester sichtlich sehr in Verlegenheit gebracht hatte.

Ja, es wurde auch die eine oder andere Rede geschwungen. Mein Taufpate und mein Vater hielten eine Rede, der man noch einigermaßen folgen konnte, na ja, Papa war schon ein wenig angesäuselt und seine Zunge schien ihm immer schwerer zu werden. Es war aber für die Gästerunde eher amüsant als langweilig rübergekommen. Als dann aber Rosemaries Onkel aus München zu Wort kam, dies auch noch in einem ungewohnten Bayrisch, verstanden die meisten nur noch „Bahnhof" und des einen oder anderen Augenlider begannen sich schon zu senken. Manch einer musste, bei allem Respekt, gedacht haben, hoffentlich hört er bald auf.

Das Highlight des Tages beziehungsweise des Abends war dann der Auftritt meines Bruders mit seinem Schlagzeug und der Unterstützung eines Alleinunterhalters an einer Orgel. Wozu es sehr viel Spaß machte zu tanzen. Ein Bekannter der Familie unterhielt den ganzen Nachmittag über nicht nur die Kleinen, auch die Erwachsenen verblüffte er mit seinen gekonnt vorgetragenen Zaubertricks.

Zwischendurch gab es noch ein reichhaltiges Abendessen, mit Rind-, sowie Schweinebraten, mit Sauce, Knödeln, Nudeln und Salat. Da verließ kein Gast den Saal, der nicht rundum satt geworden wäre.

Einer sehr schönen Feier folgte noch in der Nacht der Kehraus. Alles musste noch aufgeräumt, Tische und Stühle wieder an ihren vorherigen Abstellplatz verbracht sowie der Fußboden gereinigt werden. Und dies alles in Eigenleistung, sodass es nahezu 5:00 Uhr am Morgen wurde, als wir endlich nach Hause kamen.

Ja, eigentlich stellt man sich eine Hochzeitsnacht nicht unbedingt derartig vor. Aber, da der Hochzeitstermin so gelegt werden musste, dass er ausgerechnet auf Rosemaries Unpässlichkeitstage fiel, machte es uns nicht unbedingt etwas aus, nicht in die Heia zu springen, sondern wach wie wir waren nach Hettenleidelheim zum Frühstück zu fahren.

Es war eine sehr schöne gelungene Hochzeitsfeier, von der Filme und Fotos noch heute Zeugnis ablegen.

Einige Tage darauf starteten wir in unsere Flitterwochen nach Österreich, reduzierten aber der teuren Hotelkosten wegen diese Reise auf Flittertage. Denn als uns unsere schöne neue Wohnung wieder in Erinnerung kam, machten wir uns schleunigst wieder nach Hause und genossen da die restlich verbliebene Zeit unseres Urlaubs in vollen Zügen.

Wunderbar war die Zeit in unserer Eisenberger Wohnung. Rosemarie ließ sich von der Sparkasse Grünstadt nach Eisenberg versetzten und wir hatten somit unsere beiden Arbeitsplätze vor Ort. Konnten die kurzen Wege sogar zu Fuß zurücklegen. Doch, wer nun glaubte, wir lägen in unserer freien Zeit nur auf der faulen Haut, den müssen wir an dieser Stelle über Besseres belehren. Wir knüpften weiter an unseren Läufern, Brücken und Wand- sowie Bildteppichen und ich lernte für die Prüfungen, die unbedingt für meinen weiteren Werdegang notwendig waren. Und noch ehe die 4 Jahre unserer angekündigten Mietdauer vorüber waren, hatte ich alle Prüfungen bestanden und konnte mich auch somit mit der Berufsbezeichnung Fernmeldetechniker schmücken.

In unserem Kellerraum stapelten sich die Bretter von bereits besagten Kabeltrommeln und einiges an Material mehr, das mir mein Bruder als Überbleibsel von seiner Tätigkeit bei einer Wormser Fertighaus-Firma mitbrachte. PVC- und Teppichbodenplattenreste, die der Charge wegen nicht anderswo noch Verwendung finden konnten, waren mir für unser angedachtes neues Wohnhaus sehr gelegen. Da kam einiges zusammen, das man noch sehr gut verwerten konnte.

Doch schleppte ich nicht nur solch unbelebtes Material in unsere Wohnung, auch Vögel, ganz liebe kleine Piepmätzchen fanden bei uns ihr neues Zuhause. Ein wunderschöner Käfig, der einer Art Pagode ähnelte oder irgendwie an chinesische Baukunst erinnerte, mit zwei Reisfinken und vier Zebrafinken sollten Rosemarie überraschen und erfreuen. Auf jene Schnapsidee, jedoch ganz alkoholfrei, kam ich, als ich bei Arbeiten bei einem Tierhändler in Lautersheim diese putzigen Tierchen zu Gesicht bekommen hatte.

Pieppiep und geckeckeck, an die Laute, die sie von sich gaben, musste man sich aber erst noch gewöhnen. Na ja, es dauerte schon einige Jahre, bis man sich genervt fühlte und, wie es eigentlich nicht sein sollte, der lieben Tierchen überdrüssig wurde. War es in der Eisenberger Wohnung noch ein Vergnügen, den Vöglein zuzuschauen, ganz besonders, wenn sie im Wohnzimmer umherfliegen durften, so war es weniger amüsant, sie wieder in den Käfig zu bekommen. Da half nur Verdunkelung des Raumes, die Stelle auf dem Schrank merken, wo sie sich hingesetzt hatten und den Moment der Überraschung nutzen und vorsichtig zupacken. Na ja, abgesehen von dem Staub und Dreck, den sie aufwirbelten, eigentlich eine unterhaltsame Angelegenheit.

Auch was unsere Mobilität anging, hatten wir uns verändert. Mein mit in die Ehe gebrachter VW kam so langsam in die Jahre und wir sahen uns deshalb nach einem anderen Fahrzeug um. Da muss uns doch der Teufel geritten haben, dass wir auf die Idee kamen, einen Mercedes zu kaufen. Einen gebrauchten D8 Diesel von einem Händler aus Lampertheim musste es sein. Ein totaler Fehlkauf, den wir auch alsbald wieder versuchten, loszuwerden. Alle 300 km einen Liter Motoröl nachfüllen wurde uns auf die Dauer doch etwas zu kostspielig. Also sahen wir uns nach einem anderen Wagen um und wurden alsbald auch fündig. In Neustadt stand ein Mercedes, auch ein Modell 8, jedoch ein Benziner. Weiß, mit Schiebedach und Servolenkung. Ein Wagen, den ich noch bis ans Ende meines Lebens hätte fahren wollen, der aber einem etwas minderwertigeren Kfz, einem VW-Variant hat weichen müssen, da das durch diesen Handel ersparte Geld einem Bausparvertrag und dessen frühere Zuteilungsreife hatte dienen müssen. 2500 DM kostete dieser Wagen noch, der nach einem Unfallschaden wieder instandgesetzt worden war, allerdings für unser geplantes Bauvorhaben genau das richtige Transportfahrzeug gewesen ist. Zwar war eine gewisse Undichte zu verzeichnen, drang bei starken Regenfällen doch nicht gerade wenig Wasser in den Innenraum, doch war das kein sehr großes Problem, wussten wir doch, dass das Fahrzeug lediglich unsere angestrebte Bauphase überstehen sollte.

Planung und Hausbau

Waren wir auch noch so sehr in Vorfreude, auf dem Grundstück der Schwiegermutter, wie schon von ihr angekündigt, bauen zu dürfen, so war unsere Enttäuschung, es urplötzlich, von heute auf morgen, nicht mehr zu können, umso größer, ja, es schien eine Welt einzustürzen, als es hieß, sie hätten sich das überlegt, unsere lieben Schwiegereltern, und sie hätten nun den Entschluss gefasst, selbst noch einmal auf diesem Grundstück bauen zu wollen. Wir hatten schon eine Bauvoranfrage bei der Orts-Gemeinde eingereicht, die unsere Absicht beinhaltete, ein Doppelhaus mit den Schwiegereltern zu bauen, welche jedoch mit fadenscheinigen Begründungen abgelehnt worden war. Es war noch nicht ganz der Moment, als ich mich sehr über diese vermeintlich als Behördenwillkür anmutende Absage sehr freute. Denn mit den Schwiegereltern Haus an Haus, Wand an Wand, Grundstück an Grundstück, das konnte auf Dauer nicht gutgehen. Denn 4 Jahre am Gängelband und Nichteinhaltung von Versprechungen waren Zeichen genug, dass ein hierfür erforderliches Vertrauensverhältnis zum Mit- beziehungsweise Nebeneinander als Basis geschaffen und somit vorhanden gewesen wäre.

Und gleichzeitig kam mit der Absage dieses Bauvorhabens eine Welle des Glücks, des Zufalls, des göttlichen Beistandes und dessen Fügung, oder wie man es auch immer nennen mag, auf uns zu, die unser ganzes Leben in eine völlig neue Bahn lenkte.

Unser damaliger Orts- wie auch Verbandsgemeinde-Bürgermeister war ein Schulkamerad meines Schwiegervaters und ihn um Rat zu bitten war unsere Absicht, als wir einen Termin mit ihm vereinbarten, was aber in uns noch keine allzu große Hoffnung aufkommen ließ.

Wir hatten uns zwischenzeitlich schon andernorts nach einem Baugrundstück umgesehen, als da waren Orte wie: Ramsen, Kerzenheim und Marnheim. Ich konnte sehr gut

Rosemaries Gefühle erahnen, sogar erkennen, dass sie mit jeder Besichtigung wehmütiger wurde, vermutlich im Gedanken daran, wie es hätte werden und sein können, auf dem versprochenen Grundstück ein Wohnhaus zu errichten. Ja, ich glaubte sogar, dass ich beim Besichtigen des sehr preisgünstigen Grundstücks in Marnheim, welches uns der Vater einer meiner Arbeitskolleginnen vermitteln wollte, und meiner für Rosemarie empfundenen Geneigtheit dazu, Tränen in ihren Augen wahrgenommen hatte. Nein, das sollte es nun auch nicht gewesen sein und eine Kaufabsicht wurde auch ganz schnell verworfen. Ebenso wie bei dem Grundstück in Ramsen, welches sehr schön gelegen, jedoch nur als Bauerwartungsland angepriesen wurde. In Kerzenheim war der Besitzer ein Architekt, der zur Bedingung machte, den Bauplan zu erstellen und die Bauleitung zu übernehmen. Mit einem solchen Cleverle einen Deal einzugehen, unmöglich!

Also blieb uns nichts anderes übrig, als abzuwarten, was denn nun das Gespräch mit dem Bürgermeister ergeben würde.

Es stand auch bald ein Termin fest, den ich mit dem Schwiegervater wahrgenommen hatte. Da standen wir nun vor ihm, dem Bürgermeister und ich hatte noch ein Problem, ihm die Hand zu reichen. Denn wo greift man hin, wenn der Gegenüber gar keine Hand hatte? Ja, genau da war mein Problem, jedoch wusste ich, dass dem guten Mann während des 2. Weltkrieges bei der Hantierung mit einer Handgranate beide Hände abgerissen wurden, er fortan sehr behindert war und seinen Beruf als Schreiner nicht mehr ausführen konnte. Er gar seine damalige Krankenschwester, so wurde mir später erklärt, zur Frau nahm. In Anbetracht der großen körperlichen Beeinträchtigung hatte er zur öffentlichen Verwaltung umgeschult und ist schließlich dabei zum Bürgermeister geworden.

Mein Schwiegervater reichte ihm als erster die Hand und ich konnte sehr schnell erkennen, an welcher Stelle des noch verbliebenen Stumpfes er anfasste. Für mich ein eigenartiges Gefühl, ganz anders, irgendwie weich und zart, eben nicht so, als wenn man eine Hand mit Fingern zu greifen gewohnt war.

Er war sehr nett zu uns, bedauerte aber, dass er nicht imstande sei, an unserem Ansinnen, auf jenes Grundstück zwei Häuser bauen zu wollen, etwas zu ändern, da alles vom Gemeinderat nun einmal so beschlossen war.

Er eröffnete uns aber eine sehr interessante Möglichkeit, doch noch zu einem Grundstück zu kommen, nämlich im Neubaugebiet, dem Gebiet, wo auch Schwiegermutters Grundstück lag, dort würde noch ein freies Grundstück direkt neben seinem liegen, und wir sollten uns doch schon einmal dafür bewerben und er würde sich dafür einsetzten, dass wir es auch bekämen.

Oh je, dieses 958 qm große Eck-Grundstück, ein sehr schön gelegenes, sprengte komplett den Rahmen unserer finanziellen Vorstellungen.

50 000 DM – Erschließungsgebühr inbegriffen – war zwar sehr interessant, aber so teuer, das mussten wir uns noch überlegen, hatten wir doch ursprünglich nur mit der Hälfte gerechnet. Jedoch meinten dann die Schwiegereltern, dass sie bereit wären, 10 000 DM zuzuschießen, wenn wir hier bauten und demzufolge ihr Töchterlein in ihrer Nähe bliebe. Dies ließen wir uns nicht zweimal sagen und schon machten wir am nächsten Tag bei der Gemeindeverwaltung unser Interesse an diesem Grundstück kund, indem wir ein Gesuch einreichten. Direkt über den Herrn Bürgermeister und dessen Eingangsbestätigung, sodass uns andere nicht noch zuvorkämen.

Dann hieß es nur noch Daumen drücken und abwarten.

Welch ein riesiger Jubel, als uns nach einer Gemeinderatssitzung eine Zusage auf den Tisch flatterte. Wir hatten nun unser eigenes, zusammen mit unseren Ersparnissen und dem Zuschuss der Schwiegereltern, bereits bezahltes Baugrundstück, was die Gesamtfinanzierung bedeutend erleichterte.

Von diesem Tag an wurden „Nägel mit Köpfen gemacht", was heißt, endgültig ein Plan erstellt. Andere Häuser besichtigt und von da Anregungen mit in den Plan eingebracht.

Ein mit der Familie befreundeter Bauingenieur bekam einen von uns komplett selbst gefertigten Plan, den er eigentlich nur noch abzeichnen und unterschreiben musste.

Doch, was war das denn? Den Schwiegereltern gefiel unser Plan so gut, dass sie ihn zu über 90 % „abkupferten" und lediglich gespiegelt kopierten und übernahmen. Hatten sie nun plötzlich im Sinn, mit Rosemaries Bruder gemeinsam ein Haus auf dem eigentlich für Rosemarie gedacht gewesenen Grundstück zu bauen und dies fast parallel mit unserem Bauvorhaben. Zwar nervte mich diese Art, zu einem Plan zu kommen, total, und es sollte auch nicht das letzte Mal gewesen sein, dass etwas genauso sein sollte, wie wir es hatten, jedoch wurde immer wieder großzügig darüber hinweg geschaut oder etwas Neues oder eine Idee erst gar nicht mehr preisgegeben. Hauptsächlich die Schwiegermutter war es, die gelegentlich darauf bestand, Kleider, Taschen, Tapeten und einiges mehr genauso wie ihr Töchterlein haben zu wollen. Gingen Mutter und Tochter einmal gemeinsam einkaufen, hieß es meistens, „Was kefschden du der alles? Des kaaf isch mer aach." Da war es ihr bisweilen zu anstrengend, sich um ihren eigenen Kram selbst einmal Gedanken zu machen.

Ja, wer hätte gedacht, dass wir einmal in Hettenleidelheim sesshaft würden. Wie sagte meinte Tante Katharina einmal zu mir: „Weißt du auch, dass eine Tante von uns vor langer Zeit nach Hettenleidelheim ausgewandert war?" „Aha", meinte ich damals nur, ohne auch nur ein geringstes Interesse daran gezeigt zu haben und nicht ahnend, dass dieser Hinweis einmal höchst mysteriös und von einiger Bedeutung sein könnte.

Okay, die Planung und Finanzierung stand, auch die etwaigen Helfer waren ermittelt und die Eigenbeteiligung mit eingeflossen. Bruder, Vater, Schwiegervater, die beiden Brüder Rosemaries, Onkels, Tante sowie Freunde und Schulkameraden hatten ihre Hilfe zugesagt. Mein Taufpate, ein Maurer-Polier, dem wir bei einem Besuch unseren Plan unterbreiteten und große Hoffnung auf ihn setzten, verstarb leider an seinem 65. Geburtstag, am 31.12.1974, kurz vor unserem Baubeginn im Februar 1975. An jenem Tag sind wir noch zur Geburtstagsfeier bei ihm gewesen und es schien noch alles in bester Gesundheit mit ihm zu sein. Da er bei der Feuerwehr zweiter Kommandant war, sollte ihm am Abend mit einem Fackelzug zur Ehrung und

Gratulation ein Ständchen gebracht werden. Schon von Ferne soll man die Marschmusik und die zwischendurch gerufenen Kommandos gehört und als dann in der beginnenden Dunkelheit auch noch der Fackelschein zu sehen war, es eine überwältigende Atmosphäre gegeben haben. Es soll exerziert worden sein, was etwas von militärischer Art gewesen sein soll, und als mein Patenonkel, der sich für die ihm entgegengebrachte Ehre und die überbrachten Geschenke bedanken wollte, zusammengebrochen und bald darauf auch verstorben ist.

Wir hatten die Feier, bezüglich der erwarteten vielen Gäste am Abend und des geringen Platzes im Hause wegen frühzeitig verlassen und hörten am Telefon, was gar Tragisches geschehen war.

Für uns ein sehr schwerer Schlag, denn er war es, dem wir die Bauleitung anvertraut hatten. Was bedeutete, ich musste nun fortan alles, was unseren Hausbau betraf, selbst in die Hand nehmen und ich war mir bald sehr sicher, dass ich hierbei, wie auch immer, seinen himmlischen Beistand haben würde.

Unser Plan war nun bei der Ortsgemeinde eingereicht, und es dauerte nicht allzu lange, bis wir die Genehmigung in der Tasche hatten. Geplant war ein voll unterkellertes Einfamilien-Wohnhaus mit zwei Wohnungen, einem Vollgeschoss und einem Dachgeschoss. In diesem oberen Geschoss war vorerst eine ca. 60 qm große Wohnung mit Loggia eingeplant, die aber im Laufe der Zeit auf ca. 80 qm mit einer Dachgaube vergrößert worden ist.

Schon bald fing ich an, in der Garage Rosemaries Elternhaus, die für die Stürze der Türen und Fenster benötigten Eisenbewehrungen per Hand zuzusägen, zurechtzubiegen und mit Draht zu einem Korb zu verknoten. Genauso, wie es in der Statik angegeben war.

Da ließ sich die eine oder andere Blase, Schnitt- beziehungsweise Quetschwunde, trotz Handschuhen an den Händen, nicht vermeiden.

Als diese erste Arbeit erledigt war, erbaute ich auch schon eine 3 mal 3 Meter große Baubude aus bereits besorgten ausgemusterten Telefonmasten und Schalbrettern.

Im Februar 1975 sollte bereits das Schnurgerüst gestellt werden, was aber beim Antreffen und Anblick unseres Grundstücks noch gar nicht möglich war. Hatte doch eine Baufirma unseres neuen Nachbarn und Bürgermeisters unser gesamtes Grundstück mit Aufschüttungs-Erde bedecken lassen, die dann mit einem Bagger hätte beigeschoben werden sollen. Auf unser Bitten, er solle doch dafür sorgen, dass dies bald geschehe, da wir mit unseren Bauarbeiten beginnen wollten, wurde auch spontan gehandelt und zwei Tage später war die Erde weg und unser Grundstück wieder frei davon.

War zuvor unser Grundstück mit Unkraut bewachsen und eigentlich sehr gut begehbar, so hatten wir nach dieser Aktion mit pappigem Schlammbelag eine regelrechte Sauerei unter den Füßen. Aber, des lieben Friedens Willens und aus Dankbarkeit, welche wir dem Nachbarn noch schuldeten, wurde es als unabdingbar hingenommen.

So, nun endlich konnte mit Hilfe unseres Bauingenieurs das Schnurgerüst aufgestellt werden. Dazu dienten Latten und Bretter, die ich ja schon rechtzeitig besorgt und in der Bude aufbewahrt hatte. Interessant und lehrhaft für mich zugleich, wie dies vonstatten ging. Ein großzügig mit einberechneter Arbeitsgraben wurde an den vier Ecken mit einem eigentlich primitiven Gerüst versehen und mit mit Steinen beschwerten Schnüren bespannt. Mit einem Nivelliergerät wurden dann die vier Eckpunkte des Gebäudes ermittelt, die mit den Kreuzungspunkten der gespannten Schnüre exakt sichtbar wurden. Noch einmal die Diagonalen gemessen, damit auch alles im rechten Winkel war, und schon waren für die Aushubarbeiten die wichtigsten Anhaltspunkte festgelegt. Die Tiefe der Grube wurde schätzend festgelegt, wobei berücksichtigt werden musste, wo die Wasserabflüsse hinkommen sollten. Der Haupt-Abwasser-Kanal führte quer unter dem Keller durch das Haus und sollte ein Gefälle von etwa 2–3 cm pro Meter betragen. Dies zu be- und ermessen lag dann schon ganz alleine in meiner Verantwortung. Und ich muss im Nachhinein sagen, dass die richtigen Entscheidungen hierfür erfolgt waren, bis zum heutigen Tage diesbezüglich überhaupt keine Probleme aufgetreten sind. Lediglich in einem Punkt hatte ich mich nicht auf meinen klaren Menschenverstand verlassen, sondern auf Schwiegervaters Rat gehört. Nämlich, ob denn wohl ein Rückstauventil eingebaut werden müsste oder nicht. Er, nach seiner Meinung gefragt, meinte dazu, dass ich so etwas nicht brauchte, da wir so hoch wohnten, dass es keine Probleme gäbe. Auf seine Worte hörend baute ich keine Klappe ein, was ich an Christi-Himmelfahrt 1982 sehr bereute.

Rosemarie war mit unserem zweiten Kind, einer Tochter, hochschwanger, als ein dermaßen starker Regen niederging, dass der Abwasserkanal in der Straße nicht alles Wasser aufnehmen konnte, sich die Brühe über Gullys im Heizungsraum und in der Waschküche sowie aus dem WC-Becken in unserem gesamten Keller ausbreitete. Zum Glück war der Keller noch nicht ganz ausgebaut, sodass der Schaden eigentlich in Grenzen blieb. Waren die Gullys in der Waschküche und im Heizungsraum die Hauptgründe des Wassereintritts, so waren sie für das Ablaufen und Reinigen mit dem Wasserschlauch wieder sehr vorteilhaft. Umgehend sorgte ich selbst dafür, dass dieser Missstand behoben wurde, indem ich im Keller einen kleinen Schacht aushob, das Hauptrohr aufschnitt und eine Rückstauklappe einbaute, sodann den Schacht einschalte und betonierte und dann noch mit einem Stahlrahmen und einem Deckel versah. Die Regen-Fallrohre im hinteren Gebäude-Außenbereich leitete ich zudem um das Haus herum, was mit einigen Erdarbeiten zu verwirklichen war.

Uff, geschafft! Seit jener Zeit hatten wir keinen Wassereintritt mehr im Keller zu verzeichnen und ich hatte mir vorgenommen, mich zukünftig mehr auf meinen gesunden Menschenverstand als auf unfachmännische Ratschläge zu verlassen.

Der erste Spatenstich erfolgte mit dem Erdaushub und einem Radlader einer Firma aus Eisenberg. Nicht einmal einen halben Tag brauchte das Schwergerät, um die Grube auszuheben.

Ein guter Boden, bestehend aus Lehm und Ton, kam zum Vorschein und zum Glück keine Wasserader, wie es beim Nachbarn der Fall gewesen war. Gemeinsam mit meinem Bruder, Schwiegervater und Schwager ging es per Pickel, Spaten, Schaufel und Schubkarre ans Werk. Der Aushub der Gräben für die Streifenfundamente und Abflussrohre ging sehr zügig voran und, da außer dem Schwiegervater alle berufstätig waren, überwiegend samstags. In die Gräben für die Abflussrohre wurde eine Sandschicht eingebracht und die Rohre mit empfohlenem Gefälle eingebettet, worauf dann wieder eine ordentliche Sandschicht das Ganze abdeckte.

Rosemarie und ihre Mutter sorgten derweil für das leibliche Wohl, das Mittagessen, das in jener Runde in der fast schon gemütlichen Baubude genussvoll eingenommen wurde.

Da wäre man am liebsten noch länger sitzen geblieben, jedoch das Tagespensum sollte unbedingt geschafft werden, damit ich unter der Woche nach Feierabend mit der Einschalung fortfahren konnte. Mein Bruder, der im Fertighausbau tätig war, hängte sich arbeitsmäßig voll rein, denn auch er war bedacht, demnächst selbst ein eigenes Haus zu bauen. Mein Schwiegervater und die beiden Schwager gingen nicht weniger fleißig ans Werk, denn sie hatten ebensolches in nächster Zeit auch noch vor.

Am folgenden Samstag wurden die Streifenfundamente eigenhändig mit Ortsbeton betoniert, wozu sich auch noch ein Freund, Roland als Helfer angekündigt hatte. Nach etwas Ruhe- und Reifezeit für den Beton erfolgte die Ausschalung und Auffüllung bis zur Oberkante der Streifenfundamente mit sehr groben Kieselsteinen als sogenannter Kies-Filter. Diese Kiesschicht noch verdichten und schon war ein Teil der Vorarbeiten zur Betonierung des Kellerbodens erledigt. Nur noch die Höhe der Bodenplatte einschalen und schon konnte es weitergehen.

Über 150 qm Fläche betonieren, das gab mal wieder eine große Schufterei. Jedoch wurde mit starker Unterstützung sehr fleißiger Helfer noch vor der einbrechenden Dunkelheit die Arbeit an einem Tag vollendet.

Da fiel an Peinlichkeit und Unannehmlichkeit gar nicht mehr so sehr ins Gewicht, dass sich zwei Kampfhähne fast in die Wolle gerieten. Die Betonmaschine war umgekippt und jeder der beiden Maschinisten, mein Vater und der Schwiegervater, schoben sich lauthals gegenseitig die Schuld zu. Vermutlich war der als Trank bereitgestellte Wein und das Bier mein Fehler, dass sich die Gemüter derartig erhitzten. Es wurde nichts beschädigt, konnte auch alsbald die Arbeit fortgesetzt werden. Schon vor jenem Vorfall konnte man von ferne mitbekommen, dass die beiden sich darum stritten, wessen Hilfe letztendlich die größere und bessere für uns Häuslebauer sein würde. Meinte der eine für seine Tochter, konnte der andere vielleicht ein bisschen mehr für seinen Sohn punkten.

Ja, es bedurfte einer Menge an diplomatischen Bemühungen, die beiden wieder zu besänftigen, aber, da sich der Tag schon dem Ende zuneigte ergab es sich, dass er doch ohne ein blaues Auge einen friedvollen Abschluss fand. Eins war mir seitdem sicher, in einer solchen Konstellation unbedingt zu vermeiden, wieder einmal ein Team zu bilden.

Nun sah es auf der Baustelle schon sehr viel besser aus und es war zu erkennen, dass es voran ging.

Bald wurden die Steine für die Kellerwände angeliefert und mit sehr viel Vergnügen das Maurerhandwerk gelernt und sogar beherrscht. Mein Schulkamerad, Hänschen, erklärte sich bereit zu helfen und den anderen Tipps zu geben. Er arbeitete in derselben Firma in Worms wie mein Pate und hatte auch auf dessen Anfrage bereits zugesagt. Ganz anders die Bereitschaft zu helfen als die aus einer anderen Ecke der Verwandtschaft vermeintliche, jedoch nicht erbetene.

Als wir damals meinem Patenonkel den Plan zur Begutachtung vorlegten, traf plötzlich auch der Mann einer meiner Cousinen ein, ich weiß nicht, ob der Onkel ihn bestellt hatte oder nicht, jedenfalls meinte er ungefragt, „Isch mach do nix!" Uns zu helfen, hätte ich von dieser Seite der Verwandtschaft, dazu ausgerechnet von ihm, eh nicht erwartet. Er hatte wohl angenommen, seine Fliesenlegekunst würde nicht angemessen honoriert, so jedenfalls nicht, wie er es von anderen Auftraggebern gewohnt war.

Eben jener damals sehr ungehobelt aufgetretene Mensch war es auch, der bei der Rückforderung der mir von meiner Tante für unsere Bauzwecke übergebenen Kreissäge auch noch ein Widia-Sägeblatt zurückforderte, das es aber überhaupt nicht in meinem Zusammenhang gegeben hatte. Lauthals, mit einer rüpelhaften, unkultivierten und dümmlichen Wortwahl der unteren Schublade, forderte er das Sägeblatt heraus. Er sah jedenfalls bis zuletzt nicht ein, dass es doch so sein könnte, wie ich es sagte, und das Sägeblatt irgendwo anders verblieben sein könnte. Da fällt es bisweilen doch sehr schwer, mit solchen Leuten in vertrauensvollem Kontakt zu bleiben, ja es tunlichst zu vermeiden. Denn gerade aus jenem Verwandtschaftszweig kamen oft Stiche, die nur sehr schmerzhaft zu ertragen waren. Da meine Tante, die Frau meines Taufpaten, Schneiderin war, ging Rosemarie, als wir meine Eltern besucht hatten, zu ihr, um von ihr in Sachen Schneiderkunst etwas zu erlernen. Es konnte nicht immer Zufall gewesen sein, dass meine andere Tante, ihre Schwester, auch gerade zu Besuch war. Rosemaries schlankes Äußeres betitelte sie als Pagen-Figur. „Du hoscht jo hinne nix unn vorne nix“, oder, „Saa emol Rosemarie hoscht du dehoom koo Erwed, wu de do erum hockschd?“ Oder zu meiner Figur, „Gell, Helmut, du hoscht widder zugenumm!“ Bis Rosemarie eines Tages beim Zusammentreffen zu ihr meinte, „Ei, Tante du siehst gut aus, gell, du hast zugenommen“ und diesem Gehänsel ein Ende gesetzt wurde und sie fortan nichts mehr Derartiges verlauten ließ.

Man ging sich zukünftig eher aus dem Weg, als dass man eine Zusammenkunft angestrebt hätte.

Auch ohne die Hilfe jener Verwandtschaft wuchs unser Häuschen von Samstag zu Samstag. Das ähnelte schon fast einem Wetteifern mit der Baufirma unseres Nachbarn, der allerdings schon Wochen vor uns mit dem Bau begonnen hatte.

An einem Samstag wurde die untere Hälfte der Keller-Außenmauern, am nächsten Samstag die obere Hälfte der Außenmauern gemauert. Und so wurde auch mit den Innenwänden verfahren. Unter der Woche war es wieder meine Aufgabe, die Rollladenkästen einzubauen sowie die Stürze einzuschalen und zu betonieren.

Rückschlag: Schwiegervater hatte mitbekommen, was ich nach Feierabend des nächsten Tages zu machen gedachte, und da sollte es eine Überraschung für mich sein, dass diese

Arbeit nach meinem beruflichen Feierabend schon erledigt sein würde. Eigentlich gut gemeint, aber ganz falsch gedacht. Ich hatte vor, an der westlichen Kellerseite die Fensterstürze einzuschalen, und als ich zur Baustelle kam, überkam mich totales Entsetzen. Hatte Schwiegerpapa doch falsch eingeschalt, nicht bedacht, dass bei dem einen Fenster ein Rollladenkasten eingebaut werden musste, und die Oberkante dieses Fensters in einer Flucht mit den anderen beiden normalen Kellerfenstern sein musste. Also hieß es, alles wieder abreißen und neu einschalen. Unverständlich war mir dabei, dass mein Schwiegervater, dem dies gar nicht gefallen hatte, mir gegenüber ein sehr missmutiges Gesicht zog.

Na ja, Schwamm drüber und weiter. Ich hatte alle Stürze betoniert und nun galt es, die Kellerdecke zu montieren. Die gelieferten Träger auflegen und die dazugehörigen Steine einhängen war die noch leichtere Arbeit. Die gesammelten alten Telefonmasten auf Länge zu sägen und als Stützen unterzubauen, eine wesentlich kraftaufwendigere.

Die Decke lag gut und sicher, nur der Stahl für den Ringanker und an anderen Stellen musste noch eingebracht und frei mit den Trägern verbunden werden. Als ich Schwiegervater zeigen wollte, wie es eigentlich gemacht werden sollte, meinte er, wenn ich es besser könnte, soll ich es doch bitte selber machen, und verließ mürrisch die Baustelle. Seine am nächsten Tag zur Betonierung der Decke zugesagte benötigte und erwartete Hilfe blieb aus, und so stand ich alleine mit Rosemarie da, als die große Betonpumpe und der Fertigbeton angefahren kamen. Sie fuhren noch mit ihrem Auto an unserer Baustelle vorbei und meinten, einen Arzttermin wahrnehmen zu müssen. Ich führte mit großer Mühe den Schlauch der Betonpumpe an die erforderlichen Stellen und Rosemarie verteilte den Beton mit Hilfe des einen Fahrers. Da gleichzeitig die Kellertreppe mitbetoniert werden musste, war seine Hilfe unbedingt notwendig, da ansonsten der Beton schon angefangen hätte abzubinden. Er nahm spontan die Traufel in die Hand und glättete sie. Schließlich und endlich ging alles noch glimpflich vonstatten, jedoch bis zum heutigen Tag konnte ich jenes Fehlverhalten der Schwiegereltern nicht verzeihen. Arzttermin hin oder her, wenn es nach all den vielen vorher schon aufgeflogenen unbegründeten Vorwänden tatsächlich einen solchen Termin gegeben hatte, hätte man mir nur rechtzeitig Bescheid geben sollen und ich hätte kurzfristig noch die eine oder andere Hilfe organisieren können.

Da half nur, entweder Schwamm drüber oder die Zähne aufeinanderbeißen und weiter so. Ich jedenfalls habe mich für Letzteres entschieden und die folgenden Jahrzehnte so beibehalten.

Nichtsdestotrotz, der Keller war nun schon einmal rohbaumäßig fertiggestellt, ging es mit dem Erdgeschoss in gleichem Arbeitsstil weiter. Auch wenn die Frau meines Bruders gelegentlich ungeduldig wurde, was ihre fehlenden gemeinsamen Samstage betraf, so ließ er sich nicht davon abhalten, weiterhin mir treu zur Seite zu stehen. Was ihm meinen allergrößten Respekt und Dank entgegengebracht hatte.

Es war ein sehr großer Zugewinn einer neuen Arbeitskraft, die Mama organisiert hatte. Sie fragte nämlich ihren Cousin mütterlicherseits, ob er bereit wäre, uns zu helfen, was er prompt auch bejahte. Walter war von Beruf Maurermeister und stammte aus einer „Maurer-Dynastie". Seine Eltern betrieben in früheren Jahren ein Bauunternehmen. Er war die Ruhe und Kompetenz in Person und auch der Mann, der mir einige Entscheidungen abnahm und somit einige meiner schlaflosen Nächte hatte weniger werden lassen. War es nun beim Auflegen der großen Stahlträger, dem Mauern der vorgesehenen Rundbögen im Flur oder betonieren der Decke, seine Kenntnis und Berufserfahrung kam gerade zur rechten Zeit. Auch das Mauern der Giebelwände erforderte nochmals kenntnisreichen Beistand. Beim Auflegen der Fertigdecke kam auch noch mein Freund Wolfgang zu Hilfe, der sich, ohne eigentlich gefragt worden zu sein, dazu bereit erklärte.

Ach, welch ein schöner Moment, als endlich die Zimmererfirma anrückte, das Dach aufschlug und einen Baum auf den Schornstein gesteckt hatte. Der Chef jenes Betriebes meinte zu unserer bisher geleisteten Bauarbeit, dass er selten ein Dach aufgeschlagen hätte, dessen Unterbau so genau im Winkel gewesen wäre, was doch ein wenig Stolz in mir hatte aufkommen lassen. Als dann auch noch die Dachziegel aufgebracht waren, wozu mein Bruder Hans mit seiner Erfahrung aus dem Fertighausbau die lenkende Kraft gewesen war, bedeutete dies, dass es nach unten hin garantiert trocken war und die Fertigstellung des Rohbaus im August 1975 mit einem Fest als zünftiger Abschluss gefeiert werden konnte.

Ein schönes gemütliches Richtfest mit Schifferklaviermusik eines Freundes der Familie, dem mit den weißen Handschuhen damals, und dazu dem Gesang all der geladenen Gäste wurde im zukünftigen Wohnzimmer gefeiert und dabei die vielen Super-8-Filme, welche zum allergrößten Teil Rosemarie zu verdanken sind, vorgeführt. Das kam und kommt immer noch sehr gut rüber, was da alles an Arbeit verrichtet wurde. Zwei lange Filme dokumentieren und zeugen nun für alle Zeiten, was Menschen mit eisernem Willen imstande sind zu leisten.

Jedoch, was noch an Leistungen zu vollbringen war, war zwar abzusehen, so richtig bewusst wurde es einem aber erst nach der kompletten Fertigstellung des Gebäudes und einem dann gezogenen Resümee.

Denn nahtlos ging es über zum Innenausbau: Ich hackte und fräste Schlitze ins Mauerwerk, verlegte fast alle Leerrohre, baute die Zählerkästen und die Unterputzdosen ein, zog die Drähte ein, verlegte Kabel für die Beleuchtung und Telefon, sowie die Antennenkabel für TV und Radio, verband diese mit den Steckdosen und Schaltern, wie auch mit vorgesehenen Lampen und Geräten. Lediglich ein Elektriker-Meister, bei dem wir größtenteils das benötigte Material gekauft hatten, baute die Zähler in den Zählerkasten ein und schloss sie an die Hauptleitungen an und stellte die Verbindung zwischen der Hauptsicherung und den Verteilerschienen her und bestückte auch noch die Haussicherungen.

Da ich mit meinem Beruf als Fernmeldetechniker in Starkstromkunde nur als unterwiesene Person galt, durfte ich nur bedingt ab diesen Sicherungen tätig werden, was jedoch die hauptsächliche Arbeit ausmachte. Die Leitungen für Wasser und

Heizung verlegte mein Bruder zusammen mit einem Freund und Arbeitskollegen von ihm.

Mein Vater stellte unterdessen mit Mamas Hilfe die Fenster und Außentüren in seiner Werkstatt her. Und als diese alle hergestellt waren, grundierte sie Mama und wir auf unserer Baustelle. Papa, mein Bruder und ich, setzten sie ein. Ja, es durfte gar eine ganz neue Erfahrung für Papa gewesen sein, waren dies doch die ersten Fenster, die er mit Thermopen-Doppelverglasung hergestellt hatte, und dies mit seinen damals 70 Jahren. Mein Bruder lackierte in der Zwischenzeit die bereits gelieferten Heizkörper. Hierzu sei bemerkt, dass diese wegen einer Fehlberatung des Vertreters einer Wormser Firma eine nicht so gewollte überflüssige Arbeit gewesen war. Auch der uns aufgeschwatzte Wechselbrand-Heizofen war nicht „Das gelbe vom Ei", denn er zeigte sich alsbald als sehr unwirtschaftlich. Was hieß, wollte man ihn von Gas zum Feststoffbrenner einsetzen, hätte dies einen riesigen Aufwand an Umrüstarbeiten und Kosten für Zusatzteile bedeutet. Ferner war der Brenner ein atmosphärischer gewesen, der beim Zünden laute Explosionsgeräusche von sich gab, was sich sehr gefährlich anhörte. Außerdem war die Herstellerfirma in Hamburg niedergelassen und so musste einem herbeigerufenen Service-Mitarbeiter nicht nur die Zeit für die Reparatur, sondern auch noch eine Übernachtung und die weite Anfahrt bezahlt werden. Aber man war wieder eine Erfahrung reicher und erkundigte sich bei zukünftigen Einkäufen vorrangig nach einem vertrauensvollen Service in der näheren Umgebung.

Die meisten Installationsarbeiten waren erledigt und nun stand das Verputzen an. Die Kelleraußenwände wurden, teils in Eigenleistung sowie mit Hänschens Hilfe, mit einem Zementmörtel verputzt und mit einer Bitumenmasse gestrichen. Das Verputzen der Innenwände übertrugen wir einer ortsansässigen Verputzer-Firma, die später auch die Außenwände verputzte. Sämtliche Kellerräume verputzte ich selbst, wobei mir Rosemarie behilflich gewesen war. Auch die Estrich- sowie Fliesenböden etc. erledigte ich selbst, sämtliche, mit Gipsplatten versehenen Decken wurden von mir und meinem Bruder montiert, Streich- beziehungsweise Tapezierarbeiten fielen in Rosemaries und meine Zuständigkeit.

Alle 20 Zimmertüren, 2 Abschlusstüren, 4 Balkontüren, 15 Fenster, 2 Außentüren und mehrere Einbauschränke wurden von meinem Vater mithilfe meiner Mutter bewältigt. Das war ein Megajob und bedeutete auch einen starken Willen und Durchhaltevermögen. Sollte 2 Jahre später mein Bruder auch noch beim Bau eines Eigenheimes deren Wohlwollen gerne in Anspruch nehmen wollen. Wozu ihm auch mein Beitrag, dabei tätig zu werden und zu helfen, garantiert war.

Unsere Wohnung im Erdgeschoss war noch nicht ganz einzugsfertig, als plötzlich eine Frau, Deutschamerikanerin, vor unserer Haustüre stand und nach unserer Dachwohnung fragte. Es war uns nicht möglich, nachzuvollziehen, wie sie auf uns und unsere Wohnung aufmerksam geworden war. Für uns jedenfalls war es ein Geschenk des Himmels, welches gerade zur rechten Zeit gekommen war. Denn jede zusätzlich verdiente Mark half dabei, schnell wieder von unseren Krediten unabhängig zu werden.

Die eine oder andere Mark konnte gelegentlich mit harter Arbeit dazuverdient werden. Rosemaries Bruder, der bei der Raiffeisen in Sausenheim gearbeitet hatte, bot eine solche Gelegenheit an. Zentnersäcke mit Düngemitteln galt es aus einem Bahnwaggon auf einen Wagen und vom Wagen in einen Lagerraum zu transportieren. In der Regel waren das 50 DM für 500 Säcke manchmal sogar 100 DM für 1000 Säcke, bei 2 Waggons gleichzeitig. Rosemarie, die bei der Sparkasse arbeitete und mehrere Konten angelegt hatte, freute sich sehr, wenn sie mit diesem Geld das Urlaubskonto aufstocken konnte.

Ja, wen wird es verwundern, wenn ich sage, dass ich in meinem Leben von einer ursprünglichen Größe von 184 cm auf nun 177 cm geschrumpft bin, meine Zwischenwirbelkörper eine solche Belastung mir haben „krumm“ genommen und so, wortwörtlich, meinen Rücken mit der Zeit haben werden lassen. Da hilft kein Ach und kein Weh. Augen zu und durch, war von je her meine Devise.

Bald konnten auch wir in unser neues Heim einziehen und siehe da, wie damals beim Abschluss unseres Mietvertrages für die Eisenberger Wohnung angegebene Mietzeit, genau 4 Jahre.

Es wurde auch allerhöchste Zeit, diese Wohnung zu verlassen. Seit unserer Kündigung war die alte Dame, unsere Vermieterin, nicht mehr zu genießen. Mal waren wir zu laut da oben, mal wurde sie von einer Bewohnerin des Hauses gegenüber davon unterrichtet, dass Rosemarie einen Staublappen aus unserem Schlafzimmerfenster ausschüttelte, sie solche Staubflocken auch schon auf ihrer Fußmatte an ihrer Eingangstüre, direkt unter unserem Schlafzimmerfenster, festgestellt hätte. Mann – wie selten muss sie wohl diese Fußmatte gereinigt haben, dass darauf unsere Staubflocken zu sehen waren? Da Rosemarie schon von Hause aus sehr ordentlich war und ist, war wöchentliches Staubwischen angesagt. Kein Wunder also, dass da im Laufe der Zeit ganz schön etwas auf einer Fußmatte zusammengekommen sein konnte. Respekt, mein fleißiges Weibchen! Ich bin sehr stolz auf dich!

Mit einem geliehenen 7,5-Tonner der Raiffeisen erfolgte 1976 unser Auszug aus unserer eigentlich liebgewonnenen Wohnung, die uns dazu verhalf, 4 sehr schöne Jahre darin zu erleben, ja und es war in Gedanken an die vergangene Zeit letztendlich doch ein wenig Wehmut aufgekommen.

Kaum hatten wir unser neues Haus bezogen, als ich anfing, den Gedanken an mein altes Hobby wieder aufleben zu lassen, nämlich den Bau eines Kaninchenstalles und der Kaninchenzucht.

Zuerst wurde aber noch von mir unsere Garage hinter dem Haus gebaut, in die an die hintere Außenwand der Stall integriert werden sollte. Zuerst waren 12 Boxen vorgesehen, zu denen aber noch drei hinzugekommen waren. Futter gab es genug in der natürlichen Umgebung und von einem befreundeten Landwirt und Pächter unseres von Rosemaries Eltern vermachten Ackers bekam ich Heu, Rüben und Stroh. Rosemaries Skepsis gegenüber einem solchen Vorhaben war zuerst noch sehr verhalten, als ich ihr jedoch zu verstehen gegeben hatte, dass ich „blaue Wiener“ Kaninchen züchten wolle, deren Felle sehr geeignet seien für einen tollen Pelzmantel, war sie hellauf begeistert. Zudem gegenüber von uns ein Kürschner wohnte, der bestimmt bereit sein würde, einen solchen Mantel herzustellen, wenn auch dazu eine sehr große Menge, nämlich 40 solcher Felle, benötigt worden wäre. Zudem war auch der wirtschaftliche Faktor für sie maßgebend einzuwilligen, da das Kaninchenfleisch ihre Küche und unseren Speiseplan mit leckeren Braten bereicherte und somit auch den Geldbeutel entlastete.

Ja, es wurde auch ein sehr schöner Kaninchenstall mit Boxen, welche mit Holzrosten ausgelegt waren und die im hinteren Bereich eine Abflussmulde hatten, wodurch nach dem Misten ordentlich mit Wasser ausgeschwenkt werden konnte. Futterraufen für das Heu waren an einer Seitenwand angebracht und kleine Futternäpfe eingestellt. Damals dachte ich auch an unsere Kinder, die wir einmal haben wollten, für die es bestimmt auch eine Freude sein würde, sich mit den Tieren zu befassen und zu beschäftigen.

Schlachten konnte ich die Tiere selbst, da ich es in früheren Jahren schon von unserem damaligen Nachbarn beigebracht bekommen hatte. Rosemarie machte das Zubereiten und Portionieren des Fleisches zusehends Spaß und sie kreierte leckere Speisen, darunter auch Rouladen damit, die sogar die Schwiegereltern immer wieder sehr zu schätzen wussten.

Jene Schwiegereltern waren es dann auch, die uns anfangs in unserer Familienplanung sehr ausgebremst hatten, nun dazu drängelten endlich Großeltern zu werden. Da schien sich auch schon bald Nachwuchs einzustellen, aber nach anfänglichen Glücksgefühlen stellte sich sehr bald Enttäuschung ein, da Rosemarie bald wieder ihre Regel hatte. Und, man sollte die Hoffnung ja niemals aufgeben, Ergab es sich bald wieder, dass Hoffen und Bangen nicht umsonst gewesen sein sollen, nämlich, dass es diesmal erfolgreich gewesen sein würde. Rosemarie überraschte mich völlig mit jener freudigen Nachricht, schwanger zu sein, was mich überglücklich machte.

Ja, und das war dann auch so. Wir hatten das große Glück, als am 03.05.1978 unser Sohn Andreas das Licht der Welt erblickte. Die Eltern hatten schon ein wenig Mitschuld daran, dass sie seit unserer Hochzeit 6 Jahre auf einen Enkel warten mussten. Es hätte möglicherweise 1 Jahr weniger werden können, was mit unserer Familienplanung noch sehr im zeitlichen Rahmen gewesen wäre.

Die Zeit mit unserem Jungen verging wie im Fluge und nun sollte er auch noch ein Geschwisterchen dazu bekommen. Zwar sollten keine 4 Jahre zwischen ihnen liegen, jedoch dauerte es etwas mehr als diese Zeit, bis endlich ein von mir sehnlichst gewünschtes Töchterlein, Alena, zur Welt kam. Rosemarie tendierte anfangs wieder für einen Jungen, war aber über das süße Mädchen, das am 18.08.1982 zur Welt kam, auch sehr, sehr glücklich.

Ja, unser Traum hatte sich erfüllt. Wir besaßen nun ein neues Haus, welches allmählich mit dem Bau der Garage und dem angelegten Garten perfektioniert wurde und nicht zuletzt unsere beiden lieben Kinder, die unser gemeinsames großes Glück höchst vollkommen werden ließen.

Auch finanziell hatten wir eine Glanzleistung vollbracht, indem wir uns sogar noch vor Andreas Geburt ein neues Auto, einen VW Derby, leisten konnten. Dazu kam, dass „Dank" einer familiären Regelung, die die Schwiegereltern eigentlich jedoch viel zu früh in die Wege leiteten, nämlich die vorzeitige Aufteilung ihres Vermögens auf ihre drei Kinder und die damit verbundene Abfindung Rosemaries und die festgelegte Auszahlung durch ihre beiden Brüder, dass wir bis zu Alenas Geburt völlig schuldenfrei waren, uns ein neues Auto und einen neuen Wohnwagen kaufen konnten, womit man fast schon mit dem Beginn einer neuen Zeitrechnung hätte beginnen können. Außerdem waren die Arbeiten im und um unser Haus nun soweit erledigt und das neue Haus der Schwiegereltern und das meines Bruders, zu deren Hilfe ich auch tatkräftig mitgewirkt hatte, so weit fortgeschritten, dass eventuell andere Unternehmungen hätten in Angriff genommen werden können.

Das Rapunzel-Gelübde

Keine haarige Sache, weder kurz noch lang, nein, ein hoch und heiliges Versprechen, das ich meiner lieben Frau gegenüber ablegte, welches sich wie folgt zugetragen hatte:

Seit unseres Kennenlernens war es üblicher Brauch, meinem lieben Schatz zum Geburtstag einen Blumenstrauß zu schenken. Immer und immer wieder bekam ich dabei zu hören, „Jetzt hast du wieder so viel Geld ausgegeben, das muss doch nicht sein.“ Ich bemerkte, wie ernst sie es meinte und ließ mir diesbezüglich etwas einfallen, worüber sie sich ganz bestimmt auch freuen würde.

Unser Garten beim Haus war mittlerweile soweit angelegt, dass allerlei an Sträuchern, Bäumen, Rasen, Obst und Gemüse angepflanzt werden konnte. Ja, und sogar ihr ach so sehr geliebter Rapunzel-, andernorts auch Acker- oder Feldsalat genannt. Ich schlug ihr vor, ihr zu ihrem nächsten Geburtstag ein großes Päckchen Samen dieses Salates – selbstverständlich von meinem Taschengeld – zu kaufen, ihn im Spätsommer nach der ersten Ernte in die Erde zu säen, zu gießen und zu pflegen sowie bei erfolgter Reife über den Winter bis März, April zu ernten, zu putzen und mit einem leckeren Dressing aus Essig, Öl, Zwiebel, Pfeffer und Salz, einer Prise Zucker sowie ein wenig mittelscharfen Senf zu einer Mahlzeit anzurichten. Ja, ich wollte es ganz bewusst so, dass es ihr gegenüber schon ein kleines dargebrachtes Opfer darstellen sollte und nicht nur mal den Geldbeutel geöffnet und vielleicht auch noch vom Haushaltsgeld einen Strauß Blumen gekauft. Dies sollte selbstverständlich zu anderen Anlässen auch weiterhin der Fall sein, jedoch nicht gerade während der Rapunzel-Zeit. Allerdings galt und gilt jenes Versprechen seither Jahr für Jahr und soll es auch noch, solange dies mein schon ein wenig gerundeter Rücken noch zulässt.

Meine Fortbildung

Ach ja, der Schwiegermutter, der Frau, die eigentlich so sehr zu meinem Glück beigetragen hatte, war es einmal mehr geschuldet, dass ich ihr aus Dank keinen Wunsch abschlagen konnte. Hatte ich doch schon sehr dazu beigetragen, dass ihr jüngster Sohn Thomas den gleichen Beruf wie ich erlernen konnte.

Als ich bei meiner Tätigkeit als Entstörer im Telefonbereich der Bundespost unterwegs zu einem Teilnehmer gewesen bin, nahm ich ihn mit, um ihm zu zeigen, was seine Arbeit einmal sein könnte, wenn er diesen Beruf erwählte. Nicht zuletzt faszinierte ihn alsbald auch meine Tätigkeit, umso mehr, als da sogar gelegentlich noch ein Trinkgeld drin war. Auch in den nahegelegenen Wald sind wir gefahren, wo ich ihm meine Steigeisen angelegt hatte und ein Stück einen Baum emporsteigen ließ. Nein, das ist nicht so sein Ding gewesen. Aber dies zu erlernen sollte doch auch kein Problem für ihn darstellen. Jedoch, als er sich für diesen Beruf entschieden hatte und eine Bewerbung einreichte, erhielt er prompt eine Absage.

Mich sehr darüber wundernd, hatte er doch eigentlich einen ganz guten Schulabschluss in der Tasche, rief ich bei der zuständigen Ausbildungsstelle in Neustadt an und bat den damaligen Leiter mit eben jenen Argumenten, ihm noch einmal eine Gelegenheit sich zu bewerben einzuräumen. Dieser gute Mann ließ sich auf meine Bitte ein und Thomas bekam prompt eine Zusage, bestand auch die Aufnahmeprüfung und galt fortan als mein zukünftiger Kollege.

Und, als hätte ich nicht schon genug für Söhnchens aussichtsreiche Zukunft getan, baten meine Schwiegermutter und mein Schwiegervater mich übereinstimmend darum, doch bitte mit ihrem Sohnemann gemeinsam eine Abendrealschule zu besuchen, die von der Volkshochschule Grünstadt und deren Initiator Herrn Hoppe in der Zeitung angepriesen wurde.

„Ich bezahlte auch alle notwendigen Bücher, sodass dir keine Kosten entstünden", waren Schwiegervaters Worte. Weshalb sollte ich, fragte ich mich, hatte ich dies doch gar nicht nötig, eigentlich beruflich meine „Schäfchen schon im Trockenen". Ach, was soll's, dachte ich, reinschnuppern kann ich da ja mal. Aber zweieinhalb Jahre, das war eine sehr lange Zeit. Jeden Tag außer am Mittwoch allabendlich durchzustehen, war eine enorme Herausforderung für mich. Als mich auch noch Rosemarie dazu ermutigte, sagte ich zu. Erstrangig der englischen Sprache wegen, die zu erlernen ich mir schon öfter vorgenommen, es jedoch bis auf einen in ein für Touristen erdachtes Vokabelheft geworfenen Blick nicht weiter habe kommen lassen.

Die Schulstunden im Gymnasium-Gebäude in Grünstadt begannen im Jahr 1983 und ich war mit meinen 37 Jahren einer der ältesten Teilnehmer.

Ein sehr guter Mathematik-Lehrer, Herr Berauer, brachte uns dieses Lehrfach so gut nahe, dass es mir sogar anfing, Spaß zu machen. Wurden doch die vorher erlernten Kenntnisse aufgefrischt und ergänzt, sodass vieles, was mir unser ehemaliger Volksschullehrer versucht hatte beizubringen, nun sehr viel verständlicher wurde. Die nie zuvor erlernte Mengenlehre war ein einfacher, jedoch interessanter Einstieg gewesen. Algebra, das Koordinatensystem und das Arbeiten mit den unterschiedlichsten Gleichungen, das Aufstellen von Formeln und deren Umstellungen, Einblicke bis an den Beginn und den unteren Rand höherer Mathematik, wurden für mich zur Faszination. Binome, Hyperbel, Parabel, Thales, Euglid, alles Begriffe, die mir bis dahin unbekannt waren, bekamen nun, indem man sie auch noch begriff, erst einen richtigen Sinn. Pythagoras und die mit diesem Namen verbundene Dreieckslehre sowie Berechnungen mit Winkelmaßen wurden erstmals umfassend verstanden. In Deutsch konnte ich mit meinen mitgebrachten guten Kenntnissen glänzen. Schrieb Aufsätze und Erörterungen, die nicht nur meinen Lehrer, sondern sogar die Mitschüler aufhorchen ließen. Chemie, ein Fach, in welches ich bisher überhaupt noch keinen Einblick hatte, faszinierte mich am allermeisten. Ganz besonders, wenn zu beobachten gewesen war, was man durch Mischen verschiedener Elemente an Effekten erzielen konnte. Was dabei herauskam, war nicht nur optisch, sondern auch chemisch hoch interessant. Da begriff ich erst, was das Periodensystem zu vermitteln darstellte. Mol und Molmasse, was damit alles berechnet werden konnte, faszinierend. Auch der Aufbau eines Atomes, noch unvorstellbar, faszinierend für mich, wie einfach das alles doch für mich begreifbar gewesen war. Welche Voraussetzungen mir durch mein Elternhaus nicht gegeben waren, um in solche Sphären Einblicke zu bekommen, ich hätte mich, wären diese bessere gewesen, vermutlich für einen ganz anderen Beruf entschieden.

Als kleiner Junge wurde zwar kurz mein Interesse geweckt, mit Lochblechen, Lochrädern, Schrauben und Muttern aus einem Baukasten der Firma Märklin zu werkeln, jedoch, wenn die einzelnen Teile zusammengebaut waren, konnte ich nicht viel damit anfangen. Ja, da war es schon möglich, Fahrzeuge, Kräne und anderes mehr zu kreieren, spielen wie mit anderen Spielzeugen, war damit aber nicht möglich. Sand mit dem durchlöcherten LKW zu transportieren, brauchte man gar nicht erst zu versuchen. Und mit Nässe sollten die Bauteile wegen Rostgefahr, schon gar nicht erst in Berührung kommen. Immerhin, die Idee eines Onkels, mir einen solchen Baukasten zu schenken, war nicht schlecht, er hätte aber nicht ganz oben auf meiner Wunschliste gestanden, denn da hätte wohl eher ein elektrischer Baukasten stehen müssen.

Nun, die zweieinhalb Jahre der Abendschule gingen dahin und ich habe einen Abschluss mit der Note 1,1 geschafft. Während der Abschlussfeier wurde mein Durchhaltevermögen in höchsten Tönen gelobt, im Anwesenheitsverzeichnis waren 100 % meiner Anwesenheit verzeichnet. Der Schulleiter überreichte mir ein Buchpräsent mit den Worten, dass ich der Einzige gewesen bin, der alle Prüfungsarbeiten, die da waren: Deutsch, Mathematik, Englisch, und Chemie schriftlich, Physik mündlich, mit der Note 1 bestanden habe. Die 1 hinter dem Komma der Gesamtnote kam daher, dass ich mich in Biologie nicht mehr mündlich prüfen lassen konnte, ich aber auch hier nahe an einer Note 1 stand.

Rosemarie, die der Feier beigewohnt hatte, sah man an, dass sie sehr stolz auf mich gewesen ist. Und als dann auch noch ein Bericht mit Foto in der Rheinpfalz-Zeitung erschien, waren die Schwiegereltern ganz aus dem Häuschen. Auch, dass ihr Sohnemann nun auch mit einem sehr guten Zeugnis abgeschlossen hatte.

Irgendwann kam folglich die Idee auf, mit der im Telekolleg angebotenen Möglichkeit zur Erlangung der Fach-Hochschulreife zuzugreifen. Noch einmal über 2 Jahre Unterricht neben der Arbeit im Beruf anhängen, das war schon mehr als nur eine Herausforderung. Jeden Abend vor der Glotze sitzen und danach die Begleitbücher durchzuarbeiten sowie Bandaufnahmen studieren, dann jeden zweiten Samstag nach Ludwigshafen in die Schule, das war ein gewaltiges Arbeitspensum, welches es zu bewältigen galt.

Einige, die mit uns gemeinsam die Abendschule besucht hatten, waren gleich am Anfang abgesprungen. Thomas und ich zogen es jedoch bis zum Ende durch und erreichten auch hier einen Abschluss mit der Note 2.

Und dies alles, ohne damit einen beruflichen Vorteil erzielt zu haben. Dennoch, was damit an Selbstbewusstsein und -sicherheit für die Zukunft zutage getreten war, unbeschreiblich. Englisch war das Fach, das mir persönlich am meisten gebracht hatte. War es mir nun möglich, mich mit unseren amerikanischen, japanischen und holländischen Freunden einigermaßen gut zu unterhalten. Jeglicher Kommunikation in Englisch konnte ich folgen und anderen, nicht dieser Sprache mächtigen Personen, übersetzend zur Seite stehen. Auch sprach sich meine schulische Leistung im Kreise meiner ehemaligen Volksschulkameraden herum und ihnen wurde klar, dass ich nun der Einzige gewesen bin, der nicht nur eine, ja sogar zwei höhere Schulausbildungen zu verzeichnen hatte, wofür mir aller Respekt entgegengebracht worden war.

Auch die Verwandtschaft, der ich voraussagte, in der Pfalz mein „Ding" zu machen und eine ordentliche Existenz aufzubauen, konnte dies alles gar nicht so recht glauben, durfte es aber sehr gerne als gegeben hinnehmen.

Auch für unsere Kinder kam meine zusätzliche Schulausbildung nicht ungelegen, konnten sie sich doch jederzeit auf meine Hilfe und meinen Rat verlassen. So bei ihrem Besuch im privaten Gymnasium „Weiherhof“ in Bolanden oder beim Korrekturlesen ihrer Diplomarbeiten und Doktorarbeit.

Auch sehr hilfreich war die erlernte Fremdsprache bei Reisen ins Ausland. Gerade dann, als wir unsere Reisen etwas ausdehnten. Wenn wir mit unserem Wohnwagen Spanien, Italien, Frankreich, Holland, Belgien, Österreich und die Schweiz bereisten, da war, wenn die deutsche Sprache nicht ausreichte, die englische eine sehr gute Ergänzung. Ganz besonders in der Bretagne, da gab es nämlich mehr englische Gäste als solche aus anderen Nationen.

Unser Wohnwagen

Eine der schönsten Zeiten unseres Lebens war die Zeit, die wir auf Reisen mit unseren Kindern zusammen unternommen hatten.

Auf die Idee, einen Wohnwagen zu kaufen, kamen wir, als wir an der Nordsee in Norden-Norddeich Urlaub machten.

In einer eigentlich sehr schön gelegenen Ferienwohnung unweit vom Strand und sonstigem Geschehen gab es, was die Sauberkeit betraf, riesige Mängel. Es hatte den Anschein, als wurde der Schmutz auf dem Boden bei einer Reinigung unter den doch sehr stark versifften Teppich gekehrt und die Schränke nie ausgewaschen, und so kam einem beim Öffnen der Türen ein sehr muffiger Geruch entgegen. Das Essgeschirr und die Bestecke unvollständig und waren in schlechtem Zustand. Der Besitzerin der Wohnung, für die die Einnahmen für die Vermietung dazu dienten, ihre Rente aufzubessern, war anscheinend das Ganze über den Kopf gewachsen und sie kam mit alledem nicht mehr so richtig zurecht. Sie tat uns eigentlich eher leid, als dass wir uns darüber beschwert hätten. Wir nahmen es so hin und zogen daraus die Konsequenzen.

Unser neuer, nur zur Vorführung gebrauchter Wohnwagen, gefiel uns auf Anhieb. Die Größe war für 4 Personen perfekt und er bot sogar Platz für eine zusätzliche Person. Ein Bereich links neben dem Eingang war für uns Erwachsene und am anderen Ende der für die Kinder. Es gab 2 Betten in Etagen und auf der gegenüberliegenden Seite einen Tisch mit 2 Sitzflächen, die man zu einem dritten Bett umgestalten konnte. Eine Koch- beziehungsweise Spülzeile und ein Dusch-Bad-WC-Raum ergänzten die Ausstattung.

Da konnte es kommen, wie es wollte, man hatte stets seinen Ess- und Schlafplatz dabei und vor allem für die Kinder die chemische Toilette.

Der Wohnwagen hatte eine Gesamtlänge 6,50 m und eine Breite von circa 210 cm. Damit im Straßenverkehr zurechtzukommen, verlangte schon ein wenig an fahrerischen Voraussetzungen, die ich bereits durch meinen Beruf mitbrachte. War es ehemals meine Aufgabe, mit einem Anhänger Telefonmasten zu transportieren, so sollte der Umgang mit dem Wohnanhänger eigentlich auch zu bewältigen sein. Ein Einweisungskurs, ausgerichtet durch den ADAC Pfalz, sollte da etwas zur Sicherheit und der Einschätzung beim Ein- und Ausparken beitragen. Das ging auch dermaßen gut vonstatten, dass der Kursleiter meinte, dass ich das auf Anhieb perfekte rückwärts Einparken nicht das erste Mal so hinbekommen hätte oder es ein großer Zufall gewesen sei. Keine Frage, ich bot ihm sofort an, dass ich es gleich noch einmal vorführen könnte, dass es kein Zufall war. Als es auch diesmal sehr gut gelang, meinte er nur noch sehr respektvoll, weshalb ich denn eigentlich hier hergekommen wäre, das hätte ich mir nämlich ersparen können.

Und dann kam auch schon die erste große Fahrt mit dem Wohnwagen auf mich zu, nach Grado an der Adria in Italien, auf einen angepriesenen Campingplatz. Keine Komplikationen, alles lief wie geschmiert. Lediglich kurz vor der Ankunft am Campingplatz ging es über eine sehr schmale Brücke mit Gegenverkehr. Doch zum Glück gab es in Italien überwiegend Vespas und kleine Autos, sodass ich mit meinen weit ausladenden Spiegeln an den Kotflügeln gar nicht einmal so sehr aufpassen musste, mit einem fremden Fahrzeug in Berührung zu kommen. Dennoch, am liebsten hätte ich meine Augen zugemacht und blind durch dieses Gewusel durchgefahren und dabei denkend, keine Geräusche gehört, alles gutgegangen. Na ja, ein Vorzeigecampingplatz war das nicht gerade, den wir angetroffen hatten. Am Strand Bauschutt und dazwischen Einsiedlerkrebse, dass Mühe bestand, nicht auf sie zu treten. Stechmücken, die sich sogar von den von uns besorgten Räucherkerzen eher angezogen fühlten. Na ja, für unser Wohlergehen wurde tagsüber auch noch gesorgt, wenn große Tankwagen durchfuhren und ein stinkendes Zeug in die Büsche und Bäume sprühten. Aber, es gab auch schöne Momente. Einer davon war, als ein Nachbar neben uns mit seinem Wohnwagen Platz bezog. Was der alles aus seinem Gefährt räumte, musste der komplette Hausrat gewesen sein. Er, ein italienischer Polizist, mit einer typischen, alles übertönenden und sehr imperativen Aussprache, hatte uns in direkter Nachbarschaft gerade noch gefehlt. „Basta basta“ und „Mangiare mangiare“, waren anscheinend seine Lieblingsworte und noch heute erschallen sie in meinen Ohren, wenn ich nur daran denke. Wir erahnten schon, was es auf Deutsch heißen musste. Da brauchten wir gar nicht erst in unserem Wörterbuch nachzuschlagen. Denn die jeweilige Situation, ob nun gerade Essenszeit gewesen war oder die beiden Kinder nicht artig gewesen sind, bekam man ja unausweichlich in etwa mit. Obwohl der gute Mann keine Uniform trug, war seine Berufsbezeichnung nur unschwer zu erraten. Etwas Gutes hatte es ganz nebenbei, dass wir uns allgemein ein wenig sicherer gefühlt hatten. Seine Ehefrau, eine sehr nette, typisch italienisch anmutende Italienerin, schien in ihrem sehr zurückhaltenden Verhalten auf jeden Befehl ihres Mannes stillstehen zu müssen. Jedoch hatten wir in unserer ersten Meinungsbildung so manchen Verdacht hineininterpretiert. Denn, als die ersten Kontakte geknüpft gewesen waren, zeigten sie alle sich als ganz liebe normale Menschen. Unsere Kinder waren die ersten, die einen Schritt auf deren Kleinen, ein Junge, Davide und Roberta, zugemacht hatten, und, man soll es nicht glauben, wie sie, ohne die jeweils gegenseitigen Sprache auch nur im Geringsten gekannt zu haben, auf irgendeine Weise miteinander kommuniziert hatten.

Viel zu schnell verging auch dann die gemeinsame Zeit und der Abschied von jener lieb gewonnenen Familie fiel doch ein wenig schwer. Mit einem zünftigen Espresso, der damit erstmals von uns getrunken wurde, sind wir herzlich verabschiedet worden und auch ihnen sah man an, dass die Trennung auch ihnen nicht leichtgefallen war.

Rosemarie hatte 3 dieser Espresso-Kännchen in Grado gekauft, eins für uns, eins für ihren Bruder Thomas und eins für meinen Bruder Hans. Optimal, da deren Geburtstage gerade anstanden und damit originelle Geschenke überreicht werden konnten. Auch Espresso-Kaffee kaufte sie, um Freunden und Verwandten daheim zu zeigen, welch leckere Spezialitäten es in Italien auf unserer Reise gegeben hatte.

Wieder zu Hause angekommen, fuhren wir zuerst zu den Schwiegereltern und Oma und Opa waren heilfroh, als sie uns und ganz besonders ihre beiden Enkelkinder wieder unversehrt in ihre Arme schließen konnten.

Kaum war die nächste Fahrt geplant, ging es auch schon wieder auf die Reise. Diesmal zog es uns an den Bannwaldsee in Bayern. Andreas durfte seinen gleichaltrigen Freund Hartmut aus unserer Nachbarschaft mitnehmen und die Kids waren schon sehr in Vorfreude auf die anstehenden Besichtigungen der Schlösser Hohenzollern und ganz besonders Neuschwanstein. Ein Besuch des Hallenbades in Füssen und eine Fahrt mit der Gondelbahn auf den Tegelberg und der Marsch zu Fuß zurück zum Campingplatz waren für alle ein ganz besonderes Erlebnis. Durften doch die beiden 4 Jahre älteren Jungs abwechselnd die Funktion eines Scouts übernehmen und – allerdings mit unserer von ihnen unbemerkten Steuerung – die Führung übernehmen. Der lange Marsch bewirkte, dass die drei nicht mehr fähig waren, den geplanten Spieleabend wahr werden zu lassen. Sie schliefen fast noch mit der Gabel in der Hand schon beim Abendessen ein.

Da unser Standplatz direkt am See war, besuchten uns allmorgendlich hungrige, von Touristen verwöhnte Schwäne. Da musste darauf geachtet werden, dass für das Frühstück noch genügend Brot übrigblieb, so sehr gerne die Kinder sie auch noch länger gefüttert hätten.

So nah am Wasser hatten die Kinder den Anreiz, auch einmal die Angelrute auszuwerfen, welche wir im Gepäck mitgenommen hatten. Da fehlten jedoch noch die Köder. An einer Zulaufstelle zum See unweit des Campingwagens fanden wir eine passende Stelle am Wasser, wo sich am Ufer eine lockere Erdschicht befand, um Regenwürmer ausbuddeln zu können. Andreas rief „Ich habe einen!“, Alena darauf, „Zeig mir mal!“ und ging auf Andreas einen Schritt zu, der mit einem leichten Ausfahren seines Ellbogens Alena ins Straucheln brachte, wobei diese rückwärts in den See fiel und durch den Schwung sofort abtrieb. Da half nur mein beherzter Sprung ins eiskalte brusthohe Nass, um sie da wieder herauszuholen. Na, der Wurm war in der Aufregung weg und wir beide klitschnass. Rosemarie konnte ihr hämisches Lachen einfach nicht zurückhalten, als sie uns so schnell wieder zurück am Vorzelt empfangen hatte, pudelnass und ohne auch nur das kleinste Fischlein gefangen zu haben. Schnell aus den nassen Klamotten, unter die warme Dusche und frühzeitig in den Schlafanzug. Zu ihrer Erheiterung hatte Rosemarie anschließend nichts mehr zu lachen. Mussten doch die nassen Kleider noch in die Waschmaschine und den Trockner verbracht werden. Aber alles nicht so schlimm, sie war schließlich froh, dass nichts Schlimmeres geschehen war.

Wieder zuhause angekommen, durfte Andreas zusammen mit seinem Freund Hartmut und dessen Vater an einem Rundflug über Hettenleidelheim und die gesamte Region teilnehmen. Hartmuts Vater, ein Amateur-Pilot, nutzte die Gelegenheit, das Soll seiner Flugstunden zu erbringen, um sich für unser Entgegenkommen, Hartmut mitgenommen zu haben, zu bedanken. Mich gefragt, ob Andreas dies mitmachen dürfe, lehnte ich ab, wozu Rosemarie jedoch hinter meinem Rücken eine Erlaubnis erteilte, wovon ich gar nicht so sehr erbaut gewesen war.

Es lief mir ein eiskalter Schauder über den Rücken und es bildete sich eine Gänsehaut auf meinen Armen, als die da oben im Flugzeug, einer Cessna, über unserem Anwesen und dabei winkend über unseren Köpfen hinweg flogen und Kreise zogen.

Na ja, es ging alles gut und nun, da Andreas wieder heil auf dem Erdboden stand, freute ich mich sogar, dass er ein solches besonderes Ereignis erleben durfte. Mit seinen Fingerchen deutete er uns an „Nur so groß seid ihr da unten gewesen" und war sehr glücklich dabei.

Eine andere Fahrt mit unserem Gespann ging nach Spanien. Auf dieser Reise sollte sich zeigen, dass ein guter Schutzengel auch mal sehr hilfreich sein kann. Kurz vor der Fahrt über die Grenze zwischen Frankreich und Spanien waren wir gerade dabei, eine enorme Steigung zu überwinden, als ein rotes Signal und gleichzeitig die Motoröl-Temperatur-Anzeige im Armaturenbrett auf einen Defekt hinwies. Sofort drehte ich, um dem Motor Wärme zu entziehen, die Heizung auf, worauf Rosemarie meinte, ob ich denn noch ganz klar im Kopf wäre, da wegen der hohen Außentemperatur die Innenkühlung fast nicht mehr half, die Temperatur zu senken. Es war ja auch nur ein Notbehelf, bis wir eine Stelle gefunden hatten, wo wir, ohne den fließenden Verkehr zu behindern, stehenbleiben konnten. Eine Sicherung war durchgebrannt, über welche die Ölpumpe, der Kühler sowie die Lichtmaschine mit Strom versorgt wurden. Keine Ersatzsicherung zur Hand, jedoch damals noch als Raucher Metallfolie in der Zigarettenschachtel, was eigentlich die Rettung war, um weiterfahren zu können. Es war mir bewusst, dass diese Hilfsmaßnahme zu einem gefährlichen Brand hätte führen können, jedoch fiel mir spontan der Grund für die Panne ein. Noch direkt vor unserer weiten Fahrt ließ ich wegen der langen Strecke, der erwarteten Hitze und nicht zuletzt wegen des Wohnwagens eine stärkere Lichtmaschine einbauen. Der Mechaniker jedoch hatte, grob nachlässig vergessen, eine hierzu benötigte stärkere Sicherung einzusetzen, was ich dann auch alsbald nachgeholt hatte.

Nun, alles noch einmal gutgegangen. Kein Schaden an den Mitreisenden und dem Motor hatte sich gezeigt und wir erreichten ohne weitere Probleme unser Ziel.

Playa-Montroig hieß das ersehnte und von einem Arbeitskollegen empfohlene Ziel. Ein sehr, sehr schöner Campingplatz am Mittelmeer, der Costa-Dorada, noch dazu mit einem sehr ansprechenden delphinförmigen Schwimmbad.

Es ist schon sehr blöd, wenn man auf eventuelle Unannehmlichkeiten nicht aufmerksam gemacht oder gar gewarnt wurde. Denn wenn urplötzlich, auch mitten in der Nacht, ein lauter Hupton zu vernehmen war, konnte einem schon die gute Laune verdorben werden. Eine viel befahrene Bahnstrecke führte mitten durch das Campingplatz-Gelände und die Lokführer der durchfahrenden Züge, mussten alle Sadisten gewesen sein, dass sie ihre Hupen, aus welchem Grund auch immer, ertönen ließen. Eine besondere Augenfälligkeit hatte mich dazu noch sehr beunruhigt, da mitten durch den Campingplatz, aus den Bergen kommend, bis zum Meer, ein ausgetrocknetes Flussbett führte. Was, wenn in den Bergen ein Starkregen niedergegangen wäre, fragte ich mich. Na ja, immerhin, meine Sorgen wurden nicht begründet, es wurde doch noch ein sehr schöner Aufenthalt auf diesem Campingplatz, auf dem unsere Kinder am meisten schätzten, dass noch spät abends der beleuchtete Pool benutzt werden konnte und sie von ihren Eltern in Ruhe gelassen worden sind, derweil diese an fast allabendlichen Veranstaltungen mit Musik, Tanz und anderer Unterhaltungen eher Interesse gefunden hatten.

Allerdings ersparten wir uns für die Zukunft den weiten Weg zur Costa Dorada und erklärten Rosas an der Costa Brava als unser zukünftig bevorzugtes spanisches Reiseziel.

Die Rückreise war zwar schon in Etappen geplant, die Kids meinten jedoch bei einer Rast in Mühlhausen „Papa, wir sind noch fit, wir können noch." Ich aber brauchte noch eine Pause, bevor es weiter ging und die circa 1400 km Strecke hinter uns gebracht war. Auf jener Rückfahrt gab es noch eine sehr gefährliche Situation. Als ich nämlich an einem kurz zuvor aus einem Parkplatz ausgefahrenem Lastzug vorbeifahren wollte, beschleunigte dieser so sehr, dass ich immer mehr Gas geben musste, um an ihm vorbeizukommen. Als ich dann aus dessen Windschatten kam, erfasste uns ein dermaßen starker Sog, der unser Gespann so sehr ins Schleudern gebracht hatte, dass ich schon glaubte, uns im Straßengraben wiederzufinden. Ein kühler Kopf und entsprechendes Reagieren meinerseits führten dann auch dazu, dass ich unser Gespann wieder in die Spur bekam und der Wohnwagen da hinten nicht mehr die ganze Breite der Autobahn benötigte.

Irgendwann fuhren wir auf einen Parkplatz, um nachzuschauen, wie es im Wohnwagen aussehen mag. Alles war durcheinander, nichts war mehr an seinem Platz. Alle Schranktüren waren aufgegangen und der Inhalt quer durcheinander auf dem Boden verstreut. Ansonsten hatte es keine Beschädigungen gegeben und ich nahm mir fest vor, beim Überholen eines Lkw daran zu denken, dass hinter dem Steuer auch einmal ein Rüpel sitzen könnte. Hatte ich doch in der Vergangenheit die überwiegende Fairness der Lkw-Fahrer sehr zu schätzen gewusst.

Es ist schon ein kleines Abenteuer, mit dem Wohnwagen auf Achse zu sein. Zehn Jahre waren wir damit unterwegs und als uns in Holland bei einem starken Sturm unsere Vorzeltstangen verbogen wurden, verging allmählich unsere Lust daran. Da der Wohnwagen nun schon etwas in die Jahre gekommen war, versuchten wir, noch einen guten Preis dafür zu erzielen, was auch verhältnismäßig gelang. Etwa die Hälfte des ehemaligen Kaufpreises war nach der langen Zeit, die wir ihn nutzten, ein sehr lukratives Geschäft. Ein schöner Traum ging hiermit zu Ende und dass ein erwähnenswerter Traum nicht zum Alptraum geführt hatte, war einem jener Träume zu verdanken, die ich ab und zu träumte und die sehr an Wahrhaftigkeit grenzten oder die teilweise sogar wahr wurden.

„Träume sind Schäume"
Sind Träume tatsächlich Schäume?

Ein Urlaub am Gardasee ging zu Ende und die Rückfahrt wurde geplant. Es sollte wieder die Strecke sein, welche wir auch gekommen waren. Am Morgen der vorletzten Nacht bat ich Rosemarie, beim Brötchen holen eine Zeitung mitzubringen, ich hatte nämlich geträumt, wir könnten denselben Weg nicht zurückfahren, da am Brenner eine Brücke defekt und gesperrt wäre. Und genau dies stand dann auch in der Zeitung. Also mussten wir über die Schweiz nach Hause fahren. Ohne diese Nachricht hätten wir vermutlich irgendwo auf der Autobahn Richtung Österreich in einem sehr langen Stau gestanden.

Einen anderen Traum, der tatsächlich wahr wurde, träumte ich auf einer Reise in die Bretagne.

Da ich von je her dazu neigte, morgens beim Frühstück meinen nachts geträumten Traum zu erzählen, geschah es auch an jenem Morgen. Zwei Tage vor unserer Heimreise träumte ich, wir kämen heim und mein erster Gang sei zu unserem Gartenteich gewesen, um zu schauen, wie es unseren Goldfischen ginge. Der Schwiegervater hatte während unserer Abwesenheit die Fütterung übernommen und da konnte angenommen werden, dass alles seinen rechten Gang genommen hatte. Als wir daheim ankamen, stellte ich unser Gespann in der Einfahrt ab und ging in Richtung Teich. Als ich links um die Hausecke bog, sah ich ganz genau dieses traurige Bild, wie ich es in meinem Traum gesehen hatte, dass nämlich viele Fische tot um den Teich herum im Gras lagen.

Rosemarie und die Kinder konnten es nicht recht glauben, dass die Schilderung meines Traumes Wirklichkeit geworden war.

Es konnte nicht geklärt werden, wie es zu diesem Alptraum und den vielen toten Fischen gekommen war.

Ein anderer, sehr eigenartiger Traum, jedoch am helllichten Tage, aus dem ich förmlich gerissen wurde, berührte mich doch sehr.

Da mir an jenem Tage etwas übel war und ich unbedingte Ruhe brauchte, legte ich mich im Untergeschoss ins Bett unserer Tochter. Jäh von Rosemarie aus dem Schlaf gerissen, teilte sie mir mit, dass ihr Vater verstorben sei. Ich sagte sogleich, „Ja, ich weiß es“. Er und ihre Mutter wollten, da ihr herzkranker Vater darauf bestand, in den Wald spazieren gehen. Kaum hatten sie die ersten Bäume erreicht, sackte er in sich zusammen. Ersthelfer und ein per Hubschrauber herbeigerufener Notarzt konnten ihm nicht mehr helfen. So saß die Schwiegermutter auf einer Bank, und neben ihr, mit einer Plane zugedeckt, ihr lieber toter Mann auf dem Boden lag. Bei fast jedem Spaziergang durch den Wald kommen wir an jener Stelle vorbei und die Bilder, die wir damals gesehen hatten, sind in unserem Kopf noch sehr präsent und es werden Erinnerung an die Zeit wach, die wir mit ihm zusammen erleben durften. Ein sehr lieber Mensch hatte uns verlassen, den wir in seiner Güte, Liebe, Kraft, Fürsorge und übergroßen Hilfsbereitschaft ewig in sehr guter Erinnerung behalten werden.

Kurz bevor mich Rosemarie aus dem Schlaf riss, hatte ich einen sehr nachdenklich stimmenden Traum: Ich befand mich auf einer nur wenig belebten Straße, auf der ein leblos scheinender Vogel lag. Passanten fragten mich, ob ich wüsste, was mit ihm los sei. Ich sagte nur „Er ist tot“. Und in dem Moment, als ich das sagte, stieg aus dem toten Vogel, sofort fliegend, ein geisterhafter Vogel in den Himmel. Erschrocken fragten mich die Leute, was das denn für ein Vogel gewesen sei und ich antwortete „Eine Schwalbe“.

Das Seltsame daran war, dass mein Schwiegervater mit Nachnamen „Schwalb“ hieß.

Nur die mir am kuriosesten erschienenen Träume meines Lebens habe ich mir gemerkt, da es noch so sehr viele andere gegeben hatte, jedoch die alle sich zu merken hätte ein ganzes Buch füllen können. Aber, wem hätte dies etwas bedeuten sollen.

Ein Traum, der mich am allermeisten bewegte und den vermutlich kein Psychiater oder sonstiger Fachmann deuten kann, beeinflusste und bestärkte mich doch sehr zum Glauben Christi:

Mit einem Mann, dessen Identität ich nicht beschreiben kann, betrat ich einen etwas größeren kirchenähnlichen Raum. Neben der zweiflügeligen Eingangstür befand sich eine breite weiße Wand, an welcher ein kleines Kruzifix hing. Die ganze anschließende Seitenwand war mit Fenstern bestückt. An der Seite des Raumes gegenüber der weißen Wand war schemenhaft eine Empore mit einer Orgel zu erkennen. Die vierte Seite kann ich nicht beschreiben, da zu keinem Zeitpunkt mein Blick dorthin möglich war.

Beide richteten wir zuerst unseren Blick in Richtung des Kreuzes und als mich mein Begleiter fragte, was mit der Person am Kreuz geschehen sei, so sagte ich zu ihm „Der ist tot". Kaum hatte ich diese Worte gesagt, vergrößerte sich das Kreuz bis zu einer menschlichen Größe und kam wie gezoomt auf mich zu, als sich der Korpus Jesu vom Kreuz nun in Mannsgröße löste und herabstieg, kam er, als er plötzlich von einem sehr hellen goldenen Schein umgeben war, als sähe man in eine grelle aufgehende Morgensonne, in meine Richtung und ging an mir vorüber, um mich herum, ohne mich dabei anzuschauen. Ich drehte ihm nachschauend meinen Kopf, bis zu einem Moment, da es nicht mehr weiter ging, mein Hals zu schmerzen anfing und ich darauf hin wach wurde. Noch den ganzen Rest der Nacht lag ich schlaflos in meinem Bett und war wegen dieser Erscheinung sehr gerührt und aufgewühlt.

Am nächsten Morgen erzählte ich diesen Traum Rosemarie, die nicht recht wusste, was sie dazu sagen sollte.

Irgendwann beim Frühstück schlug ich unsere Tageszeitung auf und mein Blick fiel sofort auf ein Horoskop, welches ich normalerweise nur sehr selten beachtete. Und, was da unter meinem Sternzeichen „Löwe" zu lesen war, musste ich sofort mit meinem Traum in Verbindung bringen: „Ein Traum wird dir zeigen, wohin die Liebe führt." Ein solcher Traum, mit solchen sehr leibhaftigen Bildern, kann nicht nur zufällig zu Stande gekommen sein, muss eine tiefere Bedeutung haben. Da ich zugegebenerweise nicht gerade ein Vorzeigekatholik und regelmäßiger Kirchgänger mehr bin, könnte er mir zu verstehen gegeben haben, diesbezüglich wieder etwas aktiver zu werden.

Oder aber, da nicht jedem vergönnt ist, einen solchen Traum zu träumen, fühle ich mich damit großartig beschenkt und wurde in meinem Glauben an Jesus sehr bestärkt. Kein Tag vergeht mehr, an dem ich nicht mindestens einmal an das Leiden Jesu denke. Ja, meine gelegentlich auftretenden Wehwehchen werden bei meinen Gedanken an ihn sogar erträglicher.

***

Ach ja, meine Träume. Schon seit unserer Heirat habe ich mir vorgenommen, jeden besonderen Traum, den ich in der vorliegenden Nacht träumte, wenn es sich zeitlich so ergab, schon am Frühstückstisch meinen Lieben in der Familie mitzuteilen. Sehr schöne Träume, in denen ich fliegen und schweben konnte, wo immer und wohin ich wollte. Nur mal so tun, als würde ich gering hochhüpfen und ein Ziel anvisieren und schon ging es los. Über die Köpfe versammelter Menschen hinweg, die mich bewundernswert fanden und mir zuschauten, die sich sogar bereit erklärten, mit meiner Unterstützung einen Versuch zu unternehmen, dies zu erlernen und mir nachzutun.

Ich überlegte mir im Traum, was es mir brächte, könnten mehrere dies tun und mir eventuell die Show stehlen. Deshalb beschränkte ich diese Hilfe nur ganz lieben Freunden und Bekannten zukommen zu lassen. Zuerst noch stützend unter die Arme greifend gelang es mir nicht bei jedem Versuch. Unser beider schwere Last ließ es einfach nicht zu.

Träume, bei denen ich dem Tod schon sehr nahe schien, ich jedoch die Gabe besaß und besitze, aus einem Traum auszusteigen, verhinderten dies sogar vermutlich letztendlich.

Einmal tauchte ich ohne Hilfsmittel tiefer und tiefer in ein sehr tiefes Gewässer, sodass ich schon so tief war, dass ich wusste, ohne Sauerstoff nie wieder nach oben kommen zu können und mich bereits aufgab. Ich bemerkte, es nicht länger ohne Atemluft auszuhalten und folgte einem inneren Instinkt, der mir befahl, sofort zu atmen. Diesmal war ich nicht bewusst ausgestiegen, jedoch durch die Atmung direkt aus dem Traum gerissen worden.

Ein ähnlicher, gruseliger noch dazu:

Irgendwie befand ich mich in einem unterirdischen Kanalsystem, aus dem ich einen Gullydeckel zur Seite schob und nach draußen stieg. Ein plötzlich über mich fahrendes Auto riss mir den Kopf ab und ließ diesen ca. 10 Meter über die Straße kullern. Mein Kopf war ohne restlichen Körper noch voll funktionsfähig und ich sah keine andere Möglichkeit mehr, als mir zu sagen, steig aus, das wird nichts mehr. Siehe da, prompt war ich hellwach. So wach und aufgewühlt, dass an ein Wiedereinschlafen nicht mehr gedacht werden konnte.

Weitere Träume an dieser Stelle zu schildern, würde wohl meinen zeitlich gesetzten Rahmen sprengen, ich lasse deswegen davon ab, nicht um noch vorher meine „traumhaften" Erfahrungen stichwortartig wiederzugeben. In meinen Träumen geht alles, was man sich nur erdenken kann: Lieben, Lachen, traurig und fröhlich sein, ausscheidungsmäßig K,K,P., wobei es beim zweiten zum K ... kommen kann, wenn ich auf einem hohen Turm stehe und nach unten schaue oder über mir Wolken ziehen sehe. Ich kann alle Dinge, die riechen, den zugehörigen Geruch wahrnehmen. Geschmäcker schmecken, sehr wahrhaftig befühlen. Etwas bleibt mir versagt, ich kann in noch so kaltes Wasser steigen, ich würde nie frieren, es kann eine noch so starke Hitze vorkommen, mir wurde noch nie heiß dabei.

Da soll mir mal ein Traumdeuter erklären, ich sei ein eiskalter Typ. Gerade das Gegenteil ist der Fall, behaupte ich mal so. ;-)

Unser Leben in Hettenleidelheim

Schon sehr früh stellte sich heraus, dass wir mit der Wahl unseres Baugrundstücks eine sehr gute Entscheidung getroffen hatten. Nicht nur der exklusiven Lage, auch der netten Menschen im gesamten Baugebiet wegen. Menschen, mit denen größtenteils Freundschaften geschlossen wurden. Das Schwimmbad nur einige Meter über die Straße, der Wald in 15 Minuten erreichbar, zur Kirche, zum Kindergarten, der Schule und zum Arzt 10 Minuten. Auf den Marktplatz, zur Apotheke und zum Zahnarzt keine 2 Minuten mehr. Unsere Autowerkstatt und eine Tankstelle, mit dem Fahrzeug lediglich 2–3 Minuten Fahrzeit. Bäckerei sowie Metzgerei und bis heute 3 Supermärkte ergänzten mit der Zeit die Palette der absoluten Versorgung zu einem angenehmen glücklichen Leben. Da war in das etwas teurere Grundstück sehr gut investiert worden.

Viele Erwachsene waren in unserem Alter und das deren Kinder stimmte in etwa mit dem unserer überein. Viele Geburtstage der Erwachsenen wie auch der Kinder wurden gemeinsam gefeiert und immer mehr vergrößerte sich der Freundeskreis, überschnitten sich Kreise zu einer letztendlich großen „Duz-Gemeinschaft“. Gegenseitige Hilfe und Ratschläge halfen oft dabei, das eine oder andere Problemchen, aus der Welt zu schaffen.

Was ein weiterer riesiger Vorteil gewesen ist, dass Rosemaries Eltern nur etwa 200 m entfernt wohnten und uns für die Betreuung unserer Kinder in deren ganz jungem Alter sehr dienlich waren, wodurch gegeben war, dass Rosemarie, zwar noch etwas bedingt, ihrer Berufstätigkeit weiterhin ganz- wie halbtags hat nachkommen können. Dies kam uns dermaßen gelegen, dass wir fortan sogar noch etwas sparen konnten, die beiden Kinder auf ein privates Gymnasium gehen und sie beide ihren Wunschberuf wählen sowie sie auf Universitäten in Kaiserslautern und Ulm haben studieren lassen können. Nicht nur für unsere beiden Kinder, auch für uns eröffnete sich eine ganz neue Dimension. Eine Dimension, die uns regelrecht in akademische Kreise katapultierte. Solche Kontakte zu Studierten, Doktoren und Professoren, waren uns bisweilen versagt geblieben, was nach und nach ihr beruflicher Werdegang mit sich gebracht hatte. Da kam mir die durch meine nebenberufliche Schulbildung erzielte Selbstsicherheit sehr zugute, was auch ein inzwischen zum Freund gewordener und damaliger Lehrer in der Abendrealschule stets hatte sehr respektvoll zum Ausdruck bringen lassen. Auch seinen Gymnasialschülern gegenüber ließ er dies gelegentlich verlauten, wenn sie einmal meinten, allzu viel büffeln zu müssen.

Jenem guten Mann, seines Zeichens Studiendirektor, der mir im Physikunterricht dabei half, noch so manches Bildungsloch zu stopfen, begegne ich heute fast auf Augenhöhe. Auf Augenhöhe jedoch lediglich und zusätzlich bedingt, bezüglich Kartenspiele in unserer Spielerunde, als da waren und sind: „Melden“, „11er raus“, „Phase 10“ und andere mehr. Hatte er mich anfangs noch zu überzeugen versucht, dass es gar nicht so sehr schlimm sei, so oft zu verlieren, denn nach der Wahrscheinlichkeitsrechnung wäre auch ich irgendwann einmal an der Reihe, öfter zu gewinnen. Im Nachhinein muss ich zugeben, die Voraussage hat sich tatsächlich bestätigt. So ergab es sich, dass mir eine dermaßen große Glückssträhne widerfuhr, dass es mir sehr peinlich war, vier Spieleabende hintereinander als Sieger hervorzugehen. Da stellten sich Mitspieler die Frage „Wie macht der das denn? Das geht doch nicht mit rechten Dingen zu!“

Nein, ich hatte weder Tricks angewendet noch geschummelt, es hatte sich einfach so ergeben und an nachfolgenden Spieleabenden änderte ich das Risiko und die vorsichtigere Spielweise, was wieder zu einer gewissen Normalität, auch einmal zu verlieren, beigetragen hatte. Die Normalität unter uns sechs Spielern-, drei Ehepaaren, bedeutete gelegentlich auch einmal mit deftigen Sprüchen und Anmerkungen zu agieren. Da kam es schon einmal vor, dass es zu harmlosen Ausrastungen kam, als da waren: Die Karten hinwerfen, „Wenn du es besser kannst, dann schreib doch du weiter auf.“ Ich bin mir aber sehr sicher, Messer wären in einem solchen Zusammenhang niemals geflogen. ;-)

Wie wohl war uns zumute, als wir Alenas Professor und Doktor-Vater zum Dank seiner Mühen zu einem Wochenende in unser Haus und die sich damals darin befindende Ferienwohnung eingeladen hatten. Er, ein Fan des VFB Stuttgart, mit seiner Frau und seinem Sohn, wir eher auf der Seite des 1. FC Kaiserslautern, sollten ein Fußballspiel der beiden Vereine gegeneinander in Kaiserslautern auf dem Betzenberg besuchen. Alle hatten ihren Spaß. Sohnemann bekam einen Schal des FCK geschenkt und sein Vater die Freude über eine vorerst 3:0 Führung seines Vereines. Man sah Herrn Professor an, dass er, mit Rücksicht auf die Gastgeber, seine Freude und seinen Stolz zu verbergen suchte, als es dann jedoch Tor für Tor noch zum 3:3 Endstand kam, fand er den Ausgang des Spieles als die letztendlich beste Alternative. Das dritte Tor Kaiserslauterns hatte Rosemarie so sehr begeistert, dass sie die Arme in die Höhe riss und lauthals mehrmals „Toooor, Toooor“ gerufen hatte. Ja, ich hatte eine ganz neue Seite an meiner lieben Frau, vor Freude so auszurasten entdeckt. Da hat sogar der Herr Professor zusehends ein wenig gestaunt. Zuerst ganz lieb und brav, neben ihm, offenbar sogar bereit zu sein, ihm einen Sieg zu gönnen und dann das ...???

Eigentlich waren alle sehr zufrieden, alleine schon der vielen schönen Tore und der damit verbundenen Spannung wegen. Rosemarie hatte wieder ihre Back- und Kochkunst bewiesen, auch, dass noch dazu die Frau des Professors auf Gluten allergische Probleme hatte und somit tunlichst darauf geachtet werden musste. Die Gäste versicherten bei ihrem Abschied, ein schönes Wochenende erlebt zu haben, in erster Linie selbstverständlich des Fußballspieles wegen, welches schon lange auf ihrer Wunschliste gestanden hatte, noch dazu, auch einmal auf den „Betze“ zu kommen.

In dieser Runde: Professor, Schwiegersohn Andreas, dessen Vater, Bruder, sowie deren Frauen,, Alena und Rosemarie, sowie meine Wenigkeit und andere mehr, spielten über mehrere

Jahre in einer Tipprunde der 1. Bundesliga, die unser Schwiegersohn ins Leben gerufen hatte.

***

Die zweite Wohnung in unserem Haus wurde, bevor wir sie zu einer Ferienwohnung umgestaltet hatten, von etlichen Mietern gemietet.

Fünf amerikanische Familien, die nicht sofort eine Wohnung der US--Army haben bekommen können, waren stets froh, als sie auf unsere Wohnung, wenn auch nur gelegentlich vorübergehend, zurückgreifen konnten, nicht zuletzt, um ihnen die Möglichkeit zu bieten, ihre Familienmitglieder nachzuholen. Was uns natürlich sehr zum Vorteil entgegenkam. Die sehr gute Bezahlung in erster Linie, gleich danach der Umgang mit ausländischen Menschen und die Anwendung der hart erlernten englischen Sprache trugen sehr dazu bei, neben unseren beiden eher bescheidenen beruflichen Bezügen ein einigermaßen komfortables Familienleben zu führen. Da kam es nicht vor, wie es in meiner Jugendzeit gewesen war, dass die Mutter sich sorgte, am folgenden Tag kein Geld zu haben, um für ihre Kinder Brot zu kaufen. Da half oft in letzter Not, Pfandflaschen oder ein Rabattmarken-Heftchen abzugeben, anschreiben zu lassen, oder gar die allerletzte Möglichkeit zu nutzen und die Verwandtschaft anzupumpen. Selbstverständlich hatte ich dies alles bewusst mitbekommen und schon sehr früh war mir klar, dass es später einmal mit meiner Familie nie so sein sollte und meine Frau niemals in eine solche sehr missliche Lage käme.

Fast schon überschwemmt wurden wir von amerikanischen Mitbringseln aus deren PX, mit Gallonen fassenden Whiskeys-, Rum- beziehungsweise Gin-Flaschen und dies natürlich mit deren Inhalt, als Geschenke zu jeweiligen Anlässen.

Jeans als Geburtstagsgeschenk, die zwar in der Taille, jedoch nicht an den Beinen eine sehr gute Passform hatten. Da half nur Rosemaries Handarbeitskunst, sie zu kürzen oder nur umzuschlagen und mit Nähgarn zu fixieren. Ach, da war doch noch etwas, das den „Genuss-Komfort" überhäufte und gar zu Gesundheitsschäden hätte kommen lassen können, die stangenmäßig angeschleppten Zigaretten, und es war fast nicht zu bemerken, wie sehr sie schleichend zu einer Abhängigkeit führten. Zum Glück ist man noch rechtzeitig, nämlich vor Rosemaries erster Schwangerschaft, von diesem Laster losgekommen, denn im Verwandtenkreis zeigten sich bereits erste Folgen in Form von Raucherbeinen. Wer jedoch selbst nach einer Operation eines solchen immer noch nicht bereit gewesen war, die Glimmstängel beiseitezulegen, musste schließlich und endlich, wie tatsächlich geschehen, den Tod in Kauf nehmen.

Ja, es war eine Zeit, da alles paffte, stank und hustete, dabei den blauen Dunst unverantwortlich mit seinen Mitmenschen und deren Abneigung dafür zu teilen. Da hingen Rauchschwaden in der Luft, die es so lange galt auszuhalten, bis endlich jemand sich erbarmte, ein Fenster zu öffnen.

Bei dienstlichen Besprechungen kam es vor, dass in einem nicht einmal 20 qm großen Raum 15 Männer saßen und der Vorgesetzte sich eine Zigarette anzündete, was gleichzeitig als Aufforderung für die anderen galt, es gleichzutun. Da hieß es oft mit barscher Stimme des Vorgesetzten „Jetzt mach doch endlich emol ooner uff do hinne."

Leute, die gerade das Gebäude zufällig passiert hatten, mussten gedacht haben, dass da in dem Raum gerade einige Würste oder Schinken geräuchert werden.

Es gab Großraumbüros, in denen geraucht wurde und niemand auf die Idee gekommen war, dem Einhalt zu bieten. Aus einem verstarb sogar eine Kollegin an Lungenkrebs, die niemals selbst eine Zigarette geraucht hatte.

Nicht nur die alten Hollywood-Filme, auch die von europäischen Filmemachern produzierten Kinostreifen fanden es unbedingt für notwendig Rauchen dem Publikum als einen modernen Lebensstil nahebringen zu müssen, Zigaretten, Zigarren oder Pfeifen rauchen sollten animieren es nachzutun, womit auch ich, über viele Jahre, doch sehr beeinflusst wurde. Glücklicherweise siegte die Vernunft und man ließ noch frühzeitig los davon, bevor ernsthafte Folgen das Endresultat gewesen wären.

Na ja, ein Genuss-Zigarettchen und eine Tasse Kaffee dazu sollte ein jedem ab und zu vergönnt sein, so, wie es auch ich seit meinem 14. Lebensjahr bis Ende der 1980er-Jahre selbst erfahren durfte.

Ich könnte es mir nun einfach machen und meinem Vater die Schuld an meiner Raucher-Aktivität zuschieben. Hatte der, als er damals in unserer Küche eine Zigarette rauchte, auf meine Frage, ob ich denn einmal ziehen dürfe, mir kopfnickend seine Zigarette dazu hingehalten. Es war zwar kein sogenannter Lungenzug, den ich machte, es lag vielmehr an der filterlosen Bali, die sofort einen Hustenreiz auslöste, was natürlich Papa veranlasste, herzhaft zu lachen. Seltsam dachte ich, obwohl mein Husten nicht vorgetäuscht war, dies war doch sonst nicht der Fall gewesen, wenn ich ihm aus einer Viererpackung eine stibitzt und heimlich geraucht hatte. Jedenfalls, der Tag musste kommen, dass nach einem erfolgreichen Arbeitstag, an dem ich ihm zur Hand ging, seine Stimmung so gut war, dass er sich eine Zigarette anzündete und ich ihn, von seiner Stimmung angesteckt, fragte, ob ich denn auch eine haben könnte, er mir ohne zu zögern seine Packung hinhielt und mich einen „Sargnagel“ entnehmen ließ. Nun war ich dabei und fühlte mich cool, egal, was auch andere dazu sagten oder meinten. So wie in meiner Lehrzeit, nachdem mich ein indirekter Lehrbeamter im Mainzer Hauptbahnhof beim Rauchen erwischte und mir hinterher sehr missfallende Bemerkungen zukommen ließ. Es störte mich aber nicht im Geringsten. Ich setzte mein hämisches Grinsen auf und schon unterließ er seine verbale Attacke.

Nicht allzu ernst hatte ich damals Mahnungen bezüglich Gesundheitsgefährdung genommen und eher Gefallen an Sprüchen gehabt wie „Geräuchertes Fleisch ist länger haltbar.“

Dennoch, nun scheinen sie endlich zu verschwinden, die stinkenden Klamotten, die übervollen Aschenbecher, die Kippen auf der Straße und die vergilbten Tapeten. Und das Rauchen gerät nach und nach in Vergessenheit. So wäre es jedenfalls wünschenswert, wird uns aber wahrscheinlich noch lange erhalten bleiben.

***

Jene Amerikaner, die in unserem Haus wohnten, sind uns stets mit die willkommensten Mieter gewesen. Ihre Disziplin und Sauberkeit ließ nichts zu wünschen übrig. Demgegenüber hatte es Mieter gegeben, denen Zahlungsmoral ein absolutes Fremdwort war. Da war man großmütig und nahm eine junge Familie mit Baby auf, als es jedoch ans Bezahlen ging, fiel uns gleich zu Anfang auf, dass das mit einem Haufen Münzgeld kein gutes Zeichen war. Denn Zahlungen erfolgten danach keine mehr. Selbstverständlich hatten wir uns nach dieser Familie und besonders nach dem Beschäftigungsverhältnis des Mannes erkundigt, was jedoch nichts Negatives erkennen ließ. Auf eine Kündigung wurde gar nicht reagiert. Nur meine Drohung, ihr ganzes Hab und Gut auf die Straße zu werfen, Wasser, Heizung und Strom abzuschalten, nahmen sie ernst und zogen endlich wieder aus. Wären diese Leute etwas cleverer gewesen, hätten sie in Erfahrung bringen können, dass mir dies gar nicht erlaubt war.

Wir saßen nun mehrere Monate auf unserem Mietverlust, was nicht das Schlimmste gewesen wäre, auch die Kosten für Gas, Wasser und Strom an die Gemeinde blieb man uns schuldig. Da kam seitens des stinkfaulen Typen von Mieter kein Bedauern, kein Wort einer Entschuldigung über die Lippen, kein Angebot, zumindest einen Teil der Schuld durch Gartenarbeit, Straße fegen oder eine sonstige Tätigkeit abzuarbeiten. Hinzu kamen letztendlich nach deren Auszug aus der Wohnung die Kosten für einen beauftragten Gerichtsvollzieher von 100 DM pro Einsatz, bei dessen Besuch der Familie lediglich die Aussage gekommen war, dass da nichts zu holen sei.

Da wird einem stets vor Augen gehalten, keine Vorurteile zu hegen, durch diese Erfahrung jedoch sind wir eines Besseren belehrt worden und beschlossen, jegliches Vertrauen fremden Personen gegenüber zuerst einmal mit Vorsicht zu genießen und einer gewissen Portion Misstrauen entgegenzubringen, womit wir eigentlich sehr gut zurechtgekommen waren, beziehungsweise zurechtgekommen sind. Denn durch Schmarotzertum, Dummheit und dazu noch Frechheit über den Tisch gezogen worden zu sein, ist ganz besonders schmerzlich, noch dazu, wenn man sich selbst sehr gewissenhaft, strebsam, mühevoll und auf geradem Wege seine eigene Existenz hat aufbauen müssen.

Aber zum Glück gab es auch noch Mieter, mit denen es keine finanziellen Nachteile zu verzeichnen gab. Die eine oder andere uns missfallende, ärgerliche, aber auch lustige Begebenheit ist es an dieser Stelle wert, darüber zu berichten.

Da war doch noch jene Frau, die zuallererst unsere Wohnung zu mieten gedachte. Eine sehr nette Deutsche, mit einem Zivil-Amerikaner verheiratet und süßem kleinem Töchterlein. Ihr Einkommen verdienten sie mit dem Handel von Gemälden, welche sie, ohne uns zuerst darauf hinzuweisen, in einem unserer gemieteten Kellerräume lagerten. Da kamen schon einige Werte zusammen, weshalb wir bezüglich eventueller Haftungsansprüche uns gegenüber skeptisch wurden. Wie sich später herausstellen sollte, war es keine schlechte Idee, ihnen dies schriftlich mitzuteilen. Ja, wie es im Leben nun einmal so ist, halten manche Beziehungen nicht ewig und so auch diese. Den Ehemann zog es plötzlich in die Staaten zurück, während es seine Frau doch vorgezogen hatte, in Deutschland zu bleiben, da auch ihre Mutter hier lebte. Da waren plötzlich R-Gespräche über unser Telefon aus Amerika entgegenzunehmen und dies oft zu nächtlicher Stunde. Die Frau war sehr ängstlich geworden, da ihr Mann mit der Entführung ihrer gemeinsamen Tochter drohte, um auch sie nach Amerika zum Auswandern zu zwingen. Scheidung war die Folge und ihre damit verbundene schlechter gewordene finanzielle Lage zwang sie dazu, das Mietverhältnis auf ganz seriöse Art zu beenden. Sie verließ die Wohnung mit ihren vielen Bildern, nicht ohne uns ein von uns ausgewähltes Gemälde zum Abschied zu schenken. Nach ihrem Auszug bestätigte sich unsere Skepsis wegen der in unserem Kellerraum gelagerten Bilder. Ein Wassereinbruch durch die Kanalisation bei einem Starkregen hätte einen Großteil der Bilder beschädigt, da der ganze Raum mehrere Zentimeter geflutet wurde und fast alle Bilder auf dem Boden gestanden hätten.

Da war auch noch das darauffolgende Ehepaar mit kleinem Sohn und aus gutem Elternhaus, bei dem es nach einiger Zeit anfing zu kriseln. Er konnte dem Alkohol nicht entsagen, und so war auch sein Auftreten nach einer Zechtour laut und uneinschätzbar.

So auch eines Nachts, als es zu Gerumpel und Gepolter im Haus gekommen war und sich erst am Tag danach offenbarte, was geschehen war. Er hatte wieder einmal Alkohol intus, sich aus einer Gaststätte in einer Plastiktüte eine Flasche Rotwein mit nach Hause gebracht und auf der Treppe nach oben diese so an die Wand geschlagen, dass die Flasche barst und die rote Brühe an der Wand bis in den Keller hinunterrann. Da kam mir nur noch in den Sinn, sich einmal mehr „eine Laus in den Pelz gesetzt zu haben". Irgendwann reizte den jungen Mann die weite Welt und ganz speziell Saudi-Arabien, um dort die große Knete zu machen. Dennoch hinterließ er mit einem echten „Friedensdienst" unsere Wohnung, indem er uns kostenlos mit seinem beruflichen Sachverstand an unserer Garage die Regenrinne anbrachte.

Ach ja, da gab es auch noch das frisch vermählte amerikanische junge sehr nette Ehepaar. Mann, ging da die Post ab. Es war uns sehr peinlich, alleine unserer Nachbarn gegenüber, was sich da vermeintlich so in unserer Wohnung da oben abspielte. Konnten die Nachbarn doch nicht unterscheiden, aus welcher Wohnung die lauten „stoßweisen" Schreie zu vernehmen waren. Es schien sogar so, als hätten die jungen Liebenden extra die Fenster geöffnet, um alle in der Umgebung an ihrem Lusttreiben teilnehmen zu lassen. Ja, sie mussten ringsum schon etwas mitbekommen haben, so wie sie schauten, wenn man ihnen tags danach auf der Straße begegnete. Da hätte man ihnen am liebsten gesagt „Mer waren dess ned!"

Nein, man hätte sich nicht die Frage stellen müssen, „Ach, wenn unsere Wohnung sprechen könnte ...?" Auch so hat man der Nähe zueinander wegen alles mit oder von den Personen selbst erzählt bekommen.

So auch von dem jungen Paar, welches wie die anderen den Weg in unsere Wohnung gefunden hatte. Zuerst sehr verliebt, harmonisch und frisch verheiratet, zuletzt zerstritten, geschieden und getrennt. Dabei ist das so ein schönes Paar gewesen, als wir zu ihrem Hochzeitsfest eingeladen wurden. Es begann eine Zeit, da richtig Leben in unsere Bude gekommen war. Geburts- und Feiertage wie Silvester und Fasching wurden mit ihren und unseren Freunden, auch jüngeren Verwandten, sehr ausgiebig gefeiert. Es gab weder böse Worte noch Eifersüchteleien und man konnte nicht verstehen, wie diese Verbindung auseinander gehen konnte. Da wurde sogar im Dorf schon ein schöner Bauplatz gekauft, um hier sesshaft zu werden, doch hatte der Ehemann urplötzlich andere Ideen. Ihn reizte vieles Geld, das er in der BASF nicht verdient hatte. Pharmareferent war zu jener Zeit ein Begriff, womit anscheinend das große Vermögen hätte gemacht werden können. Jedoch, weshalb musste der eigentliche Firmensitz so weit im Norden Deutschlands angesiedelt sein. Für die Ehefrau war nicht einzusehen, ihren hier sicheren Job als Kindergärtnerin aufzugeben und so weit entfernt von ihrer Familie und Freunden wegzuziehen. Schließlich setzte er seinen Willen durch und für sie sollte es der Beginn eines Alptraumes werden. Schien auch am Anfang alles noch recht gut zu laufen, doch der neue Lebensstil mit neuen „Freunden", anderen Kontakten und die vermutlich hemmungsloseren, ausschweifenden Partys verursachten nicht gerade wenige Kosten, sodass das ach so hoch erwartete Einkommen bald immer knapper wurde, man über seine Verhältnisse lebte. Wie sich im Nachhinein herausstellte, waren all die teuren Schmuckgeschenke, die er ihr großzügig überreichte, von einem Kredit bezahlt worden. Einem von ihm aufgenommenen Kredit, von dem sie überhaupt nichts wusste, er ihr ihre Unterschrift, auf welche Art auch immer, auf den Vertragsunterlagen zur Geltung gebracht hatte. Als es schließlich zur Scheidung kam, musste sie einen großen Teil der Schulden in fünfstelliger DM-Höhe zurückbezahlen.

Gesehen hatten wir die beiden nie wieder, doch wurde uns zu Ohren getragen, dass sie nun wieder glücklich verheiratet ist und im Süden Deutschlands lebt. Er hingegen soll nach Amerika ausgewandert und dort in eine mehrköpfige Familie eingeheiratet haben und beruflich als Trucker-Fahrer tätig sein.

Dann war da noch ein einzelner Mieter, der, von seiner Frau geschieden, nun anderswo eine neue Bleibe suchte. Jedoch, weshalb er sich ausgerechnet für unsere Wohnung entschied, schien mehrere Gründe gehabt zu haben.

Da fuhr er, als er zur Besichtigung der Wohnung gekommen war, vor unserem Anwesen mit einem riesigen gelben amerikanischen Straßenkreuzer an. Oh je, dachte ich, was ist das denn für einer. Sofort war ihm anzumerken, dass er, was seine Vermögensverhältnisse betraf, mit nichts zurückhielt und sie so andeutete und zu verstehen gab, sehr reich zu sein.

Wir waren schon etwas beeindruckt, dass er Sponsor eines größeren Fußballvereins sein sollte, das Recht zum Alleinvertrieb für Auto-Reinigungsmittel in einem ganz bestimmten Bereich innehatte.

Die Wohnung, der Mietpreis und nicht zuletzt Rosemarie passten exakt in sein Beuteschema. Also kam es zu einem Vertragsabschluss auf unbestimmte Zeit, und es sollten tatsächlich acht Jahre werden. Ja, alles lief ganz gut. Die Miete war pünktlich auf unserem Konto, die Wohnung wurde pfleglich behandelt, an Geschenken von ihm an unsere Kinder mangelte es auch nicht. Ein PC-C64, 1 Backgammonspiel, einen kleinen Schachcomputer und vieles andere mehr. Diversen Einladungen unseres Töchterleins stimmten wir nicht zu, oder nur, wenn jemand von uns dabei sein konnte. Ja, da kam sogar gelegentlich der Verdacht auf, einen Sittenstrolch ins Haus geholt zu haben. Auch hatte ich schnell begriffen, dass er ein Auge auf Rosemarie geworfen hatte. Allerdings in einem sehr eingeschränkten Rahmen, da Rosemarie es nicht persönlicher hätte werden lassen. Da handelte er sich auch bald einen Korb ein, als er nämlich Rosemarie das „Du“ angeboten hatte. Wir beide kamen diesbezüglich schon vorher überein und da es von ihm ausging, vermutete ich schon, dass dies auch bald folgen sollte. Er war schon ein sehr attraktiver Endvierziger, gestriegelt und gebügelt, mit den schwarzen Haaren und seinen Smokings stand er da wie ein Dressman aus einem Bekleidungskatalog. Seine Schwäche war stets der Alkoholgenuss. Und wenn er ein Glas zu viel getrunken hatte, kam er hemmungslos ins Schwärmen. „Isch lasse sie nach oben schweben", meinte er in seinem kölnischen Dialekt und dem verrutschten Toupet zu Rosemarie, die jedoch machte, als hätte sie es überhört, während ihre anwesende Mutter, daneben sitzend, herzhaft lachen musste. Mit solchem Gesülze hätte er vielleicht irgendwelche Stadtflittchen in einer dortigen Bar erreichen können, aber nicht Rosemarie. Auf ihre Loyalität konnte ich mich zu 100 % verlassen.

Doch, weshalb machten sich deswegen andere, Bekannte und Arbeitskollegen, sogar Fremde, darum solche Gedanken? War es ihre von je her offene Art, Männern gegenüber?? Oder lediglich ihr mit zunehmendem Alter mehr und mehr zunehmend gutes Aussehen?

Da war außer ihrer ganz natürlichen Schönheit nichts, was sie bewusst provozierend zur Schau gestellt hätte. Aber, womöglich war das der Grund, was den einen oder anderen an ihr gereizt hatte. Auch ihre warme herzliche Stimme, ihr allzeit freundliches Lächeln und herzhaftes Lachen konnten mit eine bedeutende Rolle gespielt haben. Jedenfalls, irgendetwas musste es gewesen sein, was deren Aufmerksamkeit erregte.

Da war doch jener kranke Typ, der ihr nachts um 2:30 auf der Rückfahrt von einer Betriebs-Weihnachtsfeier in Kerzenheim mit seinem Fahrzeug auflauerte und sie bis in unsere Hofeinfahrt verfolgte. Unterwegs, außerorts, gab er ihr von hinten Lichtsignale und wollte sie damit zum Anhalten bewegen. Zuerst dachte Rosemarie, es sei ihr Bruder, doch fiel sie zum Glück nicht darauf rein und fuhr weiter. Wer weiß, was der unterwegs mit ihr angestellt hätte? Als sie zu Hause aus ihrem Auto stieg, kam er auch schon auf sie zu und öffnete seinen Mantel, worunter er völlig entkleidet war. Rosemarie reagierte mit lauter Stimme, dass er verschwinden solle, da jeden Moment ich aus dem Haus käme. Daraufhin machte er sich auf und davon. Am darauffolgenden Tag erstattete sie Anzeige und Rosemarie konnte dem ermittelnden Kriminalbeamten eine solch gute Beschreibung des Täterprofils abgeben, dass dieser sofort wusste, um wen es sich gehandelt hatte. Ja, die Welt ist doch sehr klein. Der Täter wohnte nur einen Steinwurf weit entfernt von unserer damaligen Wohnung in Eisenberg und war uns namentlich bekannt. Verheiratet und für uns völlig unauffällig, konnten wir und er, wenn wir gewollt hätten, völlig unauffällig uns sogar gegenseitig in die Fenster schauen. Ein komisches Gefühl, wenn man bedenkt, wie oft der vielleicht dort mit einem Teleskop Rosemarie beobachtet hatte. Er war sogar so dreist, dass er am Tag nach der Tat zu ihr zur Sparkasse an den Schalter kam, um Geld zu holen. Als sie ihn fragte, „Und, geht es ihnen heute wieder besser?“, meinte er nur „Weshalb?“ Auf ihre Erwiderung: „Heute Nacht scheint es ihnen ja nicht besonders gutgegangen zu sein?“ nahm er sein Geld und verschwand wortlos mit hochrotem Kopf. Im Nachhinein erfuhr man, dass er wegen seiner krankhaften Neigung schon öfter in psychologischer Behandlung gewesen sei.

Rosemaries Kolleginnen erfuhren selbstverständlich von dem Geschehen und wollten von ihr wissen, wie der Mann denn anatomisch gebaut gewesen war. Wie sie mir hoch und heilig versprach, hatte sie geantwortet „So genau habe ich da gar nicht hingeschaut.“ Was natürlich auf die Damen nicht unbedingt glaubhaft wirkte. Sie hätten doch sehr gerne mehr und Detaillierteres von ihr beschrieben bekommen. Auch ich bezweifelte anfänglich ihre Angaben, jedoch des diffusen Lichtes wegen und wegen ihrer Erschrockenheit kann ich mittlerweile gut nachvollziehen, dass sie mit ihrer Beschreibung tatsächlich die absolute Wahrheit gesagt hatte.

So oder so, die Damen hatten sich noch lange danach mit deftigen Sprüchen sehr ausführlich darüber amüsiert.

***

Einmal musste Rosemaries Vater eine Kur in einer Herzklinik antreten. In der Empfangshalle setzte sie sich auf eine völlig freie lederne Couch. Sie saß noch keine zwei Minuten, als sich ein Mann mittleren Alters direkt neben sie setzte und sie fragte, wo sie herkäme und wie lange sie hier verbringen müsse. Dabei verbarg er nicht im Geringsten seine vermeintliche Absicht, sich mit ihr einen Kurschatten aufreißen zu wollen. Erst als ich mich neben Rosemarie setzte, verschwand er wortlos.

Ja, das hat man nun davon, eine 5 Jahre jüngere hübsche Frau geheiratet zu haben, was einem daneben oft hat alt aussehen lassen.

So auch, als Rosemarie im Krankenhaus in Kaiserslautern eine Herz-Katheter-Untersuchung bevorstand und wir gemeinsam in einem Wartebereich bis zur Aufforderung warteten. Hatten wir uns doch zwei Plätze in einer Sitzreihe ausgesucht, die annehmen ließen, keinen alsbaldigen Nachbarn neben sich zu bekommen. Ganz hinten, in der letzten Reihe an der Wand, saß ein Mann, ein Mittfünfziger, den wir diesbezüglich schon einmal weit genug entfernt sitzend wähnten. Es dauerte keine fünf Minuten, als er fünf Meter nach vorne kam und sich direkt neben Rosemarie setzte, was sie natürlich der Körperfülle des Mannes wegen als sehr unangenehm empfand und sich deshalb mehr zu mir hin bewegte. Kaum saß er da, quatschte er auch schon meine Frau an. „No, wass hotter donn?“, fragte er in einem rüpelhaftem hinterpfälzischem Dialekt, dabei mit seinem Kopf in meine Richtung weisend. „Nix hotter!“, entgegnete ihm Rosemarie barsch. „Ei, der muss doch irgend wass hawwe, sunschd wär der doch ned do!“, wollte der aufdringliche Hinterweltler wissen. „Nix hotter!“, fuhr ihn Rosemarie erneut an und gab ihm zu verstehen, dass nicht ich, sondern sie der Grund sei, weshalb wir hier sitzen und klärte ihn sogleich auch auf, welche Untersuchung bevorstand, damit er dann endlich Ruhe geben sollte. Als der Kerl nun endlich zufrieden schien, meinte er, „Oeer, dess dutt jo so aarisch weh, wonn mer dess gemacht griet!“ Da kam so langsam eine gewisse Wut in mir hoch, dass ich ihm am liebsten an die Gurgel wäre. Ich riss mich jedoch zusammen und fragte ihn nur, ob es denn sein könnte, dass er ein kleiner wehleidiger Pienzer sei. Daraufhin stand der Jammerlappen auf und verließ endlich seinen Platz.

Rosemarie hatte nun ihre Untersuchung hinter sich gebracht, mit dem Befund, „Alles im grünen Bereich“, als sie ihn, noch auf seine Untersuchung wartend, auf einer Pritsche liegen sah und er es kaum glauben wollte, dass sie ihre Untersuchung schon wohlbehalten überstanden hatte und solch sichtlich frohen Mutes und dabei etwas schadenfroh lachend an ihm vorüber ging. Da hätte sie ihm am liebsten, so wie sie es als kleines Mädchen schon gerne unsympathischen Leuten gegenüber auch getan hatte, mit einem „Bäh“ ihre Zunge rausgestreckt.

Interesse und Aufmerksamkeit hatten andere auch schon an meiner lieben Frau gefunden, gerade auch dann, wenn jenen Beobachtern etwas zu Augen kam, was ihnen als höchst fragwürdig vorkam.

Es war durchaus üblich, dass in Jahren mit heißem Sommer, Rosemarie mit Arbeitskolleginnen und Kollegen während ihrer Mittagspause ins Eisenberger Schwimmbad gingen, um sich von den brütenden Hitzestunden in ihren Sparkassenräumen zu erholen und erfrischen. Ja, obwohl wir zu Hause auch ein Schwimmbad vor der Nase hatten, was einer meiner Arbeitskollegen doch sehr verdächtig fand und meinte, mich davon unterrichten zu müssen.

„Du, Helmut“, sprach er mich am Telefon an. „Wäscht du, dass doi Fraa mit onnere Männer ins Eisenberger Schwimmbad geht?“ Selbstverständlich wusste ich davon, hatte mich Rosemarie doch darauf hingewiesen, dass sie dies vor hatte und nicht die kurze Zeit, die ihr zur Verfügung stand, für eine Extra-Heimfahrt vergeuden wollte. Ich hatte hierfür natürlich vollstes Verständnis, alleine der unnötigen Fahrerei wegen. Kein Verständnis hatte ich für das Verhalten meines Kollegen, was sollte er für einen Grund gehabt haben, meine Frau bei mir anzuschwärzen.

So ist es, wenn ein Ehepaar keine Geheimnisse voreinander hat, dann können Fremde auch keine lüften.

Denn, was ist schon dabei, wenn jeder Partner in einer Ehe das tun kann, was er möchte, solange es innerhalb des moralischen Rahmens bleibt. Und selbst da kann es vorkommen, dass andere ein Verhalten falsch einschätzen und gar annehmen, sie hätten das Recht, weiter gehen zu dürfen. Wenn Männer anrüchige Witze erzählen und Frauen darüber lachen oder sogar selbst einen solchen Witz zu ihrem Besten geben, dann können schon Missverständnisse daraus hervorgehen und zu Übergriffen führen, bei denen es schwer sein wird, jemandem eine Schuld zuzuweisen. Da ist schon der eine oder andere vermeintlich brave fremde Ehemann und Kollege zum Grapscher an unbedarften Kolleginnen geworden. So, wie es auch Rosemarie ergangen war, als sie mit einem „lieben Kollegen" gemeinsam im abgeschiedenen Raum eines Archivs Sortierarbeiten zu verrichten hatte. Zwar blieb es beim Handauflegen auf ihr Knie, doch blieb ihm letztlich nur ihre für ihn sehr peinliche Zurückweisung. Da hat jemand für eine Situation hormoneller Einwirkung einen Moment einen Aussetzer gehabt, den er sicher sehr bereut hatte und sich nicht bewusst war, ein gutes kollegiales Verhältnis aufs Spiel gesetzt zu haben, wonach man sich nicht mehr in die Augen sehen konnte. Nur Rosemaries Verschwiegenheit dem Arbeitgeber gegenüber hatte er es zu verdanken, dass keine Konsequenzen daraus folgten. Obwohl sie mich davon unterrichtete, hätte es außer einer Eskalation als Folge keinen Sinn gehabt, mich einzumischen. Sie war ja kein Kind mehr und selbst Fraus genug, die Lage zu klären. Mein Vertrauen zu ihr hatte wieder einmal sehr zur Beschwichtigung beigetragen, jedoch war es mir nicht gerade leichtgefallen, keine Stärke gezeigt und nur mal tief geschluckt zu haben.

Es war die Zeit, da Rosemarie mit ihrem eigenen Auto, einem Opel Corsa, sehr mobil war und die damit verbundene Freiheit sehr genoss. Diese Freiheit hätte missverständlich zu Ehekrisen beitragen können, wenn ich mich nicht auf mein absolutes Vertrauen zu ihr hätte verlassen können. Da unkten doch zwei Personen, Mutter und Sohn, in der Verwandtschaft, eben jenen grünen Corsa auf einem 50 km entfernten Parkplatz eines Kaufhauses gesehen zu haben. Als ich ihnen widersprach, da der Wagen zu jener Zeit in der Werkstatt gewesen war und Rosemarie dort gar nicht gewesen sein konnte, behaupteten die beiden vehement, dass sie es gewesen sein musste, da das Fahrzeug auch die gleiche Farbe und Winterräder montiert hatte.

Ob sie sich auch an das Kennzeichen erinnern könnten, fragte ich, jedoch nur so viel wussten sie darüber, dass es nämlich die ersten Buchstaben unseres Bereiches aufwies.

Mir drängte sich immer nur die Frage auf, gönnten uns andere nicht unser Glück, oder welchen Grund könnte es noch gegeben haben, dass sie so sehr an unserem Privatleben interessiert waren und Zweifel an unserer gemeinsamen Treue hatten?

Auch kam immer wieder die Frage auf, wo wir beide uns denn kennengelernt hätten. Man konnte noch so sehr darüber nachdenken, was deren Bedürfnis danach erregt haben könnte. Wären sie selbst danach gefragt worden, hätte man sie wahrscheinlich ob ihrer dann erkannten Zudringlichkeit wegen in Verlegenheit gebracht und keine wahre Antwort erwarten können. Denen die ganze Geschichte offenzulegen, war zwar kein Geheimnis, für solche Neugierde jedoch sollte es für sie, falls sie es noch erlebt haben, bis heute eins geblieben sein.

Wie meinte nochmal der Pfarrer, bevor er uns traute: „Gott hat euch beiden zusammengebracht." Und da meine damalige Antwort auf seine Frage, was uns zusammengeführt hätte, „Zufall, reiner Zufall" gewesen war, bin ich im Laufe der Zeit doch davon überzeugt worden, dass es tatsächlich Gott gewesen sein muss.

„Gottes Fügung"?
„Der Flügelschlag eines Schmetterlings"?
oder „Der Ruf des Blutes"?

War unser Schicksal von Anfang an durch Gottes Fügung bestimmt und „der Flügelschlag eines Schmetterlings" löste eine Folge an Ereignissen aus, die sich wie eine Kette aneinanderreihten? Oder war es „der Ruf des Blutes", einer sehr viel früheren nach Hettenleidelheim ausgewanderten längst verstorbenen Tante? Wobei der Moment der eigentlichen Auslösung der „Kettenreaktion" nicht mehr ganz nachzuvollziehen ist: War es schon von Geburt an, seit meiner Hilfe in Papas Werkstatt, meiner Berufswahl und Lehrzeit, meiner Krankheit und der sehr langen Dauer meiner Genesung, der Besuch meiner beiden Freunde bei meiner Rückkehr von der Heilstätte und deren Aufnahme in ihren Kreis, deren früher fester Bindung und meinem damit verbundenem Alleinsein, Tante Katharinas und Mamas Einwirkung auf meine Zukunft, meiner zögerlichen Zustimmung hierzu, oder gar mein Schritt über die Türschwelle Rosemaries Elternhaus? Eigentlich könnte man jeden Zeitpunkt wählen, da mein Schicksal seinen Lauf begann und ich in eine gewisse Bahn gelenkt wurde.

Es kann nicht nur reiner Zufall gewesen sein, dass Ende der 1990er- Jahre die Ehefrau des Bruders unseres Nachbarn verstarb, er bei der Durchsuchung alter Unterlagen darauf stieß, dass eine seiner Vorfahren aus demselben Ort stammte wie ich, nämlich aus Abenheim (Owerum) bei Worms. Der gute Mann wohnte etwa 300 m von uns entfernt und war gerade auf dem Wege zu seinem Bruder. Ich arbeitete in jenem Moment im vorderen Bereich unseres Gartens, als er mich grüßend stehen blieb und mich ansprach. „Sagen sie mal, sie sind doch von Abenheim?", fragte er mich und auf meine Antwort und gleichzeitige Frage „Ja, wieso?" erwiderte er, dass eine seiner Vorfahren auch aus Abenheim stammte. Auf meine Frage, wie denn ihr Name gewesen sei, und dass es eventuell ja sein könnte, dass wir vielleicht noch miteinander verwandt sein könnten, meinte er, er könne sich im Moment nicht an Namen erinnern, würde aber zu Hause noch einmal nachschauen und mir Bescheid geben. In meinem Kopf reimte ich mir schon so einiges zusammen, erst recht, als mir wieder die Worte Tante Katharinas einfielen, die mich, als ich damals nach Hettenleidelheim zog, darauf hinwies, dass einmal eine Tante von ihr, meinem Vater und meinem Onkel nach Hettenleidelheim ausgewandert sei, ich jedoch von ihren Worten überhaupt keine Notiz genommen hatte.

Nach einigen Tagen, ich arbeitete wieder einmal im Garten, was zu jener Zeit keine Seltenheit gewesen war, stand er plötzlich wieder da und sagte, er hätte noch einmal nachgeschaut, und es kämen zwei Namen vor: Jennewein und Wennesheimer. Kaum zu glauben, was in dem Moment in uns vorging, als ich ihm erklärte, dass meine Oma eine geborene Jennewein war und deren Mutter eine geborene Wennesheimer. Irgendwie waren wir beide doch sehr berührt von dieser Offenbarung und konnten es kaum fassen, dass unsere Familien nach über 30 Jahren wieder zusammengefunden hatten. Er nahm es erfreulich an, während sein Bruder mit Familie gar nicht so sehr euphorisch reagierte. Nur, verständlich, liegt das alles doch sooo weit zurück.

Hätten mein Vater und meine Tante dies noch miterleben können, ich glaube, dass ihre Freude darüber sehr groß gewesen wäre. Aber, vielleicht wollte es das Schicksal so, wer weiß, welche Kontakte geknüpft worden wären, die mir sogar unangenehm oder peinlich hätten werden können. Sie hätten diese Zusammenführung eher so verstanden, daraus einen Staatsakt werden zu lassen.

Selbstverständlich interessierte mich, wo denn nun die eigentlichen gemeinsamen Wurzeln zu finden sein würden und ich setzte Recherchen in Gange, um der Sache auf den Grund zu gehen. Ein alter Abenheimer, Müller Kilian, sollte mir auf Empfehlung hin dabei helfen. Als ich mit ihm einen Termin vereinbart hatte und erstmals bei ihm vorstellig wurde, klärte er mich zuerst einmal auf, dass er altersbedingt in Sachen Ahnenforschung nichts mehr täte, da wir aber ja noch miteinander verwandt wären, sei er dazu bereit, mir dabei zu helfen. Auch hier war mir nie bewusst, dass zwischen uns und ihm ein Verwandtschaftsverhältnis existierte. Es war jedoch kein direktes, sondern eines um mehrere Ecken. Immerhin, er selbst konnte mir sogar aufzählen, wie wir zusammenhängen.

Einerlei, ich wollte meine Recherche gar nicht so sehr weit ausdehnen, lediglich in den aktuellen Fall etwas Licht hineinbringen. Ein anderer Verwandter, ein Cousin meiner Mutter, mütterlicherseits, sprach mich bei einem zufälligen Zusammentreffen auf dem Friedhof an und meinte „Gell, du betreibst gerade Ahnenforschung, wenn du möchtest, ich habe von unserer Familie, einschließlich deiner Mutter, alles beisammen und wenn du magst, kannst du gerne einmal bei uns vorbeischauen, ich würde dir dann alle Daten überlassen." Hätte ich nur auf ihn gehört und rechtzeitig davon Gebrauch gemacht, denn als ich mich dazu bereit erklärte, war er zwischenzeitlich verstorben.

Parallel zu Kilian Müllers Unterstützung fuhr ich mit Rosemarie zum bischöflichen Ordinariat in Mainz, denn da sollten zumindest kirchlich Auskünfte zu finden sein. Ja, ein wenig halfen die Einblicke in riesige Kirchenbücher schon weiter, dass alles in Latein verfasst war, erschwerte unser Vorankommen jedoch beträchtlich. Um Näheres erfahren zu können, sollten wir uns an die Kirchengemeinde und deren Archiv in Pfeddersheim wenden. Dabei blieb es aber dann auch und ein weiteres Vorgehen wurde vorerst auf Eis gelegt.

Ach, wie doch die Zeit vergeht

An den Kindern sieht man am besten, wie schnell die Zeit vergeht. Immer wieder sehe ich mir alte Filme und Videos an und stelle wiederholt fest, dass wir unseren beiden Kindern einen sehr guten Weg in ihre Zukunft geschaffen hatten. Mit großen Mühen und finanziellem Aufwand erbauten wir ein Wohnhaus. Ja, es sollte ganz nach Vorbild der Natur vonstatten gehen, erst das Nest bauen und danach für Nachwuchs sorgen. Zwar war, als unsere Kinder zur Welt kamen, noch nicht alles fertiggestellt, hie und da musste noch etwas an der „Auspolsterung des Nestes" vorgenommen werden, sodass jedes Kind sein eigenes Zimmer bekommen hatte. Beide stimmten zu, ihr Reich in den beiden Räumen im Untergeschoss zu beziehen, damit das Dachgeschoss hatte vermietet werden können und ein etwas gehobener Lebensstandard gegeben war, was doch sehr zur besseren Bildungsmöglichkeit, Hobbys, Urlaubsfahrten und anderem mehr beigetragen hatte. Andreas etwas größerer Raum bot sich auch noch sehr dazu an, eine elektrische Eisenbahn aufzubauen. Weshalb musste ich aber auch beim Sperrmüll in Albsheim diese aus Kunststoff gepresste Grundform einer Eisenbahnanlage finden. Dachte ich anfangs, das würde ja gar nicht allzu teuer werden, diese mit einer passenden Gleisanlage zu bestücken, so war ich doch sehr überrascht, wie schnell da 200 DM zusammengekommen waren. Es fehlten natürlich noch der Zug und Teile, um die Geländeform etwas natürlicher wirken zu lassen. Spätestens in diesem Moment hätte ich mir eigentlich sagen müssen, bis hier hin und fertig. Doch wurde alsbald schon mit dem Gedanken gespielt, die Anlage zu erweitern. Bis sie dann die komplette Größe erreicht hatte und der Platz dafür an seine Grenzen stieß, gab es noch einmal eine Erweiterung, mit Rangier- und Abstellgleisen sowie jeder Menge an Zubehör wie: Einen Bachlauf mit Wasserrad, einen Lokschuppen, einen Tunnel, eine Bergkapelle, ein Polizeiauto mit Blaulicht und Martinshorn und anderes mehr. Einzelne Module für die Tonerzeugungen brachten endlich Leben auf die Platte. Zur übersichtlichen Weichenstellung, Schaltung der Beleuchtung und sonstigem Zubehör sowie der Steuerung der Züge diente ein alter, nicht mehr benötigter Abfrageapparat einer großen Telefonanlage, welche ich nach deren Stilllegung einem Geschäftsmann vor Ort abgekauft hatte. Nicht zu glauben, wie dieser die angebotenen 50 DM dafür an sich nahm, als wäre er und das Überleben seines Betriebes davon abhängig gewesen. Ich hätte eher gedacht, dass er mir mit dem Preis etwas entgegengekommen wäre, da jenes Stück eh als Schrott entsorgt werden sollte.

Während Andreas früher Kindheit wurde an der Bahnanlage gewerkelt und verbessert, sodass er viele Jahre daran spielen konnte. Na ja, in erster Linie war es ihm eine Freude, seinen Freunden diese Anlage vorzustellen, bis nach und nach sein Interesse daran verloren ging und sein Zimmer für anderes Spielgerät und Hobby umgestaltet werden sollte. Ein PC, eigener Fernseher, Stereoanlage, ein großes Aquarium und eine Besuchercouch waren nun Objekte seiner Begierde, wofür sein Zimmer total umgestaltet werden musste. Eisenbahnanlage ab- und einen Raumteiler einbauen. Hierzu waren selbstverständlich einmal mehr meine angeborenen Schreiner-Kenntnisse gefragt, alle gewünschten Teile zu integrieren und gleichzeitig Regale und Stauraum zu schaffen. Alena kam zwar mit meinem Einsatz für Andreas Wünsche etwas zu kurz, woran selbstverständlich in erster Linie der Altersunterschied von 4 Jahren ausschlaggebend war. Sie bekam auch eine kleine Eisenbahnanlage und ein Aquarium in ihr Zimmer. Fische gab es natürlich auch darin. Als das 60er Becken undicht wurde, kam die Frage auf, ein neues zu besorgen oder seine Umfunktionierung. Letzteres klang gar nicht so schlecht, denn da eine Schulkameradin einen grünen Leguan hatte, sollte es auch etwas in dieser Richtung sein. Zum Glück gab es ja auch diese kleinen Leguane, wofür das alte Becken ausreichend groß genug war. Da hatte ich einmal mehr etwas zugestimmt, wovon ich bald darauf dachte, besser die Finger gelassen zu haben. Die Tierchen mussten mit Lebendfutter gefüttert werden und wer sollte dies anders herbeischaffen als Papa. Grillen, Heimchen, Mehlwürmer standen von da an auf meiner Einkaufsliste, die nicht gerade zu meinen Lieblingstieren gezählt hatten. „In meinem Zimmer zirpelt eine Grille“, konnte man Andreas des Öfteren vernehmen und die Ortung und der Fang der kleinen Krabbler zeigte sich als eine sehr schwierige Angelegenheit. Ich konnte nie ganz nachvollziehen, woran Alena beim Verfüttern der Tierchen ihren Reiz gefunden hatte. War sie schon so intelligent, dass sie begriffen hatte, worauf es im Leben ankommt, „fressen oder gefressen werden“? Oder führte sie sich bei jeder Fütterung vor Augen, dass stets „die Großen das Recht haben, die Kleinen aufzufressen“, so, wie es im Leben naturgemäß vorgegeben ist? Wie auch immer, sie hatte, wie ich erkennen konnte, sehr ihre Freude daran. Ja, sie konnte sogar hinter dem Glas beobachten, wie neues Leben entstand, wie die zuerst geschlüpften Mehlwürmer sich vermehrten und aus kleinen Maden und Puppen schwarze Käfer hervorgingen.

Dass das Leben vergeht und wieder neues entsteht, konnten unsere beiden Kinder in schon ganz frühen Kindertagen mit unserer Kaninchenzucht erfahren. Eine Kaninchenzucht, bei welcher es bis auf eine Anzahl von 32 Tieren zur gleichen Zeit gekommen war. Es wurden an den Boxen-Türen Schildchen mit Namen und Geburtsdatum angebracht, sodass es, wenn es mal wieder Kaninchenbraten zu essen gab, zu Diskussionen gekommen war, welches Kaninchen es denn nun auf dem Teller sein mag. Ich selbst beantwortete ihnen letztendlich eine Frage danach nicht, um es nicht allzu sehr persönlich werden zu lassen und damit ihre Emotionen nicht zu sehr hochgefahren wurden. Die Fütterung der Kaninchen machte den Kindern am meisten Spaß. Nur um für das Futter zu sorgen, mussten selbstverständlich wir Eltern da sein. Blieb natürlich nicht aus, dass sich auch Mäuse am gelagerten Futter genüsslich zu versorgen wussten. Da wurden die kleinen Mäuschen so zutraulich, dass sie sich sogar von Hand füttern ließen und dies konnte gelegentlich auch schmerzhaft werden. Alena hatte wieder einmal ihre Freude daran, solch ein Mäuschen zu füttern. Ach, wie schön knuddelig, musste sie wohl gedacht haben, als sie dem Tierchen zu nahe gekommen war. Ehe sie sich versah, verbiss sich dieses kleine, nun plötzlich zum „Mistvieh“ mutierte Untier an ihrem Finger, sodass zuerst weder Rütteln noch Schreien halfen, es wieder loszubekommen. Ja, es musste sehr weh getan haben und als das Mäuschen wieder losgelassen hatte und Blut zu sehen war, rann noch das eine oder andere Tränchen über ihre Wangen. Es war der Tag, an dem sich alle bewusst wurden, dass es auch Lebewesen gab, die man, zumindest bei einem gewissen hohen Grad der Vermehrung, bekämpfen musste, um nicht eine Plage entstehen zu lassen. Nein, es macht keinen Spaß, Tiere zu töten. Es gibt jedoch Momente im Leben, da es unausweichlich bleibt. Diese Erfahrung unseren Kindern frühzeitig beizubringen war unser größtes Anliegen dabei. Auch mir machte es keine Freude, die Tiere zu schlachten. Selbst ein ausgebildeter Metzger in unserer Nachbarschaft konnte unsere Kaninchen nicht schlachten, er war nur bereit, tote Tiere zu verarbeiten. Also blieb mir nichts anderes übrig, als es selbst zu tun. Da musste ich mit der Zeit und der Häufigkeit schon einmal vorher ein Schnäpschen trinken, um es nervlich zu verkraften. Unseren Kindern blieb der Anblick des Schlachtens erspart, ich nahm es nur dann vor, wenn sie nicht anwesend waren.

Nach und nach belastete es mich so sehr, dass die Kaninchenzucht eingestellt wurde und Rosemarie nicht zu ihrem ersehnten Mantel gekommen war. Denn, wie hätte ein Pelzmantel ausgesehen, wenn er aus blauen, schwarzen, braunen, weißen und gescheckten Fellen gefertigt worden wäre. Wie meinte der Kürschner in unserer Nachbarschaft, dass nämlich für einen Pelzmantel über 40 einwandfreie Felle benötigt würden. Rosemarie nahm die entgangene Möglichkeit sehr gelassen, denn eigentlich stand sie gar nicht so sehr auf Pelzmäntel.

Sehr vieler Kenntnisse bereichert, war es nun an der Zeit, sich mehr für die Zukunft und das nahende Berufsleben zu interessieren, wofür wir wieder einmal die besten Voraussetzungen geschaffen hatten.

Durch die Entscheidung unserer Kinder, ihren Bereich im Untergeschoss vorzuziehen, war es uns finanziell möglich, den beiden die freie Wahl eines Gymnasiums zu überlassen. Beide entschlossen sich nach einer Besichtigung vor Ort für das private Gymnasium „Heimschule Weierhof" in Bolanden. Dort bot sich eine Ganztagsbetreuung an, mit sehr guten Bedingungen, was die Essensversorgung und zusätzlichen Unterrichtstunden nachmittags, sogenannten AGs, in Werken und Hauswirtschaft etc. betraf. Es gab Unterricht in eigens dafür vorgesehenen Werkstätten wie eine Schreinerwerkstatt und Schlosserei sowie einer Küche. Ja, sogar Unterricht im Golfspiel wurde angeboten. Eine Lehrerin aus unserem Bekanntenkreis brachte Andreas aus den USA einen kompletten Satz Golfschläger für Linkshänder mit. Außerdem begeisterte es Andreas, dass dort das Erlernen der japanischen Sprache möglich war und somit eine gewisse Voraussetzung bestand, Japan auch einmal zu bereisen und sich dort auch verständigen zu können. Eine solche Möglichkeit ließ nicht lange auf sich warten und unsere beiden Kinder traten eine solche Reise in das ferne Land an. Aufgerufen vom Deutschen Sportbund fand ein Jugendaustausch statt, zu welchem sich beide bewerben durften und dies im Abstand von 2–3 Jahren. Beide waren überglücklich, dass wir ihnen dies ermöglichten, denn obwohl der Deutsche Sportbund finanziell dazu beitrug, blieb doch ein beträchtlicher Eigenanteil.

Nicht ganz unbesorgt verabschiedeten wir mit anderen Eltern unsere Kinder, ereignete sich doch kurz zuvor ein sehr starkes Erdbeben in Japan. Ein seltsames Gefühl ging durch meinen Körper, als die große Boeing 747 in Frankfurt abhob. Ich wünschte mir in diesem Moment, dass schon der Rückflug vonstatten ginge und die Maschine gerade im Anflug wäre. Na ja, jedenfalls kamen die jungen Reisefreudigen gut in Tokio an und die Hoffnung auf eine gute Rückkehr war ständig präsent.

In jener Zeit derer Abwesenheit besuchten auch japanische Jugendliche Deutschland, wofür sich ein Sportverein in Eisenberg besonders engagierte. Auch wir nahmen für die Zeit ihrer Anwesenheit jeweils eine junge Dame und einen jungen Mann in unser Haus auf. Da wir der japanischen Sprache nicht mächtig waren, half die englische Sprache ein wenig weiter. Die jungen Leute sollten einen Einblick in deutsche Familien und ihre gewohnte Umgebung bekommen. Mit dem Bus ging es durch die Pfalz an beliebte Ausflugsziele. Jedoch wer dachte, dass da großes Interesse an der Landschaft bestand, irrte sich gewaltig. Kaum saßen die Schüler im Bus, wurde der Kopf angelegt und geschlafen. Ach ja, bestimmt trug unsere gute frische Pfälzer Luft einen großen Teil zu dieser Ermüdung bei.

Wie schnell vergingen die Tage und schon stand auch wieder die Abholung der Rückreisenden in Frankfurt an. In der Wartehalle hing unser Blick stets auf der Flugverkehrstafel, um den Rückflug verfolgen zu können. Die bevorstehende Landung wollten wir jedoch live mitverfolgen und so begaben wir uns zur Aussichtsplattform. Und da schwebte er auch schon ein, der riesige Jumbojet. Aus westlicher Richtung kommend näherte er sich der Landebahn in einer Geschwindigkeit, die vermuten ließ, dass der große Vogel im Schritttempo anzukommen schien. Endlich setzte er auf und kurz darauf konnten wir unsere Lieben wieder überglücklich in die Arme nehmen.

In einem ganz anderen Fall hatten wir Besuch aus Japan, jedoch war diesmal das Gymnasium dafür federführend. Gleich 3 junge Damen galt es aufzunehmen, da andere Bereitwillige nicht zur Verfügung standen. Sehr schnell war zu erkennen, dass die aus gehobenen Familien stammenden Damen sehr erstaunt über ihnen eigenartig erscheinende Vorgänge in der Gastfamilie waren. Bei uns wurde während des Essens nicht, wie anscheinend in Japan üblich, geschmatzt, nur sehr dünn die Marmelade aufs Brötchen oder Brot geschmiert. Auf unsere Aufforderung hin, doch mehr von der süßen Masse zu nehmen, da wir genügend davon hätten, winkten sie nur ab. Überhaupt nicht verstehen konnten sie, dass der Hausherr beim Auftischen, Abräumen und sogar beim Geschirrspülen seiner Ehefrau half. So etwas wäre in Japan undenkbar, meinten sie.

Eine der Damen, Tomomi, eine sehr nette 16-Jährige, führten wir in unsere Kellerbar, um ihr einen Schnaps anzubieten. Sehr strikt lehnte sie dieses ab, mit der Anmerkung, dass sie noch keine 18 Jahre alt wäre und sie deshalb keinen Alkohol trinken durfte. Sie versprach jedoch, wenn sie uns wieder einmal besuchte, mit uns einen solchen Schnaps zu trinken. Mit ihr hatten wir, und besonders Andreas, regen Mail- und Fax-Verkehr. Pünktlich um Mitternacht, als in Japan schon das neue Jahr begossen wurde, meldete sie sich per Fax, um uns alles Gute zu wünschen.

Es vergingen 2 Jahre, als uns Tomomi, diesmal ganz allein, auf einer Reise durch Europa besuchte. Im Bahnhof Mannheim holten wir sie am Bahnsteig ab und waren sehr überrascht, dass das zierliche Geschöpf wohl nicht einen Zentimeter gewachsen sein musste. Noch am ersten Tag in unserem Haus nahm sie mich an meinem Ärmel und zog mich in unseren Partyraum. So, meinte sie lachend, jetzt sei sie 18 Jahre alt und nun dürfte sie Alkohol trinken und freute sich, wie wir reagierten, dass sie doch ihr Wort gehalten hätte.

Während ihres Aufenthaltes lud sie Andreas ein, sie in Japan zu besuchen, was er natürlich sehr gerne angenommen hatte.

Der Fahrweg nach Bolanden, ca. 25 km, war zwar etwas beschwerlicher als der zum Gymnasium in Grünstadt, konnte jedoch die wenigen Jahre bis zum Abitur ganz gut bewältigt werden.

Andreas war der erste der Familie, der in den Genuss kam, eine höhere Schule zu besuchen und wir mussten feststellen, dass wir mit ihm gemeinsam die richtige Wahl getroffen hatten. Da blieb sogar in seiner schulfreien Zeit noch die Gelegenheit, eine Musikschule in Eisenberg im Heimorgel-Unterricht, später privaten Schlagzeug-Unterricht zu Hause und einen Computer-Kurs im Ort zu besuchen. Ferner seinem Hobby in Aquaristik und einem großen Aquarium in seinem Zimmer nachzugehen. Den besagten Raumteiler mit diesem Aquarium integriert in sein großes Zimmer einzubauen, war schon eine größere Aktion. Um sie zu verwirklichen musste die große elektrische Eisenbahn, welche in seinen noch sehr jungen Jahren errichtet worden war, weichen.

Durch die Trennung des Raumes kamen ein Schlaf-, Arbeits- sowie ein Ruhebereich mit einem Schlafsofa zustande. Ein drehbarer Ständer für den Fernseher im Regal ermöglichte, dass nun von beiden Seiten ferngesehen werden konnte. Ein CB-Funkgerät an seinem Schreibtisch bedeutete zusätzlich zum eigenen Telefon im Zimmer einen stets gegebenen Kontakt zur Außenwelt. Hierzu musste eine gute Antenne auf unser Dach, die jedoch durch ihre mehrere Meter Länge bei Wind für Brumm- und Pfeifgeräusche im ganzen Hause ursächlich war und sehr unangenehm wurde. Also stellte ich einen ausgedienten Telefonmast in der Nähe des Hauses in den Garten und montierte die Antenne darauf. Es pfiff bei starkem Wind zwar immer noch, jedoch nicht mehr so sehr, wie es vorher der Fall gewesen war.

Nicht nur der Kontakt per Funk mit Freunden war nun gegeben, auch mit uns, wenn wir mit dem Auto unterwegs waren. Denn auch hier hatte ich ein Funkgerät eingebaut. Da wurde auch das eine oder andere Mal Kontakt mit den Lkw-Fahrern auf der nahen Autobahn aufgenommen. Alena hatte genau die gleichen Voraussetzungen in ihrem Zimmer, musste jedoch ab und zu kontrolliert werden, mit wem sie sich da über den Äther unterhielt. Und tatsächlich bahnte sich an, dass sie mit einem Mann Kontakt aufgenommen hatte, der sich ihr Vertrauen erschlichen haben musste und mit ihr ein Treffen vereinbarte. Alena war sich aber einer eventuell damit verbundenen Gefahr bewusst und unterrichtete uns davon. Nun, dass sich da ein alter Knacker zeigen würde, enttäuschte nicht nur sie, auch wir waren von ihr enttäuscht, dass sie nicht auf uns gehört und sich auf einen solchen Treff, jedoch mit größerem Abstand, eingelassen hatte. So kann es gehen, wenn Eltern ach so vermeintlich viel „Gutes“ für ihre Kinder verwirklichen möchten.

Dass die beiden nun im Untergeschoss ihre Bereiche hatten, erwies sich in sehr heißen Sommern als sehr praktisch, sorgte doch eine Temperatur nicht über 20° da unten für einen angenehmen Aufenthalt, sodass sogar Freunde und Freundinnen sich dort sehr wohl gefühlt und gemeinsame Beisammensein hier vorgezogen hatten. Es waren nur zwei Meter über den Flur bis zu unserem Partyraum, in welchem ich eine discomäßige Lichtanlage an der Decke sowie mehrere Lautsprecher und eine Stereoanlage für zünftigen Discosound installiert hatte.

Regelbar mit bunten Strahlern, Schwarzlicht und einer Stroboskoplampe, stieg so manche Party da unten und wir waren sehr stolz, auch hierzu für gute Gegebenheiten gesorgt zu haben.

Viel zu schnell verging die Zeit, da unsere Kinder noch zu Hause waren und nach und nach mussten wir uns damit abfinden, dass bald die ersten Abschiede anstehen würden.

Nach dem Abitur absolvierte Andreas ein Jahr Zivildienst bei der Gemeindeverwaltung und hatte sich danach für die Inangriffnahme des Berufes Raum- und Umweltplaner und somit für ein Studium an der Universität in Kaiserslautern entschieden. Er blieb uns durch die Nähe des Lehrinstitutes und die tägliche Fahrt dorthin noch einige Jahre erhalten, jedoch nach seinem Diplom und einer vorübergehenden Tätigkeit bei einem Planungsbüro in Kaiserslautern bewarb er sich auf eine Arbeitsstelle beim technischen Rathaus in Wilhelmshaven.

2007, das Jahr voller emotionaler Ereignisse: Meine Schwester und Rosemaries Tante waren verstorben, Alena heiratete, Rosemaries große Herz-OP und dann auch noch Andreas‘ anstehender Auszug nach Wilhelmshaven zerrten doch sehr an unseren Nerven. Das Wichtigste war, dass Rosemarie die OP sehr gut überstanden hatte, was einem Freund aus unserer Nachbarschaft nicht so gut widerfahren war. Er musste hinnehmen, dass sich bei einer ähnlichen Operation ein Blutgerinnsel in seinem Gehirn festsetzte, was zu einigen Lähmungen führte. Fortan, aber mit der Zeit sich bessernd, musste er mit einem gewissen Handicap leben und zurechtkommen. Die Aussprache und ein Arm waren betroffen, mit dem er aber recht gut umzugehen wusste. Die Hauptsache aber war, dass er noch immer ganz der alte liebe und fröhliche Mensch und Freund geblieben ist.

***

Im Dezember jenes Jahres fuhr Andreas zur Vorstellung nach Wilhelmshaven zu seinem eventuell neuen Arbeitgeber. Es dauerte nicht allzu lange und er bekam eine Zusage. Ich fuhr mit ihm gemeinsam erneut in den hohen Norden, sollte er doch noch eine Gesundheitsuntersuchung vornehmen lassen und, wenn diese ohne Befund war, war er so gut wie eingestellt. An diesem Tag hatten wir einen Termin mit einem Makler, der uns verschiedene Wohnungen zeigte. Eine Wohnung lag direkt an einer stark befahrenen Straße und ist kurz zuvor renoviert worden. Die Farben waren noch nicht ganz getrocknet und überhaupt schien es insgesamt sehr feucht zu sein. Eine andere Wohnung befand sich im 2. Obergeschoss direkt unterm Dach, war sehr gemütlich und einige Balken und Streben Lagen blank in Kopfhöhe, sodass es leicht hätte zu Verletzungen kommen können. Die dritte Wohnung lag in der Südstadt, wie sich später herausstellte in einem Viertel mit Menschen auf einem sozial minderen Niveau. Die Wohnung war für den Moment genau das, was wir gesucht hatten. Im Erdgeschoss ein Schlafzimmer, großes Wohnzimmer, Küche und Bad mit Toilette. Besonders gefiel uns, dass es noch eine Küchenzeile gab und das Bad kürzlich renoviert wurde. Im Schlafzimmer war eine noch gut brauchbare Jalousie montiert und auch sonst gab es keine gravierenden Mängel. Nur der Fußboden aus Laminat im Flur und im Wohnzimmer wurde vermutlich ohne Wasserwaage unfachmännisch verlegt, sodass man beim Gehen darauf das Gefühl hatte, einige Gläschen Alkohol getrunken zu haben. Alles, was rund war und auf den Boden fiel, rollte in eine ganz bestimmte Richtung. Außer meinem Zweifel, ob ich mich nun freuen sollte, dass Andreas nun ca. 560 km von zu Hause entfernt für lange Zeit wohnen würde, machte mich schon ein wenig traurig. Doch dachte ich mir, dass es für ihn vielleicht das Allerbeste sein würde, bei einer Behörde einen sicheren Job gefunden zu haben. Deshalb machten wir uns frohen Mutes wieder auf den Heimweg, um alsbald erneut, diesmal mit unserem Anhänger, hochzufahren. Seine Bettcouch, eine alte Waschmaschine, einen Kühlschrank und allerlei Werkzeug befanden sich in unserem Gepäck und wir machten uns umgehend an die Einrichtung der Wohnung. Glücklicherweise hatte gerade in Oldenburg ein IKEA-Markt eröffnet und wir konnten die vielen günstigen Angebote sofort auskosten.

Allerdings hatte unsere mitgenommene alte Waschmaschine von der Fahrt einen Schaden genommen, da die Trommel nicht gesichert war. Also musste eine neue her, was auch kein großes Problem darstellte. Bis zum Heiligen Abend wollten wir wieder unbedingt zu Hause sein, was auch zeitlich perfekt hinhaute. Die Wohnung war bezugsfertig, Telefon, Internet und TV eingerichtet, Lampen sowie im Wohnzimmer 4 Jalousien montiert. Nicht einfach bei den sehr hohen Decken. Also musste auch noch eine entsprechende Stehleiter gekauft und selbst dann noch auf der obersten Stufe jongliert werden. Mit einem sehr guten Gefühl fuhren wir am 23.12. nach Hause und waren sehr überrascht, dass Rosemarie und Alena einen zünftigen Weihnachtsbaum heim geschleppt hatten. Eigentlich herrschte an jenen Feiertagen eine eigenartige Stimmung in der Familie. Freude der Feiertage und des gefundenen Jobs wegen, etwas Betrübnis, dass uns Andreas nun verlassen würde. Der Gedanke daran, dass Wilhelmshaven immer noch in erreichbarer Entfernung lag, stimmte doch ein wenig wehmütig über nicht so angenehme Gedanken hinweg.

Noch nie zuvor war es mir gefühlsmäßig so vorgekommen, dass Feiertage so schnell vorübergehen.

Andreas packte seine „7 Sachen" und fuhr am Neujahrstag nach Wilhelmshaven, um pünktlich an seinem neuen Arbeitsplatz zu erscheinen. Er fand gleich ein eigenes Büro im obersten Stockwerk des technischen Rathauses vor, von dessen Fenster er einen Blick über die ganze Stadt hatte. Seine zukünftige Arbeit bestand in der Regel darin, als Diplom-Ingenieur in Raum- und Umweltplanung die Infrastruktur gemeinsam mit anderen Kollegen zu planen. Durch den gerade entstehenden Tiefseehafen „Jade-Weser-Port" gab es in nächster Zeit einiges zu tun und Andreas ging sofort daran, die noch veraltete Planungs- und Zeichnungsmethoden zu modernisieren und die Digitalisierung voranzutreiben, was ihm gelegentlich den Widerwillen des/der einen oder anderen Kollegen:in auf sich zog. Gleich von Anfang an hatte er einen guten Kontakt zu Mitarbeitern, die seine eingebrachten neuen Kenntnisse zu schätzen wussten und ihn nebenbei ein wenig unter ihre Fittiche nahmen. Denn für uns Eltern war es nicht einfach, daran zu denken, dass er nun so ganz allein da oben seine Zeit verbrachte. Da half nur ein wenig darüber hinweg, dass er in kurzen Zeitabständen immer wieder nach Hause kam. Denn er schien doch noch ein wenig hilflos bei seinen Problemen und Entscheidungen zu sein. Da war alsbald das Waschen seiner Kleidung angesagt und, da er mit seiner neuen Waschmaschine noch keine Erfahrung gesammelt hatte, klingelte auch bald unser Telefon. Seine Mama war gefragt, wie die Wäsche zu trennen ist, bei wie viel Grad gewaschen werden soll und so weiter. Okay, Andreas wusste Bescheid und wir rechneten damit, dass wir nicht lange warten mussten, bis der nächste Anruf erfolgte. Klingeling, da kam auch schon prompt der nächste Anruf und wir fragten uns, was er denn noch wissen wolle, schien doch alles bereits geklärt zu sein. Er klang sehr aufgeregt, als er uns berichtete, dass er die Wäsche nicht waschen könne, da man ihm während seiner Abwesenheit die neue Waschmaschine gestohlen hatte. Wir dachten uns natürlich sofort, in welche Räuberhöhle Wilhelmshavens er sich da niedergelassen hatte. Zum großen Glück hatte Andreas auf unseren Rat gehört und über Rosemaries Sparkassenanhängige Versicherung eine Hausrats- und Haftpflichtversicherung abgeschlossen, sodass er sich schnellstens von jenem Laden, wo wir die erste Maschine kauften, eine neue liefern lassen konnte. Die Polizei wurde herbeigerufen und eine Spurensicherung vorgenommen. Kaum war nun Andreas in Wilhelmshaven und schon stand sein krimineller Fall am Tage darauf in der Zeitung. Doch nicht nur der Einbruch bei ihm, in der ganzen Straße waren die Übeltäter an den verschiedensten Orten am Werk.

Mit der Zeit wurde doch daran gedacht, sich nach einer anderen Bleibe umzuschauen, denn der Lärm im Hause und das ständige Bei-ihm-Klingeln des Postmannes, waren doch alle Briefkästen innerhalb angebracht und die Außentür geschlossen. Wir hatten es selbst miterlebt, welche Partys eine Etage über seiner Wohnung im Gange waren. Die hohlen Balkendecken des uralten Gebäudes verstärkten das Gedröhne noch zusätzlich. Sollte es jedoch eine andere Wohnung sein, so rieten wir zu einem Eigentum, wozu wir natürlich finanziell bereit waren, ihn zu unterstützen. Es bot sich ja keine Eile, und so konnte Andreas sich schon einmal auf die „Lauer legen" und nach einer geeigneten Wohnung und deren Lage umschauen. Aber, es kam alles ganz anders, als erwartet.

Andreas kam auf einer Party eines Freundes in unserer Nachbarschaft, mit einer netten jungen Dame ins Gespräch, der er erklärte, wo er wohnte, und dass sie ihn dort ja einmal besuchen könnte. Sie ging auf seine Einladung ein und sie verstanden sich von Anfang an so gut, dass aus jener Freundin unsere heutige Schwiegertochter Claudia geworden ist. Auf einer Fahrt durch die Stadt und Umgebung kamen sie an einem Haus vorbei, an dessen Grundstücksgrenze zur Straße hin ein Schild angebracht war, auf dem stand, dass das Anwesen verkauft werden soll. Schon beim ersten Anblick des etwas in die Jahre gekommenen Gebäudes – ein echtes, rot verklinkertes Ostfriesenhäuschen mit einem relativ großen ca. 1300 qm Grundstück – verliebten sie sich direkt darin und waren entschlossen, nach den Konditionen zu fragen. Der Preis hatte ihnen sofort zugesagt, denn schon andere hatten daran ihr Interesse gezeigt, sind jedoch wegen der von der Besitzerin bedingten Auflage, dass das Haus nicht abgerissen werden sollte, nicht zum Zuge gekommen.

Rosemarie und ich hatten auch bald die Gelegenheit, das Objekt der Begierde zu besuchen und begutachten. Was sich unseren Augen auftat, war jedoch wie ein Alptraum. War das Haus von außen nett anzuschauen, bot sich im Innern ein Anblick, der sehr viel Arbeitsmaßnahmen nicht nur vermuten ließ, sondern beim genauen Hinschauen auch offenbarte. Nach meiner Meinung gefragt, was ich vom Kauf dieser Immobilie halte, war ich zwar nicht gänzlich abgeneigt, deutete jedoch darauf hin, dass sehr, sehr viel noch zu tun sein würde, bevor ein Einzug vonstatten gehen könnte. Vielleicht klangen meine Worte dazu etwas ablehnend, da Andreas etwas erbost meinte „Ich lasse mir das nicht vermiesen, ich kann das." Nie, niemals hätte ich ihm zu jener Zeit zugetraut, mit seiner eigenen Leistung diese Mammutaufgabe bewerkstelligen zu können. Er muss schon damals im Hinterkopf gehabt haben, dass seine Eltern und ganz besonders ich ihn damit nicht alleine stehen lassen würden.

Immerhin, im Dachgeschoss befand sich eine 3-Zimmer-Wohnung, welche in einem Zustand war, dass sie nach einer kurzen Renovierungszeit hatte bezogen werden können. Hier galt es, in allen Räumen außer dem Bad neue Laminat-Böden zu verlegen und Wände zu tapezieren. Eine unansehnliche Holzdecke in einem der Schlafzimmer musste entfernt und eine neue Fermacell-Decke montiert werden. Keine einfache Aufgabe, da zu beiden Seiten die Decke eine Schräge aufwies. In zwei Abseiten wurde das Dach mit Spanplatten verkleidet und PVC-Böden verlegt. Die kleine Kochküche bekam einen neuen Fliesenboden und eine neue Decke mit LED-Strahlern. Dazu wurde eine neue Küchenzeile montiert, sodass Andreas nun von seiner alten Wohnung hier einziehen konnte. Und nun begann eine Zeit der Schufterei, die Wohnung im Erdgeschoss bewohnbar zu machen, wobei man sich im Voraus dachte, sich wünschen zu können, 5 Jahre älter zu sein.

Zuerst wurde das komplette Dach des Hauses durch eine Firma erneuert. Hatte doch ein Marder und sonstiges Getier da oben ihr Unwesen getrieben und sämtliche Isolierung zerfetzt und unbrauchbar werden lassen. Fast alle Decken und Innenwände, die Fußböden sowie Heizkörper wurden herausgerissen, die gesamte Elektroinstallation erneuert und Zimmertüren ausgewechselt. Der Fachbegriff hierzu heißt: Entkernung. Es ist kaum in Worte zu fassen, was hier an Mühen und Arbeiten verrichtet worden sind. Rosemaries stetiger Präsenz mit der Kamera ist es zu verdanken, dass ein Großteil besonderer Momente und Fortschritte in Film, Bild und Ton festgehalten wurden.

Ja, es gibt Momente im Leben, da man sich als Eltern und Kinder seine eigenen, zusätzlichen Denkmäler setzt. Mittendrin lebend, ganz namenlos, ohne jeglichen Vermerk oder Signatur der Errichter und jener, denen es zu gedenken gilt. Jedoch bin ich mir sehr sicher, dass Gedenken alleine beim Betrachten der Details geweckt werden, zumindest noch in der ersten nachfolgenden Generation. Alleine meine Gedanken, daran mitgewirkt zu haben erfüllen mich mit großer Befriedigung und unbeschreiblichem Stolz. Selbst miterleben zu dürfen, wie sehr glücklich sich die Eltern mit unseren Enkelkindern darin fühlen, erfüllt uns mit übergroßer Freude. Trotz der sehr turbulenten Zeiten während und bald nach der Sanierung des Hauses hat unsere Schwiegertochter Claudia mit viel Durchhaltevermögen zwei sehr liebe Kinder, Maximilian und Marei, zur Welt gebracht und damit nochmals mehr bestätigt, dass aller Aufwand sich mehr als gelohnt hatte.

Lag bisher mein Augenmerk auf Andreas mit seiner Familie, so gibt es nicht viel weniger über den Werdegang unserer lieben Tochter Alena zu berichten. Der Tag musste kommen, da auch sie uns verlassen sollte. Ihr altersmäßiger 4 Jahre Abstand zu Andreas ermöglichte uns, finanziell auch ihr für eine ordentliche Berufsausbildung zur Seite zu stehen. Noch sehr gut habe ich in Erinnerung, dass sie, wenn sie an ihrem kleinen C64-PC saß, nicht wie Andreas mit seinen Freunden Spielchen an seinem PC machte, sondern die Möglichkeit nutzte, kleine Programme zu schreiben und nach deren Gelingen uns vorführte. „Schau mal Papa, was ich gemacht habe“, waren ihre Worte, als sie mich aufforderte, ihr aus der Küche in unser Arbeitszimmer zu folgen. „Drück doch bitte einmal hier auf diese Taste und schau, was dann passiert“, meinte sie voller Vorfreude und Spannung, wie ich denn wohl auf ihr Werk reagieren würde. Ja, und ich muss sagen, dass ich ihr keine gespielte Reaktion vorgaukeln musste, sondern war überrascht, was man mit den neuen Wunderdingern PC so alles anstellen und bewirken konnte. Auf dem Monitor war ein Spielfeld abgebildet, worauf ein visueller Pingpong-Ball mit den Auf-Ab-Tasten gesteuert werden musste.

Hatte ich persönlich während Fortbildungsmaßnahmen in meinem Beruf als Fernmeldetechniker mit schaltungstechnischen Anordnungen und den ersten mir bekannten digitalen Bauteilen, Transistoren, integrierten Schaltkreisen und Co kleine Programmierungen vornehmen können, wie zum Beispiel eine Siebensegment-Anzeige elektrisch anzusteuern und zum Zählen zu bringen. Ähnlich bei einer digitalen Uhr, wenn eine Minute oder Stunde, mit dem jeweiligen Segment hochgezählt wird.

„Wenn du, so wie es ausschaut, so sehr deinen Spaß am Programmieren hast, dann wäre dies doch auch ein guter Beruf für dich", schlug ich Alena vor und nach gar nicht langer Überlegung, hatte sie sich auch schon hierfür entschlossen. Eine ganz bestimmte Richtung der Informatik sollte es sein, nämlich Medieninformatik. Da stellten wir uns darunter vor, dass dies etwas mit Medien, so wie sie uns bekannt waren, Fernsehen, Radio oder Presse zu tun haben wird, jedoch ging es um ganz andere Bereiche, so etwas wie Arbeits- beziehungsweise Produktionsoptimierung etc.

Da ihr damaliger Freund Mathematik studieren und es beide in derselben Stadt wollten, kam als Universitätsstadt vorzugsweise Ulm in Frage. In einer Studentenheimstätte fanden wir für Alena ein kleines Zimmer, das sehr an eine unserer Kaninchenboxen erinnerte. Schätzungsweise 10 qm sollten für den Anfang genügen, was sich auch alsbald bestätigte. Unser Gesamteindruck, den wir von der Einrichtung hatten, war nicht der Beste: schmutzig, unordentlich, ganz besonders in der gemeinsamen Küche und überall standen übervolle Aschenbecher herum. Alenas Fahrrad, das sie von zu Hause mitbrachte, wurde alsbald gestohlen und überhaupt hatte man einen sehr asozialen Eindruck. Wie es nun einmal im Leben ist, man lernt andere Menschen kennen, so auch Alena. Ich dachte mir zuerst nichts dabei, als ich an einem Wochenende Alena mit ihrem Freund am Mannheimer Bahnhof abholte und sie auch noch einen anderen jungen Mann mitbrachte, dem sie in unserem Haus Quartier anbot. Ihren Freund brachte ich nach Hause und der neue junge Mann war – plötzlich – da. Damals ahnte weder Rosemarie noch ich, dass uns da unser zukünftiger Schwiegersohn „ins Haus geschneit" war. Unser erster Eindruck war, dass er sehr von irgendeinem nicht ganz so gut vertragenem, äußerem „Einfluss" etwas „in den Seilen hing" und am Tisch beim Essen große Mühe hatte, die Augen offenzuhalten. Da blieb nur eins, ihm höflichst vorzuschlagen, sich zurückzuziehen und ins Bett zu legen, was er schließlich sehr gerne annahm.

Von jenem Tag an begriffen wir, dass Alenas bisheriger Freund keine Chance mehr hatte, er dem neuen Freund hat weichen müssen. Der Verflossene, war ein sehr lieber junger Mann, der ca. 15 km von uns entfernt wohnte. Alenas Bitte, sie gelegentlich dorthin zu fahren und auch wieder abzuholen, konnte ich nicht abschlagen, da ich wusste, dass die Zeit, einen Freund zu haben, für sie nun gekommen war. Wichtig war mir dabei, dass es einen Überblick gab, woher und aus welcher Familie er kam. Da es hierzu keine negativen Erkenntnisse gab, wurde diese Freundschaft von uns auch stets unterstützt. Bis wir eines Tages erkennen konnten, weshalb es besser gewesen war, die Verbindung zu lösen.Eigentlich sehr schade, denn, man hatte sich an diesen jungen Mann schon gewöhnt und ihn ins Herz geschlossen. Jedoch nicht unser Empfinden ihm gegenüber, sondern das unserer Tochter war doch in allererster Linie maßgebend. Der neue Freund, wieder ein Andreas, wie unser Sohn, war seitdem ein Teil unserer nun vergrößerten Familie. Es brauchte nicht lange, bis man sich aneinander gewöhnt hatte und Kontakt zum Rest seiner Familie aufgenommen wurde. Eine Einladung in unser Haus wurde alsbald auch erwidert und so kristallisierten sich die ersten Eigenarten der jeweiligen Familie und deren Mitglieder heraus. Eine von uns empfundene Eigenart, die uns an der neuen Bekanntschaft sofort auffiel, war ihr durchwegs sehr verzögerndes Verhalten, ein Gespräch zu beginnen, was man auch als „leicht verzögerte kommunikative Spontanität" nennen könnte. Damit es zu einer Unterhaltung kam, musste oft unsere Initiative ergriffen werden. Doch auch mit dem altbewährten Mittel, eine Unterhaltung einzuleiten, nämlich Fragen zu stellen, kam selten eine spontane Reaktion, es schien uns ungewohnt lange, bis sich jemand angesprochen fühlte und antwortete. Vielleicht eine Möglichkeit, sich Zeit zu lassen und erst einmal nachzudenken? Es muss wohl in den Genen liegen, dass sich dies sogar auf unsere beiden Enkelkinder ein wenig übertragen hat. Mit der Zeit wussten wir damit umzugehen und ein echtes Problem war es schließlich auch nicht, und, es ist derzeit nur noch ganz wenig davon zu beobachten.

Und ganz plötzlich, nach einem riesigen Zeitsprung, erscheinen sie hier, unsere beiden Enkelkinder, Timon und Mariella, die wir, wie auch Maximilian und Marei, sehr liebgewonnen haben und die aus unserem Leben nicht mehr wegzudenken sind. Ja, auch diese beiden sind nicht plötzlich vom Himmel gefallen, auch ihr Werdegang soll nicht zu kurz kommen und hier eine Beschreibung wert sein.

Alena und ihr neuer Freund Andreas hatten ein gemeinsames Berufsziel, Medieninformatik zu studieren. Da war es ein sehr vernünftiger Gedanke, eine gemeinsame Wohnung zu suchen. Hierzu sollte sich einmal mehr unser Pkw-Anhänger bewähren, zu dem wir kurz vor Alenas 18. Geburtstag auf abenteuerlicher Weise gekommen waren. Die große Party sollte in unserem Hobby- und Partyraum im Untergeschoss steigen. Doch irgendetwas fehlte zur Perfektion noch, ein großer Kühl- und Eisschrank, um mit Eisstücken verschiedener Größen leckere Cocktails kreieren zu können. Und genau in jenem Moment des Bedarfs flatterte uns ein Prospekt in den Briefkasten, wo genau ein solches Gerät vom Media-Markt angeboten wurde. Es bestand die Auswahl zwischen Weiß und Schwarz, da uns aber Schwarz die weniger empfindliche Farbe schien, entschieden wir uns auch für diese. Rosemarie rief den Markt in Kaiserslautern an und fragte nach einem Gerät mit der gewünschten Farbe. Leider nur noch Weiß vorhanden, die nette Dame am anderen Ende der Leitung war jedoch bereit, in anderen Märkten danach zu fragen. Okay, in Mannheim gab es das Gerät noch in Schwarz, welches wir sofort reservieren ließen. Doch wie bekommen wir das sperrige Ding nach Hause? Nicht lange überlegt und nach Bad Dürkheim gefahren, zu dem Unternehmen, welches uns damals unseren Wohnwagen verkaufte, um dort einen Anhänger auszuleihen. Pech, der Laden hatte geschlossen und so fuhr ich mit Alena als Copilotin nach Mannheim, um nachzuschauen, ob der Kühlschrank vielleicht auch ohne Anhänger zu transportieren wäre. Weit gefehlt, denn diesbezüglich war nichts zu machen, er passte einfach nicht in unseren doch großen VW Passat. Nicht weit entfernt vom Media-Markt befand sich ein Baumarkt, der auch Anhänger zum Verkauf angeboten hatte. Den erforderlichen Maßen entsprechend kaufte ich einen Anhänger, der sofort einsatzbereit hergerichtet wurde. Keine Anmeldung, keine Kennzeichen, das könnte teuer werden. Da aber Töchterleins Party ein Erfolg werden sollte, war mir jedes Mittel recht, das Gerät in unseren Keller zu bekommen. Auf dem Weg nach Hause fuhr ich deswegen sehr vorsichtig, um nicht die Aufmerksamkeit auf uns zu lenken. Uff, geschafft! Alena konnte endlich aufhören zu zittern, da das Abenteuer ein gutes Ende fand. Und, was war das Highlight des Festes, unser neues Kühlgerät mit Wasseranschluss, zur praktisch unendlichen Erzeugung von frischen Eiscubs und gekühltem Wasser. Immer wieder fällt bei einer Party da unten das Augenmerk auf den Schrank, und die Story, wie er an Ort und Stelle gekommen war, wird gerne wieder einmal zum Besten gegeben und für Alena muss es dabei jedes Mal einen eiskalten Schauder über den Rücken laufen. Musste sie, was sie später auch bestätigt hatte, während der ganzen Aktion „auf glühenden Kohlen" gesessen haben.

So jedoch nicht bei allen anderen Aktionen, wie zum Beispiel jener beim Umzug in die erste gemeinsame Wohnung. Denn damals galt es, nicht nur ihre Habseligkeiten zu transportieren, sondern auch die von Andreas. Und da man schon einmal dabei war, hatte auch ein Kommilitone ein Transportanliegen für einen großen Schreibtisch angemeldet. Die neue Wohnung war sehr gewöhnungsbedürftig. Prima, dass sie sich im Erdgeschoss befand und nicht viel Miete kostete, jedoch das Umfeld erschien doch ein wenig auf einem etwas niedrigerem sozialen Niveau zu sein. Kurios war die Dusche mit Toilette. Der Raum wies eine solche Enge auf, dass es körperlich nur quer möglich war, in die Dusche zu gelangen. Außer einer sehr netten alten Dame wohnte auch noch ein furchterregender Chaot im Haus. Alena mit ihrem damaligen Fechtsport-Gerät, welches sie bewusst, um ihm Angst einzujagen, zum oder vom Training kommend, kurz vor der Haustür offen mit sich trug, und ihm unmissverständlich damit andeutete, pass auf mein Freundchen, sonst passiert etwas! Er soll daraufhin ein eher umgänglicher Mitbewohner gewesen sein. Dennoch, ein Verbleib in dieser Wohnung war nicht von allzu langer Dauer und so stellte sich wieder einmal ein Umzug und ein Einsatz unseres Anhängers ein. Diesmal jedoch in eine Wohnung in der 2. Etage. Eine sehr schöne Wohnung mit Wohnzimmer, Küche, Bad und drei weiteren Zimmern. Sogar einen Balkon gab es, in südlicher Richtung, mit Blick auf das Ulmer Münster und Überblick auf einen Teil der Stadt, ja, bei klarem Wetter konnte man sogar die Alpen sehen. Eine große Wohnung mit vielen Zimmern, das ließ auf eine längere Verweildauer und Vergrößerung der Familie schließen. Andreas wie auch Alena hatten bereits ihr Diplom in der Tasche und Andreas war schon berufstätig, während Alena auf ihr Praktikum bei Daimler noch promovierte. Bei der Promotionsfeier war gut zu erkennen, dass sich bald Nachwuchs ankündigen wird. Timon hieß der kleine Schatz, unser erstes Enkelkind, und wir waren alle „aus dem Häuschen" vor Freude. Wie sehr der Kleine sich freute, wenn wir uns wieder einmal zu Besuch angekündigt hatten. Minutenlang sprang er in der Wohnung umher und wusste vor Freude nicht, was er tun sollte. Wenn wir bei einer Videoschaltung via „Skype" für ihn zu sehen waren, wollte er zur Eingangstür gehen und uns öffnen und dementsprechend groß war auch dann wieder die Enttäuschung beim Abschied, was nicht nur ihm, sondern auch uns immer wieder sehr schwergefallen war.

Die Zeit verging wie im Fluge und nun wurden erste Pläne für ein Eigenheim geschmiedet. Kein leichtes Unterfangen, was die Wahl nach einem Baugrundstück und dessen Ort betraf. Bayern war nicht erste Wahl, aber gar nicht mal so sehr weit entfernt, nämlich auf der gegenüberliegenden Seite der Donau. Und ausgerechnet kam es so, wie es nicht hatte kommen sollen, dass ein schöner Bauplatz in Neu-Ulm Gerlenhofen zur Verfügung stand. Bevor es jedoch zu einem Kaufvertrag gekommen war, besichtigten wir einen Altbau unweit des neuen Grundstücks. Der doch sehr hoch angesetzte Preis und die vielen Mängel schreckten uns und besonders mich sofort ab und ich konnte trotz einiger schöner Gegebenheiten – ein direkt am Garten vorbeifließender Bach, ein großer und ein balkonartiger Anbau im Obergeschoss – keine überwiegend positive Bewertung abgeben. Gravierend waren große Risse im Fundament, Stellen im Keller waren frisch gestrichen, was vermuten ließ, dass da etwas versteckt wurde. Die räumliche Anordnung im Erdgeschoss war sehr nachteilig, da es keinen richtigen Flur gab, man die einzelnen Zimmer nur mit Durchschreiten der anderen Räume erreichte. Ferner wohnte im Obergeschoss ein Mann zur Miete, den hätte man vielleicht nur mit einer Klage zum Auszug bewegen können. Heutzutage muss ich sagen und bestimmt sind Tochter und Schwiegersohn auch der Meinung, dass die Entscheidung den, gerade einmal 200 m entfernt angebotenen Bauplatz zu kaufen und darauf ein Fertighaus zu errichten, die richtige war.

Alsbald ging es auch schon los und eine auf Kellerbau spezialisierte Firma errichtete einen wasserdichten Keller aus fertigen Betonteilen, eine sogenannte „Weiße Wanne". Nun war es auch schon so weit, dass meine Hilfe gefragt war. Leerrohre für die Elektroinstallation in die Decke verlegen, bevor tags darauf der flüssige Beton aufgebracht worden ist. Mit einer sehr klebrigen Bitumenmasse die Außenwände isolieren, wobei der Handschuh oftmals mit dem Pinsel so verklebte, dass damit nichts mehr ging, beide ausgewechselt werden mussten.

Als es dann endlich so weit war, dass das Haus errichtet wurde, hatte Andreas Kameras positioniert und Aufnahmen im Zeitraffer-Modus gemacht, womit im Nachhinein noch jeder zuschauen konnte, wie das neue Heim entstanden ist. Einerseits sehr schön, zu sehen, wie schnell das vonstatten ging, andererseits war die Zeit, bis ich wieder zum Einsatz kommen sollte, viel zu kurz. Denn schon bald ging es weiter mit der Isolierung für den Estrich auf dem Kellerboden. Ich schalte im Heizungsraum für den etwas erhöhten Stand der Waschmaschine und des Trockners ein kleines Podest ein und betonierte es anschließend. Die Drähte für die Elektroinstallation wurden eingezogen, Steckdosen und Schalter gesetzt und angeschlossen. Dabei traten erstmals kleine Mängel auf, die es zu beheben galt. Durch das Verfüllen der Kellerdecke mit Beton wurde ein Leerrohr derart beschädigt, was jedoch mit einigen Mühen und zusätzlichen Arbeiten bereinigt werden konnte.

Auch übernahm ich die doch sehr unangenehme Arbeit des Schleifens sowie Verspachtelns der Kellerwände und Decken. Nicht allzu gut gegossene Stellen der Betonwände und nicht optimal gesetzte Löcher und deren Größe für die Schalter und Steckdosen mussten aufwendig nachgebessert werden, sodass es möglich wurde, deren Einbau unter Putz vornehmen zu können. Im Bereich der Kellertreppe mussten noch Ausgleichsmaßnahmen getroffen und verspachtelt werden. Dietmar, Andreas Vater, übernahm das Verfliesen der Treppe, des Flurs und des Vorratsraums sowie den Laminatboden im Büro. Ich hingegen verlegte die Böden im Kinoraum, Nähzimmer, wie auch die Teppichböden im Obergeschoss. Auch die Deckenverkleidungen im Kinoraum und Nähzimmer brachte ich mit Rosemaries Hilfe an. Andere hinzugekommene Arbeiten wie die Montage der Deckenheizung und -leuchten, die Montage eines Waschbeckens, sowie der Einbau dreier Türen zählten dann schon zur Vollendung der Innenarbeiten. Nicht ganz ohne Andreas Mithilfe, die es an dieser Stelle gilt, besonders zu erwähnen. Die Besorgung der Zimmertüren für den Keller stand an und, da 4 an der Zahl benötigt wurden, nahm er an, es würde reichen, wenn wir aufs Geratewohl eine Besorgung im Baumarkt vornähmen. Es wäre ja auch so schön gewesen, wenn alle vorrätig gewesen wären. Da es jedoch nur noch 3 zu kaufen gab, musste Andreas die Montage der später gelieferten Tür selbst vornehmen, da wir in der Zwischenzeit schon wieder die Heimreise angetreten hatten. Und das tat er dann auch und bei nächster Gelegenheit, als wir wieder einmal in Gerlenhofen waren, bestätigte sich, dass er es kann, sein riesig großer Stolz hierüber ganz und gar berechtigt war. Überhaupt war Andreas zu jener Zeit sehr an handwerklichen Tätigkeiten interessiert und dieses Interesse festigte sich umso mehr, je mehr er nach und nach zu besonderen Anlässen das nötige Werkzeug sowie Maschinen geschenkt bekam. Wo er vorher noch sehr zögerlich ans Werk ging, wurde er immer selbstbewusster, wozu nicht zuletzt seine gelegentliche vorherige Rückversicherung und mein Rat auf seine Fragen beigetragen hatte. Ich fühlte mich auf diese Weise sehr geehrt und schätze seine für den Moment gezeigte Unbedarftheit eher als eine Stärke ein. Denn, wo soll denn eine handwerkliche Fähigkeit herkommen, wenn nicht durch Erfragen. Schließlich „ist noch kein Meister vom Himmel gefallen." Musste ich mich in Zeiten unseres Hausbaues noch mit Büchern wie „Do it yourself" oder ähnlichen Titeln schlau machen, so gibt es heutzutage unbegrenzte Ratschläge im Internet, derer ich mich persönlich gelegentlich auch noch bediene. Wie sagte mein Vater, wenn er wieder einmal sein Handwerk, die Schreinerei, lobpreiste: „Handwerk hat goldenen Boden", und mit der Zeit versteht man beim tieferen Hinterfragen dieser Weisheit, was damit gemeint sein soll. Vielleicht war ja die ursprünglich beiläufige Anmerkung Töchterleins Alena: „Wenn wieder, würde ich einen Handwerker heiraten" der Zündfunke für Andreas handwerkliches Aufbegehren?

Mit ein Grund war selbstverständlich für ihn, so wie es bei mir auch der Fall gewesen war, dass, wenn man an sein neu erworbenes Eigentum Hand irgendwelcher Art anlegt, das dem Ganzen auch noch einen Sinn gibt und dazu beiträgt, dass es letztendlich sogar Spaß macht, auf jeden Fall auch lohnt. Jedoch ist der Wille hierfür unbedingte Voraussetzung. Noch heute macht es Freude, auf Rosemaries Videoaufnahmen zu sehen, wie sehr sich meine hier niedergeschriebene Schilderung bestätigt. Ob mit der Fräse und beim Einsäen des Rasens im Garten, beim Nivellieren und Pflastern der Einfahrt, des Hofes sowie der Terrasse, beim Errichten der Umzäunung des Grundstücks, dem Bau eines Gartenhauses und vieles mehr, wird nicht nur einem selbst, auch nachfolgenden Generationen im Nachhinein immer wieder vor Augen geführt, dass man seine Sache gut und mit Freude gemacht hat.

Stück für Stück vollendete sich nun die Errichtung des Wohnhauses und die Fertigstellung des gesamten Anwesens, und nun war es an der Zeit, „Leben in die Bude zu bringen." Ein neues Leben mit Namen Mariella, wurde geboren. Ein süßes, liebes und sehr neugieriges Mädchen hatte somit die Familie komplett gemacht. Sehr gut ist auf Videoaufnahmen zu erkennen, wie es bäuchlings auf dem Wickeltisch lag und sich voller Wissbegierde in seinem Zimmer umschaute. Keine

Sekunde verweilte ihr Blick an einer Stelle, sondern wanderte stets von einem Punkt zum anderen umher. Schon damals zeigte sich, dass da ein neues Wesen geschaffen wurde, das einmal sehr lebhaft durchs Leben gehen würde. Mit der Zeit stellte sich heraus, dass es eher schüchtern ist, gleichzeitig sehr verwegen und in gewissen Situationen sehr mutig auftrat. Ob es nun ums Erlernen des Umganges mit dem Laufrad, den Rollschuhen, den Schiern oder dem Reiten gewesen war, stets hatte es seinem Bruder gegenüber, die Nase vorn. Timon hingegen konnte man mit den gemachten Beobachtungen eher ein zögerliches, vorsichtiges, bisweilen ängstliches Verhalten zuschreiben. Im gesamten Vergleich unserer vier Enkelkinder stellt man fest, dass jedes seine eigenen Merkmale besitzt und verschiedene Charaktere aufweist, was den Umgang mit ihnen zu einer wunderbaren, kurzweiligen und gleichzeitig interessanten Mischung werden ließ und immer noch lässt.

Rosemaries Familie

Wie jede andere Familie ihre Eigenarten der einzelnen Mitglieder untereinander aufweist, so auch die mit der Zeit sich mehr und mehr herauskristallisierenden in Rosemaries Familie. Die Schwiegermutter, die zum eigentlichen Ursprung meines gesamten Lebensverlaufes ab meines 23. Lebensjahres wurde, wirkte, mir immer bewusster werdend, mit ihren manipulierenden Fähigkeiten fast unbemerkt auf das Leben ihrer Familienmitglieder und somit auch auf mein Leben zwangsläufig ein. Laut schreiend versuchte sie ihren Willen durchzusetzen, wobei sie oft mit völlig aus der Luft gegriffenen Argumenten und Behauptungen Erfolg hatte. War der Schwiegervater noch ganz anderer Meinung als sie und alle glaubten ihn auf ihrer Seite, so war er bald darauf komplett umgedreht, was uns alle immer wieder sehr enttäuschte. Ähnlich einem abgerichteten Wauwauchen, dem nach einem brav ausgeführten Befehl ein Leckerli verabreicht wird, kam man sich bisweilen vor. Da fielen Worte wie „Wenn du das nicht so machst wie wir es wollen, so hat das Konsequenzen." Des lieben Friedens willen fügte man sich und es blieb letztendlich auch noch so, dass, um die „Gönner" ganz zufriedenzustellen, auch noch Worte des Dankes nötig waren. Solches Verhalten war mir bisher völlig fremd und in meiner Familie undenkbar. Da gab es keine bösen Worte oder unnötig vorgeschobene Vorwände oder gar Notlügen, jeder konnte sich 100 % auf den anderen verlassen.

Rosemarie passte in dieser Hinsicht sehr gut zu meiner Familie. Schon vom ersten Tag unseres Kennenlernens an war sie ganz auf meiner Seite, musste jedoch so manches unfein Ausgeheckte der Mutter mir unmissverständlich nahebringen. Rosemarie tat mir sehr leid dabei, als sie mir mitteilen musste, dass es ausreichte, wenn ich nur noch einmal während der Woche sie besuchte. Ich hatte zu jener Zeit meinen Arbeitsort von Worms nach Eisenberg verlegt, was alleine schon meine ernsten Absichten zu einer dauerhaften Verbindung unter Beweis stellte. Der Mittwoch sollte also nicht mehr wie gewohnt ein Treffen bei ihr zu Hause ermöglichen, was auf mich wie ein schlimmer Alptraum wirkte. Dennoch, wann immer es mir dienstlich möglich war, trafen wir uns in der Mittagspause im Café Jost in Grünstadt, was ein wenig über diese schwere Zeit hinweggeholfen hatte.

Ich konnte nie den Grund erfahren, weshalb so herzlos gehandelt wurde. Nie wurde ein Wort darüber gesprochen, weshalb man nun so behandelt worden ist. Wie sich jedoch mit der Zeit herausstellte, waren die vermeintlichen Fehler immer wieder im Kopf von Rosemaries Mutter entstanden. Eine zuerst großzügige Gastfreundschaft wurde ihr letztendlich zu viel, und nun wurde versucht, die „gerufenen Geister" wieder mit sanfter Methode loszuwerden. Gelang dies nicht sofort, vertrieb man sie mit unüberlegter und sehr unsanfter, verbaler Gewalt. Schnell verzogen sich wieder die düsteren Wolken und, als wäre nie etwas geschehen, war plötzlich wieder heiterer Sonnenschein. Ganz besonders dann, wenn man ihr einmal wieder mehr einen sehr großen Gefallen, welcher Art auch immer, erwiesen hatte. Eine direkte Entschuldigung gab es nie, stets musste ihre schwere Kindheit dafür herhalten. Die Mutter sehr streng, aus bayrischem Bauernhaus stammend und dort wie eine Magd behandelt, meinte wohl, es ihrer Tochter gleichtun zu müssen, indem sie sie das Haus-Vieh füttern und ausmisten, jegliche ihr für ein Kind unangenehmen Arbeiten verrichten ließ. Ihr älterer, oft kränklicher Bruder blieb hingegen von alledem regelrecht verschont. Hinzu kam noch, dass der allzu früh verstorbene Vater ihr nicht mehr treu zur Seite stehen konnte. Fast das ganze Leben lang bestand dieses Bruder-Schwester-Verhältnis aus Misstrauen, Neid, Missgunst und Hinterlist. Da wurde von der Mutter das elterliche Wohnhaus heimlich, ohne jeglichen Hinweis, dem Bruder überschrieben, was verständlicherweise Rosa, nachdem das Geheimnis gelüftet war, nicht ohne Gegenreaktion hinnahm. Sie bestand auf ihr zustehendes Erbteil und ließ sich die noch im Besitz befindlichen beiden Grundstücke auf ihren Namen übertragen. Ein

Dolchstoß in das Herz des hassgeliebten Bruders, als der erfuhr, dass das eine Grundstück in allerbester Baulandlage zum Baugrundstück erklärt wurde. Da wurden nur noch hasserfüllte Briefe geschrieben, deren Inhalte auf unkultivierte Verfasser schließen ließen. Es blieb auch nicht dabei, dass die beiden ihren Zwist untereinander austrugen, nein, alle Familienmitglieder bekamen schriftlich mitgeteilt, wie bösartig der jeweils andere doch wäre und dass man nun einmal auf diesem Wege dies aufklären müsse. Peinlicher kann es nicht mehr werden und immer wieder zeigte sich, wie sehr sich die einzelnen Gemüter hierüber erregten. Doch nicht nur in Rosemaries Mutter Familie, auch in ihres Vaters Verwandtschaft spielten sich immer wieder solche Szenen ab. Schwiegervater hatte zwei Brüder und eine Schwester, deren Verhalten nicht immer zum großen Frieden in der Familie beigetragen hatten. Der jüngere wie auch der ältere Bruder nutzten die Gutmütigkeit ihres Bruders schamlos aus, indem sie ihn Arbeiten ohne gerechten Lohn verrichten ließen. Der ältere Bruder führte eine eigene Baufirma in München und Schwiegervater Robert arbeitete für ihn, ohne dass zu Hause nennenswertes Geld angekommen wäre. Der jüngere Bruder, ein Bankkaufmann mit leitender Position und Einheirat in einen groß begüterten landwirtschaftlichen Betrieb, ließ auch seinen Bruder für harte Feldarbeiten und kargen Lohn in Form von Naturalien arbeiten. Auch die kleine Schwester wusste Roberts Selbstlosigkeit auszukosten, indem sie ihn großzügigerweise in ihrem kleinen Hotel und der Gaststätte arbeiten ließ. Rosa war in jungen Jahren deren Freundin und durch sie lernte er auch seine zukünftige Frau kennen.

Man kann sehr gut nachvollziehen, wie es Rosa in jener Zeit, da ihr Mann in der Tongrube durch einen schweren Unfall zum Invaliden wurde, ergangen war. Keine hohe Rente, drei kleine Kinder, der erstrebte gerade begonnene Hausbau und kein zusätzliches Einkommen, um die anstehenden Kosten zu begleichen. Es blieb ihr nichts anderes übrig, als auf den Handel zu gehen.

Eine Firma im Ort stellte Kurzwaren her und die galt es in weiterem Umkreis an die Kundinnen zu bringen. Wie Rosa immer wieder bestätigte, muss es ein sehr lukratives Geschäft gewesen sein, mit dessen Einnahmen sie sehr zum Wohle der Familie beigetragen hatte. Auch ihr erlernter Beruf, Verkäuferin, kam zur Geltung, als sie in Grünstadt die Gelegenheit nutzte und in einer Metzgerei Fleisch und Wurstwaren verkaufte.

Ja, Rosa konnte auch eine ganz andere sein. Sehr dem katholischen Glauben verbunden, betete sie ständig für alle Familienangehörigen und eine bessere Welt, was sie stets kundtat und bisweilen von den Bedachten gar nicht so sehr als unbedingt bedürftig erachtet wurde. Da bestellte sie heilige Messen bei irgendwelchen Patres und ließ sich diese Art der Besserung des eigenen Seelenfriedens, auch anderer gedenken, was sie sich viel Geld kosten ließ. Auch mit wohltätigen Spenden half sie mit bei der Bekämpfung von Hungersnöten, Katastrophen und Krankheiten auf der Welt. Ich bin mir sehr sicher, dass, als sie noch körperlich in der Lage war, ihren sonntäglichen Kirchgang nicht nur Gott zuliebe unternahm, da spielte auch das Sehen und Gesehen werden keine unscheinbare Nebenrolle. Ach ja, Nebenrolle. Da gab es doch noch diese nicht gerade belanglose welche, die eigentlich aus der kirchlichen Warte nur mit Augenzwinkern akzeptiert wurde und wird, ihr Hang zum „Aberglauben", das Kartenlegen. Sie behauptete stets vehement, es zu können und verblüffte oft Menschen in ihrem Umfeld damit, die ihre „Kunst" in Anspruch genommen hatten. Sie selbst ließ sich gelegentlich auch von anderen „Kartenplätschen" die Karten legen oder in die Kugel schauen und es konnte sein, dass sie an solche Weissagungen mehr glaubte als dem gesunden Menschenverstand. Nein, da zog ich nicht gerade ihre Gunst auf mich, wenn ich ihre Fähigkeiten nicht anerkannte. Hm, wenn ich mir das genauer überlegte, scheint sogar ihre liebe Tochter Rosemarie von ihr einen kleinen Spritzer ihrer Hexenkunst vererbt bekommen zu haben. Auch ihr geht schon von je her nichts über gelegentliches Legen der kleinen Bildchen, Horoskop lesen, Blei gießen, Gummibärchen- und Zwiebelschalen-Wetter-Orakeln. Na ja, ganz ernst genommen wurde und wird diese Sache nicht, aber, da es ihr großen Spaß macht und für Freunde, Verwandte und Gäste eher ein lustiger Zeitvertreib darstellt, mache ich, um nicht Spiel- beziehungsweise Gute-Laune-Verderber sein zu wollen, gerne einmal mit. Eigenartig, sehr eigenartig, wenn man gelegentlich auch einmal einen neugierigen Blick ins Horoskop wirft und dabei eine seltsame Parallele zu irgendeiner Begebenheit ziehen kann. Ist es reiner Zufall oder Gottes Fügung, wenn sich irgendwelche Dinge und Probleme ganz von alleine zu lösen scheinen, einzige Voraussetzung hierfür letztendlich Geduld als wesentlicher Faktor in Betracht gezogen werden kann? Wie auch immer, ganz wird diese Frage wohl nie beantwortet werden können und ich selbst möchte es mir auch nicht zu einfach machen, es ganz ohne den Glauben an Gott gerade einmal so als geschehen hinzunehmen.

Ach ja, meine Schwiegermutter. Noch heute höre ich sie, wenn sie uns besuchte, schon am Eingangstor ganz laut nach ihrer Tochter rufen: „Rosemieeee!!!“ Unüberhörbar klang ihre schrille Stimme und man hatte das Gefühl, als wollte sie sich mit dem Ruf nicht nur uns, sondern auch der Nachbarschaft ankündigen. Egal, wie peinlich uns dieses Verhalten war, für sie selbst schien es als das normalste der ganzen Welt gewesen zu sein. Da half oft nur Kopfschütteln und böse Gedanken im Hinterkopf zu verdrängen. Da ich jedoch all überall als ihr guter und lieber Schwiegersohn galt, wollte ich zu dieser Betitulierung keinen Widerspruch aufkommen lassen. Immer wieder kam mir der Gedanke an ihren doch sehr großen positiven Einfluss auf mein Leben in den Sinn.

Nicht nur mich, auch andere Personen im näheren Umfeld wusste sie immer wieder zu beeinflussen. War es mit der Gefahr, die von ihr ausging, sie nicht als deine Freundin auf seiner Seite zu haben, oder die Rücksicht auf Rosemarie, sie damit in ihrer Gunst zu wähnen, oder gar der fürsorglichen Betreuung unserer Kinder, sicher zu sein? Der Schwiegervater nannte ein solches Kuschen diplomatisches Handeln, wusste man mit der Zeit jedoch, wie der eine oder andere tickt, war er gelegentlich sehr leicht auszutricksen, indem man zur Offensive schritt und ihre eigenen Machenschaften an ihnen selbst anwendete und somit den Spieß umdrehte. Gerade mit ihrem zunehmenden Alter und der uns gewonnenen Selbstsicherheit und Eigenständigkeit konnten nun die Leckerlis großzügig zurückgegeben werden. Nicht ganz selbstlos, auch wir, und ganz besonders Rosemarie, hatten mit unserer Verwöhnung ihnen gegenüber unsere Freude. War es mit ihnen zu verreisen, sie bei Arztbesuchen zu begleiten, nicht nur jeden Sonntag zum Essen einzuladen, mit ihnen zu feiern und mit Rosemaries Kuchen und Kochkunst zu verwöhnen und nicht zuletzt bei alltäglichen Problemen zur Seite zu stehen. Was kann man mehr an Gutes tun, um seine Eltern glücklich zu machen?

Ach ja, Rosa und ihre Poesie. Die Schwiegereltern hatten einen sehr großen Bekanntenkreis und alle waren sehr froh, wenn sie Röschen in ihrer Runde wussten. Robert schwellte die Brust, wenn seine liebe Frau ihre selbstverfassten Gedichte und sehr witzig geglaubten Witze vortrug. Oft konnte sie Gelächter und Applaus, manchmal aber auch ein geräuspertes „Ähem" ernten und „echter", vorgespielter Begeisterung sicher sein.

Gegen meine Korrektur beim Übertragen von ihrer Handschrift auf Maschinenschrift über den PC hatte sie nichts einzuwenden, sie ließ sogar zu, dass ich ihren Stil ein wenig aufpolierte, was sie stets mit einem: „Oh ja, dess hört sich viel besser oo" bestätigte. Kopien mussten ausgedruckt und zugedachten Jubilaren überreicht werden. Ja, da ging manchmal ganz schön „die Post ab", wenn in Freundesrunde zünftig gefeiert wurde. Sehr lustig, bisweilen bei Bier, Wein und Schnaps sehr ausgelassen, mit Musik und Tanz, bis in die frühen Morgenstunden. Wobei es bei Festen mit der Verwandtschaft eher gediegen zuging. Es wurde beäugelt, gestichelt und dies manchmal bis kurz bevor „Blut floss". Na ja, ganz so schlimm war es auch wieder nicht. Dennoch hatte man das Gefühl, als würde verglichen, wer denn nun der Reichere und Bessergestellte zu sein glaubte. Man meinte, als gönnten manche einem nicht das Wenige, mit dem man selbst eigentlich sehr zufrieden war und sich mit Fleiß und den eigenen Händen geschaffen hatte. Es war nicht verwunderlich, dass die Schwiegereltern auf ihre Kinder und Enkelkinder diesbezüglich sehr stolz gewesen sind und deren Werdegänge stets hervorzuheben wussten. Der kleine 10-jährige Thomas, der anfangs mir überaus eifersüchtig bezüglich seiner Schwester vorkam und dies mit

Tritten unterm Tisch gegen mein Schienbein zu äußern wusste. Da half nur, die Zähne aufeinanderbeißen und durch. Denn mit einer Reaktion darauf hätte ich vermutlich nur die Missbilligung seiner Eltern auf mich gezogen. Mit der Zeit änderte sich jedoch sein Verhalten mir gegenüber und wir wurden sogar die besten Freunde. Oft durfte er sich uns auf Spritztouren mit dem Auto anschließen. Ob das zum Baden an einen See, zu einem Besuch eines Zoos oder sonstigem Ausflugsort gewesen war, Thomchen war nie davon abgeneigt. Seine Eltern hatten auch nichts dagegen einzuwenden, wussten sie doch ihren Liebling in guten Händen. Er war das Nesthäkchen der Familie und auf sein Wohlergehen wurde allergrößten Wert gelegt. Da musste ich mich selbst ganz weit hinten anstellen, um in eine solche Gunst jemals kommen zu können. Es wurde auch kein Hehl daraus gemacht, dies unverblümt kundzutun, wie ich an einer bewusst miterlebten Begebenheit erfahren musste:

Am elterlichen Wohnhaus, ganz oben unter dem Firstende, hatten sich Stare einen Nistplatz eingerichtet und während der Brutzeit so manche Hinterlassenschaft, sehr zum Missfallen der Schwiegermutter, auf die darunterliegende Fensterbank herunterfallen lassen. Sie fragte mich, ob ich denn bereit wäre das Nest auszuheben, damit diese „Sauerei" ein Ende haben würde. Als ich ihr nahelegte, den doch nun schon erwachsenen Thomas zu beauftragen, meinte sie unumwunden „Ach du liewer Gott, dess konn isch doch ned mache, wonn der do erunnerfalle deet!" Huch, es kann sich wohl jeder denken, wie mir in diesem Moment zumute gewesen war. Da brauchte es schon eine gewisse Zeit dies zu verdauen. Auf solch überraschende Momente musste man zeitlebens gefasst sein und es blieb einem nichts anderes übrig, als sich damit abzufinden und im Nachhinein als eher lustig abzuhaken. Aus dem 10-jährigen Thomchen wurde Thomas und mit dem Kennenlernen seiner lieben Frau Ingrid eine Seelenverwandtschaft ins Leben gerufen. Was zwischen den beiden und uns an Gemeinsamkeiten gelang, war mit dem großen Bruder und dessen Ehefrau ganz und gar unmöglich. Auf Gründe hierfür möchte ich mich weiters nicht einlassen. Rosemarie, die bei der bisherigen Verteilung des Vermögens doch sehr knapp bedacht wurde, bekam nun von den Eltern jenes damalige Garten-Grundstück in Erwartung, dass es einmal bebaut werden könnte. Es dauerte fast 30 Jahre, bis das Grundstück nach mehreren Anläufen und Anträgen nun endlich bebaubar wurde und somit einen sehr viel höheren Wert darstellte. Ein Politikum, das schon sehr nach Behördenwillkür roch, spielte uns immer wieder in die Karten, bis uns ein Schreiben der Verbands-Gemeindeverwaltung ins Haus flatterte, wonach wir für jenes von der Verwaltung bebaubar erachtete Grundstück wiederkehrende Beiträge für die Erhaltung der Infrastruktur im Dorf bezahlen sollten. Unser Widerspruch hatte Erfolg, eine derartige Zahlung wurde daraufhin nicht mehr verlangt. Auf eine Rücksprache bei unserem neuen Bürgermeister und Nachbarn, ob denn nun eventuell ein Anlass gegeben wäre, für unser Grundstück einen Antrag auf Änderung des Bebauungsplanes und somit mögliche Bebauung sinnvoll sein könnte, auch auf die gerade stattgefundene Anfrage eines jungen Ehepaares aus unserem Wohnort, ob wir bereit wären ihnen dieses Grundstück zwecks Bebauung zu verkaufen, antwortete dieser, dass auch er schon mehrere Anfragen nach einem Baugrundstück im Ort hätte und, da er selbst für eine Verdichtung des Baugebietes, mit seinen übergroßen Grundstücken, zum Teil mit über 1500 qm sei, würde er sich im Gemeinderat dafür einsetzen. Das junge Ehepaar, beide bei der Verbandsgemeinde-Verwaltung beschäftigt, war bereits von einer solchen Möglichkeit überzeugt und kaufte das Grundstück, allerdings mit dem Vorbehalt, dass eine Bebauung ermöglicht würde. Ganz ohne unser Dazutun reichten die jungen Leute einen Antrag auf Änderung des Bebauungsplanes ein, was letztendlich zu einem positiven Ergebnis geführt hatte. Unser junger Bürgermeister konnte den Gemeinderat mehrheitlich auf seine Seite bringen und somit diesen großen Erfolg auf seinem Namen verbuchen. Im Nachhinein war gut zu erkennen, was einige Politiker dazu veranlasste, gegen einen solchen Plan zu stimmen. Da auch schon von der Landesregierung die Gemeinden zur Nachverdichtung von Baugebieten aufgefordert wurden, konnte es sich nur um Missgunst, scheuklappenartiges Denken und stures, unbedingtes Festhalten an gegebenen Verhältnissen handeln. Da wurden schon bei der Entstehung unseres Baugebietes Anfang der 1970er-Jahre großzügig mit Steuer- und Anliegergeldern umgegangen, indem eine breite, ca. 40 m lange Stichstraße voll erschlossen wurde, das heißt, bis zum hinteren Ende mit Abwasser-Kanal, Wasser und Gas sowie mit beidseitigem Gehsteig und einer mit Bitumen gedeckten Straße nutzlos versehen wurde.

Ein Grundstück, welches damals für einen Spielplatz bestimmt war, wurde, fast 50 Jahre danach, nicht seinem Zweck entsprechend eingerichtet, nie irgendwelche Spielgeräte darauf errichtet, einzig eine Rasenfläche mit 3 großen alten Eichen sollten ihrem Zweck als Spiel-, Tummel- und Bolzplatz genügen. Ja, es wurde sogar von der Verwaltung angestrebt, daraus ein Baugrundstück entstehen zu lassen. Plötzlich wurden alle uns immer wieder zur Ablehnung unserer Anfragen aufgeführten Bestimmungen des Bebauungsplanes über Bord geworfen. Plötzlich spielte keine Rolle mehr, ob das Grundstück der erforderlichen Größe entspricht, eine gewisse Länge der Straßenfront gegeben ist und eine Spielmöglichkeit für Kinder vorhanden ist. Ja, die schützenswerten Eichen zu erhalten, war kein Thema mehr, worauf alle Anlieger des Baugebietes heftigst Widerspruch einlegten. Hauptbefürworter der Initiative soll ausgerechnet jener Politiker gewesen sein, der nun als einziger der Fraktion gegen unser Ansinnen stimmte. Da kam Gemunkel auf, dass eventuell private Interessen eine gewisse Rolle gespielt haben könnten.

Bei einer ins Leben gerufenen Gegeninitiative und Openair-Versammlung vor Ort hatten Anlieger, Bürger, Politiker sowie die Presse die Möglichkeit Für und Wider kundzutun.

Unser Sohn, mittlerweile Diplomingenieur in Raum- und Umweltplanung, hatte jedoch einen Brief verfasst, der ein Scheitern unumstößlich machte. Selbstverständlich musste dies ein Dorn im Auge des Enttäuschten gewesen sein und ihn mit Rachegedanken gesinnt haben. Na ja, unsere Geduld hat sich ausgezahlt und wir können uns glücklich schätzen, dass letztendlich die Gerechtigkeit gesiegt hatte.

Covid19

Am 18.06.2021 waren es nur noch wenige Tage bis zu meinem 75. Geburtstag und die Covid-19-Pandemie schien, Gott sei Dank, überwunden zu sein. Rosemarie ist nun schon zweimal geimpft, da sie das große Glück hatte, vom Hausarzt mit dem Vaccin BioNTech, Pfizer geimpft zu werden. Beide meldeten wir uns auf den öffentlichen Aufruf zur Impfung an, jedoch hatte ich mit meinem 5 Jahre höherem Alter eine höhere Priorität, sodass ich im Impfzentrum Bad-Dürkheim vorrangig mit dem Impfstoff Astra-Zeneca geimpft wurde und am 24.06 2021 meine 2. Impfung anstand. Thomas und Ingrid waren bald darauf auch vollständig geimpft, sodass wir unseren geplanten gemeinsamen Urlaub nach Hahnenklee im Harz antreten konnten. Coronabedingt hielten wir uns von großen Ansammlungen zurück und unternahmen vorwiegend ausgedehnte Wanderungen. Obwohl es Thomas eigentlich in den letzten Tagen nicht allzu gut erging – er hatte sich früh schon ins Zimmer zurückgezogen –, stand er die restlichen Tage tapfer durch. Wieder zu Hause angekommen, bestätigte ihm ein Test, dass er sich Corona eingehandelt hatte. Was war die Folge, zuerst kam Rosemarie und kurz darauf ich an die Reihe, uns angesteckt zu haben, Seine Frau Ingrid war nicht davon betroffen. Und dennoch seine Reaktion: Lachen, diesmal aber nicht ganz so leicht, weg zu lachen.

Unserem nächsten gemeinsamen Urlaub nach Meran und zum Gardasee konnte nun, 1 Jahr später, Dank abgeebbtem Covid-19 nichts mehr im Wege stehen. Es sei denn, Unvorhergesehenes könnte uns noch einen Strich durch unsere Rechnung gemacht haben.

Alles bestens. Die Reise konnte wie geplant unternommen werden. Eine ganz neue Erfahrung für uns alle, so lange, ohne jegliche Einschränkung so eng miteinander zusammen zu sein.

Meran, mit seiner sehr schönen Innenstadt, der tollen Umgebung mit super Wanderwegen, hatte es uns auch wieder einmal angetan, hierher zu fahren. Die wunderschönen Waalwege, teilweise überrankt mit Weinreben und mitten durch Obstplantagen, dazu das stets begleitende plätschernde erfrischende Bächlein, ein Hochgenuss für Wanderfreunde. Ist die Reisezeit auch noch Mitte bis Ende September, ist dies für uns die optimal gewählte Zeit. Der erste Schnee ist meist noch nicht zu erwarten und die Temperaturen fürs Wandern sehr angenehm.

Das Trautmannsdorf aufzusuchen, ist immer wieder ein Highlight. Da fällt es nicht schwer, einen ganzen Tag dort zu verbringen. Immer im Hinterkopf, dass auch Sissi hier zwischen den vielen Blumen Sträuchern und Bäumen gelustwandelt ist, noch dazu, wo die Möglichkeit geboten ist, eine Mahlzeit oder Erfrischung bequem einzunehmen.

Nein, nicht alles Sehenswerte wurde bisher erwandert. Da wird außer dem idyllischen "Dorf Tirol“ noch manch anderer Ort, den es ins Visier zu nehmen gilt, in Zukunft in Meran auf unserer Liste stehen.

Da muss es nicht wieder zu einer lustigen Begebenheit, wie bei einem Einkauf dort im „Intersparmarkt“ kommen. Eine ganz besondere Kaffeesorte galt es ausfindig zu machen, welche unbedingt besorgt und mit nach Hause genommen werden sollte. Prima, kostenfreies Parken im Untergeschoss, eine Rolltreppe bis ins 2. Stockwerk, komfortabler geht es nicht. Dann auch noch einen Einkauf in der 1. Etage getätigt und schon war der Einkauf mit der Bezahlung abgeschlossen, sollte es wieder an unser Fahrzeug zur Weiterfahrt gehen. Ich als erster mit dem Einkaufwagen nach unten unterwegs, betrat jedoch statt der hinabführenden Rolltreppe, die nach oben führende. Alle anderen, Thomas direkt hinter mir, folgten, ohne groß zu überlegen, wo es nun hinginge. Selbstverständlich nach oben und hier nicht hinter, sondern wieder vor die Kassen. Oh je, und nun, müssen wir jetzt alles noch einmal bezahlen?, waren vorab unsere Bedenken. Wie erklärt man nun in Italien jemandem das Problem, ohne der Sprache mächtig zu sein. Welch ein Glück, eine Dame, die Kassenaufsicht hatte, erkannte sofort unser Missgeschick. Nicht nur der überschaubaren gekauften

Artikel in unserem Wagen wegen, sondern auch wir selbst fielen aus ihrem Italiener-Raster und somit in die Kategorie desorientierter Ausländer. Nun, die Situation wurde sehr entgegenkommend geklärt und uns verständlich gemacht, dass wir nicht die Ersten wären, denen dies passiert sei. Ohne großes Aufsehen wurden wir durch die Kasse geschleust, mit dem Gefühl, eine Erfahrung reicher geworden zu sein. Trotz einer anschließenden Diskussion, wer denn nun der Schuldige gewesen sei, konnte man sich auf keine einzelne Person festlegen. Um eine Heiterkeit wieder einmal zu erwecken, kam dieses kleine Abenteuer gelegentlich als Lückenfüller auf das „Tapetchen".

***

Ach ja, und der Gardasee, eins unserer beliebtesten Urlaubsziele überhaupt, war auch diesmal unser auserwähltes Reiseziel.

Malcesine, im Hotel Majestic Palace, 5 Jahre hintereinander eine Woche verbracht. Ein sehr schönes Hotel, in welchem es uns an nichts fehlte. Vorletztes Mal auch mit Schwager und „Schwippschwägerin" Ingrid da gewesen und riesigen Spaß gehabt. Ja, anders als zu zweit, ging es immer etwas anders, ungewohnter zu. Absprechen, wann was unternommen wurde, klappte ausgezeichnet und es kam nie Langeweile auf. Schon gar nicht, wenn einmal etwas Außergewöhnliches geschehen ist:

Samstags, es war etwas regnerisch und da es zum Wandern von oben zu feucht zu werden schien, beschlossen wir, eine Fahrt rund um den See mit dem Pkw zu unternehmen. Dabei kamen wir in eine Situation, wie wir sie so noch nie dort erlebt hatten, einen Stau. Wir standen und standen und standen, als unsere Mitfahrerin aus dem Fond plötzlich einen dringenden Bedarf hatte, in die Büsche zu springen. Ich deutete ihr an, wenn ich jetzt hier den Stau verlasse, kommen wir vielleicht niemals mehr in die Reihe. Sie drängelte mehr und mehr, und als es ein paar Meter voranging und ich links einen Feldweg sah, bog ich ab und fuhr erst einmal ins Ungewisse. Da, ein großer Fels auf der linken Seite mit einigen Bäumchen umwachsen, war die ideale Stelle, um ihre Notdurft zu verrichten. Zwar hupten einige Autos in der Schlange, jedoch fühlten wir, es gelte nicht für uns.

Hm, was tun? Den Weg wieder zurück, sich bei den Hupenden wieder einordnen zu versuchen? Eher nicht so ganz gut. Also, erst einmal einen Blick ins Navi werfen. Okay, der Weg führte einige Kilometer über eigentlich unwegsames Gelände, was wir jedoch mit unserem SUV und fahrerischem Geschick, ohne dass ich mich an dieser Stelle selbst loben will, ganz gut durch. Doch plötzlich, als der Weg zu einer Straße wurde, eine Absperrung mit einem Flatterband und einer uniformierten Person. Jetzt bekommen wir bestimmt ein saftiges Knöllchen, dachte ich und fuhr langsam darauf zu. Hey, was ist das jetzt, der gute Mann nahm an einem Ende das Band in die Hand, zog es über die Straße und rief, mit der anderen Hand wild gestikulierend laut „Avanti avanti avanti!“ Ich gab Gas und fuhr weiter. Uff, geschafft und weiter jetzt. Keine hundert Meter weiter, genau das gleiche Szenario. Mann, Band, „Avanti avanti avanti“ und weiter. Oh je, und in ca. 200 Metern Entfernung sah man rechts die Straße mit dem Stau und das vordere Ende davon. Na, spätestens jetzt dachte ich die A.-Karte gezogen zu haben. Schon wieder, diesmal zwei Mann mit Band und „Avanti avanti avanti“ rufend. Wir dachten schon, in einem falschen Film zu sein, wir hatten den kompletten Stau vollkommen umfahren. Wir überlegten und überlegten, was denn nun gerade mit uns geschehen war. Sind wir denen vorgekommen wie VIPs, die hier freie Fahrt hatten oder wes Grund konnte es noch gewesen sein. Na ja, wir fuhren unseren Rundweg weiter, als wir in ein Städtchen gelangten, wo an manchen Stellen Plakate prangten, auf denen die Rad-Rund-Tour Gardasee an jenem Tag groß bekanntgegeben wurde. Na, da ging uns allen dreien vielleicht ein Licht auf!!!

Schwager Thomas, schon lange nicht mehr in Italien gewesen und schon gar nicht der italienischen Sprache mächtig, übte, indem er, als wir auf dem Weg zum Frühstücksraum waren, ständig „Bon giorno, bon giorno“ vor sich her sprach, jedoch, als wir direkt an der Eingangstür waren den Herrn, welcher die

Gäste begrüßte, im Vorübergehen ein gut hörbares „Bona sera“ verlauten ließ. Ganz typisch seine Reaktion, wie immer, wenn ihm wieder einmal etwas derart Missgeschickliches unterläuft, weglachen, einfach nur weglachen.

Ach ja, da gab es ja auch noch seine höchst interessante Einschätzung bezüglich Landkartenlesen und Navigation von ihm.

Wegen Unfalls war auf unserer Rückreise der Fernpass gesperrt, und da galt es, eine andere Route zu ermitteln. Da fand er eine Möglichkeit, auf stets geradeaus führender Straße nach Deutschland zu gelangen, quer durch die Alpen. Ja, auf dem kleinen Display im Handy schien dies so, was sich jedoch in Wirklichkeit als eine Straße mit vielen Kurven und Kehren herausstellte, das „Hahntennjoch“.

Eine wunderschöne Bergwelt, die wir da durchfuhren, jedoch so sehr ich mich mit unserem „Tiguan“ auf die Straße und den Verkehr konzentrieren musste, umso weniger bekam ich von diesen bezaubernden Anblicken mit. Ausgerechnet an der bergabgewandten Seite der Straße ging es oft sehr steil und sehr tief hinunter, manchmal sogar ohne besonderen Schutz. Auch die sehr engen Stellen, noch dazu in Kurven, verlangten höchste Konzentration. Ob ich jemals wieder jenes Joch fahren würde? Ja, dann aber möglichst an der dem Berg zugewandten Seite. Nie zuvor in meinem Leben war mein, „Uff, geschafft“ so laut und derart erlösend. Und, wie reagierte mein Beifahrer darauf? Weglachen, einfach nur weglachen.

***

Seit dem 21.08.2019 ist Schwiegermutter Rosa im DSK-Pflegeheim in Eisenberg wohnhaft und da sie einem unbedingt nötigen Wechsel ihres Herzschrittmachers anfangs nicht mehr zustimmte, sollte es laut des Arztes Diagnose nur noch Tage bis zu ihrem Ableben dauern, da der Wassergehalt ihres Körpers nicht mehr reduziert werden kann und einen kritischen Stand erreicht hätte. Sie hat bereits ihre Krankensalbung erhalten und ist eigentlich seither sehr gefasst auf das, was noch auf sie zukommen mag. Ihre Lebenslust minderte sich von Tag zu Tag und sie wünschte sich sehnlichst, doch bald von ihrem Leiden der Hilflosigkeit und Bettlägerigkeit erlöst zu werden.

Rosemarie besuchte sie fast täglich und Thomas übernahm zwischenzeitlich die Ablösung.

So wie an jenem Wochenende, als wir zur Seebestattung von Claudias Vater in Wilhelmshaven waren. Sehr zu Edgars Tod hatte wohl auch ein Teil die Corona-Pandemie beigetragen, da eine Herzoperation – seine undichten Herzklappen sollten operiert werden – nicht sofort vorgenommen werden konnte, da akut die OP wegen vorrangiger Coronafälle verschoben wurde. Eine für Edgar fatale Situation, denn durch seinen sich plötzlich verschlechternden Zustand kam es zu einem Anfall, bei dem er durch sofort eingeleitete Maßnahmen durch mit im Wohnhaus lebende Mieter und deren fachliche Kenntnisse zuerst einmal gerettet wurde. Eine bald darauf eingeleitete Notoperation schien noch einmal Hoffnung zu wecken, was sich nach einigen Tagen und seinem Wachkoma jedoch als Trugschluss herausstellte. So kam, was kommen musste, Edgar erlag seinem Leiden mit noch sehr wahrnehmbarer Reaktion in körperlichem Kontakt mit seiner lieben Frau und Tochter. Auch die ihm zuvor übermittelte Nachricht seiner nächsten Verwandten und Freunde per Sprachrekorder mussten für ihn mit seiner sichtlich erkennbaren Reaktion ein Trost in seinen letzten Minuten gewesen sein. Möge er in Frieden ruhen.

Des einen Leid, des anderen Freud‘.

Oma Rosa, immer noch zum Sterben bereit, widerfuhr eine kaum zu glaubende Wandlung. Ihr Hausarzt besuchte im Seniorenheim KSK einen seiner Patienten, als er sich auf die Bitte einer Pflegekraft wegen ihres schlechter werdenden Zustands um eine Untersuchung bemühte. Rosemarie wurde wegen einer existierenden Patientenverfügung aus allen Richtungen befragt, wie sie dazu stehe, einer OP zuzustimmen oder sie abzulehnen. Rosemarie und Bruder Thomas sind als Bezugspersonen in der Verfügung eingetragen und man wollte dies ja nicht übergehen. Der Hausarzt, die zuständige Pflegeperson des DSK sowie der Chirurg des Krankenhauses Ludwigshafen wurden telefonisch kontaktiert. Rosemarie wies alle darauf hin, dass ihre Mutter geistig noch sehr präsent sei und selbst entscheiden könne, was sie vorziehe.

Die OP der Auswechslung des Schrittmachers verlief problemlos und Oma Rosa konnte am Tag darauf schon wieder zurück ins DSK verbracht werden. Ihr Zustand verbesserte sich nun Tag für Tag und sie bekam zusehends wieder mehr Lebensfreude. Ihr Leiden mit der Blase, ihre schwachen Muskeln in den Beinen, lassen aber immer noch nicht zu, dass sie sich toilettenmäßig selbst versorgen, ganz zu schweigen davon, mal wieder einige Schritte gehen könnte. Und nun fängt auch schon wieder das Gejammere an, „Ach hätte ich mich nur nicht operieren lassen" und „Jetzt könnte ich vielleicht schon im Himmel sein." Aus welcher Perspektive auch immer man die Situation betrachtet, so sehr man ihr ein langes Leben gönnte, von Tag zu Tag werden die Umstände um sie nicht einfacher.

Also gilt für alle: Weiter so und durch.

***

Ach ja, und ehe ich es vergesse. Kürzlich, nach der Trauerfeier Dietmars, meines ehemaligen Schulfreundes, traf ich Heinrich. Ich fasste ihn am Arm, zog ihn zur Seite und entschuldigte mich bei ihm für meine Attacke, mit der ich ihm damals solches Leid zugefügt hatte. Er schien sich gar nicht mehr daran zu erinnern, lächelte und nickte kurz mit dem Kopf, indem er mir meine ihm gereichte Hand, so hatte ich den Anschein, sehr gerne entgegennahm.

Ich kann es kaum in Worten fassen, wie groß der Stein war, der nach über 60 Jahren von meiner Seele gefallen ist und mich so sehr in dieser so langen Zeit, immerzu gegenwärtig, belastet hatte.

Georg, Helmut und Jakob, Schulkameraden, die Dietmar auch die letzte Ehre erwiesen haben, mögen wohl unserer beider aus der Runde kurzes Austreten wahrgenommen, jedoch sich nichts dabei gedacht haben.

Wieder einer der vielen, die ich noch gekannt habe, musste Abschied nehmen von dieser Welt, die jedoch in meinen Gedanken jederzeit präsent sind und sein werden:

Der große Hans mit seiner gelben Fahne, mit der er fast schon zu einer kleinen „rechten Hand Gottes“, als Linienrichter wurde. Womöglich auch ein Vorurteil, wenn es schon wieder von ihm hieß, „Einwurf Abenheim“.

Der Adolf aus der Nachbarschaft mit seinem riesigen Lanz Bulldog, der stets mit einem Brenner vorgeglüht werden musste und dann so sehr schöne Rauchringe aus dem nach oben geführten Abgasrohr zauberte. Da kam er oft ins Schwitzen, wenn er das große Anwurf-Rad drehte. Und, ein Schelm noch dazu, wenn er um Silvester große Böller von oben hineinwarf und einen Eimer draufsetzte. Der flog einige Meter hoch und krachte dann unter seinem großen Gelächter irgendwo unten wieder auf.

Er war schon viele Jahre älter als wir Jungs und belustigte und ermutigte uns dazu, es ihm auf irgendeine Art nachzutun.

Gell ehr Leit, jetzt könenner eisch so in etwa vorschdelle, wuu der kloone Lausbuu dess her hatt.

Joo, alles onnere hot mer im Kino lerne könne. Waffe, Dynamit, Zündschnüre, Explosione, Messerwerfe, Diebestoure, do hab ich mich doch mit moim bissje gonz gewaldisch zurückgehalt. **;-) !!!**

In diesem Sinne, sowie meiner persönlichen Feststellung Abenheim steht noch, wenn ich mich so umschaue, ziemlich unversehrt im Wonnegau. Schließlich und letztendlich ist dies auch ein wenig meinem gewissenhaften Handeln in solchen Situationen, wenn Gefahr in Verzug zu sein schien. zu verdanken. ;-)

Der Autor

Helmut Büttler wurde 1946 in Worms/Abenheim geboren. Nach der Volksschule 1960, begann er eine Ausbildung zum Fernmeldehandwerker beim Fernmeldeamt in Mainz, sowie in den Folgejahren eine interne Weiterbildung zum Fernmeldetechniker. Auf dem 2. Bildungsweg absolvierte er die Abend-Realschule von 1983 bis 1985, mit dem Abschluss der Mittleren Reife. Direkt im Anschluss daran folgte der Besuch einer Fachoberschule über das Telekolleg und er erlangte somit die Fachhochschulreife. Büttler ist seit 1972 verheiratet und Vater von zwei Kindern. Besondere Fähigkeiten zeichnen ihn bei Schreiner- und Allround-Arbeiten aus. Büttler bezeichnet sich selbst als Autodidakt. *Der kleine „Wonnegau(n)er"* ist seine erste Veröffentlichung.